古埃及
传记文献研究

李晓东 著

商务印书馆

图书在版编目(CIP)数据

古埃及传记文献研究/李晓东著.—北京：商务印书馆，2022
ISBN 978-7-100-21564-0

Ⅰ.①古… Ⅱ.①李… Ⅲ.①传记—文献—研究—埃及—古代 Ⅳ.①K834.11

中国版本图书馆CIP数据核字(2022)第150337号

权利保留，侵权必究。

古埃及传记文献研究

李晓东 著

商 务 印 书 馆 出 版
(北京王府井大街36号 邮政编码100710)
商 务 印 书 馆 发 行
北京市白帆印务有限公司印刷
ISBN 978-7-100-21564-0

2022年12月第1版　　　开本 880×1230　1/32
2022年12月北京第1次印刷　印张 15 7/8

定价：88.00元

本书系教育部人文社会科学重点研究基地重大项目结项成果

（项目批准号：10JJD770008）

体例说明

　　本书由"引论：古埃及历史研究中的求真与求理""古埃及历史研究中的文献学基础""古埃及传记文献选译"与"古埃及传记文献研究例证"四部分构成。第三部分"古埃及传记文献选译"，共计33篇。因译文多来自古埃及不同时期陵墓与神庙的墙壁及石碑上的铭文，且残破较多，故译文多有需要标明处理之处。题解、译文、注释均用【　】符号括之。有些译文因所据抄本标有原铭文行号而在译文中用（1）（2）等标记，有些译文则删去了行号。题解内容及译文中解说文字（包括铭文所在位置及与浮雕或图画的配合）与注释用仿宋字体，译文正文则用宋体。但第四部分"古埃及传记文献研究例证"中引用译文则用仿宋，正文用宋体。原文残破处用□号标出，由于古埃及语与汉语译文长短有异，所标空格长短无法极其准确，只能粗略相近。译文中圣书体文字（通译为象形文字）转写未采用伽丁内尔（Gardiner）的传统符号，而采用现代埃及学学者普遍接受的编码表（Manuel de Codage）。伽丁内尔符号与编码表符号对照表：

ꜣ=A	î=i	ꜥ=a	w=w	b=b	p=p	f=f	m=m
n=n	h=h	ḥ=H	ḫ=x	ẖ=X	s=s	š=S	ḳ=q
k=k	g=g	t=t	ṯ=T	d=d	ḏ=D		

目 录

引论：古埃及历史研究中的求真与求理
1. 古埃及历史研究的独特性　　　　　　　　　001
2. 史料、文献与古埃及历史研究　　　　　　　004
3. 求真、求理与古埃及历史研究　　　　　　　011
4. 古埃及文献整理研究基础上的古埃及历史研究前景　017

一、古埃及历史研究中的文献学基础
1. 古埃及历史文献学　　　　　　　　　　　　023
2. 古埃及历史文献学中的版本与修补　　　　　029
3. 古埃及历史文献在历史研究中的使用方法　　031
4. 古埃及历史框架的诞生　　　　　　　　　　037

二、古埃及传记文献选译
1. 梅藤传记　　　　　　　　　　　　　　　　050
2. 国王哈弗瑞之子内库瑞遗嘱　　　　　　　　053
3. 维什普塔赫陵墓铭文　　　　　　　　　　　056
4. 普塔赫舍普塞斯铭文　　　　　　　　　　　059
5. 乌哈铭文　　　　　　　　　　　　　　　　063

6. 诺姆长汗库墓铭文	064
7. 苇尼铭文	066
8. 哈尔胡夫陵墓铭文	075
9. 斯坞特铭文	082
10. 泰缇石碑	095
11. 伊瑞提森石碑	098
12. 哈努姆霍泰普一世铭文	101
13. 阿蒙尼姆赫特铭文	103
14. 贝尼哈桑王子哈努姆霍泰普传	107
15. 辛努海的故事	113
16. 阿蒙尼色内卜铭文	128
17. 胡索贝克石碑	131
18. 霍尔维尔瑞铭文	133
19. 卡摩斯铭文	135
20. 阿赫摩斯纪念碑铭文	140
21. 伊巴纳之子阿赫摩斯自传铭文	145
22. 雅赫摩斯自传铭文	154
23. 图特摩斯三世散在传记	161
24. 阿蒙尼姆哈伯自传铭文	212
25. 哈特舍普苏特铭文	220
26. 伊南尼自传铭文	240
27. 因泰甫石碑铭文	249
28. 库什总督塞尼传记	261
29. 瑞赫米拉自传铭文	263

30. 赫瑞姆赫布将军墓铭文　271
31. 维西尔帕塞尔自传铭文　274
32. 俳迪埃斯诉状　302
33. 霍尔-内弗尔铭文　336

三、古埃及传记文献研究例证

1. 《梅藤传记》中的官职与社会：古埃及传记中的历史背景　340
2. 《贝尼哈桑王子哈努姆霍泰普传》研究　344
3. 在自传与传奇间游走：《辛努海的故事》文本研究　363
4. 《图特摩斯三世散在传记》研究　377
5. 《哈特舍普苏特铭文》研究　393
6. 《伊南尼自传铭文》研究　412
7. 维西尔的职责：《瑞赫米拉自传铭文》研究　428
8. 连接过去与未来：《维西尔帕塞尔自传铭文》研究　442
9. 古埃及人的忏悔意识　473

参考文献 / 487
译名对照表 / 492

引论：古埃及历史研究中的求真与求理

1. 古埃及历史研究的独特性

对于历史研究，上古史和现代史研究差异大矣。尽管都是历史研究，研究的目标一致，基本原则一致，但从具体研究层面来说，古代史与近现代史研究所用材料不同，方法不同，手段不同，侧重不同，甚至所促生和使用的理论亦不完全相同。

就古埃及历史研究为例，由于古埃及人没有留下一部古埃及王国时期埃及人自己记载的历史文献，就连埃及人自己书写的唯一一部古埃及的历史还是托勒密王朝时期一位埃及祭司用希腊语书写的。从时间上看，这部历史是在经历了三千多年有文字的历史之后书写的。对于这漫长的历史来说，其作者曼涅托（Manetho）也是后人。更糟糕的是，这样一部著作也没能完整留存下来。后世学人只能从古典作家引用的文字中寻找曼涅托书中的内容。因此，考古学、年代学、文献学，甚至地质学、医学等学科都是用来解决古埃及历史研究问题的直接手段。

历史要有个大的框架，没有这个框架历史便成为一堆杂乱无章的片段。于是，年代学成为支撑古埃及历史研究的一大分支。古埃及历史在我们习惯使用的公元元年之前就已结束，怎么将古埃及历史的时间框架与公历纪年统一起来以使历史至少在时间上保持连贯与统一，这便成了古埃及历史的一大课题。利用一切文字与非文字的材料进行时间的断代，利用古埃及"王表"来进行帝王先后次序的排列，然后利用天文地理现象以及文化传统习俗来确定每一位国王的在位时间，古埃及历史学家们建立起一整套完全不同于近现代史研究的科学方法和理论体系。

历史的细节隐藏在各种石碑铭文、陵墓中的自传铭文、神庙墙壁上的铭文等文献之中。文字文献用圣书体文字（即我们通称的象形文字）、世俗体文字及祭司体文字书写。虽然古埃及文字被成功破译已有二百年的时间，但文体问题、表述风格问题、文献记录目的问题、不同历史时期书写习惯问题，都在很大程度上影响后人的理解。因此，古埃及历史研究中，文献学对于学者提出了巨大的挑战。

一个王朝与承继王朝之间的关系展示的是古埃及历史改朝换代的模式。古代埃及没有王朝更替的系谱，因此，建立古埃及历史框架就需要利用古埃及人记录大事的王表。最为重要的王表有五个：巴勒莫石碑、卡尔纳克王表、阿比多斯王表、萨卡拉王表及都灵王表。古埃及王表记述古埃及发生的大事，以仪式、战争、尼罗河水泛滥与税收为主要内容。利用王表研究会面临两个问题：一是王表残破不全，五个王表没有一个是完整的；二是各王表记录的国王并不完全统一。要想恢复或者重建古埃及历史框架，埃及学学者就不得不利用对比及一切文献中可以矫正法老排序的方法，先将法老的次序尽可能准确地恢复正确排序，然后再利用包括天文学推算等多种手段确定每个法老的在位时间，从而建立起古埃及历史的时间框架。因此，古埃及历史研究中年代学就成了一门大学问，且这门学问还必须首先完成，不然就无法对历史的大势做正确的理论分析。

历史分析离不开理论的探究，而宏观理论对于解决古史问题，特别是古埃及历史问题却可用者不多。比如魏特夫的"东方专制主义"理论，对于古埃及历史研究，特别是历史真相的探究，并未做出太多贡献。古史很多真相的厘清需要自己独特的理论。比如说埃及法尤姆一期文化与法尤姆二期文化的年代学考证，由于一般的考古理论认为，在不断缩小的法尤姆湖边上发现的遗址，越靠近水边应该时间上越晚。基于这样的理论推断，距法尤姆湖较远的遗址被确定为法尤姆一期文化，较近的被确定为法尤姆二期文化。然而，从文化形态上看，人们总觉得被认为晚于一期的二期文化要比一期文化更古老。为了解决这个问题，埃及学学者和考古学家们请来了古地质学家共同探讨。结果发现，法尤姆湖并不是线性缩小的，而是在不断缩小的总趋势下大大小小地不规律反复中实现缩小的。因此，完全有可能靠近湖边的遗址更为古老，而远离湖边的却是后来人们居住过的遗址。这样的事例在古埃及历史研究中经常出现。因此，古史的研究需要自己的理论，这些理论很大程度上不同于现代史研究的理论。

古埃及人没有给后人留下成文的历史，但传记文献却可以帮助埃及学学者厘清历史的来龙去脉。尽管这样间接的分析研究很艰辛，但总归算是"有米下锅"。这些文献大多是铭文，记录在陵墓里以及为纪念某件事情而立的石碑上，因此，考古学和文献学就成了古埃及历史研究的主力军。不是说考古学、文献学之外的研究不重要，而是说对于古埃及文明研究来说，首先要做的是考古学和文献学研究。这是古埃及历史研究的基础，没有这个基础，其他研究都"无米下锅"。文献学中首先要解决的是版本与文体问题。由于时代久远，很多铭文和纸草文献都破损严重，且抄录者在整理抄录过程中会出现有意无意的问题，如因理解问题而错误地增补缺失，对不清晰处理解的差异造成抄本不精准的问题。所以，后世学者处理古埃及文献的时候就需要有极强的版本学和文献学的功底，否则就会以讹传讹，造成历史研究的判断失误甚至结论错误。此外，古人留下来文献并非为了历史研究，所以不仅在选择记述内容上与我们的思考差异很大，而且他们记述历史的宗教目的也让文献内容覆盖了一层神学色彩，令我们理解起来常会出现偏差。因此，包括补遗在内的古代文献的整理、注释、翻译就变得异常重要。

这一切都使古史研究区别于现代史研究。

2. 史料、文献与古埃及历史研究

中国的古埃及史研究在几代史家的努力下已渐成气候，虽起步较晚却进步较快，但与欧美一些大学与科研机构比较仍差距悬殊，研究成果可引世界同行关注者甚少，著述所论在思考深度与史料提供上皆无多少独到建树。究其原因，除埃及学研究在中国历史过短这一主要原因之外，中国古史研究论争之乱对埃及学研究的影响亦难辞其咎。古史论争之乱表现在两个大的方面：一是概念之乱，二是派系之乱。

概念之乱首先表现在史料问题上。什么是史料，似乎每一位历史学者都很清楚。但若阅读历史学者论著，会发现该概念非常混乱。史料是一切可以用来恢复历史真相的材料，似乎无须说明。但在学者论述和涉及该问题的时候却并非如此。中国史学传统中，史书为第一史料。史料学也主要以研究史书为主，其他文献只起辅助参证之用。这可能是无意识之举，因为考古学诞生较晚，除文献资料可资利用外，并无更多材料可用。而文献资料亦以史官史书为多，因此，史学在很多史家心中便无意识地成了史书之学。

史书对于史学研究而言，具有双重身份，它既是史料又是历史著作。作为史料，它为其他史家提供了材料。尽管这些材料可能会带有很强的个人意志，但它还是为其他史家提供了历史线索。特别是同时代史家所撰该时代史书，可信程度很高。然而，作为历史著作，史书是历史研究的结果，具有总结历史，盖棺论定的性质。因此，它就有了对错之说。任何史料都不会直接告诉我们历史真相，因此，运用史料研究历史需要理论、逻辑、方法，这样才能使所研究的历史更接近原貌，接近历史真实。也正是从这个意义上说，史料本身没有真假之分。因为史料并不提供结论。即使某个史料让学者很容易得出错误结论，其错误也是人犯的，只怪研究者的肉眼凡胎，缺乏慧眼。历史上之所以屡见史料真假之争，其皆因未能分开史家记述之历史的双重身份，在将其当作史料用的时候却信了书中的结论。史书作为史家记述文献之一端有不同于史家记述的其他文献的特点，使用之时一定要考虑史家书写时的环境、心境及语境。这里所说的环境乃史家撰写史书时的历史、政治乃至家庭的环境。这是史料学中文献学的研究者对待史家史书的方法。"古史辨"派就此方面做出了杰出的贡献。无论"古史辨"派是否意识到自己的研究是史料学中文献学方面的研究，且为文献学中史书作史料时是否可信而进行的去伪存真的工作，至少后来对其批评者大多将"古史辨"派把史官史书用作文献时的研究当成了一般的史料研究。"古史辨"派之眼界并不开阔，其代表作家也未必懂得考古学、天文学等手段对于"证实"历史的意义，但史书之辨伪对于历史研究是不可或缺的。尽管"古史辨"者的结论未必都那么可信，有的甚至可笑。"古史辨"所犯的错误不是古史不可辨伪的错误，而是因其辨伪方法片面而得出了错误的结论。古史辨伪只是古史研究之一端，远不是古史研究的全部。概念混乱导致批评的肤浅混乱。

概念之乱还表现在文献的信否上，涉及史料的层次，即我们经常讲到的"一手资料"和"二手资料"。史家著述可以是史料，尤其是同时代史家记述同时代之事，可信度很高。然而，无论史家多么秉承忠实于历史的原则，只要是人写的东西就无法绝对客观无误。不仅书写如此，释读亦如此。这很有点像黑泽明导演执导的《罗生门》里的情节，公说婆论，各不相同。因此，透过古人书写的文字看到历史的真实便成了古史学者必备的功夫。在此方面，史家积累的经验甚厚。由此可见，史家之作无论多么经典都无法成为历史研究的第一手资料。正是在这个意义上，郭小凌先生在其《古代的史料和世界古代史》一文中提出："一手史料应指某种特定历史现象的目击者和当事人留下的实物、文字和口头的陈述，类似于司法侦察中作案者在作案现场遗留的痕迹或法律诉讼中所提供的人证、物证和书证。"① 郭先生之所以提此观点，是因为世界上古史界将古代作家所著经典著作视为第一手史料已成许多人之惯例，所以必须纠正。

史料是个很宽泛的术语，其中包含两大内容，即文献与遗存。遗存无论来源如何，其主体都是考古的结果。文献尽管也有些来自考古，但其主要内容皆由文字构成。因此，其一，文献与史前无关，其二，文献有文体之别。按乔治忠的说法，"历史文献就是蕴含有真实历史内容的书面文字资料。而蕴含历史内容的书面资料在形式、体裁、内容、性质上多种多样，史籍自莫能外，而举凡经、子、集部书籍，大多也可归入，方志、笔记、档案、公私文书、散见碑铭等也概属其中，此外还有如甲骨文献、金文文献、敦煌文献、汉晋书简等专门类别"②。这些文献之中，惟史籍并不构成第一手史料。史籍为史官所记述，受时代、环境、政治、文化影响甚大。其可信度与家谱、公文、碑铭、笔记等非史官文献存有距离。史官文献尤其是史书是绝不可以拿过来就作为第一手绝对可信史料使用的，正是这个原因让司马迁的《史记》中所记之夏商为后世所疑。无论是"层累说"还是别的批评，其可疑之处皆因《史记》为史家著作，非第一手史料使然。

派系之乱是古史之争的另一顽疾。"史料派"与"史论派"之争早已为学者所熟知，甚至有许多学者卷入其中。回顾现代学

---

① 郭小凌：《古代的史料和世界古代史》，《史学理论研究》2001 年第 2 期。
② 乔治忠：《对"史料学"、历史文献学与史学史关系的探析》，《学术研究》2009 年第 9 期。

术史，此争论已有八九十年的起伏。20世纪上半叶，傅斯年提出"史学便是史料学"，无论其观点的提出是受了西方19世纪科学主义史学的影响也好，还是受了传统乾嘉学术影响也罢，抑或是学术现实促使其醒悟，这一注重史料的治学之术与一批像王国维、胡适、陈寅恪、顾颉刚这样的史家的学术方法，都让中国的史学研究扎实进步。然而，后来这样的传统却遭到了批判。从"厚今薄古"还是"厚古薄今"的讨论到"历史科学中两条路线斗争"，再到后现代主义史学的引入，都以"史料派"为敌。虽然这场旷日持久的学术争论对于厘清史学界一些思想认识大有裨益，可时至今日，这一争论并未真正有个结果。争论的焦点其实在于历史学的目的与本质上。历史是科学这一浅近的道理至今仍未能在学界完全达成共识。历史是科学还是艺术的争论似乎在史学界已经不那么引人注目，但反科学思潮却在"叙述"于历史学中的地位讨论中重新站稳了脚跟。

问题的研究本该就事论事，可一变作派系之争就开始偏离方向。史料派与史论派本不是历史研究同一个层面的问题，却被简单化后变成互相攻讦的敌对阵营。历史作为科学有两大目标：一是求真，二是求理。虽然理对于真来说也有帮助，但求真层面的研究有其独特的理之所在，绝不是对历史真实尚无确凿知识之时就可以用什么社会发展模式加以推导出来的。古代历史研究尤其如此。历史研究当然不限于求真，求真之后必定求理，否则历史研究不算完成。历史研究的求真求理就像一个人成长中的少年与壮年，各做各的事，不能因其做的事不同而非要辩出孰对孰错来。少年要健康成长、勤奋学习，壮年要成家立业、担负责任。

为什么非要标榜自己是少年派而不让壮年成家立业，或坚信自己的壮年信仰而非要少年结婚生子呢？古史研究求真是基础，求理是升华。在求真尚未有积累，甚至还有很多空白的时候奢谈史论，会使古史研究空洞无物；求真积累丰厚之时若满于现状不去求理，古史研究则虽地基坚厚却乏高屋建瓴之见。而具体到"叙述"解读问题，这不过是史家在文献史料处理环节的技巧而已，与整个历史研究何去何从的大方向毫无关涉。至于对傅斯年、顾颉刚的批判更是唇嘴不对。"史学便是史料学""上穷碧落下黄泉，动手动脚找东西"的主张，虽有些强调过当，但对于古史求真工作远未令人满意却都去简单求理的现实来说，不能不说是真知灼见。顾颉刚的研究方法虽只是使用史料中文献史料内史官史书材料的方法，但他并未否认实物考证，并未否认殷墟甲骨文。其"层累说"也仅限于解说古史官叙述文献的生成，与古史研究的大势方向并无阻碍。就史官记述史料的研究而言，顾颉刚成就非凡，贡献伟大。

概念的混乱和派系的混乱造成的论争影响很大，中国古史研究因其功底深厚情况尚好，世界古史研究就没那么幸运了。尤其是起步晚、底子薄的古埃及学研究，在此论争影响下，一直未有多少能为世界同行所注目的研究问世。无论是文献的解读，某一问题的突破，抑或是大的理论框架的提出，都很少有力作问世。究其原因，除历史短之外，文献基础薄弱便是其致命因素。中华人民共和国成立以来，中国埃及学研究论文算上研究生学位论文尚不足半百，统观论题，研究文献少而宏论众。除少数几篇依据古埃及文献或考古报告进行的研究比较扎实可信，其余大多数文章论据取自西方学者的史书及论文，皆属二、三手史料，致使立论与分析都难有创建并难以令人信服。尽管西方学者已经建立起很好的埃及学文献集成，如布雷斯特德的《古埃及记录》(Breasted, J.H., *Ancient Records of Egypt*, Chicago, 1906)[1]、普里查德的《有关旧约全书的古代近东文献》[2]（Pritchard, J.B., *Ancient Near Eastern Texts Relating to the Old Testament*, Princeton, 1955）等，但其译文对于中国学者来说已经过一道翻译理解，我们再用已经和原文隔着两层。加之古埃及文体及表述方式特殊，完全根据英译或德译文献而使理解准确无误是非常不容易的事情，除非懂得古埃及语言，且在使用英译等文献时对照原文，否则出错在所难免。中国古埃及史料整理研究成果不多，三千多年王朝史，只有零散的一些文献问世。《古代埃及与古代两河流域》（日知选译，生活·读书·新知三联书店，1957）最早为中国古埃及历史研究提供文献资料，提供古埃及各类文献七篇。正如译者所说："译者不懂古代埃及文字和古代两河流域的文字，所以本册翻译时所根据的皆系原文的英译本或俄译本。"可见日知（林志纯）先生当时对古文献缺乏状况心情之急切。也正因此，日知先生创立世界古典文明史研究所（以下简称古典所），请西方学者来教中国学生古埃及语言文字，使中国的埃及学研究有了求真的工具。《世界古代史参考资料选辑》[3]中仅收一篇《伊浦味耳陈辞》。《世界通

---

[1] 以下简称 Breasted, J. H., *ARE*。
[2] 以下简称《古代近东文献》。
[3] 沈阳师范学院历史系世界古代及中世纪史教研室编：《世界古代史参考资料选辑》，1957 年版。

史资料选辑》①所收古埃及文献也少而又少。笔者近年出版的《埃及历史铭文举要》②虽选入篇目较多,但也仅为"举要",据系统的古埃及文献整理尚有很远的距离。古史研究,需层层深入,扎实奋进,一步一个脚印,只有这样,古史研究才大有希望。

3. 求真、求理与古埃及历史研究

从法国学者商博良以《给达西亚先生的一封关于圣书体文字声符字母表的信》(Lettre à M. Dacier, relative à l'alphabet des hiéroglyphes phonétiques)宣告古埃及象形文字(应称之为"古埃及圣书体文字")被成功破译算起,埃及学诞生已有二百年的历史。二百年的研究历史让埃及学从最初的金石学整理阅读、文物搜集、遗址的挖掘发展成为一门集多学科手段,多技术设备参与的史料学、历史学、考古学、文化学、语言学各司其职以解决历史问题的科学体系。这不仅使古埃及历史的研究成果斐然,对其他世界古代文明研究亦做出了巨大的贡献(现代考古学就是皮特里等先驱学者在古埃及与近东的考古实践中建立起来的科学学科)。中国的埃及学研究从介绍国外研究成果到真正走向科学完成于史学家日知先生。他于20世纪50年代为我国带的第一批研究生中就有人专攻埃及学,已故的埃及学专家刘文鹏先生便是日知先生的高徒。然而,由于时代的局限,直到1985年日知先生成立古典所才引进国外埃及学学者教授学生

---

① 周一良、吴于廑主编:《世界通史资料选辑》(上古部分),商务印书馆1962年版。
② 李晓东:《埃及历史铭文举要》,商务印书馆2007年版。

古埃及语言文字，之前的研究一直建立在西方对古埃及文献的解读基础之上。1985年至今37年过去了，从学生到教授，已有一批埃及学学者成熟起来。尽管人数很少，但功底扎实，足以将中国的埃及学研究支撑起来。然而，中国埃及学研究成果若放在世界学界领域比较却显得没那么有分量。我们刚刚有考古队在埃及进行考古，却还没有利用任何现代设备对木乃伊进行过病理方面的分析以解决一些疑难问题，我们也还没有出版一套对古埃及文献的全面翻译释读的著作，几乎没有对古埃及语言文字做过语法学或语义学研究的突破性成果问世。我们有的只是零星的古文献整理、翻译、注释和个别问题的综述式介绍和评点。

中国的埃及学研究还非常薄弱，但更为严重的问题是，如果按照现在的格局继续下去，丝毫看不出将来会有根本的好转。如欲改变现状，一些大问题必须思考。

中国埃及学研究之弱，源于中国埃及学研究的大势不明。历史研究一在求真，二在求理。史料学的全部努力就在于尽可能科学地复原历史的原貌，从而发现历史发展的科学规律。求真在先，求理在后。求理的深度取决于求真的基础是否牢固。单就文献整理方面，西方早已做得全面而细致，为其埃及学求理提供了坚实的基础。《古埃及记录》《古代近东文献》和多卷的《文献》等，几乎将古埃及重要文献一网打尽。反观中国，文献翻译整理少得可怜。即使有一些翻译注释，也大多从英译转译而出，可信程度堪忧。可喜的是《古代文明》杂志创刊以来开辟了"古代地中海"专栏，常有文献整理、翻译、注释的文章刊出。但距建立起埃及学研究的坚实基础还相差太远。

造成这种境况的原因很简单，一是人少，二是观念之乱。中国专攻埃及学的一线教授只有几人，副教授也屈指可数。而这几个人中致力于古埃及文献翻译注释者更少。古埃及语言很难，没十数年苦读的执着很难胜任文献阅读翻译工作。而现在又是个学术短平快的时代，费力不讨好的事让仅有的这么几个人无暇顾及。这就使大多数想在古埃及文明研究中在求理层面做出努力的学者"无米下锅"。于是，很多人便退而求其次，利用西方人的原始文献翻译，或干脆利用西方学者研究成果作为自己求理的根据。古代语言非常之难，加上文体、习惯表达、宗教等原因，让不懂这种语言文字的学者完全正确理解这些文字的意思是件非常困难的事情。即使有西文的翻译，很多表述让人仍不知何意。故此，错误屡见不鲜。失之毫厘，谬以千里，造成我们的埃及学研究总体呈低水平徘徊之势。

因此，埃及学在中国的发展，亟待有一个一致方向的努力。为数不多的几位埃及学学者需要共同努力建立起埃及学研究最为重要的文献翻译整理注释资料库，为众多学者提供研究的可信基础。

求真求理，求真是埃及学研究的第一要义，求理是埃及学研究的现实意义。理论有大有小，各个层面都有。求真需推理猜想和逻辑思考，求理就更少不得理论的概括总结。然而，过去的经验告诉我们，求理需要极其小心和科学素养，否则不仅流于肤浅，更会得出错误的结论。

理论思考百密一疏。只要一个环节出现问题，整个理论大厦就可能顷刻倒塌。"玄之又玄，众妙之门。"中国人古来就有重玄奥轻实验的传统,科学理性的声音一直微若游丝。翻开历史一查,古来圣者大多文人雅士,鲜有泰勒斯、阿基米德这样的科学家。之后传统一脉相承,以文取士,科举考试,四书五经,诗词歌赋,皆重文轻理。学而优则仕,仕而优则学,颠来倒去就是没有科学的地位。问题倒不是中国一脉相承的传统没能让我们产生太多的科学家。科学家是有的,科学成果也是有的,四大发明不说,单说初唐李泰的《括地志》,明代宋应星的《天工开物》,都上及天文下论地理,然而,我们的传统中却一直没有出现如西方奠定科学发展的古希腊理性精神。古希腊文明对人类的贡献突出体现在其理性精神对后世的巨大影响。不是说我们中国文明中没有理性,而是我们中国的理性精神集中体现的是人道精神,是对神而发,是笼统的人文理性。人文理性对社会与文化的发展意义重大,但对自然科学的影响却并不明显。自然科学需要有精密的推导和实验的证明,而这正是古希腊留给西方的最宝贵遗产。人文理性高屋建瓴,博大宏伟,但不精密。科学理性与之相比更精密,更讲逻辑,更重实验。人文理性产生了经史子集、阴阳五行。数理理性、逻辑理性和实验理性光辉照耀下的科学理性则催生了西方的现代科学。两种理性,两条道路,于各方面都有反映。单说文学,西方出现了《海底两万里》式的科幻,中国出现了《笑傲江湖》式的武侠。科幻让幻想开阔思路,用实验促其实现。而武侠,以玄妙悦人心智,以梦境躲避现实。

回到理论思考这个问题。现在中国学界对理论顶礼膜拜,追求理论的巨大框架,宏大体系,从上到下,统摄一切。然后一切从理论出发，指导实践。然而，理论是危险的。任何理论还都只是逻辑的推导，对真理的认识，理论还远没完成其使命。未经试验成功的理论无论如何繁杂伟大都是靠不住的。科学的理性包含的不仅有逻辑，还要有实验。近来偶出科学造假事件，韩国"克隆之父"黄禹锡造假丑闻余烟未尽，中国也接二连三出现类似情况。为什么造假却可以被《科学》这样严谨的学刊采用呢？这是因为科学实验验证极为复杂且需耗费很长时间。理论推导完全正确，没有任何问题，可实验就是做不出来，这样的事情常有。这一方面给造假提供了可能，因为《科学》杂志的编辑无法将每篇论文的数据和实验都亲自做一遍，这是别人花了很多钱，用了很多设备，苦苦实验了几年的结果；另一方面恰好说明理论无论多么具有说服力都有可能是错误的。科学并不那么简单，光有复杂的框架，宏大的体系，甚至完美的逻辑推演是远远不够的。中国学者对理论的偏爱其实正是中国传统人文理性的必然表现，而人文理性距真正的科学还有一大步要走。这一大步就是实验理性的弘扬。有时候不禁问自己，社会科学离科学还有多远？其实，狭义的社会科学就是科学。而广义的社会科学应该指的是人文理性。理论是人文理性中的擎天柱，没有理论，人文理性便很难站立起来。可一种理论未经试验证明其正确的时候，只能称之为猜想。猜想不仅需要灵感、知识和逻辑，更重要的是需要通过实验理性使之走入科学殿堂。

人文理性具有很大程度的不确定性。人文理性宏大而不精密，粗放而不确定。因为只有框架，只有推理，所以还是科学思考的猜想阶段。即使理论非常严密，在未经试验之前实现起来也后果难料。这时候的理论还很难指导实践取得成功，我们不知道什么地方还有问题，即使一个理论中的上千个环节都无懈可击，只需一个细节出现问题就有可能出现满盘皆输的结果。理论极具说服力，问题是有说服力未必一定可信，更不用谈可靠。因为未经实验的理论尚不具备科学理性，离科学还有一步之遥。前事不忘，后事之师，这样的例证历史上并不少见。

然而，人文理性具有很强的煽动性、口号性、冲击性和革命性。回顾历史，我们可以看得一清二楚，理论的确具有非常大的鼓动性。陈胜、吴广的"死国可乎"与"大楚兴，陈胜王"，黄巾起义的"苍天已死，黄天当立，岁在甲子，天下大吉"，都有人文理性的味道。人文理性阶段的理论之于社会，最大的贡献不在于它对一个新世界的创造，而在于它对一个旧世界的破坏。

人文理性是一种哲学。哲学作为人类的古老智慧在现代科学尚未充分发展的远古启发人类心智，使人类能深入思考，正是从这个意义上说，哲学是科学的先导。但随着自然科学的发展，哲学的命题一个个被各个学科所攻破。于是，哲学大踏步地前行，去探索科学触角尚无法涉足的领域。因此，人文理性不应该停留自己的脚步，而应该像一个不知疲倦的行者，一旦燃烧了自己照亮了前程，便义无反顾地奔向下一个目标。哲学的脚步千万不可以停留，否则就会变得可笑。理论是有层次的。初级的理论具有启发性，但不可信；中级的理论具有可信性，但不可实践；只有高级的理论才是实验理性照耀下的真理，不仅具有启发，还可信，且能够指引人类走向一次又一次的胜利。

4. 古埃及文献整理研究基础上的古埃及历史研究前景

我国古埃及历史研究中存在着很多问题。首先是年代学的混乱。古埃及历史遇到的第一个问题是古埃及历史年代框架的建立，除了古埃及史前历史需要运用考古学的手段进行断代得出一个相对年代学框架，整个三千多年的王朝史年代框架的整理推导都是通过文献材料作为主要支撑材料来完成的。由于古埃及文献记录时间的方式独特，在运用这些材料确定古埃及历史时间的时候就会发生出入。正如西方学者在古埃及年代学上运用的一个表述所说的那样，古埃及历史年代存在着"高""中"和"低"的选择，即古埃及文献中记录的一个年代的三种可能性。选择的不同，埃及历史的时间框架就会有所不同。举一个简单的例子，通过一个法老庆祝过几次塞得节来推算其在位时间和下一位法老登基时间是埃及学学者们普遍采用的一种重建古埃及历史时间框架的方法，但文献中常常没有法老去世月份的记录。这就让研究者们有不同的推测，去世于一年的开始与去世于一年的末尾实际上相差几乎是一年的时间，但文献中却没有明示具体的时间。如果是年末去世的，那么这位法老的统治时间就比年初去世的统治时间少了近一年。接着而来的问题是继任者在位的时间也会因此发生变化。两位法老的时间框架恢复还不是个大问题，但如果这样的不精确积累过多，就会让后来的时间框架比实际情况相去甚远。"失之毫厘，谬以千里"之谓也。这对于我们中国的古埃及历史研究者来说是个很大的问题。没有相关文献资料就只能信西方学者的结论，他们的结论不统一让我们的学者无所适从，只能选择一个结论信之。有了古埃及文献的翻译，我们的学者自己就可以由此判断西方学者提供的时间方法是怎么应用的，是否合适，从而让自己的选择具有理性。

其次是结论根据的缺失。西方学者在埃及学领域经历过两百年的努力之后取得了巨大的成就。但无法否认的是，每一位学者在进行历史推断的时候都不会是在百分之百的证据面前下结论。每一个结论无论多么可靠都有推理的成分存在，不然也无需学者研究了。因此研究结论无法做到绝对可靠，需要我们的学者知道其每一个结论得出的来龙去脉。但西方学者在告诉我们结论和推导过程的时候所引用的材料大多为古埃及留下来的文献证据，不具备古埃及语言文字长期训练的人是很难知道其文字所述的真正含义的。因此，即使西方埃及学学者的推导过程极为科学，我们也会因为缺乏这样的训练和积累而无法跟上他们推导的思绪。这个问题也是阻碍中国古埃及历史研究深度的一个瓶颈。要求每一位历史研究者都花费十几年的功夫去学习古埃及语言文字是不现实的，因此这就需要我们将古埃及文献整理翻译出来，让中国学者能够读懂。正像我在本书开头之处所说，历史的研究首先是求真，之后是求理。求理者也不乏其人，有很多训练有素的学者在世界古代史这块领域中耕耘。但求真的材料不足让我们的学者"巧妇难为无米之炊"。文献的整理翻译为这些学者提供了求真求理的基础，中国的埃及学研究一定会在这个坚实的基础之上有一个长足的进展。

最后是隔阂。所有埃及学学者在其著述中都是用我们能够看得懂的文字在讲述他们研究的成果的，但他们在阅读古埃及人留给我们的文献时却并不是用我们所熟悉的表达方式记述历史的。我们读得懂学者们的文字，但学者们在他们的文章和著作中省略了将古埃及人表述方式转换成现代人能理解的表达方式的过程。这就造成了我们与古埃及历史文明的一种隔阂。这种隔阂的打破需要对古埃及语言文字有很好的掌握才行，因此，对古埃及文献的整理和翻译还必须有大量的注释才行。这也是埃及学成为一门学问的重要原因。如果一门学问无需多年的学习和积累，只要肯用心钻研就能进行研究的话，那这门学问应该很难说是学问。对古埃及历史文明的隔阂正是需要我们运用所掌握的语言文字为核心知识去解决的问题。有了对古埃及历史文献的翻译和注释，学者们就可以直接阅读古埃及人自己书写的东西，从而能够设身处地地理解古埃及人的思想意识，得出比较科学的合乎历史实际的结论。俗话说，"不入虎穴，焉得虎子"。古埃及历史学研究亦然，不能直接与古埃及人对话就无法深入古埃及历史当中，也就无法得出令人信服的结论。古埃及文献整理、翻译、注释的成果会让我们以更加深邃的眼光看待古埃及历史文明，不仅在求知上开阔视野，还会从历史的洞悉中得到历史的经验教训。

我国对古埃及历史文化的研究自1949年以来可分为两个阶段，这两个阶段以1984年东北师范大学成立古典所为分界，之前属第一阶段，之后属第二阶段。之所以要这么划分，是因为过去我们对以古埃及历史研究为核心的古埃及文明的研究基本上是以西文材料为主的研究。这期间俄文材料对中国古埃及历史研究的影响较大。由于历史条件的限制，中国的世界上古史研究学者很少有人能够系统熟练地阅读古埃及的文献材料，这就造成了我们的研究受制于西方研究成果的局面。由于无法阅读最原始的古埃及文献材料，造成了关于一些历史判断的误读。这种误读有两个方面，一是由于对古埃及历史文献表述方式的陌生而错误地理解了西方学者的翻译和注释；二是随着埃及学研究的不断深入，发现西方学者在有些文献的翻译和理解上出现了误读，进而影响到中国学者的判断。1984年林志纯先生在东北师范大学成立了古典所，开始引进欧美专家教授中国学生古埃及的语言文字。近三十年的时间，中国自己的学者已经一批批地从古典所毕业或从古典所走出去，到西方的大学去跟随西方埃及学学者学习古埃及的语言文字。这样，我们已经有了一批学者能够从最原始的文献入手进行研究。虽然人数不多，但已经具备了让中国的古埃及历史研究建立在自己对原始文献阅读基础上的条件。第一代学者在史学理论方面对古埃及历史的把握方面做出了巨大的贡献，特别是用马克思主义历史观看待古埃及历史若干问题方面的贡献。第二代学者在将古埃及历史研究建立在文献基础上这一方面已经初见成效。历史的求真和求理在两代人身上泾渭分明，但完整的历史研究是缺一不可的。

实现这一求真求理寓于一体的完整的历史研究的可能性随着对古埃及文献的翻译注释而逐渐完成。首要的任务是纠正过去资料不准造成的错误判断。其中包括古埃及年代学问题上的错误、历史事件上的错误、由于运用材料的不翔实可靠或理解偏差而造成的错误。为避免出现学者为了发表文章而填空式套用古埃及历史以外的问题进行成文的现象，我们应让古埃及历史研究者回到自己的研究上来，而不是做别人研究的附庸。古埃及历史有不同于其他古典文明的特殊性，它的史料性质、文献记述、研究方法都有别于其他文明。因此，古埃及历史的研究宜先从微观研究入手，有了足够的积淀再从微观研究走向宏观的理论研究。不然会形成天马行空、不切实际的空谈式历史研究之风，这对古埃及历史研究毫无益处。文献研究正好符合这个科学的研究规律。

古埃及历史研究中存在很多问题需要研究古埃及历史文明的学者一个个地研究突破，但由于古埃及语言文字的障碍，有些真正需要解决且史料也具备了解决这些问题的条件的问题没能引起我们的足够重视，反倒是一些本已基本解决或者现在在解决条件尚不成熟的问题被部分学者所关注并投入大量精力进行研究。这就造成了在古埃及历史研究中出现了许多假问题。研究就会有成果，对真问题的研究成果越多越好，对假问题的研究却正好相反，越多越排挤真问题，或者假问题越多越将研究的整体格局弄混乱，让人无法真正认清古埃及历史研究的方向。古埃及文献的整理、翻译、注释正是为整个埃及历史研究大局的确定，真假问题的厘清奠定基础。随着越来越多、越来越完整的古埃及文献被整理、翻译和注释，埃及学研究会在前人研究的基础上走向更加坚实的道路，甚至会为整个人类史的研究做出自己的贡献。

一、古埃及历史研究中的文献学基础

1. 古埃及历史文献学

文献，即文字材料，是为研究者提供大量信息和知识的文字材料，在历史研究中被称作史料。古埃及历史文献学主要研究古埃及历史文献的文字材料。这些材料从出现到停止使用经历了三千多年的历史。古埃及人留下来的最为重要的史料，从所载材料上可划分为铭文与纸草文书。从所载地来源上划分，铭文中有墓铭、庙铭、碑铭及采石场铭文。从内容上划分，铭文可分为年表自传铭文、纪念石碑、书信、法律文书、政令、宗教文字等。

对这些文字材料的研究首先需要懂得其文字所使用的语言。这些文献以三种文字形式存留下来，一种是刻写在石碑、墙壁、陶片、石棺以及大小雕像之上的文字，书写规整，字符以规范细腻的图画书写，美观漂亮。这样的文字因其符号都以图画书写，故被称作象形文字。希腊人最早赋予这些文字称呼，称其为"圣书"[1]，因此称之为圣书体文字应比象形文字更为贴切。另两

---

[1] Hieroglyph，因其刻写的主要内容多与"圣"事有关，且多出现在神庙与陵墓里，因而有"圣书"之称。

种文字无论是书写在纸草上亦或是墙壁上，都有点像我们所熟悉的汉字中的草书。一种为祭司所用，被称作祭司体文字，另一种为世俗文献，被称作世俗体文字。从452年最后一篇世俗体文字被刻写在菲莱岛神庙中以后，这三种记录古埃及语言的文字便从这个世界上销声匿迹了。而古埃及圣书体文字在此前六十年就已经不再出现了。不仅埃及文字从世界上消失了，其语言也在一代代外族的统治及外来文化的强制压迫下消失得无影无踪。于是，破译这些文字从而恢复古埃及语言的工作便成了古埃及文献学最初的工作。

对古埃及文字的破译最早是从圣书体文字开始的，最终又是从圣书体文字取得突破的，让古埃及文字记述的死去的语言重获新生。尽管最初也有人想到了古埃及圣书体文字中有表音符号存在，但这种观点没能引起人们太多的肯定，反倒是认为古埃及文字为神秘文字的思考引起了大多数人的共鸣。虽然从古希腊人开始的对古埃及文字的兴趣一直持续，但由于圣书体文字多刻写在神庙之中且每个字符都是一幅生动的图画，人们在破译古埃及文字的过程中一直从其象形和象征层面去解说其表达的含义和表意的方法。因为人们对破解古埃及文字倾注了太多的精力，积极的成果也并非毫无收获。比如一位5世纪的埃及祭司霍拉波罗就正确地识别出圣书体文字中鹅的符号含义是"儿子"，兔子符号含义是"打开"。两字含义猜对了，但其解释却带有很强的象征色彩。他的解说是，鹅非常爱护自己的子嗣，所以用来表示"儿子"；

兔子经常保持眼睛睁开，故用来表达"打开"之意。[1] 这种语义上的推测犯了一个方向性的错误。任何一种文字体系，只要是成熟的文字体系，不可能仅用象形和会意来完整地表达记述一种语言。因为任何一种语言都是有结构的，而其中起结构作用的成分是无法用象形和会意完成的。

经历了漫长的几无成果的尝试之后，人们开始转向另一种古埃及文字的研究，即科普特语文献。时至今日，仍然有为数不多的科普特教徒能够认读用科普特语书写的教义。这一研究的积极成果是，人们知道了埃及的基督教（埃及称科普特教）教士所使用的语言很可能至少是古埃及教士们所使用的语言。这种语言一定与包括圣书体文字在内的古埃及人所使用文字记录的是同一种语言。这样的研究方向的转变发生在17世纪。

古埃及圣书体的破译随着拿破仑的士兵在埃及罗塞塔挖掘出一块石碑而出现转机。英法两国为争夺通往亚洲的要道在埃及展开战争，拿破仑的士兵在地中海沿岸罗塞塔这个地方修建工事，结果挖掘出一块刻有三种文字的石碑。石碑尽管已经残破，但三种文字大部分内容都存留其上，其中一种文字就是古埃及圣书体文字，另外两种文字分别是古埃及世俗体文字和古希腊文。古希腊文与两种古埃及文字上下排列同时出现在这块石碑上让法国人非常兴奋，因为人们马上猜到这非常可能是一个文献的三种文字的对照版本。文字的破译需要几个条件，而有一个与人们能够读懂的文字对照版本则是破译工作最为重要的条件之一。因此，人

---

[1] 参见 Gardiner, A., *Egyptian Grammar: Being an Introduction to the Study of Hieroglyphs*, Oxford: Griffith Institute, 1957, p. 11.

们称这块石碑是打开古埃及圣书体文字大门的一把钥匙。但是，并不是说有了这个对照版本，破译工作就会毫无障碍，还必须有一个对古埃及圣书体文字性质的基本判断，否则就会犯方向性错误。从性质上分，文字有这样两种：一种是拼音文字，另一种是表意文字。拼音文字比较简单，有足够描述一种语言的语音符号就万事大吉。表意文字就复杂得多，其中有象形、指事、会意。对于破译古埃及圣书体文字而言，第一步便是确定它属于哪一种。有人认为它是表意文字，因为所有文字符号都是图画，即使文字不都是象形符号，其会意的成分一定是其主要传达记述的手段。随着越来越多的古埃及圣书体文字文献的被发现，人们尝试用破解表意文字的方法解读文献的种类也极大地丰富起来。然而结果却是令人越来越迷惘。于是学者们开始改弦易辙，尝试着用拼音的方法来解释古埃及圣书体文字。

首先碰到的困难是字符过于繁多，大约有七百多个，任何一种已知语言的拼音符号都不可能有这么多的符号。然而，这个困难并没有让学者们止步不前。从罗塞塔石碑上的人名入手一个一个符号地破译，欧洲许多学者都为此贡献了自己的才智。尤其值得提及的是英国的托马斯·杨和法国的商博良。他们破译古埃及圣书体文字的思路是，人的名字在任何一种语言中都只能音译，如果能从古埃及圣书体文字中找到与希腊文中相对应的名字的话，许多字符的发音就会被正确识别。罗塞塔石碑上的圣书体文字中出现一些椭圆形的圈，里面有一些圣书体文字符号。他们猜测这些被法国军人称之为"卡图什"的圈应该就是法老的名字。这一判断是正确的，破译工作向前迈进了一大步。古埃及法老的名字为欧洲学者所熟悉，因为有古希腊古典作家们笔下的记述。首先被成功破译的是托勒密法老的名字，七个字符一一对应，由此学者们知道了古埃及圣书体文字中的七个字母的发音。接下来他们寻找更多我们现在称之为"王名圈"的"卡图什"来研究，将已知读音的字母代入王名圈，很快推测出该名字属于哪个法老。这样，其余未知的字符读音也一个个地被破译。

破译者遇到的第二个困难是用已知读音的符号去拼读大量的文献，发现有更多的符号不知其发音。而能够找到的王名圈都已经破译完毕，没有新的办法来确定那些数量更多的符号如何发音。古埃及文献学者们都知道，这么多的符号不可能都是表音符号。那么，这些非表音符号到底是什么呢？难道对古埃及圣书体文字为拼音文字的基本判断错了吗？尽管有这样的困难，商博良等学者并没有停止这条路上的探索。他们继续拼读古埃及圣书体文献，发现一些他们熟悉的语言中的词汇的发音。尽管这些发音只是近似，但他们知道，同一个语系中的语言存在着大量的同音词汇。于是，文献中的个别词汇首先被他们破译出来。这证明古埃及圣书体文字至少有拼音成分。攻克最后难关的是天才学者商博良，这位16岁就已掌握了包括科普特语在内的12种语言的法国天才最后解决了古埃及圣书体文字的构成难题：古埃及圣书体文字既不是纯拼音文字也不是纯表意文字，而是两者的结合，是一种声符、意符合在一起的文字。这样，古埃及圣书体文字中七百多个字符的问题就解决了，其中表音的符号只有24个，其余字符都是表意字符。表意字符有的附在表音符号后面，被称作限定符号，而有些时候因为一些文字使用的频率特别高而只书写意符，省略掉了声符。到此之时，古埃及圣书体文字的破译工作宣告完成。商博良宣布破译古埃及圣书体文字的文章《给达西亚先生的一封关于圣书体文字声符字母表的信》公开发表的1822年被确定为埃及学诞生之年。圣书体文字破译了，世俗体和祭司体文字便迎刃而解，因为后两种文字都是圣书体文字的草写，文字构成没有任何变化。

埃及学的诞生源于古埃及圣书体文字的破译，由此可见古埃及文献学对于古埃及历史文化研究的基础作用。古埃及文献所用语言经历了五个发展阶段，即古埃及语、中埃及语、晚埃及语、世俗语和科普特语。古埃及语是古埃及第一王朝到第八王朝（约公元前3180—前2240）所使用的语言。此时文献多为皇室文献和陵墓丧葬文献，其中最主要的是金字塔文。丧葬文献中则包含一些传记的内容，成为历史文献中的重要材料。中埃及语文献中所用语言并没有与古埃及语发生太大变化，但文献的内容却大大地丰富起来。中埃及语是古埃及中王国时期文献所用语言，严格地说，是第九至第十一王朝的官话，时间跨度约为公元前1990年至公元前1573年。埃及人自己认为中埃及语是他们的经典语言，因此它被后世称作古典语言。中埃及语文学作品成为整个新王国书吏教育的"课本"，为学生们反复诵读抄录。因为被认作经典，所以此后的纪念性铭文及宗教铭文都用中埃及语书写，整个传统一直持续到希腊罗马统治时代。晚埃及语为第十八至第二十四王朝的官话，时间大约从公元前1573年到公元前715年，其文献内容主要为事务性文献和书信。第十九王朝已降，一些故事和其他文学文献甚至是官方建筑上都出现晚埃及语书写的文献。此时的语言文字中常可见外国的词汇，当然中埃及语词汇和句法也时常在晚埃及语文献中可见。之后是世俗语时期，从第二十五王朝直到希腊罗马统治时代，约公元前715年至公元470年，文献中的语言常能看到中埃及语成语出现其中，可见古典语言的魅力。古埃及语言发展的最后一个阶段是科普特语阶段，时间大约从300年开始。科普特语是古埃及基督徒所使用的语言。科普特语文字是借用希腊语字母另加古埃及人独创的八个希腊语中没有的字母来拼写教士们口中所讲的古埃及语言。这种语言直到640年阿拉伯人占领埃及一直是教士们的口头语言，到了16世纪，作为口语的科普特语从人们的口中彻底消失，仅存留在科普特语文献中了。①

2. 古埃及历史文献学中的版本与修补

与其他文明相比，古埃及文献更为杂乱、残破且行文指代模糊，令后世学人整理起来非常困难。无论是文学作品还是非文学文献，完整无损的文献几乎很难遇到。比较起来，铭文要比纸草文献更容易保存下来，因为纸草脆而易损。铭文因刻写在石头上或书写在墙壁上，较之纸草更不易破损。但铭文不像纸草文献那么容易收藏，所见者不多，过手亦不多，会被风蚀沙浊，渐渐残破让人看不清所书内容。此外，即使内容清晰可读性很强，其所记人物、事件、地点、所涉民族等都会非常模糊而让后人抓耳挠腮无法确定。这本是很难解决的问题，然而古埃及很早就有了

---

① 参见 Gardiner, A., *Egyptian Grammar: Being an Introduction to the Study of Hieroglyphs*, p. 5。

抄写、摘录、重书文献的习惯，为我们恢复古埃及历史文献提供了一线可能。尽管有些出现在别处的抄录或摘录的文献并不完整，但互相对比印证会帮助我们尽可能补齐或完善原来残破不堪的文献。例如《图特摩斯三世纪年》，原文虽已无法见到，但祭司书吏却将其摘录刻写在卡尔纳克神庙中阿蒙神庙内厅的"圣中之圣"墙壁上。所谓"圣中之圣"就是神庙中最里面的神像坐落之处，后世学者一般称之为圣殿。法老都喜欢宣传自己的文治武功，但仅书于一处就会所知者甚少，所以就出现了古代抄件。古代抄件一般不会有抄写错误，但摘录什么略去什么是我们常无法知晓的，除非原件与抄件都被发现。但这样的几率很低，常常是两件或两件以上的同一份文献被发现，又由于都已残破就只有一部分重合的情况发生。这样也有一个好处，虽不能字字对照勘误，却可以补足互相残破或缺失的内容。

还有一种情况使得古埃及文献出现抄本，即古埃及的教育体制。古埃及不是每个人都有权利接受教育的，只有贵族子弟才享有这个特权。古埃及教育与子承父业相一致，父亲是法老，儿子便会接受培养王子甚至是未来法老的教育；父亲是祭司，儿子就要接受做祭司的教育；父亲是书吏，儿子自然就要接受做书吏的教育。无论做什么，读写都是古埃及教育中最为重要的内容。书写训练的基本方法是抄写，范本可能因受教育者未来职业方向不同而不同，但抄写的范本一定都是经典的文献。其中包括文学的，如《辛努海的故事》。它就是发现若干抄本之后将各抄本片段整理恢复出完整故事的。文学文献范本之外还有宗教的。这些抄本仍然一以贯之的是零散和仅存片段。这是古代抄本。古人无意间为我们留下了不同版本，可供互相参证。

古人的抄本被我们当作原稿对待，因为它是同时代留下来的真迹，且原稿不是彻底消失就是残破不全。除了古埃及人留下来的抄本之外，现代人包括考古学家、金石学家、文献学家、历史学家等也都通过不同的渠道搜罗古埃及文献。最初一批到埃及的是来自欧美的寻宝者。他们寻找购买了许多埃及文物，其中所有上有埃及文字的物品都被这些寻宝者所收买珍藏。之后人们对古埃及的兴趣开始从寻宝转向研究，许多学者开始抄录古埃及石碑上、墙壁上、雕塑上、石棺上的文字。这时候的抄录者因不懂古埃及文字而抄写起来异常困难，准确地说应该是临摹这些文字。因为不懂所以认真，但也因为不懂而使抄本无法阅读的情况时常出现。随着古埃及文字体系被成功破译，抄写变得不再那么困难。研究者都自己抄写原始文献，然后进行对比研究、修补、翻译、注释并公布发表。

埃及学诞生之后的古埃及历史文献的公布发表全都是研究之后的成果，很少有仅公布文献照片或抄本加上一些文献发现背景的报告就完成任务的情况。因此，古埃及文献修补工作与文献的整理、注释、翻译、研究多为同步进行。这是古埃及历史文献学研究中的一个特点。单篇、短篇幅、破损严重是古埃及历史文献整理翻译过程中普遍存在的问题，修补残破因此成为古埃及文献研究中的一项重要任务。

3. 古埃及历史文献在历史研究中的使用方法

古埃及历史文献并不直接给出历史。复原历史真相需要通过文献中透露出来的微弱的信息结合其他材料来一点点将片段联系起来，建立其历史的时间与人物关系网络。研究古埃及文献时，对于其中的人名、地名、头衔、时间都需特别注意。

古埃及人并无历史观念，只有大事记述。大事记述中并不清晰展示家系，因此，古埃及历史上扮演主角的人物关系往往就需要研究弄清。读一篇铭文或纸草文献，遇到人名就遇到了一个可以探索的突破点。古埃及人往往用神入名，如阿蒙霍泰普中有阿蒙神之名，埃赫那吞中有阿吞神名字出现，拉美西斯中有拉神之名，塞提中有塞特神入名，等等。这些名字会告诉我们：该名字所有者最崇拜的神是哪一位，从而可以推测他的出生地大约在什么地方。因为古埃及神祇众多且体系不强，原因是古埃及的国家神都是从地方神升上来的。古埃及神以人贵，当一个地方势力取得国家政权的时候，其崇拜的地方主神便会升为全国崇拜的国家主神。这就为我们通过人名推测其势力起源提供了线索。例如新王国时期的法老多以阿蒙神入名，虽然我们已从古王国时期的文献中看到该神的名字，但只是个底比斯地方的小神，并无君王的名字中出现该神。到了第十一王朝，随着底比斯政治势力的崛起，阿蒙神取代了战神孟杵成为底比斯地区的主神。而到了新王国时期，底比斯势力终于取得全国的政权，阿蒙神也一跃而成国家的主神。

不仅如此，古埃及人名虽然并无姓氏，但很多时候兄弟用同一个名字的情况却很普遍。为了区分，他们会在名字中加入"阿阿"（意为"大的"或"最长的"）、"赫日-伊布"（意为"中间的"）和"涅杰斯"（意为"小的"）等字眼。这对于我们判定他们的兄弟关系很有帮助。如果父母身世显赫，古埃及人还会在自己的名字中加入父亲或母亲的名字，分别用"伊瑞-恩"和"麦斯-恩"连接，意为"某人之体"和"生于某人"。这样的取名习惯对于我们建立他们的家系异常重要，当他们的父母兄弟也有文献记述的时候，我们便可以将两篇甚至多篇毫不相关的文献联系起来，使历史从零散走向立体。

古埃及人的名字还有另一种情况可以帮助我们分析历史。古埃及人相信，一个人的灵魂是有五个因素构成的，即名字、卡、巴、影子和心。这五个因素是一个人灵魂的有机组成部分，如果其中任何一部分受到伤害，其人亦会受到同样的伤害。所以，在埃及各遗址中常能发现做成人形被砸碎的陶俑。这些陶俑身上会有一些名字出现，之所以被砸碎是因为这些人都被当作敌人，以此方式受到打击或伤害。由此，我们便可以通过这些名字来建立起人们之间的敌友关系。这是文献中名字的另一用途，也是埃及学学者常用的研究古埃及文献的一个手段。古埃及人名在一定情况下会发生改变，例如塞提，意为"塞特神之人"，在其阿蒙神神庙中就将自己的名字改为"奥西里斯神之人"，以避免造成对奥西里斯神的冒犯。新王国时期的一个审判文书称被控者为梅塞得苏瑞、彼姆-姆-瓦瑟和帕-耐克，意思分别为"拉神憎恨之人""底比斯之敌"和"蛇"。显然，这些皆非他们的真实姓氏，因为他们被控犯有重罪，欲谋杀拉美西斯三世法老，所有他们的真实名字不再出现于文字之中。国王的儿子也卷入了这场阴谋，被改名为番特瓦瑞，意为"避难者"。从他的名字的改变可以推测这个王子为逃避被控弑父弑君而逃离了埃及。

法老的名字在文献中出现的频率最高、次数最多。在第四王朝之前，法老只用一个名字，但到了中王国时期，每位法老都拥有了五个名字，即荷鲁斯名、两女神名、金荷鲁斯名、出生名和登基名。一般在王表里出现的名字都是登基名。比如拉美西斯二世的出生名字全称是拉美西斯－美瑞阿蒙，意为"拉神所生之人－阿蒙神喜爱者"。但其登基名却是威瑟尔－玛阿特－拉，赛特普－恩－拉，意为"拉神正义之力量，拉神选中者"。

古埃及文献中出现的名字给我们这么多启示，在文献内容本身提供信息不多的情况下，古埃及人名像活着的说书人一样讲述给我们很多历史的真实，只是这种讲述总是像谜语一样需要很高的智慧活动才能猜透。

名字之外还有头衔值得我们注意。古埃及文献中出现的头衔大体可以分为两类，一类是法老的头衔，另一类是大臣的头衔。法老的头衔即其名字，象征其现世的神圣力量，同时陈述其统治的使命。法老的头衔有时会发生变化，由此可推知其统治的政治方向的改变。最典型的例证是埃赫那吞改革，从他的头衔的改变中敏锐的埃及学学者嗅出了重大历史事件的味道。埃赫那吞是埃及第十八王朝的一位法老，他早期的王衔如下："荷鲁斯，强壮的神牛，高高的双羽；两女神，底比斯伟大的王权；金荷鲁斯，于底比斯高扬王冠之光辉；拉神之子，令阿蒙神满意之人，统治底比斯之神祇；上下埃及之王，完美之拉神形象，拉神之一人。"到了他统治的第四年，他的王衔发生了重大改变："荷鲁斯，强壮的神牛，阿吞神所钟爱者；两女神，阿赫塔吞伟大的王权；金荷鲁斯，高举阿吞神名字之人；拉神之子，活着的阿吞神之精神；

上下埃及之王，完美之拉神形象，拉神之一人。"变化前后的名字一一对比，埃及学学者们发现，阿蒙神完全被阿吞神所取代，荷鲁斯头衔中"高高的双羽"指阿蒙神，被"阿吞神所钟爱者"取代，两女神头衔的"底比斯伟大的王权"被"阿赫塔吞伟大的王权"替代，金荷鲁斯头衔中的"于底比斯高扬王冠之光辉"换成了"高举阿吞神名字之人"，出生名的"令阿蒙神满意之人，统治底比斯之神祇"变成了"活着的阿吞神之精神"。唯一未变的是登基名，仍然是"完美之拉神形象，拉神之一人"。由此推断当时一定发生了一次重大的宗教和政治的变故。宗教上，阿蒙神被抛弃，代之而起的是阿吞神；政治上，都城底比斯遭到遗弃，新都迁至阿赫塔吞。因为底比斯是阿蒙神崇拜中心，阿赫塔吞（意为"阿吞神之精神"）是阿吞神的崇拜中心，由此可见政治变故与宗教变故相辅相成。于是学者分析是否埃赫那吞（意为"活着的阿吞神之精神"）做出如此大变动的目的是要摆脱底比斯阿蒙神祭司势力，从而推测当时阿蒙神祭司势力有可能已经强大到可以跟法老抗衡的程度。这既是宗教的推测，又是政治的推测。尽管王衔变更并没有给出重大历史变故的细节，但它不仅让人知道了当时阿蒙霍泰普（意为"令阿蒙神满意之人"）四世改头衔为埃赫那吞蕴含的历史变动，还为学者们进一步探索此段历史的来龙去脉以及此历史事件对后来古埃及政治、经济、文化、宗教各方面的影响提供了课题。

不仅如此，很多名字的细节都在一定程度上提供了历史真相的线索。比如第十八王朝的女王哈特舍普苏特头衔中后来去掉了代表阴性名词的词尾字符 t，于是历史学家推测这位图特摩斯二世的王后开始由统治权力的幕后走到了前台。因为按照古埃及的政制传统，只有男性才能成为合法的法老。去掉头衔中的阴性词尾后，哈特舍普苏特就以一位男性统治者的形象出现。经过文献的对照分析研究，最终证实这位王后不仅走向了统治权力的前台，还像一个真正的男性法老一样统治埃及22年之久，成为古埃及历史上唯一一位真正的埃及人自己的女王。

大臣头衔尽管与法老头衔不同，但也处处都涉及法老。不仅如此，大臣的头衔还为历史学者们研究古埃及的政制结构提供了材料。举一个简单的例子，《雅赫摩斯自传铭文》中对自己头衔有一段陈述：

（1）世袭贵族，诸侯王，玺印总持，密友□□□□□□
（2）玺印总持，传令官，勇士，雅赫摩斯，被称作番内赫伯，绝无虚言。①

仅就这一头衔即可推知古埃及宫廷设立玺印总持、传令官，且两者常由一位军官担任，此职位候选者应为贵族。一个王朝的大臣头衔搜集多了就能对该王朝政制建构有个框架似的重建。而不同王朝一个一个重建恢复之后，整个古代埃及历史的政制建构史便展现在我们面前了。

此外，古埃及传记铭文中作为史料的东西就更多了。此类文献有点像我们熟悉的司马迁《史记》中的列传，虽不像《史记》中列传那么详细，记述的目的也不相同，但此类文献是中国史家最为熟悉的材料，研究起来也更有心得。家系的建构，人物关系

---

① 李晓东：《〈雅赫摩斯自传铭文〉译注》，《古代文明》2013年第3期。

的确定，事件的来龙去脉都借此得以弄清楚。此外还有年表，对于年代学研究意义重大。另外，边界石碑铭文、胜利石碑铭文等文献亦为我们所熟悉，此处不再赘述。

4. 古埃及历史框架的诞生

我们读到的古埃及历史大多框架清晰，脉络鲜明。然而，聪明的读者一定会在阅读的过程中思考一个问题，即时代这么久远的历史，让我们怎么相信呢？说古埃及于公元前3100年第一次统一，谁记录的这一时间？以后三千多年历史，31个王朝，谁将这一切记录在案？我们何以相信他们记录的真实？

中国的历史对于这样的疑问很好回答，因为从王朝初始，朝廷里就设立了史官，负责记录皇帝的言行、宫廷的要事、国家的大事。后又有史官专门编撰史书。史官自古就有自己的操守规范，秉笔直书，不为贤者讳。所以，每朝每代都有当事者记录留存。今日史家所做的只是按照现代的史学概念将历史的真相再做剖析而已，史实并无大的问题。

然而，古代埃及却没有史官，只有书吏。书吏负责税收，记录尼罗河水位，估算收成，分配食品，调查人口、牲畜数量，管理法律事宜，负责设计、监管大的工程，有的本人还是祭司、法官、医生或教师。[①] 然而，书吏就是不记录历史，更不书写历史。古埃及没有史官，也没有历史的概念。无论谁是因谁是果，在古

---

① Bunson, Margaret R., *The Encyclopedia of Ancient Egypt,* Fact On File, Inc., 2002, p. 356.

埃及人眼里，时间就是永恒。书吏不记历史，而我们要书写古埃及的历史首先要解决的一个问题是，古埃及历史持续多长，距今多久。简单地说，要书写一个文明的历史面临的首要问题是为它建立一个时间框架。没有这个时间框架，历史便无法建立。

古埃及历史历经三千多年，终于在公元前3世纪的时候迎来了自己的第一位历史学家曼涅托。对于研究古埃及文明的学者来说，这个名字并不陌生。迈克尔·赖斯（Michael Rice）在《古埃及人名词典》中称曼涅托是一位托勒密时代的祭司和编年史家。[①] 他写了许多东西，但却因为《埃及史》一书而为后人所知。《埃及史》对后世的影响很大，我们所有书写古埃及历史的人都遵循曼涅托的《埃及史》，将古埃及的历史划分成30或31个王朝。不管他划分王朝的根据是什么，曼涅托的《埃及史》让古埃及的历史有了框架。但遗憾的是，曼涅托生活的年代已是古埃及人统治历史走向结束，进入希腊人统治埃及的时期。他既改变不了古埃及无史官无史书的历史，也无法像中国史官记录当下事件那样留给后人翔实的史料。毕竟埃及的古王国时期的历史对于曼涅托来说就相当于秦始皇时代的历史对于我们一样遥远。

有人说曼涅托撰写《埃及史》是受了希罗多德的刺激，因为希罗多德作为一个希腊人，在自己的《历史》当中专拨一卷记述埃及，这是件史无前例的事件。曼涅托作为一个埃及人无法忍受自己的民族没有自己书写的历史问世，于是写出了《埃及史》。我们且不去论传言真假。曼涅托的《埃及史》较希罗多德的《历

[①] Rice, M., *Who's Who in Ancient Egypt,* London, New York: Routledge, 1999, p. 105.

史》更像一部史学著作是毫无疑问的。尽管希罗多德被称"历史之父",但他在《历史》中对埃及的记述却更像游记。在史料的运用上,曼涅托较希罗多德至少有一个优势,即曼涅托是埃及人。尽管他的《埃及史》是用希腊语写成,但他作为一位祭司,可以利用神庙中保存的一切文献资料研究古埃及的历史。

曼涅托建立古埃及历史框架所用资料中最为重要的文献是王表。王表是古埃及人为了向祖先献祭而列出的先前的国王名字列表,保存下来的有"巴勒莫石碑""都灵王表""阿比多斯王表""卡尔纳克王表"与"萨卡拉王表"。因诞生时代不同,所记王名也不尽相同。巴勒莫石碑是一个残片,上面刻写的是皇家年历,所涉国王从第一王朝直到第五王朝。都灵王表应为拉美西斯二世时记,从神的时代一直列名至第十九王朝。该王表最初只是个税收记录卷宗,但它的背后却列下了国王的名字。阿比多斯王表刻写在第十九王朝法老塞提一世的阿比多斯神庙的墙壁上,是塞提一世与其子拉美西斯二世向前辈献祭的结果。卡尔纳克王表原在卡尔纳克神庙一个厅中西南角落的墙壁上,图特摩斯三世统治时书写。其最初用意亦为献祭。萨卡拉王表也是第十九王朝时书写的,1861年在一位拉美西斯二世大臣的陵墓里发现。[①]

尽管这些王表记录的最晚的法老才到第十九王朝,以后一千多年都是空白,但至少为我们恢复此前古埃及的历史框架提供了重要材料。加上曼涅托的《埃及史》提供给我们的古埃及历史框架,至此,古埃及历史的年代学框架已成雏形。

---

① Shaw, I., *Oxford History of Ancient Egypt*, Oxford University Press, 2000, pp. 5–10.

然而，问题并没有这么简单。先说曼涅托的《埃及史》，虽然他在撰写这部历史著作的时候距其记述的古埃及第一次统一已有近三千年，但他所能用到的材料毕竟比我们今天距历史更近。他用到了我们上面提到的王表，外加我们现在已经无法见到的一些神庙中保存的材料。但遗憾的是，曼涅托的著作却没能留存下来，早已亡佚，让我们无法见到其庐山真面目。所幸的是，古典作家对曼涅托的《埃及史》多有引证，这样他的著作就随着这些古典作家的著作的存世而保留下来，虽然有点破碎不堪，但有胜于无，总是值得庆幸的。后人想要研读曼涅托的《埃及史》，就只好到约瑟夫斯（Josephus）、阿弗里卡纳斯（Africanus）、辛塞鲁斯（Syncellus）等古典作家的著作中去寻找了。因为都是引用，所以这就会带来一个非常大的问题，即各引用者会断章取义，根据自己的意愿选择甚至篡改曼涅托的文字。后世在将不同的引用版本放在一起对比的时候发现，有些内容互不相同。[1]

除了亡佚造成的缺失之外，曼涅托的《埃及史》还有一个问题至今未能解决。埃及学学者至今无法理解曼涅托当年撰写《埃及史》的时候是根据什么原则划分王朝的。为什么将古埃及的历史划分成31个王朝？王朝的改朝换代是否由于统治家族的改变？血统的改变？抑或是统治地点的改变？这一切标准在曼涅托的《埃及史》中都无法贯彻。第一王朝和第二王朝共18位法老，似乎看不出他们之间血缘的改变。曼涅托在两个王朝中各分配9位法老，有点像是平均分配的结果。此外，第十八王朝的第一位

---

[1] The Loeb Classical Library, *Manetho,* Harvard University Press, 1964, pp. xv–xxvi.

法老是阿赫摩斯，而他却是第十七王朝最后一位法老卡摩斯的弟弟。虽然有人认为第十八王朝的第三位法老图特摩斯一世并不是前任法老阿蒙霍泰普一世的儿子，但二者所处朝代没有改变。如果说第十八王朝第三和第四位法老是父子的问题还只是可能的话，那卡摩斯和阿赫摩斯之间却绝对是亲兄弟。是什么标准让曼涅托在法老血缘没有任何改变的情况下划分出两个王朝呢？难道他划分王朝的标准中还有一条是一个时代繁荣的开始吗？如果是这样的话，第十一王朝法老孟图霍泰普二世就应该成为第十二王朝的开创者，因为他已经结束古埃及的分裂，将古埃及再次统一起来，并迎来一个繁荣时代。可孟图霍泰普二世却依然被安放在第十一王朝之中，致使后人在将古埃及历史分成四个王国的时候，将第十一王朝一分为二。第十一王朝的前半部属于第一中间期，而后半部却属于中王国时期。

无论曼涅托对古埃及历史的划分有多大的问题，因为其划分已成经典，为人普遍接受，所以想要改变也几无可能。现在要梳理出令人信服的古埃及历史年代框架，埃及学学者们需要做出什么天才的构想和勤奋的努力呢？

现代古埃及年代学方法大体有考古的和文献的两种方法。虽然两种方法一直互相补充印证，但无法孤立完成构建古埃及历史框架的责任，各自贡献的时期也不尽相同。史前史以考古为主，王朝史则以文献为主，考古辅之。

经过旧石器时代、中石器时代、新石器时代，然后进入王朝史，古埃及历史的宏观框架当如是。石器时代属史前史范畴，因为没有文字，所以只能依靠考古来给出大体的时代脉络。王朝时代开始出现文字，因此也纳入历史，以区别于没有文字的史前史。埃及史前史只能有个大致的时间，因为到目前为止无论什么绝对年代学的技术也还无法将史前的时间确定得非常精确。于是，古埃及考古学家皮特里首创序列年代学断代的方法。新石器时代晚期出现陶器，因其为人造产品，故其色彩、工艺、形状和纹饰都会打上时代的烙印。皮特里根据这些特征将在埃及不同地区挖掘出来的陶器进行归类，以其典型遗址命名，这样就划分了由石器时代向王朝时代转变的历史。经过巴达里文化、内伽达Ⅰ文化、内伽达Ⅱ文化和内伽达Ⅲ文化（第零王朝），然后进入王朝时代。

王朝时代古埃及历史框架的建立主要还是依靠曼涅托《埃及史》提供的王名顺序与古代留下来的王表。这些王表提供了法老的顺序和在位时间，这就为通过王名建立可信的历史框架提供了可能，但王表所提供的时间框架会出现很多问题需要解决。因为根据这些王表建立起来的古埃及历史框架是建立在这样一个假设之上的，即这些王表所提供的王名齐全，顺序正确，统治时间无误。如果这些前提条件都毫无问题，那么我们只需将古人留下来的王表按顺序排列出来，统治时间一个一个地相累加即可得出整个古埃及从第一王朝到第三十一王朝的时间长度。又因为托勒密王朝与古埃及的王朝前后相接，这样一直持续到公元后的国王序列就可以与现代人所用公历纳入一个时间框架体系。于是由后向前推，每一位法老登基到死去的时间就完全可以用公元前的准确纪年标记清楚了。然而这只是一厢情愿的美好愿望。古埃及王表存在着很多问题，让我们无法这样推算。托勒密王朝因为一直持续到公元后，其时间的推断误差较小，拿不准的也就几年的时间。越往前误差越大，直到古王国的断代与其他证据证明的时间相差六七百年之久。

古埃及王表让我们面临的第一个问题是，古埃及人没有一个统一的纪年体系，每一个王表都是单独成章，既不与以前王表相接，又不管以后王表的承接。王表只将法老的名字堆积在一起，加上各自统治的年限。于是出现两个问题：第一，王表上前后相继的两位法老各自统治时间如果都是 15 年，加起来就是 30 年。但前位法老去世到后一位法老登基是否中间毫无间隙却没有标明。如果因为某种原因前位法老去世后两年后一位法老才登基，那他们两人的统治时间相加就应该是 32 年，而不是 30 年。第二，古埃及从中王国开始出现了共治现象，即老法老还在位的时候就将继任者扶上法老的王位，两位法老共同治理国家。而共治的情况在王表中根本不予记载。还是用王表中两个前后相继的法老各在位 15 年为例，如果他们共治时间是 7 年，那么两人统治的总时间就只有 23 年。后一个问题尤为重要，因为最初的埃及学学者按照王表的统治时间，从托勒密王朝开始，一位法老一位法老地向前累加统治时间，结果让人大吃一惊，古埃及王朝的起始年代远比我们可以想象的要早。比如在布雷斯特德的推算中，第一王朝到第二王朝的时间是公元前 3400 年至公元前 2980 年，比我们现在大多数埃及学学者所接受的时间早了四百多年。[1]

古埃及王表的第二个问题是大多王表都有破损，有的没有破

---

[1] Breasted, J. H., *A History of Egypt: From the Earliest Times to the Persian Conquest*, London: Hodder & Stoughton, 1906, p. 21.

损内容却不完整，就是说没有将所有的法老都记录在王表上。这样，给出的历史框架就不完整，即使所缺时代非常短暂。第三个问题是几乎每一个王表中的法老的统治时间都没有得到非常准确的记录。一位法老统治时间长度的不精确可能只有一年或几个月，但累积起来构成一个数千年历史的大框架就会失之毫厘，谬以千里。

要解决这些问题，新的科学的方法是必不可少的。碳14断代法便是最常用的一项考古年代学技术。只要遗址中发现有机物，科学家就可以用测定其碳含量流失的程度判断其死亡的时间。其中一个关键概念是半衰期。地球上的生命结束时，其活着的时候机体中吸收的碳14同位素开始衰减。衰减到总量的一半的周期是5730年。但该方法断代并不绝对准确，上下最大可有60年的差异。但这已足够让我们对古埃及历史的时间框架有一个基本的修正。另一种方法是年轮年代确定法。这种方法需要建立一个木质文物年轮的对比谱系，然后根据文物的年轮特征的比较，较为准确地判断其所系年代。然而，这些方法都只能在已有的大框架下进行修正，单凭这些方法还无法单独建立起整个历史的大框架。

建立历史时期的大框架需要有若干个绝对准确的时间点作为支撑，然后以该时间点为基础进行推导。如何才能确定这样的时间点呢？埃及学学者首先使用的是同期年代互证。同期年代互证是指在文献中寻找与其他文明相关联的事件，并以此得到古埃及某一法老统治的某一年相当于其他文明某一年的方法。如果与之对比文明的这一年已经确证相当于公元前的某一年，那么古埃及的这一年与公历的认定也就完成了。古埃及同期年代互证文献出现在古埃及第十八王朝后半期和第十九王朝。第十八王朝法老阿蒙霍泰普三世于其统治的第十年迎娶了米坦尼国王舒塔尔那二世（Shuttarna Ⅱ）的女儿吉鲁西帕（Gilukhipa），而他的继任者阿蒙霍泰普四世即埃赫那吞又迎娶了米坦尼国王图什拉塔（Tushratta）的女儿塔杜希帕（Tadukhipa）。这些历史事件将古埃及的时间框架与两河流域文明的时间框架勾连起来，让古埃及的时间有了参照与互证。这些事件都被记录在阿玛纳文献中，379块泥板文书是当时两地的皇家通信。

另外两个时间互证出现在第十九王朝拉美西斯二世统治时期。在他统治的第五年，古埃及与赫梯帝国在卡叠什（Kadesh）进行了一次重要的战役。当时赫梯的统治者是穆瓦塔里二世（Muwatalli Ⅱ）。这场战役被认为是人类古代史上最大的一次战车之战，有五六千乘战车参加战斗。之后两个帝国争夺该地16年之久，最后陷入僵局，拉美西斯二世在统治的第21年与赫梯国王哈图西里三世（Hattusili Ⅲ）签订了人类历史上第一个和平条约。双方对此都有文献记载，记载中都有具体的统治年代，这样就将两者的年表统一起来。时间互证再次成为可能。[①]

准确时间点的确定还要借助天文现象的文字记录。两河流域文明的泥板文献中有日食的记载，比如阿舒尔丹三世（Ashur Dan Ⅲ）统治的第十年发生过一次日食，经过天文学的推算，这次日

---

① Klinger Jörg, "Chronological Links Between the Cuneiform World of the Ancient Near East and Ancient Egypt", *Ancient Egyptian Chronology*, Leiden: Brill, 2006, pp. 304–324.

食应该发生在公元前 763 年 6 月 15 日。此外两河流域还有许多金星泥板被发现，尽管其中有些抄本给最初记录时间的确定造成了一些麻烦，但仍意义重大。古埃及文献中虽然没有发现关于日食或金星的记载，但古埃及历法所依靠的天狼星偕日升的天象记载却在埃及学学者当中催生出一种新的年代学方法——天狼星偕日升周期年代确定的方法。

古埃及人的历法将一年分成 3 个季节，每季 4 个月，共 12 个月。每月 30 天，在每年的末尾加上 5 天用于节庆。每月 3 周，每周 10 天。每年都有一天，当太阳照常从东方的地平线上升起来的时候，消失了很久的天狼星再次出现在东方地平线上，尼罗河水经历了长时间的静静流淌之后也随之再次越过堤岸，开始泛滥。这一切似乎都像神的召唤一样那么巧合，于是古埃及人将这一天定为新的一年的开始，这一季节便是古埃及历法中的泛滥季 ⌇⌇⌇或⌇⌇⌇，读作 Axt。然而，像一些其他古老历法一样，古埃及历法所记载的时间并不准确。因为太阳与地球转动轴的倾斜，真正一年的时间不仅仅是 365 天，还要多出 5 小时 48 分 46 秒的时间。而在古埃及历法当中不是短时间可以被发现的，只有经过了几百年之后人们才发现新年的天狼星偕日升现象不再与尼罗河水的泛滥同步。但这并没有影响古埃及人按照自己的历法生活。

天狼星偕日升现象由于古埃及人的历法每年要少 5 小时 48 分 46 秒的缘故而越来越提前，要想让该天文现象与上一次发生人们所看到的完全一致需要 1460 年。这就是埃及学年代学研究中著名的天狼星偕日升周期。该周期最初由爱德华·迈耶（Eduard Meyer）于 1904 年发现，然后他怀着激动的心情梳理了古埃及人留下来的所有文字材料，试图寻找古埃及人直接或间接提到天狼星偕日升的记录。结果他共发现六个这样的记载。在一位古典作家西索里努斯（Censorinus）的著作中有关于埃及新年第一天出现天狼星偕日升现象的记载，而这一年应该在139年和142年之间。记录的时间是140年7月21日，但按天文学的计算实际上应该是139年7月20日。有了这个时间，迈耶就将古埃及的历法与公历衔接起来。他在古埃及第一王朝杰尔法老统治时代的一个象牙小牌上发现迹象，认为它记载了天狼星偕日升现象，于是进行时间对算。既然139年至142年间埃及出现过此种天文现象，那么上一次出现就应该是从这个年代往前推1460年，即公元前1321年至公元前1318年。再上一次埃及人看到该天文现象的时间就应该是再前推1460年，即公元前2781年至公元前2778年。迈耶分析第一王朝的时间应该更早，那么就再向前推1460年，结果是公元前4241年至公元前4238年。这样，迈耶就得出古埃及历法初创于第一王朝杰尔法老统治时期，它的年代应该是公元前4241年至公元前4238年。然而，后来的研究表明，第一王朝最早也不可能早于公元前3100年。如果迈耶的推算正确的话，那第一王朝就要向后推一个天狼星偕日升周期，即公元前2781年至公元前2778年。而这个时间对于第一王朝来说似乎又有点太晚，于是有人提出疑问，这个象牙牌可能记载的并非天狼星偕日升现象。

如果第一王朝杰尔法老的象牙牌作为第一次记录天狼星偕日升现象还有疑问的话，那第二个记载的应该无疑就是天狼星偕日升。这次记录的该种天文现象发生在第十二王朝法老辛瓦瑟瑞特三世统治的第七年，观察地点应该是当时的首都伊茨－塔维（Itj-

Tawy）。据此可以推出第十二王朝的时间应该是公元前1963年至公元前1786年。都灵王表记载的第十二王朝共213年，而根据这一天文现象推断，第十二王朝的时间减少到206年。显然，这一修正对于整个埃及历史大框架走向精确意义重大。第三个天狼星偕日升观测发生在第十八王朝初期阿蒙霍泰普一世统治时期，一般认为观测地点是当时的首都底比斯。根据这个天文现象，埃及学学者确定阿蒙霍泰普一世在位时间为公元前1525年至公元前1504年。然而，这只是建立在观测地是底比斯的推测基础之上。如果观测地是在孟菲斯、赫里奥坡里或三角洲的其他地方，第十八王朝的整个年表都会因此发生改变，要多出二十年左右才行。①

后来的埃及学学者对天狼星偕日升周期断代进行了进一步的研究，发现观察地点的不同对时间的断定影响很大。但问题是本来古埃及文献中对这种天文现象的记录就不多，要想弄清楚它的观测的准确地点很有难度。一般情况下，只能根据当时都城在哪儿便大体认定观测地点应该在此。观测地纬度不同，它的时间会有很大差异。在无法确证某一观测是否确切的时候，以天狼星偕日升周期推断时间的做法还需谨慎。

对于新王国时期以后的历史，我们没有古人留下来的王表可资利用。除了曼涅托的《埃及史》外，我们还有一个途径计算新王国时期之后的年代，这就是阿匹斯葬礼。阿匹斯是古埃及人崇拜的神牛。尽管阿匹斯神牛从第二王朝就开始受人崇拜了，但在

---

① Jong, T. de., "The Heliacal Rising of Sirius", *Ancient Egyptian Chronology*, pp. 432–438; Krauss, Rolf, "Egyptian Sirius/Sothic Dates and the Question of the Sirius based Lunar Calender", *Ancient Egyptian Chronology*, pp. 439–457.

新王国时期之前记录很少。该神既有孟菲斯普塔赫神的更新生命的力量，又有人们坚信死后成为奥西里斯的阿匹斯的传统。法国埃及学专家奥古斯特·马里耶特（Auguste Mariette）于1851年在萨卡拉发现了塞拉皮雍（Serapeum），即阿匹斯神牛丧葬神庙与陵墓。六十多个神圣动物丧葬陵墓陆续被挖掘出来，其中的祭司石碑铭文对阿匹斯神牛死去时的年龄及出生年都进行了详细的记录，这对于新王国时期之后的年代学特别是对于第二十二王朝以后的年代框架的建立意义重大。

年代框架还有待完善，然而，即使是完善的框架，对于古埃及历史的研究而言也才是为高楼大厦奠定了坚实的基地，以后的工作还有很多。政治史、经济史的研究，神系的梳理，日常生活的复原，都需要考古成果和文字文献作为基础。古埃及神庙、陵墓及石碑上的铭文都是历史研究的第一手资料。金字塔文、棺文、亡灵书、政令以及刻写在大臣陵墓中的传记铭文也都为丰满古埃及历史做出了贡献。

二、古埃及传记文献选译

1. 梅藤传记

【题解】

梅藤是古埃及第三王朝的北方官员。此篇传记是在萨卡拉其玛斯塔巴墓中发现的，现存于柏林。它是为我们所知道的古埃及最早的传记，为后来的传记确立了最初的样式。因为该传记是分散刻写在陵墓中不同墙壁上的，所以要想确切确定各部分之间的先后顺序非常困难。铭文中所用语言都比较简短、含糊，有些内容很难理解。该篇传记不仅是此类文献中最早的范例，还是第三王朝唯一留传下来的传记。此外，《梅藤传记》描述了北方地理和政权建制，记述了梅藤在三角洲的活动，因而为我们研究古埃及早期政治结构提供了特别重要的材料。没有这个文献，我们对古埃及早期行政管理情况一无所知。它讲述了他的逐步升迁：开始时他只是一个小书吏和供品仓库的监管，经过逐步提升，后来在三角洲管理了很多城镇和地区。他还在上埃及取得了对法尤姆东部和阿努比斯诺姆（第十七诺姆）东部的管辖权。梅藤曾得到国王给予的礼物，主要是土地，进而成为狩猎主人。传记中讲述了他房屋的规模，土地的广袤。作为这么遥远时代留给我们的传记,该篇传记拉近了我们与古人的距离。梅藤在斯诺弗儒统治时期去世,被安葬在佐塞尔国王梯形金字塔旁。译自《古埃及记录》(芝加哥,1906)。

【译文】

梅藤父亲之死

(1)其父判官,书吏,阿努比斯姆乃赫将财产转给了他;房中无谷物及其他物品,但有人[1]及少量家畜。

【注释】

[1]指仆人。

【译文】

梅藤的经历

(2)他被提升为供品仓库之大书吏及供品仓库之事物监管。(3)他被提升为□□□,(4)成为舍伊斯(公牛诺姆)之地方长官,舍伊斯之属下地方判官。(5)他被任命[1]为□□判官,他被提升为国王全部亚麻监管,(6)他被提升为南部沛尔凯得之长官及代管,(7)他被提升为得普人的长官,(8)米沛尔和沛尔塞帕廷中长官,塞特诺姆之地方官,(9)森特要塞长官,诺姆[代管],(10)沛尔晒塞伓特长官,宫廷城镇及南湖城镇长官,(11)晒瑞特-梅藤有了基础,他的父亲阿努比斯姆乃赫将自己的领地留给他。

【注释】

[1]原文 nxt-xrw,直译是"大声宣布",宣布的内容是任命他为一个与土地相关的行政职位。

【译文】

荣誉与礼物

（1）阿努比斯诺姆[1]诺姆会之监管，诺姆长，监察，（2）门得西诺姆的□□□□之监察，□□□□[斯塔特]土地。还有人和物□□□（3）□□□（4）在萨伊特诺姆，在舍伊斯诺姆和塞赫米特诺姆□□□为之建立了12座城池。（5）许多皇家□□将200斯塔特土地作为奖励赠予他；（6）每天从王子母亲尼玛阿特哈普丧葬神庙送予他100份[丧葬]供品；（7）修建装饰一个200肘尺长，200肘尺宽的房屋；美树成行排列，还修建一个大湖，种植无花果及葡萄。（8）这些都遵照国王的旨意在那里记录下来，他们的名字遵从的都是国王书写之命。（9）装饰有许多树木和葡萄园，还有大量的葡萄酒在那里酿造。（10）为他修建一个葡萄园：墙内有2000斯塔特土地；在伊麦瑞斯，晒尔－梅藤，亚特－塞拜克，晒特－梅藤都种植了树木。

【注释】

[1] 上埃及之第十七诺姆。

【译文】

梅藤的职务

（1）南沛尔－凯得统治者[1]；

（2）佩尔外尔萨赫统治者；

（3）鱼叉诺姆海森要塞长官兼地方官；

（4）舍伊斯公牛诺姆塞赫姆之宫廷长官兼地方长官；

（5）得普[2]宫廷长官及地方长官；

（6）塞特诺姆之米沛尔宫廷长官及地方长官；

（7）门得西诺姆两猎犬之宫廷长官及地方长官；

（8）海斯-外尔宫廷长官；塞特诺姆西部田地之掌管者；

（9）母牛要塞宫廷长官；荒漠地方长官及狩猎之主；

（10）塞赫米特诺姆田地掌管者，［代理］及地方长官；

（11）法尤姆东部诺姆长，［行政官］及代理；

（12）塞特诺姆西部田地判官，宫廷长官，□□□□首脑。

【注释】

[1] 原文 HqA，这个词的符号是象征权力的钩子。

[2] 即布托。

【译文】

土地赠礼

（13）许多王室□□□□馈赠他 200 斯塔特土地作为礼物；

（14）（他的）母亲乃伯-塞内特送予他 50 斯塔特土地；

（15）她立下遗嘱给（她的）孩子；

（16）由国王文书将之归入他们各处财产之中。

（17）塞赫米特诺姆之□□□□掌管者。有 12 斯塔特土地给予他，同样给予他的孩子；还有土地上的人和牛。[1]

【注释】

[1] 指随土地一起赠予的仆人和牲畜。

2. 国王哈弗瑞之子内库瑞遗嘱

【题解】

哈弗瑞是第四王朝的第四位统治者，胡夫之子。该篇铭文是在哈弗瑞之子内库瑞吉萨陵墓中发现的。埃及学学者泽特对这篇铭文进行了研究，得出一个哈弗瑞的新年代。该时代的纪年习惯上是两年一次，以国库或牲畜清点为纪年的内容。因此，纪年中出现的第十二年或第十二次清点就表明，这是哈弗瑞统治的第二十四年。这确证了都灵王表中记载的哈弗瑞统治时间为二十四年。哈弗瑞之子内库瑞当时的年纪已经不小了，所以他才感到有必要立一个遗嘱。这是古王国以来遗嘱类文献的第一篇，保存得非常好。

内库瑞王子遗留给他后代的财富包括 14 座城池和其父亲金字塔城中的两处房产。金字塔城中财产包括了他的"城中住房"和花园。他将这些财产留给了他的一个女儿，但显然她没能活到得到这份遗产的时候。女儿的早死，让他将这笔财产转送给了他的妻子。他将 14 座城池分给 5 个继承人，其中包括他的妻子，他的 3 个孩子，剩下的 1 个是谁我们无从知道，因为名字已经无法考证。14 座城池中有 11 座是以哈弗瑞的名字命名的，其他 3 座也可能是这样命名的，但此处文献已经残损，无法辨别。除了这 14 座城池之外，内库瑞王子在他的陵墓的丧葬捐赠中至少还有 12 座城池，其中 9 座是以哈弗瑞的名字命名的。很难确定这些财产是否属于王子的房地产，也无法知道它们是否是在王子死的时候由国王送给他的。译自《古埃及记录》(芝加哥，1906)。

【译文】
年代
（1）第十二次清点大小牛之年。
【译文】
引言

（2）国王之子，内库瑞□□□当他还能两脚站立，任何方面都没有忍受病痛之时，颁布（下面的）[指令]。[1]

【注释】

[1]这句话的意思是他"头脑清醒"的时候。这一行横着刻在下面的竖列上，显然是遗嘱的指令或题目。有八个附加的竖列，每一竖列都冠之以一个继承人的名字，名字后的内容是给他的遗产。一项遗产或是一座城池或几座城池；先写出地区或诺姆的名字，然后是城池的名字，每个城池名字中都有国王哈弗瑞的名字。

【译文】

第一项遗产

（3）我赠予国王信任的内肯乃伯梯□□，"哈弗瑞"之城和"哈弗瑞"。

【译文】

第二项遗产

（4）赠予我的儿子，国王信任的内库瑞东部内地的"哈弗瑞"的（城市），"哈弗瑞□□□"和"哈弗瑞□□□"。

【译文】

第三项遗产

（5）赠予他的女儿[1]，国王信任的赫特普赫瑞斯东部地区的"哈弗瑞□□□"的（城池），（在）东部内地，"哈弗瑞□□□"（的城池）。

【注释】

[1]古埃及语人称指代常有用第三人称称呼自己的情形，其基本逻辑是：我是这个人，我赠予他（这个人＝我）的女儿。埃及学学界对此通

常有两种处理方式,一种是直接将"他"改成"我",另一种是保持不变。此处选择保持不变。

【译文】

第四项遗产

(6)赠予[我的儿子],国王信任的坎乃伯梯葳尔[1]□□,"哈弗瑞的声名伟大"(的城池)和"哈弗瑞□□□"。

【注释】

[1]坎乃伯梯葳尔,kA-n-nbty-wr,伟大的女主之卡。

【译文】

第五项遗产

(7)□□□□□(在)曼德西亚诺姆[1],"哈弗瑞□□□"与"哈弗瑞□□□"(城镇)。

【注释】

[1]下埃及第十六诺姆,又称"海豚诺姆"。

【译文】

第六项遗产

(8)赠予我可爱的妻子,国王信任的内肯乃伯梯角蝰山诺姆的"哈弗瑞之美"(城池),上埃及诺姆的"哈弗瑞之光辉"(城池),"伟大的哈弗瑞"(金字塔城),赠予我女儿的不动产,□□和□□。

3. 维什普塔赫陵墓铭文

【题解】

该铭文来自维什普塔赫阿布西尔的陵墓,现存于开罗。该铭文时代久远，破损严重。维什普塔赫是内弗尔伊瑞卡瑞宫廷中最重要的人物，是维西尔（Vizier）、主判官和主建筑师。其子梅尔努特尔塞特尼应召为他父亲建造陵墓，并记述了这件事的发生。一天，国王携带他的家族成员以及宫廷官员来视察一座维什普塔赫为主建筑师监督建造的新建筑。所有人都赞美这项工程，国王也赞美他是忠诚的大臣。可当他发现维什普塔赫并没有听皇室人员说话的时候，国王突然高声大喊，震惊了整个宫廷，维什普塔赫被吓倒。他很快被带到宫中，祭司和主医师被迅速召来。国王也带来了一卷病案，但都无济于事，医师宣布他已经没救了。国王非常悲痛，回到自己的寝宫向拉神祈祷。然后，他为维什普塔赫的安葬做了安排，命令建造一个黑檀木棺材，还命人在他面前为维什普塔赫的身体涂上油膏。维什普塔赫的长子，梅尔努特尔塞特尼当时得到授权建造这座陵墓，费用由国王出。因此，这个儿子便在萨胡瑞金字塔旁修建了这座陵墓，并在墙上记述了整个事件。译自《古埃及记录》(芝加哥，1906）。

【译文】

他的儿子建造这座陵墓

（1）是他的长[子]，国王之下第一黎民辩护人，梅尔努特尔塞特尼，在他的墓地陵墓里时，为他书写了此篇铭文。

【译文】

国王视察新建筑

（2）□□□□内弗尔伊瑞卡瑞来看□□□□[1]的美景，当时他走向他们（4）□□□□。陛下［说］是（5）□□□□□□皇家的孩子看（6）□□□□，他们对（7）每个建筑都很惊奇。这时，噢，陛下因此而赞美他[2]。

【注释】

[1]显然看的是这些建筑。

[2]指维什普塔赫。

【译文】

维什普塔赫突然生病

然而，陛下看到他没有听。（8）□□□□［□□□□］。当宫中的皇子和随从听说的时候，他们的心里都无比恐慌。

【译文】

他被送往王宫，去世

（1）□□□□□□□□［他被送往］王宫，陛下让皇子、随从、仪式祭司和太医都来到（2）□□□□。陛下为他带来了一卷书写的[1]□□（3）□□□□。他们在陛下面前说，他已经病入膏肓（4）□□□□□□□□。［陛下的心］异常［悲痛］；陛下说，他要按照他[2]的心愿做任何事情，返回到自己的房间。

【注释】

[1]这里指医药草纸，证明埃及在古王国时期就已经有药方了。

[2]指维什普塔赫。

【译文】

国王为他提供丧葬

（5）□□□□□□□□他向拉神祈祷（6）□□□□□□□［写］入他的陵墓（7）□□□□□□□□。［陛下命令，为他建造］黑檀木棺椁，密封。（9）□□□□□□□□这些□□□□北方的（10）□□□□□□□□。陛下让他在自己的身边由他人为他的身上涂上油膏。

【译文】

他的长子修建了这座陵墓

（1）［是］他的长子，□□□□（2）□□□□为他［修建］了台阶（3）□□□□□□□□很多。当（4）□□□□□□□他在那里［就受托］给予土地（5）□□□□□□□他让他来（6）□□□□□□□所有□□□□从宫廷里（7）□□□□□□□□使它写在（8）［他的陵墓］里□□□□［陛下］因此［赞扬他[1]］，他为他赞美神，对他甚为（感谢）。

【注释】

[1]指维什普塔赫的儿子。

【译文】

国王赠送他的陵墓

从同样长度的第四铭文很少的几片残片中明显可知，国王为维什普塔赫的陵墓"金字塔边上的陵墓：萨胡瑞之心闪耀"设立了一个丧葬捐赠。

4.普塔赫舍普塞斯铭文

【题解】

此篇文献对于总结第四王朝的历史和为第五王朝前半段断代都异常重要。普塔赫舍普塞斯是努色尔瑞太阳神庙的一位祭司，出生在第四王朝曼考瑞统治时期，第五王朝的第五位国王努色尔瑞统治时期他仍然活着。这样就可以推断，曼考瑞统治的后几年到努色尔瑞统治的第一年的长度不超过一个人一生的时间。遗憾的是，这八行竖写的铭文上边的文字顶端损坏严重。头两行的内容只提及自己在两个统治者在位时候受到宠爱。第四行、第五行、第六行和第七行的开头的顶端损坏的地方都一样。因此，非常清楚，这些丢失的地方各提及一个统治者。第三行有些不同，开头有一个词是"陛下"，距顶端非常近，所以无法容得下提及一个新的国王，但可能是第一和第二行舍普塞斯卡弗统治的继续。我们知道，普塔赫舍普塞斯一直活到努色尔瑞统治时期，所以我们必须将该国王插入最后一行的开头。不算舍普塞斯卡弗继任者的短暂统治和同样短暂的第五王朝哈内弗瑞的统治，普塔赫舍普塞斯列出的国王很可能如下：

第四王朝

1. 出生和童年　（曼考瑞）

2. 青年　　　　（舍普塞斯卡弗）

3. 结婚　　　　（"陛下"可能仍然是舍普塞斯卡弗统治）

第五王朝

4. 成年　　　　（屋色尔卡弗）

5. 成年　　　　（萨胡瑞）

6. 成年　　　　（尼弗尔伊瑞卡瑞）

7. 成年　　　　（尼尔瑞弗瑞）

8. 老年　　　　（努色尔瑞）

该铭文刻在普塔赫舍普塞斯玛斯塔巴墓的一个假门上，坟墓在萨卡拉，由马里耶特发现。他在他的《玛斯塔巴》(石室坟墓)

一书中公布了此篇铭文，后来罗格（Rougé）的著作《第六王朝早期铭文研究》和塞特（K. Sethe）的《文献》第一卷中也分别公布了该篇文献。译自《古埃及记录》（芝加哥，1906）。

【译文】

曼考瑞统治时期

（1）□□□□[1]在曼考瑞时代；他在王宫里，在帷幄中，在后宫中与王子们一起接受教育；在国王面前他是比任何孩子都受尊重的人；他就是普塔赫舍普塞斯。

【注释】

[1]此处破损，可能是"他成长"。

【译文】

舍普塞斯卡弗统治时期

（2）□□□□[1]在舍普塞斯卡弗时代；他在王宫里，在帷幄中，在后宫中与王子一起接受教育；在国王面前他比任何孩子都更加受到尊敬；普塔赫舍普塞斯。

（3）□□□□陛下给予他国王的长女，玛特哈成为他的妻子，因为陛下想要让她和他而不是和别人在一起，普塔赫舍普塞斯。

【注释】

[1]此处破损，可能是"我出生"。

【译文】

屋色尔卡弗统治时期

（4）[从属于屋色尔卡弗，孟菲斯高级祭司，]国王比任何仆人都更看中他。他登上宫廷的每一条船；他在一切加冕盛宴[1]上都进入南宫；普塔赫舍普塞斯。

【注释】

[1] 这是国王在加冕周年举行的公众活动。

【译文】

萨胡瑞统治时期

（5）从属于萨胡瑞，作为陛下每一项要做工作的谋士，国王看中他胜过任何其他仆人；每天令他的主人之心高兴，普塔赫舍普塞斯。

【译文】

尼弗尔伊瑞卡瑞统治时期

（6）[从属于尼弗尔伊瑞卡瑞，国王看中他胜过任何其他仆人]；当陛下为一件事情赞扬他的时候，陛下允许他亲吻他的足，陛下不让他亲吻土地；普塔赫舍普塞斯。

【译文】

尼尔瑞弗瑞统治时期

（7）[从属于尼尔瑞弗瑞，国王看中他胜过任何其他仆人]；在所有亲临盛宴[1]上他都登上圣船；其主所钟爱之人；普塔赫舍普塞斯。

（8）□□□□从属于其主之心，其主所钟爱之人，普塔赫神所尊敬之人，做神希望他去做的事情，使每一个国王手下的工匠都高兴。普塔赫舍普塞斯。

【注释】

[1] 尼罗河上盛宴游行中诸神出现的场面。

5. 乌哈铭文

【题解】

此文献断代为第五王朝,大约为公元前2400年。译自D.邓纳姆《纳盖第一中间期石碑》(伦敦,1917)。

【译文】

在他山上[1]的,作为防腐之屋中的居住者[2],圣土之主,国王及阿努比斯神奉献的祭品:

【注释】

[1]丧葬山。

[2]原文m wt。

【译文】

一份祈祷祭品献给诺姆长,赖依特[1],玺印总持,唯一陪伴者,主持祭司,主神,天堂之主所中意者,乌哈说:

【注释】

[1]原文rxyt,意为"臣民"。

【译文】

"我是父亲所爱的,母亲宠幸的,兄弟和姐妹喜爱的人。当我与120个男人和120个女人一起行割礼[1]的时候,没有人打斗起来,没有人被打,没有人抓挠起来,没有人被抓挠。我是一个好名声的普通人,我依靠自己的财产生活,用我自己的一对牛耕种,用我自己的船航行,而不是通过我找到的我尊敬的父亲乌哈的财产。"

【注释】

[1] 割礼，虽然在古埃及可能并非每人必行，但却非常普遍。在新王国期间，战场上统计打死敌人的数量是通过计数割下他们身体器官来完成的。没有进行过割礼的敌人要割下他的生殖器，而进行过割礼的敌人就只割下他的手。

6. 诺姆长汗库墓铭文

【题解】

汗库，上埃及第十二诺姆角蝰山诺姆的统治者。角蝰山诺姆在第十三诺姆理口坡里的对面。他在第五王朝或第六王朝早期得志，他的后人也受到了第六王朝法老的宠爱。关于古王国诺姆长的材料非常少，因此，尽管这份材料提供的东西不多，但也十分重要。特别值得注意的是，其中提到其他诺姆向该诺姆移民。此篇铭文除了损坏严重外，内容上也常常含混，令人费解。这里选择的是相对比较好理解的部分。坟墓铭文的释读应该小心，因为此类铭文是用来展示死者好的一面而不是严格的真实记录。

铭文刻在戴尔埃尔－盖伯若玮的一个崖墓里，在戴维斯的《戴尔埃尔－盖伯若玮》第二卷和塞特（从戴维斯那里选）的《文献》第一卷（76—79）里公布。译自《古埃及记录》（芝加哥，1906）。

【译文】

（1）噢，你们角蝰山的人们；噢，你们伟大的其他诺姆之主，将要走过该坟墓的人们，我，汗库[1]，将好的事情讲述：□□□□□□□□□□□□□□□（11）□□□□□□□□□□

□□□□□□。

【注释】

[1]原文 Hnqw。

【译文】

我给予所有角蝰山地方之饥者以食物;(12)我给予这里的裸者以衣服。我让它的海滩(13)充满了大牛,它的低地充满了小牛。(14)我用小牛的嫩肉让山上的狼满意[1],(15)让天上的禽鸟满意□□□(16)我是该诺姆南方谷物之主人和管家□□□□(18)我让其他诺姆的人落脚在这个柔弱的城池;(19)那些拥有农奴的人,我让他们的官员像官员。(20)我从来没有压迫过拥有自己财产的人,以至于他因此而向我的城池之神抱怨;(但是)我说,告诉人们好的事情,(21)从来没有一个人因为另一个人比他强壮而害怕,以至于他向神抱怨。

【注释】

[1]给饥者食物,给裸者衣服,给动物食物是埃及人的传统美德,这样的表述在以后的铭文中时有出现。

【译文】

然后,(22)我在角蝰山和我尊敬的兄弟,唯一的伙伴,仪式祭司瑞阿姆一起提升,成为统治者,(23)我是该诺姆牛栏之恩人,捕禽居民之恩人。我让每一个地区(24)都住满了男人和牛群□□□□事实上是小牛。我不撒谎,(25)因为我是(26)父亲所宠爱的人,(27)母亲所赞美的人,(28)对兄弟极好的人,(29)对[姐妹]友善的人□□□□□□□。[1]

【注释】

[1]最后七行省略。

7. 苇尼铭文

【题解】

该篇铭文来自马里耶特在阿比多斯发现的苇尼玛斯塔巴墓中。铭文刻在一块高1.10米、宽2.70米的石灰石上，这块石头是该玛斯塔巴外部仪式堂的一面墙。现在，这块石头存放在开罗。铭文发表在罗格的《铭文与书信学者备忘录》《第六王朝早期铭文研究》、马里耶特的《阿比多斯》、厄曼的《埃及语杂志》；伯鲁格施和高勒尼舍弗将文献与抄本进行了校对；皮尔将厄曼的版本与最初的版本进行了校对；在伯鲁格施的《辞典》、格雷博的《博物馆》、塞特的《文献》中公布发表该铭文。格雷博的照片和塞特来自柏林压缩本的抄本是唯一正确的文本。除了塞特，还有一个与厄曼和博查特最初版本校对过的抄本。

此篇铭文是自古王国时期以来最长的叙事铭文，也是最重要的历史文献。苇尼的生平事迹从国王泰提统治时期开始叙述，经过俳匹一世的统治时期，一直到梅尔内瑞统治时期结束。铭文中有古王国宫廷中一位统治者对他做的生活教诲。此外，苇尼铭文还讲述了古王国最为重要的战争。译自《古埃及记录》（芝加哥，1906）。

【译文】

泰提国王统治时他的职业生涯

苇尼在泰提统治时期度过童年，作为皇室底层管理者，他开始了他的仕途生涯。

【译文】

引言

[诺姆长,南方长官],庭中侍者,从属于内亨[1],内赫波[2]之主,唯一陪伴者,奥西里斯神前受尊重的人,西部人中第一人,苇尼。他说:

【注释】

[1]即希拉康坡里(Hierakonpolis),位于卢克索南80公里处。

[2]内赫波(nxb)即艾尔-卡伯(El-kab),上埃及遗址,位于尼罗河东岸,卢克索南约80公里处。

【译文】

职业生涯的开始

(1)[我是一个]紧系在泰提[1]陛下腰带之上的孩子;我的公务是监管□□□□,我任法老领地低级官员职务。

【注释】

[1]第六王朝的第一位统治者。

【译文】

任命为判官

(2)□□□[我是]俳匹[1]陛下手下的[□□□□]部的最长者。陛下指定我为随从等级及其金字塔城的低级先知。当我的职务为□□□□(3)陛[下让我]成为从属内亨的判官。在他心里,我胜过他的任何仆人。我单独跟主判官及维西尔[2]一起以国王的名义对后宫和六大宫[3]的每一件私人事物(4)□□□□"听讼",因为国王爱我胜过他的大臣中的任何人,胜过他的贵族中的任何人，胜过他的仆人中的任何人。

【注释】

[1]俳匹（ppy），第六王朝统治者。

[2]维西尔是古埃及法老之下地位最高的大臣，相当于中国古代的宰相。这里没有提到和他听讼的维西尔的名字。

[3]原文字面意思是"六座大房子"。

【译文】

国王为他修建陵墓

（5）然后，我［恳］求□□□□国王陛下为我带来一个特罗雅（Ra-aw）[1]的石灰石棺。为了从特罗雅为我带来该石棺，国王让神之司库及其一队（6）水手按照他的命令划船过来；他随船而来，在一个皇宫的大船里，带有盖子（7）和假门；［设置］两个□□□□，和一个供碑。这样的事情他从来没有对任何仆人做过，（8）因为我在陛下心中是优秀的，因为我在陛下心里是令人愉快的，因为陛下宠爱我。

【注释】

[1]孟菲斯对面的采石场，位于开罗南五六公里处。

【译文】

指定为高级管理人

当我做判官的时候，从属于内亨，陛下指定我做唯一随从和法老领地的高级监护人，法老领地在那里的四个高级监护人中的□□□□[1]。当料理宫廷[2]、准备国王的旅程（或）安排行止时，我做了，陛下赞扬我。我跟随始终，因此陛下每件事都赞扬我。

【注释】

[1] 该词有些损坏，带一个很怪的定符。

[2] 他的职责中，料理宫廷和准备国王的旅程相对照。

【译文】

当法律程序秘密在后宫起诉王后伊姆特斯的时候，陛下让我介入，以便单独听讼。没（11）有主要法官和维西尔，没有王子在场，只有我自己，因为我是优秀的，因为我使陛下的心愉快，因为陛下宠爱我。我单独记录，（12）在场的只有一个隶属于内亨的法官；而我的职责（只）是国王领地的高官职员。以前从来没有一个人像我一样听讼于皇室后宫的秘密，只有我，国王让（13）我听（讼），因为我在陛下心中比他的任何官员、任何贵族、任何仆人都更优秀。[1]

【注释】

[1] 这里记述的是一次宫廷阴谋，埃及学学者对此次阴谋的研究众说纷纭，甚至有人说伊姆特斯并不是国王的妻子，后宫阴谋也不是她策动的。

【译文】

打击贝多因人的战争

陛下发动了针对亚洲沙漠居住者的战争[1]，（14）陛下聚集万人的军队；在整个南方，南到埃勒凡泰尼[2]，北到沛尔哈托尔[3]；在北方土地，整个（15）两边，在[要塞]里，在[要塞]中间，在伊尔柴特黑人、麦扎黑人、亚姆黑人中，（16）在瓦瓦特黑人中，在卡乌黑人中[4]，在柴麦赫的土地上[5]。

【注释】

[1]"发动了□□□的战争"原文 xsf ixt 有"惩罚"之意。

[2]尼罗河第一瀑布北部靠近阿斯旺的岛屿。该岛上的城镇是上埃及或努比亚诺姆的都城。在早王朝时期这里就已经有了一个村庄。

[3]沛尔哈托尔（pr-Ht-Hr），希腊罗马统治时期叫阿弗罗狄忒波里，即格贝林（Gebelein），底比斯南30公里处。

[4]"黑人"原文 nHsy，一般译为"努比亚人"。这里译为"黑人"采用的是 H. 容克（H. Junker）的文章《历史上黑人的首次出现》（《埃及考古学杂志》①，第七卷，1921）中的观点。

[5]这些全是努比亚地名。

【译文】

苇尼率队远征

陛下派我为他的部队打先锋，(17)而诺姆长们，玺印总持们，宫廷单独随行们，地方长官和要塞的统帅们分属南方和北方土地；随从，商队队长，(18)高级先知分属南方和北方土地，王冠属国之监官分别在南方和北方土地军队之先锋，他们统领要塞和前方城市。(19)我是为他们指定计划之人，而我的职责（只）是□□□□的法老域内高级官员之职。其中没有一人□□□□[1]他的邻居；(20)其中没有一人从行人那里劫掠[钱财]（或）鞋；其中没有一人从任何城市夺取面包；(21)其中没有一人从任何人那里夺走山羊。我从北部小岛，伊霍泰普之门，荷鲁斯之湾[2]，尼波玛特[3]派遣他们。当我在这个等级的时候（22）□□□□□□没有一件事，我[探察]这些军队的数量，（尽管）从来没有

---

① 《埃及考古学杂志》(*The Journal of Egyptian Archaeology*)，以下简称 *JEA*。

任何仆人探察过。

【注释】

[1]缺失之处是个动词。

[2]一个河湾或一个地区。

[3]这里列出的三个地名是一个地方的不同称呼还是三个不同的地方尚不清楚。

【译文】

军队返回

在铲平沙漠居住者（之后），此支部队（23）安全返回[1]；在毁坏沙漠居住者之土地（之后），此支部队安全返回；(24)在掀翻它的要塞（之后），此支部队安全返回；在砍倒（25）它的无花果树和葡萄树（之后），此支部队安全返回；在将它的［军队］投入火海之后，此支部队安全返回；在屠杀它的军队数万人（之后），此支部队（26）安全返回；在带走大量俘虏（之后），(27)此支部队安全返回。由于上述事实，陛下赞扬我。

【注释】

[1]这个动词反复出现，意思应该相同。

【译文】

贝多因的反叛

陛下五次让我去派遣［这支部队］，(28)以便每当他们反叛之时都能率领这些部队横跨沙漠居民之土地。我这样做了，陛下因此赞扬我。

【译文】

远征巴勒斯坦南部

（29）据说因为瞪羚鼻子土地上这些野人当中的一件事有人反抗之时，我带着（30）这些部队乘战船赶去，我行军到沙漠居住者（31）北部之山梁的高处[1]。当这支部队来到大路上时，我赶到打击他们，（32）他们当中每个人都被杀戮。[2]

【注释】

[1] 巴勒斯坦高原。

[2] 苇尼在俳匹一世统治时期职业生涯的结束是由石头上一行文字的分开标记的。

【译文】

梅尔内瑞统治时期的职业生涯

被任命为南方总管[1]

当我成为宫廷脚凳主管和执鞋官之时，上下埃及之王，梅尔内瑞我主——万寿无疆——提升我为诺姆长和南部长官，（33）南到埃勒凡泰尼，北到阿弗罗狄忒波里；因为我在陛下心中是优秀的，因为我令陛下愉快，因为陛下钟爱我。

【注释】

[1] 梅尔内瑞任命苇尼为南方总管，这是他职业生涯中最高的职位。他受命远征第一瀑布附近的花岗岩采石场，以确保皇室金字塔修建石料的供应。他还率队远征哈特努波（Hatnub）采石场，为金字塔神庙巨大雪花石膏神殿采集石材。之后，他又疏通第一瀑布，开凿了五条河道。苇尼死于梅尔内瑞统治时期。

【译文】

（34）当我做［脚凳主管］和执鞋官之时，陛下赞扬我细心而警觉[1]，这一点我在公众方面表现出来，远在他的每一位官员之上，远在［他的每一位］贵族之上，（35）远在他的每一个仆人之上。我作为南方长官令他满意。没有一人在那里与［其］邻居□□□□。（36）我完成所有任务；我两次计算宫廷在南方之每一件东西，都令宫廷信任；在南方做了两次所有劳役之全面计算（令宫廷信任）。我在南方执行了□□（37）□□；以前在南方从未这么多过。我一直这样做，陛下为此赞扬我。

【注释】

［1］原文 Hr rsw，定符为一根棍子和一张牛皮。

【译文】

南方采石场远征

陛下派我（38）到伊勃亥特[1]去取石棺（名字是）："生命之柜"，同时取的还有石棺之盖和金字塔价值非凡，辉煌壮丽的金字塔顶尖：王后的"梅尔内瑞－闪亮且漂亮"[2]。

【注释】

［1］伊勃亥特（ybhAt）为一采石场的名字，我们尚不知道该采石场在什么地方，可能在阿斯旺（Assuan）附近，因为在那里发现有黑色花岗岩，而梅尔内瑞萨卡拉金字塔中发现的石棺正是以黑色花岗岩为材料制作的。

［2］最后三个词可能指的是与这个金字塔相连的王后丧葬地点。

【译文】

（39）陛下派我到埃勒凡泰尼[1]去取一个花岗岩假门，同时取它的祭品碑、门和花岗岩设施；（40）去取门口建筑和花岗岩祭品碑，属于金字塔的上部尖顶（称作）：王后的"梅尔内瑞－闪亮且漂亮"。然后我又顺流而下（41）来到（被称作）"梅尔内瑞－

闪亮且漂亮"的金字塔,随行的有六艘货船,三艘［拖］船和三□□□船,只有一艘战船。伊勃亥特和（42）埃勒凡泰尼从来没有在任何国王执政时被一艘战船造访过。无论陛下命令我做什么,我都根据陛下之每一条命令完全执行。

【注释】

［1］此次远征可能是从上文记述的远征之地前往该地的,因为伊勃亥特距埃勒凡泰尼很近。

【译文】

哈特努波雪花石膏采石场远征

陛下派我去哈特努波去取一块巨大的哈特努波硬石[1]祭品碑。我仅用17天的时间就为他取回了祭品碑,是在哈特努波采的石头,我用货船载之顺流而下。(44)我为他砍了一艘60肘尺长、30肘尺宽的刺槐建造木船,只用了17天便建造完成,是在第3季（第11月）的第3个月。尽管在□□□□上没（45）有水,我安全地在（被称作）"梅尔内瑞-闪亮且漂亮"的金字塔处登陆,金字塔的一切都根据我主陛下对我的命令由我亲手执行。

【注释】

［1］原文rwDt,意为"耐久石材"或"硬石"。

【译文】

第二次南方采石场远征

陛下派［我］[1]去南方挖掘五条沟渠,(46)并制造了三艘瓦瓦特刺槐木货船和四艘［拖］船。那时,伊尔柴特,瓦瓦特,亚姆和麦扎[2]的黑人首领（47）运来了木料,我只用一年就完成了一切。他们开船装载为修（被称作）"梅尔内瑞-闪亮且漂亮"的金字塔所用的巨大花岗岩。然后我在五个沟渠中（48）为宫廷□□□，因为我尊敬，因为我□□□□，因为我赞扬上下埃及之王，比所有神祇都长寿的梅尔内瑞之声名，因为我（49）根据他之卡[3]给我的命令完成这一切。

【注释】

[1]"我"在文中被省略。

[2]努比亚三个地名，瓦瓦特在努比亚北部。

[3]卡为埃及人认为每人都具有的与生俱来的生命创造力量，通常表现为一双上扬的手臂。

【译文】

我是父亲宠爱、母亲赞扬之人；首先出生（50）□□□□让弟兄愉快的人，诺姆长，南方真正的长官，受到奥西里斯尊敬，苇尼。

8. 哈尔胡夫陵墓铭文

【题解】

该陵墓铭文是一个非常重要的文献，比其他材料都更完整地告诉了我们古王国时期与极南端的黑人之间的贸易关系，包括与苏丹间的交往。哈尔胡夫是阿斯旺贵族中能力非凡的沙漠商队领袖中最为成功的商人领袖。他曾四次到遥远的南方努比亚亚姆国家去，最后向西进入到不知道叫什么名字的地区。他四次远征中有三次是在梅尔内瑞统治时期进行的，最后一次在俾匹二世统治时期完成。他的描述第一次向我们展示了这些南方边境上的贵族及与南方积极的贸易交往。

哈尔胡夫完整的头衔刻写在陵墓的门上:"诺姆长,南方长官,玺印总持,单独随从,仪式祭司,商队总管"。

自传性坟墓铭文常常以一个非常肯定的自我评价开始。描述自己与法老的亲密关系,正直,对穷人的善行是此类铭文的一个特点。哈尔胡夫在两个法老统治时期任职:梅尔内瑞(大约公元前2279—前2270)和他的继承人俳匹二世(大约公元前2279—前2181)。译自《古埃及记录》(芝加哥,1906)。

【译文】

我今天来自我的城池,我出生于我的诺姆,我建造了房屋,我竖起了门户。我挖掘了湖,我种植了树。国王赞扬我。我父亲为我立誓,(因为)我很优秀□□□□□[一个]其父亲[宠爱的人],母亲赞扬的、兄弟热爱的人。我给饥者以面包,给裸者以衣服,我渡无船者过河。

噢,你,活着的人,在大地上,[你将经过这个陵墓无论]走向下游还是走向上游,你将说:"千块面包,千杯啤酒给该坟墓的主人。"我将在冥界为他们□□□□。我是一个优秀的人,富有勇气,一个仪式祭司,我的嘴知道说些什么。[1]

【注释】

[1]这是一个许诺,代表为死者反复祈祷的生者调停冥世的争斗。

【译文】

至于任何将进入[这个]坟墓[当作他的丧葬属地]的人,我将抓住他,就像抓住一只野禽;他将因此而被伟大的神所审判。[1]

我是一个说好话并一再做可爱事情的人。我从来没有对一个有权势的人说过任何恶毒的话以冒犯任何人,(因为)我渴望在伟大的神之面前一切顺利。我从来没有以一个儿子被剥夺了他父母财产的方式来裁决[两个兄弟]。[2]

【注释】

[1] 传说中的埃及"诅咒"就是此类语言的误传。

[2] 这是一种传统的说法,在第六王朝"俳匹-纳赫特铭文"中就出现过相同的字句。

【译文】

引言

(1) 诺姆长,贴身随从,仪式祭司,内侍,内亨[1]法官,玺印总持,商队首领。南方一切事物之私人顾问,主人哈尔胡夫(2) □□□□□[2]所钟爱的人,我带来所有国家的东西给我主,我带来所有南方长官的皇家祭品,我在各国建立对(3)荷鲁斯的敬畏,我主赞扬我做的事,□□□□□受到普塔赫-索卡尔的尊敬。哈尔胡夫。

【注释】

[1] 内亨,即希拉康坡里。

[2] 此处是一些同样头衔的重复。

【译文】

第一次远征

(4) 他说:"我主梅尔内瑞陛下派我与我父,贴身随从,仪式祭司伊瑞一道去亚姆,去开辟到达该国之路。(5)我用了七个月完成,我从该国带回了(所有的)礼物[□□□□□],我为此受到很大赞扬。"[1]

【注释】

[1]第一次远征的礼物不是奢华物品的贸易,而是统治者们交换"礼物"。哈尔胡夫此次远征是否进行了交易,是否带着他的军队,从当地首领那里强取豪夺还有待进一步研究确定。

【译文】

第二次远征

陛下派我第二次(6)单独远征;我来到了埃勒凡泰尼[1]的路上,我从伊尔太特、麦赫尔、特瑞瑞斯回来,执行了一项八个月的公务。当我回来之时,(7)我从这些国家带来了非常大量的礼物。以前(8)从来没有这样的东西被带到这块土地[2]上来。我在考察了(9)这些国家之后从塞图和伊尔太特首领居住地回来。没有任何到过亚姆的人或商队首领(10)在此之前这样做过。[3]

【注释】

[1]埃勒凡泰尼,第一瀑布北面靠近阿斯旺的尼罗河上的岛屿。

[2]指埃及。

[3]第二次单独远征,即没有他父亲的陪伴。伊尔太特和塞图两地似乎都在下努比亚,亚姆则再向南。

【译文】

第三次远征

陛下现在第三次派我到亚姆去;(11)我从□□□□来到乌哈特(wHAt)[1]的路上,我发现亚姆首领在(12)往柴麦赫的土地去,打击柴麦赫(13)直到上天空的西角。我跟着他到了柴麦赫的土地上,(14)我平息了他,直到他为国王赞美所有的神祇。

【注释】

[1]乌哈特可能是"埃勒凡泰尼路"的起点。

【译文】

第三次远征补[1]

(1)□□□□,亚姆,他跟着……为了通告梅尔内瑞陛下,我主,(2)□□□□□[2]跟着亚姆首领。现在,在我平息(3)□□□□□在伊尔太特之下、在塞图之上的亚姆首领之时,我发现伊尔太特、塞图和瓦瓦特的首领(4)□□□□□。

【注释】

[1]这是刻写在前门左侧的铭文,文字下面是哈尔胡夫之子向他进香。

[2]破损处大约有一行的三分之一。可能是哈尔胡夫派人告之法老,他"跟着亚姆首领"走了。

【译文】

我带着300头驴载着香、乌木、亥克努[1]、谷子、豹皮……象牙(5)[掷棒]和所有好东西回来。现在,当伊尔太特、塞图(6)和瓦瓦特之首领和战士们看到同我回到朝廷的亚姆军队是多么强大又众多之时,(7)该[首领]便带给我公牛和小牛[2],并引导我来到伊尔太特高原的路上,因为我比任何以前被派往亚姆的诺姆长、随从或商队首长都更优秀,更警觉,更□□□□,(8)现在,当那里仆人[3]来到朝廷之时,有人[4]派□□□□,(9)单独随从,洗浴总管胡尼[5]乘坐载满枣酒、[糕点]、面包和啤酒的船逆流而上。(10)诺姆长、玺印总持、单独随从、仪式祭司、神财官、政令私人顾问、受人尊敬的哈尔胡夫。

【注释】

[1]原文 Hknw，为一种圣油。

[2]也可能是瞪羚。

[3]自谦，我。

[4]国王。

[5]胡尼（xwny），也可能是 ra-wny，符号 ra 或 x 破损，有些看不清楚。

【译文】

佩匹二世之信

哈尔胡夫第四次前往亚姆，捎信回来给国王，说他带回来很多南方宝物，特别是一位会跳舞的小矮人，国王回信表示谢意，如果小矮人安全送达宫中，将给予厚奖。哈尔胡夫将这封信刻在其此时已经完成的陵墓前。

日期与引言

（1）玺印，第二年，第一季的第三个月，第十五日。

（2）皇家颁布命令于单独随从、仪式祭司和商队首领哈尔胡夫。

【译文】

信的正文

（3）我已注意到你信中之内容，你已派人来见国王，到王宫里，以让寡人知道你已同你的军队一起（4）从亚姆安全返回。你在信中说，你带来了（5）所有的哈托尔，伊姆之主送给（6）上下埃及之王，永生之内菲尔卡瑞[1]之卡的伟大而漂亮的礼物。你在信中说，你从（7）神灵之土地上带来了一个该神之跳舞矮人,就像(8)神之司库布尔得德在伊塞斯时从蓬特带来的矮人一样。你对陛下说:"以前从来没有(9)像他这样的人被任何去过亚姆的人带来过。"

【注释】

[1]内菲尔卡瑞(nfr-kA-ra),即俳匹二世。

【译文】

每年□□□(10)你做你主渴望并赞扬之事;你日夜[与商队]在一起做(11)你主渴望、赞扬并命令之事。陛下将让(12)你的许多超凡荣耀成为你子之子的光彩,这样,所有的人(13)当他们听到陛下为你做的事就都会说:"有像单独随从哈尔胡夫(14)从亚姆返回时做的这样的事情吗?因为他显示了做其主渴望、赞扬并命令去做之事的机敏。"(15)立即北上到宫廷来;□□□□(16)你要带来这个矮人,他要活着,吉祥而健康地从神灵之土地上带回,(17)因为该神之舞蹈将令上下埃及之王内菲尔卡瑞——愿他万岁——之心愉快喜悦。(18)当他与你上船之时,指派优秀的人,让他们在船的两边(19)保护他;小心,以免他掉到水里去。当他夜里睡觉的时候,指派优秀的人,(20)躺在他帐篷里睡在他身边,每夜查看十遍。(21)陛下比看到比亚[1]和(22)蓬特之礼物,更渴望看到该矮人。如果你带着该矮人(23)活着,吉祥而健康地到达宫廷,陛下将根据陛下看到矮人之渴望对你做一件比对神之司库布尔得德(24)在伊塞斯时代做的更大的事情。

【注释】

[1]比亚,西奈一个矿区的名字。

【译文】

（25）命令已经发给"新城"首领、副官及高级先知，命令每个储城、每个神庙都（26）从他那儿取得食物，无须节缩。[1]

【注释】

[1] 国王已命令各地官员提供食宿。

9. 斯坞特铭文

【题解】

这些铭文刻写在三座并行排列的陵墓上端，高悬在俯瞰现代城市阿斯坞特（Asyut）或称斯坞特城的悬崖正面之上。铭文最早由跟随拿破仑军队进入埃及的学者抄录下来，后来由格里菲瑟于1889年发表《斯坞特与戴尔-瑞菲赫铭文》（伦敦）。

这些陵墓中的五篇铭文，三篇是第九和第十王朝的铭文，两篇是第十二王朝的铭文。第九和第十王朝的铭文构成了我们关于这个材料稀少时代的唯一原始材料来源。这三篇铭文是里可波里诺姆三位王子的铭文，他们分别是：泰菲比，其子亥提一世和另一位叫亥提的人，第三位和前两者的关系尚不清楚。这些王子作为诺姆长，都拥有同样的头衔："世袭王子，王公，玺印总持，内侍，斯坞特之主外普瓦乌特之先知"。他们都是软弱的希拉克里奥坡里国王长期的朋友和支持者。这些王子构成一个缓冲，隔开了叛乱的底比斯王公直接的攻击。这些底比斯王公的后代成为了第十一王朝统治者。不幸的是，他们没有提及任何抗击底比斯的情况，只提到了他们为之效力的一个希拉克里奥坡里人——美瑞卡瑞。

这些铭文的语言极其隐晦难懂，加上铭文的残破常常使翻译无法进行。对铭文文献的恢复工作只是根据类似文献和残存的符号猜测原本的文字，而无法将原来的文字重新恢复原貌。译自《古埃及记录》（芝加哥，1906）。

【译文】

泰菲比铭文[1]

与南方的冲突这里写得比较清楚，但由于此篇铭文的不完整，使得我们很难看到这场冲突的全貌。此次冲突的粗略概况是这样的：泰菲比恳请所有过路的人都为他祈祷。他宣布其统治的慈善——人与人没有差别，维护所有人的安全，即使是在国外亦如此。因为他的慈善统治，其子还是个孩提之时就继承了他的王位而没有遇到反对。在他的第一次战争中，来自埃勒凡泰尼直到北方某个地方的南方诺姆联合起来与他为敌。他在西岸打败了南方联军，将他们赶到"南方港口要塞"。他接着越过河来到东岸，在那里打败敌人的第二支军队，打乱了敌方的舰队。这样，他就镇压了叛乱，提拔了有才华的官员。战争带来了对他的强大政权的普遍尊重，神庙的繁荣以及邪恶者的羡慕嫉妒。

对路人的呼吁

（1）噢，你活着的人们！噢，你地上之生灵，待生之孩提；将要顺流而下的人们，逆流而上的人们，将要到来的斯坞特之主，外普瓦乌特的追随者，将要路过此湾[2]的人们，将要进入此墓的人们，要看到其中所有的人们，外普瓦乌特，斯坞特之主与阿努比斯，洞穴之主，为你而生，你要为王子泰菲比的丧葬供品祈祷。

【注释】

[1]第三号墓中铭文。

[2]峭壁或河流转弯处。

【译文】

泰菲比的仁慈统治

（2）世袭王子，王公，玺印总持，内侍，斯坞特之主外普瓦乌特的高级先知，泰菲比说：□□□□[1]（3）□□□□。听我说，你们到来的人。我对每一个人都很慷慨，□□□□□□[1]，（4）□□□□我有一个绝妙的打算，一个对其城池有用的打算，一个面对恳求的□□□□，□□□□□[1]（5）□□□□个面对寡妇的公开□□□□□□□我是其人民之尼罗河[2]□□□□□□□□□□（7）□□□□[3]（10）当夜幕降临，睡在此条道路上的人给予我赞美，因为他像在自家房子里一样；我勇猛的战士是他的护卫□□□□□。（13）然后，我子接替了我之位置，官员们接受他的权力。他还是个一肘尺高的孩子[4]之时就开始统治；该城为他而欣喜，记着那些（14）善举[5]。因为每一位对其人民做善事的贵族，将超越其父之美德，他在来世应该□□□□（15）受到祝福，其子应该居住在其父之房子里，在该城里，他的记忆应该愉快，他的雕像应该由其子抬着[6]，受到崇拜。

【注释】

[1]约破损一行内容的三分之一。

[2]阿蒙霍泰普四世也在其子民面前称自己为尼罗河。

[3]此处内容大概是泰菲比对其子民的恩惠。

[4]一肘尺高的孩子，意思是刚出生的孩子，极言其生来就是统

治者。

［5］其父做过的善事。

［6］这里指的是一种仪式，雕像抬在节日的队伍中。

【译文】

与南方的战争

（16）[1] 第一次我的战士与南方诺姆战斗，南到埃勒凡泰尼，北到□□□□□，他们痛击为之所知之南方边境[2]。□□□□□□□西侧[3]。当我来到该城之时[4]，我打败了［敌人］□□□□[5]［我驱赶他］（18）□□□□直到南部港口要塞。他给我土地，而我没有归还他城池□□□□[5]（19）□□□□□我到达东边，向上游航行；来了另一个人，像一只豺狗□□□[5]□□□□（20）带着另一支来自其联盟的军队。我出去与他作战，带着一只□□□。没有惧怕□□□□[5]。（21）他急赴战斗像光一样；里可波里诺姆□□□[5] 像一头公牛一样前进（22）□□□□□永远。我利用［南风］和北风，东风和［西风］始终不停战斗□□□□[5]（23）□□□□。他倒在水中，他的船到处乱跑，他的军队像公牛一样，□□□□[5] 当受到野兽的攻击，（24）掉头而逃。□□□□□放火□□□[5]（25）□□□□我驱赶出了反叛者□□□□，借助外普瓦乌特之计划，□□□[5]（26）只强大的公牛。当一个人做得出色之时，［我就］提升他为我士兵之头□□□□[5]（27）为其主。□□□□□[5] □□□□[6]（36）希拉克里奥坡里。这片土地处于我士兵之威严之中；没有哪片高地逃脱恐惧。如果他□□□[5]（37）在南方诺姆放火。他这样做像是他自己土地上的事物一样，以结束□□□□[5]。

【注释】

[1] 第十六至四十行内容曾被灰泥覆盖,其上又刻写了文字,所以,恢复起来非常困难。

[2] 指希拉克里奥坡里国王们的南方边界。

[3] 这里指河西岸的战斗。

[4] 这个城市应该在南北边界之间地带,因为他刚刚越过"南方边境",接下来又说到达"南部港口要塞"。

[5] 约三分之一行损坏。

[6] 此处八行损坏严重。

【译文】

结束

(38)神庙繁荣,供奉献神;智者所见,□□□□[1](39)他没有在其面前给予永恒,他看不到未来,他看到的是罪恶□□□□[1](40)□□□□

【注释】

[1] 缺失三分之一行。

【译文】

亥提一世铭文

此篇铭文出现在三座陵墓中间一座的北墙上,对面是手持大盾牌的战士壁画。亥提一世是前面陵墓中的泰菲比的儿子。他继承了其父的土地和头衔,成为一位诺姆长。除了斯坞特诺姆长的一般职责外,他还是"整个土地之军事将领"。他的铭文对于了解希拉克里奥坡里王国内部的历史非常重要。但不幸的是,铭文残破严重,晦涩难懂。在提及亥提服务国王美瑞卡瑞并提到亥提家族的古代渊源之后，铭文陈述道："他为国王严惩中部埃及。"这清楚地表明希拉克里奥坡里王国内部已经出现反叛。麻烦平息后，亥提陪同国王到上游去，可能是去接受王国的臣服，当亥提庞大的舰队驶来的时候，埃赫那斯（Ehnas）的贵族非常惧怕。返回埃赫那斯－希拉克里奥坡里之后，国王受到老年人和年轻人的欢呼拥戴。亥提回到家，受命修复外普瓦乌特古神庙，该神庙位于斯坞特建筑底下的某个地方。在亥提统治的余年，人民生活安逸。

此篇铭文前七行只有上面部分保留了下来。内容非常重要，但只有很少的残片现在可以释读。这些残片上的内容显示，该铭文是对死去的亥提讲的，内容是：(1)"□□□□□个古代血统[1]□□□□□□□(3)□□□□上下埃及之王，美瑞卡瑞□□□□□(6)希拉克里奥坡里。你平定了反叛□□□□□□□(7)两土地之主，神所钟爱，覆盖全部土地"。这最后的称号让我们确定指的是国王，可能亥提受他之命平息叛乱。这就为我们提供了当时历史关系的联系。

【注释】

[1]指亥提家族的古代渊源。

【译文】

亥提的世系

一位统治者，(8)统治者之统治者之后裔，一位统治者之子，一位统治者女儿之子，先人之□□□□[1]，一位统治者女儿之子，(9)□□□□一位[无]与伦比的贵族(10)□□□□□□因为你在这片土地上布下[敬畏]，你只为他[2]惩罚中埃及。

【注释】

［1］约三分之一行缺失。

［2］指国王。

【译文】

服务国王

你送他到上游去,(11)天为他而晴朗,整个大地都站在他一边,中埃及之王公,希拉克里奥坡里之大人,大地上女神之地域[1],都来(12)打击作恶者。大地颤抖,中埃及［惧怕了］,所有的人都很恐惧,村庄［惊恐］,(13)恐怖渗透进他们的肢体。法老之官员成为恐惧之奴隶,受宠者受尽希拉克里奥坡里恐怖之折磨。(14)大地燃烧起它[2]的火焰□□□□(15)□□□□从来没有一支舰队之首已经进入晒斯霍泰普,而其尾部仍在［□□□□］[3]□□□□□(16)□□□□他们走水路而来,在希拉克里奥坡里登陆。整个城市都来了,为其主人,其主之子而欣喜;妇女(17)与男人,老人与小孩。

【注释】

［1］许多不同的地域都这样表述,可能和希拉克里奥坡里相邻。

［2］指希拉克里奥坡里。

［3］晒斯霍泰普位于斯坞特以南。后一个地点可能是堠(Hou)。

【译文】

老年

统治者之子,到达其城,进入其父之房屋。他看着(18)(岁月)向他们房屋[1]走来,其石棺,其老年。当一个人进入他的位

二、古埃及传记文献选译

置（他的陵墓）的时候，这座永恒之城□□□（19）□□□□。

【注释】

[1]其祖先的陵墓。

【译文】

修建神庙

城市之神热爱你，泰菲比之子，亥提。他让你出现，这样他就可以看到未来，为的是（20）恢复其神庙，为的是修起古代之墙，最初的献祭之地，□□□□神圣的土地，（21）□□□□普塔赫神用他之手建造的，托特神[1]为之奠基的，为外普瓦乌特神，斯坞特之主，（22）国王，两土地之统治者，上下埃及之王，美瑞卡瑞下令建造一座伟大的神灵之建筑阿努比斯之心[2]；他（国王）要为其（神）度过数百万年，他要重复其塞得节[3]；（23）在国王，泰菲比之子，中埃及伟大统治者之信心之引导下[4]；看吧，你的名字[5]将在（24）外普瓦乌特神庙中永恒，你的记忆将在廊柱中闪耀。有些将会传至别处，□□□□未来□□□□（25）年，一百年又一百年，增加地上之生命；你仍在地上之生命中间□□□□□（31）□□□□□

【注释】

[1]古埃及智慧与文字之神，也是月神。

[2]"阿努比斯之心"为该建筑名称。

[3]塞得节，又称国王大庆典，是一位国王在位满30年的更新，或者说是重新注入活力的仪式。但实际上，很多铭文显示，一些国王的统治时间不到30年，但他们已经举行过这样的庆典。

[4]指该神庙的建筑在亥提的领导下修建。

[5]亥提的名字。

【译文】

和平统治

在你之时代发生的事情都是那么美好啊，城市对你非常满意。那些瞒着人民的事情，(32)你将其公开，为的是给斯坞特一份礼物——只是你的意愿。每一位官员都恪尽职守，(33)没有一人打架，也没有一人射箭[1]。母亲身边的孩子及妻子身边的市民不会遭到痛打。在□□□□中没有人作恶，(34)也没有人对他的房屋□□□□有任何冒犯。你城市之神，那爱你的父亲，引领着你。

【注释】

[1]伤及他人。

【译文】

亥提二世铭文

这篇铭文是在三个陵墓中最北面的一座后墙的假门上及南墙上发现的。我们不十分清楚亥提二世与前两个诺姆长的关系，但他享有的平稳统治让我们推测到他可能生活在与底比斯战争开始之前，因此，也应该在泰菲比之前。该篇铭文很奇怪，将其童年放在了最后，而且没有提及其父的名字。他任里可波里诺姆之诺姆长的外祖父去世后，亥提的母亲开始执政，直到他长大继承其母的职位。在此期间，他与皇子们一起接受国王的教育，很早就在其诺姆受命执政。他的生活安定富裕，却不忘大力开发其诺姆的物质资源。他开凿了一条非常需要的灌溉运河，将水引到尼罗河水泛滥所未及之地。他谷物丰裕，分发给其民众。他免除赋税，其牧群成倍地增加。他修建神庙，增加供奉。他还是一位勇士，作为中埃及的军事指挥官，养育有一支军队；他像亥提一世一样拥有一支水军。其民众和希拉克里奥坡里人都对其政府非常满意，承认其国王的教诲。可能亥提二世在底比斯取得胜利并巩固了整个埃及的统治之后成为底比斯第十一王朝国王的一位官员。

该篇铭文以惯常使用的斯坞特诺姆长的头衔开始，亥提陈述说，在他的陈述中没有虚假成分，他做的一切都是在其人民的眼前做的；然后接着说：

新运河

我给该城一份礼物，城市中没有北方土地上的家族，没有中埃及人[1]；（3）在□□□□[2]修建一座建筑。我重修了一条10肘尺[3]的运河。我是在耕地上开凿的该运河。我为其□□□□配备了门（4）□□□□在□□□□的土地上在一座建筑中，免除了□□□□。我对该□□□□（5）□□□□建筑是慷慨的□□□□□。[我维系着]该城之生命，我使□□□□以粮食，中午给水（6）于□□□□□□□□。我为该山地供应水，我为该没见过水的山中的中埃及城市[4]提供用水。（7）我让边境安全□□□□□□□。我在高地地区供给水源，我使高地变成沼泽。我让尼罗河水漫过古代之地标，（8）我使耕地□□□□水。每位邻居都有水供应，每位市民都随意使用尼罗河水；我给他的邻居水，他对之非常满意。

【注释】

[1] 别的民族的人。

[2] 有三分之一行缺失。

[3]可能指宽度。

[4]指斯坞特城。

【译文】

财富与慷慨

（9）我粮仓富有。当国家需要的时候，我用上千赫克特[1]的谷物维持该城之生存。我让（10）每位市民都领走他们自己的谷物，他们妻子的谷物，寡妇和她们的孩子也有谷物。他免除了（11）一切我父亲记录下来的赋税。我让草地充满了牛群，（12）每个人都有许多颜色[2]；母牛成倍地生育，牛栏充满了（13）小牛。我待母牛宽厚，当她说"这是□□□□"[3]的时候，我是一个有很多公牛的人（14）□□□□他的牛；□□□□他生活很好。

【注释】

[1]赫克特，埃及谷物容量单位。

[2]指不同种类的牛。

[3]这里是牛说的话。

【译文】

亥提的纪念建筑

我是一位富有神庙建筑的人，（15）□□□□[1][我增加了]他修建的建筑，不断给予供奉。我是一个心腹，（16）□□□□[2]。

【注释】

[1]破损约半行。

[2]破损三分之二行。

【译文】

他的军队

我是一位有弓箭力量之人,我的剑锋有力,(17)在我的邻人中充满了敬畏。我建立起一支军队□□□(18)成为中埃及的指挥[1]。

【注释】

[1]泰菲比之子,亥提也有指挥这个头衔,但加上了"整个土地",变成了"整个土地之指挥"。

【译文】

他的舰队

我拥有好船,当他向上游航行之时[1]□□□□□□国王之心腹。

【注释】

[1]从希拉克里奥坡里到斯坞特。

【译文】

他的陵墓

我是一位对他说的话时刻注意的人;在不幸的日子保持着坚定信心。我拥有一座高耸的(20)陵墓,墓室前有一级宽大的台阶。

【译文】

亥提的童年

我是国王之钟爱者,其王子的心腹,中埃及(21)之尊者。他让我在一肘尺高之孩提时代就开始统治;他在我年轻时就提升我的职位。(22)他让我和皇家子弟一起接受游泳训练。我是一个说话正确的人,(23)从不违逆将我从小养大之陛下。斯坞特对我的管理(24)非常满意;希拉克里奥坡里为我赞美神灵。中埃及和北面土地（三角洲）说："这是国王之教诲。"[1]

【注释】

[1]亥提孩提时代的描述以下的内容均为残片。

【译文】

亥提外祖父之死

（40）[亥提]说□□□□（39）□□□□□□□□希特（38）所生□□□□夜间观测（37）□□□□光耀他的[1]名字。

【注释】

[1]死者是亥提外祖父。

【译文】

（36）□□□□[然后，哀悼]国王，整个中埃及和北部土地（三角洲）（35）□□□□。国王本人和王公[为葬礼]（34）而聚集在一起。[他被埋葬在其高原上的陵墓里。]

【译文】

亥提母亲摄政

他女儿的儿子使其名字永存，使其荣耀（33）。□□□□[他女儿统治斯坞特]，她父亲嫡出血统（32）[统治该城]□□□□□外普瓦乌特神所钟爱，对[该城]之善举而高兴[1]（31）□□□□□□□□□（30）□□□□国王所钟爱，他的心腹。该城对她说的话满意。（29）□□□□[她像]神一样行动，直至其子臂力强壮（28）□□□□（25）□□□□□[2]。

【注释】

[1]"高兴"一词的词尾为阴性。

[2]以下的残篇内容都是赞美词，但因为太不连贯而无法翻译。

10. 泰缇石碑

【题解】

该石碑由一位埃及商人收藏，后由学者皮尔抄录，在《美国闪语与文学杂志》上公布。泰缇是第十一王朝国王尹泰弗一世和尹泰弗二世的大司库。该石碑上的铭文是他的自传。此铭文是第一份清楚地陈述第十一王朝王位父子相传的文献，也首次列出尹泰弗二世的荷鲁斯名字。此外，它还为我们提供了尹泰弗一世王国北方与南方的边界。遗憾的是铭文中给出的南方边界让我们很难确定其具体位置。它给出的北方边界在提尼斯，尹泰弗一世陵墓石碑证实了这一记述。因为泰缇石碑是尹泰弗一世去世后刻写的，所以这位国王的统治显然没有超越提尼斯。译自《古埃及记录》（芝加哥，1906）。

【译文】

引言

（1）现世荷鲁斯：瓦荷内赫；上下埃及之王，拉神之子，尹泰弗（一世），美之创造者，像拉神一样永生。

【译文】

泰缇的头衔

陛下真正钟爱之仆人，陛下之宫室中拥上等位置，伟大而受宠爱之官员，深谙陛下个人事物，全程跟随陛下，心胸［开阔］（2）□□□□非常真实，宫中高官之首，掌管内务司封印，陛下比高官更加信任之人，用其渴望之事让荷鲁斯神（国王）之心喜悦，陛下钟爱他，他宠爱的，大司库，掌管（3）陛下喜爱之内务司，大司库，国王之下第一人，可敬的泰缇，他说：

【译文】

尹泰弗一世时期的生平

我是陛下钟爱之人，他每日之心腹。我在陛下，荷鲁斯，瓦荷内赫，上下埃及之王，（4）拉神之子，尹泰弗统治时期度过很多年，他统治的此块土地上游远到［泰斯］，下游远到提尼斯；我是他的仆人，他的子民，他真正之下属。他使我变得伟大，他提升了我的职位，他安置我在他（5）宫中信任的职位上，因为□□□□；国库由我掌管，置于我之封环[1]之下，我是因带到陛下面前之所有善举而从南方与北方经过各种考虑选出之人；我是因以整个土地进奉使国王高兴之人；因为他的意见避免了（6）带给陛下来自红土地首领之物品的土地之减少；因为他的意见免除了高原土地的缩减。然后，他意识到我能力出众，把该职务给我。然后我向他报告；因为我的伟大智慧，那里什么都不缺乏（7）□□□□。

【注释】

[1] 封环，类似现代的封印。

【译文】

我是一个陛下真正宠爱的人，一个伟大的受宠官员，陛下房屋之冷暖，在大臣中出于敬意对之双臂下垂的人，我没有［放在］（8）两□□□□之后，为此而遭到仇恨。我是一个从善如流、疾恶如仇的人，一个在陛下宫室中受到钟爱的人，按照陛下意愿之□□□□关心照料每项宫中事宜的人。现在，每一件因为他（国王）命令我去做的事情（9）□□□□[1]我没有僭越他命令我的礼数；我没有将一件东西放在另一件的地方[2]□□□□□□□（10）□□□□我没有从一份遗产中拿走过一件东西，每项事物都非常小心。现在，陛下命令给他的所有皇家食品我都要为之列出一份其卡渴望的所有东西之清单；然后我呈送给他；我成功地执行所有管理工作；因（11）我之伟大智慧而从没有缺乏过什么。

【注释】

[1]当国王让他离开时，宫廷官员起立为他送行。下面的词句比较模糊，约十多个字，大概是泰缇去世的时候宫廷对他的称赞。

[2]可能指以次充好。

【译文】

尹泰弗一世之死

我为该城建造了一艘游船和一艘小船跟随陛下[1]。每次□□□□我都算在大臣之列，我既荣耀又伟大。我用自己的东西（12）供给我自己□□□□，都是我主陛下，荷鲁斯，瓦荷内赫，上下埃及之王，拉神之子，尹泰弗（一世），像拉神一样永生，因为非常爱我而送予我的；直到他去向其地平线[2]为止。

【注释】

[1]一艘在底比斯为官员所用，另一艘供国王出游乘坐。

[2]指他的陵墓。这是一座砖造的金字塔，位于底比斯西部平原上。

【译文】

尹泰弗二世时期生平

然后，当其子[1]继承王位，（13）成为荷鲁斯，那赫特内布-

泰普内菲尔，上下埃及之王，拉神之子，尹泰弗（二世），美之始者，像拉神一样永生，我跟随他到所有令其愉快的宝座上去。因我之大智，他在那里从没有□□□□。他给予我（14）其父时代我所拥有之职责，在陛下统治下使之繁荣，从未出现任何匮乏。我在世上度过了我全部时光，先做陛下之子民；在陛下手下变得强壮伟大。我是一个使其品格完美之人，陛下每天都夸奖我。

【注释】

[1]指尹泰弗二世。

11. 伊瑞提森石碑

【题解】

伊瑞提森是古埃及中王国第十一王朝的一位大臣，曾任维西尔之职。但其主要身份是一位主艺师，即雕凿浮雕的匠人。因其技艺高超而得到信任和提升。这块石碑是一块石灰石石碑，断代为公元前2000年，现藏于法国卢浮宫博物馆，编号为C-14。其上刻写的是伊瑞提森的自传，主要强调其艺术造诣，对我们恢复官职建构和工艺处理及丧葬习俗非常重要。

【译文】

统一两土地的活着的荷鲁斯神，统一两土地的两王权之主，上下埃及之王，拉神之子，孟杵霍泰普，愿他永生；他忠诚的仆人，在他心中最深处的人，每日让他整日欢乐之人，对其伟大神祇虔诚之人，伊瑞提森。

图 1　伊瑞提森石碑

献给斋戴特[1]之主，西方第一人，阿比多斯之主奥西里斯的祭品，在其所有地方，他要献上一餐丧葬食品与饮品，数千的面包、饮品、牛、鹅、亚麻和所有美好而纯净的物品，阿比多斯之主的无数面包、啤酒、美酒、蛋糕，死者灵魂喜爱的圣牛的白色奶脂，献给奥西里斯神和神圣土地之主阿努比斯神，主艺匠伊瑞提森。

【注释】

[1] 地名，在下埃及三角洲尼罗河东岸。

【译文】

我知道神圣词语的秘密,神的圣餐仪式,他们担心的每一个仪式[1],我从没有弄错过;实际上,我是一位艺师,深谙他的艺术,一位在他的造诣上站在(所有人)之上的人。我知道网格线,比例的标准,如何雕凿浅浮雕,如何雕凿高浮雕,如何凸起,如何深入[2]。我知道一个男人形象走路的姿态,知道一个女人如何拿着东西,知道荷鲁斯神的两个胳膊(的姿态),知道十二圈辱骂者的情形[3],知道迅速凝视那只眼睛以吓退邪恶,知道(如何)让河马低头的胳膊的姿态[4],知道跑者的到来。我知道(如何)制作护身符,这样就不会有任何孽火伸出火舌,或者不会被洪水卷走。

【注释】

[1]伊瑞提森不仅是主艺师,还是位书吏和祭司。

[2]制作浮雕是艺师的主要工作之一。在石头或墙壁上制作浮雕要先画网格线,然后按照小图放大画在石头或墙上。浮雕分为两种,高浮雕和浅浮雕,区别在于所画图画的背景与人物等前景的深浅。

[3]这里展示的是他懂得如何在永恒世界中对付危险的知识。

[4]河马无论在今世还是来世都是极具破坏力的动物。

【译文】

哦,无人更优,我与我的合法的长子:神已让他在(技艺方面)出类拔萃;我已看见他双手在他主艺师工作中处理每一种宝石上的完美,从黄金和白银直到象牙和乌木。丧葬用餐的面包和饮品啊!大量的红酒、面包、牛、鹅、亚麻、布匹,所有好的纯净的物品,阿德女士之子,聪明的伊瑞提森虔诚奉献。

丧葬用餐的面包和饮品，大量的面包、饮品、牛、鹅，所有美好而纯净的物品，献给虔诚的伊瑞提森，爱他的虔诚的妻子哈普。

他的儿子，他的长子，爱他的威瑟尔特森；他的儿子，爱他的孟杵霍泰普；他的儿子，爱他的希孟杵；他的女儿，爱他的祁姆；她的儿子，爱她的泰门嫩[1]。

【注释】

[1]"他的女儿，爱他的祁姆；她的儿子，爱她的泰门嫩。"中伊瑞提森的女儿祁姆和她的兄弟希孟杵结婚生下一个儿子叫泰门嫩。

12. 哈努姆霍泰普一世铭文

【题解】

哈努姆霍泰普一世（大约公元前1991—前1962）是第十二王朝贝尼哈桑地区最有势力的贵族中我们首先要说明的人物。他在阿蒙尼姆赫特①一世争夺埃及王冠和掌握埃及最高权力的最后角逐中显然发挥过作用。该铭文有许多地方破损，支离破碎，我们不得不在字里行间猜测原文的内容。但有一点很清楚，即哈努姆霍泰普在一次远征中陪伴过阿蒙尼姆赫特一世，他们在此次远征中乘坐的是"20艘雪松船"，远征的结果是将敌人从埃及驱逐。我们不清楚铭文中说的敌人指的是谁，文中只用了一个"他"字，很可能是阿蒙尼姆赫特的政敌，是和他角逐王位的政

---

① 此书中的人名和地名的翻译，除了少数大家已经接受的译法之外，多按古埃及语而不是英文或德文的发音译出。古埃及人的名字有点像中国人的名字，其内容是有意义的。所以，按古埃及语翻译有助于对其名字意思的把握。

敌。接下来是国外敌人的降服，北方亚洲人和南方黑人，高原和低地的敌人（"两地"）。在完成这一切之后，国王奖励其忠实的跟随者，哈努姆霍泰普被任命为"麦奈特-胡夫诺姆长"。他在该诺姆的管理令国王非常满意。

哈努姆霍泰普出身于一个势力强大的羚羊诺姆家族，因其对阿蒙尼姆赫特一世的忠诚而被任命为诺姆长。其子、其孙哈努姆霍泰普二世与其长重孙在中埃及各诺姆都拥有同样的地位。

该篇铭文在贝尼哈桑第14号墓中发现。首先注意到该铭文，并将之抄录下来的是纽伯里（Newberry），随后，他在《贝尼哈桑》中发表了此篇铭文。铭文写在该墓的西墙上，残破严重。译自《古埃及记录》（芝加哥，1906）。

【译文】

世袭王子和诺姆[1]长，玺印总持，唯一陪伴者，□□□羚羊诺姆之伟大主人□□□□，附属于内亨[2]（法官）。

【注释】

[1]诺姆，埃及行政区划。埃及大约有40个诺姆。在历史的不同时期，诺姆的数目有所变化。

[2]内亨（nxn）即希拉康坡里，上埃及第三诺姆。

【译文】

我来自我的城市，我去向我的[诺姆]。我从未对任何人作恶。□□□□□（4）□□□□□然而[我主]，上下埃及之王，（5）塞赫特伊布瑞，拉神之子：阿蒙尼姆赫特（一世），愿他永远长寿，指定我[就任]□□□□。我陪同陛下去□□□□[1]，20艘之雪松船[2][由]他[率领]，来到□□□□。他[3]将他[4]

从两土地（埃及）驱除出去。（6）黑人[5]□□□，亚洲人纷纷倒下；他在两土地夺取低地，高地，□□□其人民□□仍留在他们的土地上□□□□□□□□（7）□□□□。然后，陛下任命我为麦奈特-胡夫[6]之诺姆长。我的管理在陛下心中是无与伦比的，在□□□□是愉快的。然后，我□□□□我的城市，我造福我的人民。陛下为我实现我嘴里说出的［□□□□］（8）□□□□该□□□□是□□□□，该□□□□是□□□□，其纳税人□□□□，市民为仆人□□□□□□□

【注释】

［1］这里一定有一个地名，或者是原本残破了，或者是抄写错误。因为埃及语书写体系所用符号为象形符号，常常会发生译读的错误。

［2］雪松船，古埃及的船大多数是用当地的木材建造的，木板相应比较短，所以船比较小。用雪松建造的船要大得多。

［3］他，指阿蒙尼姆赫特一世。

［4］可能指他的政敌。

［5］黑人，根据考泇斯考（Korusko）铭文，阿蒙尼姆赫特在他统治的第二十九年曾率军攻打过努比亚。

［6］字面意思为"胡夫的保姆"，"荷鲁斯地平线"的都城，贝尼哈桑地区的一个公国。

13. 阿蒙尼姆赫特铭文

【题解】

该铭文刻在阿蒙尼姆赫特贝尼哈桑凿岩陵墓门口的侧板上，1828年由商博良抄录发表。阿蒙尼姆赫特是贝尼哈桑王子中最强大的一位。他于辛瓦瑟瑞特一世第十八年继任其父哈努姆霍泰普一世，成为贝尼哈桑家族中的首领，统治该地区二十五年。他记录了三次皇家的远征，第一次他作为其诺姆军队首领随同国王与努比亚作战。但此次远征与其他记载辛瓦瑟瑞特远征努比亚的文献中描述的内容都无法确切认定。

第二次和第三次远征都是为了获取黄金。第三次远征的目的地是科普托斯后面的矿区，即位于科普托斯路上的弗阿希尔（Foakhir）旱谷矿场。第二次远征的目的地可能也是该矿场，但铭文里没有说。

铭文中有阿蒙尼姆赫特对其领地管理的描述，非常有趣也很重要。译自《古埃及记录》（芝加哥，1906）。

【译文】

（1）辛瓦瑟瑞特一世，愿他永远长寿，（2）陛下第四十三年，（3）正是世袭王子，王公□□□胜利者阿蒙尼姆赫特[1]羚羊诺姆第二十五年。（4）第四十三年，第一季第二月，第十五日。哦，你热爱生命，仇恨（5）死亡之人，你说，1000份面包和啤酒，1000头牛和鹅（6）献给世袭王子，王公，□□□□，羚羊诺姆伟大首领，□□□□，属于内亨，内亨之主，先知之首脑，胜利者阿蒙尼之卡。

【注释】

[1] 该诺姆长名字的全称是阿蒙尼姆赫特（imn-m-HAt 意思是"阿蒙神在前"）。在这些铭文中常常使用另一个名字，阿蒙尼（Ymny 意思是"属于阿蒙神"）。

【译文】

第一次远征

当(7)我主向南航行去平定四个蛮族中他的敌人时,我跟随着他,身份是一位王公之子,玺印总持和(8)羚羊诺姆军队之总指挥,一位代表其老父之人[1],受到王宫及内宫中陛下之宠信。我向南航行。我越过库什,(9)向南航行,我前进到边界,我带回了所有礼物;我祈祷能到达天庭。然后(10)陛下推翻库什邪恶敌人之后安全返回。我跟随他返回,准备听命[2]。(11)我战士中未有损失。

【注释】

[1] 这说明,他已经继承其父诺姆长的职位。尽管其父之名未在此处出现,但一定是哈努姆霍泰普一世(xnmw-xtp),贝尼哈桑第一大家族。

[2] 这句直译为:"准备面对"。埃及法老给官员们命令的时候都是"面向陛下",所以,这里的意思是"准备听命"。

【译文】

第二次远征

我向南航行,去为陛下,上下埃及之王,赫佩尔卡瑞[1]□□□□愿他长寿□□□□带回金矿石。(12)我和世袭王子,王公,国王亲生之长子,阿蒙尼[2]一同向南航行。我向南航行,带着精选的400人的(13)军队,没有受到损失,安全返回。我带回了我的金子;我在宫廷里得到祈祷[3];(14)国王之子为我赞美神灵。

【注释】

[1] 赫佩尔卡瑞（xpr-kA-ra）即辛瓦瑟瑞特一世。

[2] 这是个加冕王子，即后来的阿蒙尼姆赫特二世。他的名字，像该诺姆的诺姆长一样，常以阿蒙尼的形式出现。

[3] 这里的铭文已经到了北面的左门柱。

【译文】

第三次远征

然后，我同世袭王子，王公，城市之主和维西尔，辛瓦瑟瑞特一起向南航行去获取矿石，来到科普托斯城。我向南航行，带着600（15）名羚羊诺姆最为勇敢的人。执行完受命之一切事务后，我安全返回，我的战士毛发未损。

【译文】

阿蒙尼执政

我和蔼可亲，充满爱心，是一位其城热爱的统治者。现在，我在羚羊诺姆（16）统治了多年。王宫所有税收都经过我手。羚羊诺姆之牧者的皇封财产的监管组给我3000头上辕公牛[1]。我（17）每个借出牛群年在宫中都因此而得到赞扬。我带来了它们所有的收入[2]给王宫；他每个部门中都没有欠账。整个羚羊诺姆都在□□□□为我（18）劳作[3]。

【注释】

[1] 这句话的意思是阿蒙尼姆赫特从皇家牛群中得到3000头牛，养在皇家牛群中。他将牛养得非常好，每年因此而得到赞许。图特霍泰普国王财产中的牛群也与他自己城市里的牛群清晰地分开。

[2] 他收到的借出牛群所得到的收入。

［3］从其劳作的收获中上缴一部分赋税。

【译文】

阿蒙尼的公正与善行

没有一位市民之女受过我的虐待，没有一位寡妇受到我的压迫，没有一位农民受到我粗暴对待，没有一位牧人受到我的驱赶，（19）没有一位农奴劳工的监管因未交税被我带走，在我的共同体中没有一个可怜的人，在我管理的时候没有一个人忍受饥饿。当饥年来临之时，（20）我开垦羚羊诺姆的所有土地，直到南北边境，维持其人民的生计，供给其食物，其上没有一人饥饿。我慷慨给予寡妇就像她有丈夫一样；在我给予的所有人中，（21）我没有偏向大人物而损害小人物。然后，尼罗河水泛滥，人们拥有了谷物，但我没有收集土地的欠账[1]。

【注释】

［1］意思是在歉收之年在收取了少量的赋税之后没有再收余额税。

14. 贝尼哈桑王子哈努姆霍泰普传

【题解】

哈努姆霍泰普是埃及中王国第十二王朝的一位诺姆长，习惯上学者们称之为哈努姆霍泰普二世。该铭文刻写在贝尼哈桑第3号墓的墙壁上，该墓因伴随壁画中第一次出现U型琴并刻画了古埃及人心目中完整的宇宙而为人熟记。他陵墓墙上的壁画刻画了他接受亚洲人带着礼物前来拜访的画面。这篇自传铭文详细地展示了一个地方诸侯家族如何维系并提升他们势力的情形。该篇铭文显示，权力和社会地位的提升与积累有两条道路：一条是通过继承，一条是通过婚姻，即娶临近诺姆长的女儿。该文献亦为我们提供了中王国开始的诺姆划界的记录。译自德·巴克的《埃及文读本》(莱顿，1948)。

【译文】

摄政诸侯，国王熟知者，为其神所钟爱，东方土地之治者，内赫瑞之子，哈努姆霍泰普，真言如此，诸侯[1]之女巴凯特夫人所生，真言如此。他修建了他的纪念堂。他的优选作为是修缮了他的城市，以使他的名字永久流传，以使他于其大墓地中的墓里将它永恒装点。他让其内臣之名得以传扬，据其职位得以升迁，他将其室中优秀住户据其能力升迁至其仆人之上，包括他掌管的每一个衙属与每一位衙役。其口所言："荷鲁斯，真理中欢庆者；两女神，真理中之欢庆者；金荷鲁斯，真理的声音；上下埃及之王，内卜考瑞；拉神之子，阿蒙尼姆哈特，赋予生命，永远像拉神一样安稳地统治，任命我为摄政诸侯，东方土地监管者，荷鲁斯与帕赫特[2]祭司，于麦奈特-胡夫[3]继承我母亲之父的职位。"

【注释】

［1］HAti-a，直译为"地方王子"。

［2］pAxt，古埃及狮首女神，名字的意思为"撕扯者"。

［3］mnat-xwfw，贝尼哈桑的一个城镇名，字面意思为"胡夫的奶娘"，位于赫尔摩坡里北。

【译文】

他为我竖起了上埃及边界石碑，让北方土地像天堂一样完美。以宣告陛下之言的方式，他沿其中线划分了大河，就像我母亲的父亲之所为，陛下，荷鲁斯，重生者；两女神，重生者；金荷鲁斯，重生者；上下埃及之王，塞霍泰普伊布瑞；拉神之子，阿蒙尼姆赫特，赋予生命，永远像拉神一样稳定地统治。他于麦奈特－胡夫任命他为摄政诸侯，东方土地监管者。他竖起上埃及界碑，他让北方像天堂一样完美。他沿中线将大河划分，其东边远达东边的荷鲁斯山。当陛下到来，他驱除邪恶，像阿图姆[1]神一样出现，他让城市知道其与（其他）城市的边界，他们的边界像天堂一样完美，并据其所记知其水深，调查旧事，因他如此深爱玛阿特[2]。

【注释】

[1]赫留坡里九神系中的第一代创世之神。

[2]mAat，古埃及最高价值观念，意为"正义、和谐、平等"。

【译文】

然后，他任命我为摄政诸侯，尊贵的辅佐者，玛赫迪[1]伟大的首领。他竖起上埃及界碑直到乌奈特，其北部到达银普特。他沿其中线划分大河，其水，其田，其树与其沙地远达西部荒漠。他以陛下，荷鲁斯，诞生之生命；两女神，诞生之生命；金荷鲁斯，诞生之生命；上下埃及之王，赫坡瑞卡瑞；拉神之子，辛瓦瑟瑞特，赋予生命，像拉神一样稳固地统治口授之命任命他的长子，正义的纳赫特[2]，至尊之主，为其麦奈特－胡夫遗产之治者，作为国王的一个伟大恩宠。

【注释】

[1]mA-HD，羚羊诺姆。

[2]本自传主人公哈努姆霍泰普之子，与其舅舅同名。

【译文】

我与生俱来的至上高贵，我的母亲作为玛赫迪统治者之女成为胡特-塞霍泰普伊布瑞摄政女诸侯，赋予生命、像拉神一样永恒的稳定统治，并成为摄政诸侯之妻，新居地之统治者，受上埃及国王称赞，为下埃及国王养子，至于他的职位，则是内赫瑞之城首领，尊者，真言如此。上下埃及之王内卜考瑞，赋予生命，像拉神一样永恒统治，让我作为摄政诸侯之子继承我母亲的父亲之统治，因为他如此热爱玛阿特。他本人就是阿图姆，内卜考瑞，赋予生命，永恒的权力，像拉神一样永恒幸福。他于其统治的第十九年任命我为麦奈特-胡夫的摄政诸侯。然后，我令其完美，他得到了一切。我让我父亲的名字永存。我修复了他们的葬祭神庙，我跟随我的雕像进入神庙。我献给他们祭品：面包、啤酒、清水、葡萄酒、熏香和肉，交给葬祭祭司。我把田地与仆众交给他。我命面包、啤酒、牛与禽等葬祭品献在每个新年之日于大墓地的每个宴席上，无论是大年还是小年的宴饮，亦或是在年末五日土地划分的大祭或小祭的宴会上，在12月宴会或12月中的宴会上，献给每一个幸福生活者与死者的宴会。至于葬祭祭司或任何打扰他们的人，不仅是他，他的儿子也将无地可葬。

宫廷对我的赞誉远大于任何唯一陪伴[1]。他提升我在他幕僚[2]之上。我被置于曾经在我前面的人之前面。据我之任免，宫廷各衙聚集起来，据国王本人宣布的恩宠给予赞誉。仆从像这样被主子赞誉从未发生过。他知道我的口才，造物主让我年轻。我受国王宠幸，他的朝臣都赞美我，他对我的宠幸超过了他的随从。

二、古埃及传记文献选译

【注释】

［1］smr wa，朝臣职务，应该为随身近臣。

［2］saHw，指过世的贵族。

【译文】

摄政诸侯，哈努姆霍泰普，尊贵的内赫瑞之子。给予我的另一个恩泽：我的长子纳赫特，赫琪所生，被任命为银普特总管，继承了他母亲之父的职位，成为唯一陪伴，并被任命为上埃及摄政。陛下，荷鲁斯，两土地之主；两女神，让玛阿特展现者；金荷鲁斯，让众神满意者；上下埃及之王，哈亥坡尔瑞；拉神之子，辛瓦瑟瑞特，赋予生命、像拉神一样永恒的权力，给予他每一种高贵。他在银普特修建了他的纪念堂，他发现遭到破坏的地方和受到破坏的城市就进行修复，根据土地记录让人们知道他们的边界，调查什么是旧有的，在上埃及树立了界碑，并重建了北方，像天堂一样，在低洼的土地上竖起总共15块界碑，建立其北方土地直到瓦布特。当摄政王子哈努姆霍泰普之子，正义之声，受人尊敬的纳赫特请求说"我的水域还不知道来自国王的伟大恩惠"的时候，他沿大河中线划分土地，其银普特的西边直达西部土地。

【译文】

另一个大人物被任命为唯一陪伴，陪伴中最为伟大的陪伴，无数来自宫廷的礼物，唯一陪伴，无人能比，听令者听之，唯一可以让人闭嘴的声音，将光荣带给其主人之人，外国土地的门户，哈努姆霍泰普[1]，内赫瑞的儿子哈努姆霍泰普之子，家主赫琪所生。我发现门口的名字模糊之时，我让我先辈之名重生、可读、拼写清晰、没有互相混淆。他是一个完美的儿子，让祖先的名字永存，哈努姆霍泰普，内赫瑞之子，正义之声，尊者。我最高的尊严是修建了一座陵墓，因为一个男人应该效仿其父之所为。我的父亲为自己在梅尔－内弗瑞特修建了一座上好石灰石葬祭神庙，以使他的名字永恒。他为永恒而修缮它，这样他的名字就会活在人民的口中，并活在活人及大墓地中他的陵墓里面，以及他永恒的完美房屋内，他的永恒之地中，一切都遵循国王恩宠与宫廷对他的爱。当他还是个孩子尚未环切[2]之时他就统治他的城市。当他还是个孩子，仍在他母亲怀抱之中，他就执行皇室委托，他的两支羽毛翩翩起舞，因为国王知道他的口才，当时他面貌年轻，内赫瑞，索贝克－昂克之子，正义之声，尊者，他提升我于他侍臣之上来统治他的城市。

【注释】

[1] 这个哈努姆霍泰普是本传记主人哈努姆霍泰普的儿子，纳赫特的弟弟，与父亲同名。

[2] fxt m TAm，环切。古埃及男孩在十多岁时要进行的切除包皮的手术。

【译文】

摄政诸侯哈努姆霍泰普之所为：我在我的城内修建了一座纪念堂。当我发现廊柱厅已成废墟，我就再建了廊柱厅。我竖起廊柱并使之焕然一新，将我的名字刻上，以我让我父亲的名字再生。我在每一个纪念堂之上刻写下我之所为。我用来自内皋的雪松为该陵墓内第一道门制作一扇7肘尺的墓门和5肘尺两掌尺的双门。面包、啤酒、牛和禽等丧葬祭品都供于我修建的纪念堂中。我修建了一个湖并建了栈桥，以为此廊柱厅提供呼吸。我在该城的纪念堂比我前辈的更为壮观，该城香火兴旺，而其丧葬地的纪念堂更比此前先祖的完美。我是纪念堂的圣殿。我教育每一位在这座城市中被遗忘的仆从，这样我的名字就在我修建的每一座为我所建的毫无瑕疵的纪念堂中完美。我为另一位贵族建船，摄政诸侯内赫瑞之子哈努姆霍泰普，巴凯特亲生，正义之声，受尊重者。该陵墓之监管，巴凯特财产主管。

15. 辛努海的故事

【题解】

《辛努海的故事》以古埃及祭司体文字刻写在一块石灰石岩片上，该岩片保存在埃及开罗博物馆内，虽然该岩片上记载的故事只是个开头，但是保存了该文献最大的一块岩片。此外，柏林纸莎草文书中亦有该故事抄本，莫斯科纸莎草文书中亦有该故事片段。据分析，不同记载该故事的原始文献皆为一个完整故事抄本，原文应刻写在辛努海的陵墓里。遗憾的是辛努海的陵墓至今没有被找到。如果此推测不错，虽然故事过于生动曲折，给人以喜剧小说的感觉，但从整个故事的背景及相关文献对照来看，《辛努海的故事》无疑是一篇第十二王朝大臣的自传。也正因为如此，后人将这篇文献的作者比作"古埃及的莎士比亚"。这部作品也的确曾作为戏剧被搬上舞台。故事的时代背景设在第十二王朝首位国王阿蒙尼姆赫特与其子辛瓦瑟瑞特共治的末期，主人公辛努海是辛瓦瑟瑞特王后的随从。由于宫廷政变，阿蒙尼姆赫特死于非命，辛努海因惧怕被波及而出逃至叙利亚，并受到当地统治者的重用。若干年后，辛努海得到法老的宽恕，返回埃及安度晚年。

该故事现存若干写本。柏林10499号草纸文书通称R本，现存203行，内容涵盖故事的前半段。柏林3022号草纸文书通称B本，现存311行，内容涵盖故事的绝大部分内容，但缺少起首部分，而且在第一遍抄写之后有校对和订正的痕迹。两份草纸文书的年代据测定均为中王国时期。另外还有其他时代的若干写本，但均严重残损。该译文据柏林草纸文书10499号对照其他文本译出。

【译文】

世袭贵族，王侯，运渠开凿老臣，叙利亚之治者。国王之识者与随从，辛努海。他说："我乃大王之随从，贵胄之中，得幸之人"；亥内姆苏特[1]中辛瓦瑟瑞特之王后，卡内弗儒[2]之阿蒙尼姆赫特之公主，受人爱戴的卡内弗儒之皇室后宫仆人[3]。（阿蒙尼姆赫特）第三十年，泛滥季三月，第七日。神——上下埃及之王塞赫特伊布瑞[4]升上其地平线。他升上了天空，与阿吞神结合在一起，神之躯体回归其创造者。全城沉寂，心怀悲痛，双门紧闭。现在，陛下派遣军队去侪麦胡[5]之地，由其长子统帅。善神辛瓦瑟瑞特被派前往多山之地镇压侪麦胡人，正在返回的路上，带回侪麦胡活俘以及无数牲畜。宫廷的朝臣们被派往西部，禀报王子宫廷发生的事情。使者路上发现他，黄昏时赶上了他。他毫不迟疑，像雄鹰一样带着他的随从出发，其军毫不知晓。

【注释】

[1] 辛瓦瑟瑞特法老在里世特（Lisht）修建的金字塔综合建筑名称。

［2］阿蒙尼姆赫特法老在里世特的金字塔综合建筑名称。

［3］阿蒙尼姆赫特一世与其子辛瓦瑟瑞特一世此时共治，后者娶前者女儿为妻，即兄妹婚乃古代埃及皇室传统，为的是确保血统的纯正。

［4］阿蒙尼姆赫特的出生名。埃及法老的完整称呼有五个：荷鲁斯名、两女神名、金荷鲁斯名、登基名和出生名。

［5］指尼罗河西岸荒漠地带及人。

【译文】

此时有王室之子在军队之中，其中一人受召。恰巧正值我起身听到了他的语音，他说话之时，我距之不远。我心跳停止，我抱紧双臂，颤栗传遍我的全身。我踮脚回退，寻找藏身之地，置身于树丛之中，躲避着路上的行人。我向南而行，没想返回王宫。我推测将有流血发生，我不想让生命听任于它[1]。

【注释】

［1］n Dd.i anx r-sA.f 直译为"我不能说生命在它之后"。

【译文】

我越过真理之海，登上斯诺弗儒岛[1]，在一块农田边上休息一会儿，天亮出发直到白天。我路过一人，他正站在路口。他向我打招呼，我有些害怕。晚饭时我只身一人来到公牛码头，我乘坐一艘无舵驳船渡河，乘着西风，我走过采石场东部，红山[2]女神上坡之路。我振作精神强令双腿奋力北行，我到达了为抵御亚洲人并挡住贝多因人的统治者墙。我在树丛中弓腰喘息，生怕被墙上执勤的警卫看见，借夜色前行。

【注释】

［1］可能指梅杜姆或达赫述尔之地，因为那里有斯弗儒的金字塔。

[2]指通往西奈的要塞,该地有露出地面的硅岩呈红色,故称红山。

【译文】

大地泛白[1],我抵达培腾[2],我飞向大黑水之地[3]。干渴降临并战胜了我。我口干舌燥,喉中满是尘土。我想这就是死亡的味道。我提起精神,并拢四肢,因我听到了牲畜吼叫的声音,看到了贝多因人。为首者在此认出了我,他曾去过埃及。他给了我水,同时为我煮奶。我与他一同去到他的部落,他们善待了我。我越过重山,流亡至毕布罗斯[4],折返至凯岱姆[5],在此度过一年半。

【注释】

[1]黎明时分。

[2]𓊖𓂝𓈖,地点有待考证,从限定符号看,应该已出埃及本土。

[3]𓇳𓈖𓀀𓅃𓈖

[4]古代腓尼基人的港口城市,位于今黎巴嫩境内,曾是埃及在叙利亚地区的重要盟友。

[5]确切位置无考。

【译文】

阿麦姆-湳什[1]抓到了我,他是上瑞侪努[2]之统治者。他对我说:"你与我在一起很好,因你将能听到埃及的语言。"①

他说这些话,是因他知晓我的品格,听说了我的过往,因为与他一同在此的埃及人为我作证。

他对我说:"你因何至此,是否有事发生于内宫?"

我对他说:"上下埃及之王塞赫特伊布瑞升上了天际,人们不

---

① 以下数段为主人公在上瑞侪努的宫廷与当地统治者的对话。

知发生了何事。"

我撒谎道："我从佾麦胡地方之军队返回，有人向我传令，我心神不宁，心脏仿佛不在体内。它把我带上逃亡之路，尽管我未被提及，无人唾弃我。我未听到指责的话语，人们未从传令官之口听到我的名字。我不知道何故将我带至此国。这仿佛神的安排，如同沼泽地的人发现自己身处埃勒凡泰尼，三角洲的人发现自己身处努比亚[3]。"

他对我说："那国如何能离开他而存在。那杰出的神，对他的恐惧遍及诸国，如同（恐惧）瘟疫之年的塞赫麦特女神[4]。"

我对他说了我的答复："他的儿子已进入王宫，获得了父亲的遗产。他是神，独一无二，前所未有。他是智慧的主人，精于谋划，长于指挥，人们来来往往皆按照他的指令。正是他驯服诸国，其父则身居内宫，由其向父亲报告其使命。他是以一己之力而成功的强者，无可比拟的英雄。人们见过，他讨伐持弓民族并加入近战。他折断敌人的号角，疲惫敌人的双手，其敌人不能发动战事。他目光锐利，粉碎敌人的头颅，人们不能立于他的近旁。他大步追击逃敌，背向他的人没有好的结果。他在抓捕敌人之时意志坚定，在撤退时不背向敌人。他在面对民众时意志顽强，不使懈怠战胜他的意志。他在面对东方时翘首以待，他的乐趣是讨伐持弓民族，在战斗时紧握盾牌，他只需一击即可杀敌，无人能逃脱他的箭矢，无人能避开他的强弓。异族逃避他的双手，如同逃避女保护神[5]的神力。他在战斗时已预知结果，不顾虑其他。他是魅力的主人，极其和善，他获得了爱戴，其村镇爱他甚于爱自己，因他而欢欣甚于因它们的神而欢欣，男人和女人向他欢呼着从他身边经过。他身居王位，其王位得自其为胚胎之时，他一出生就注定为王。与他一同出生者众多，但唯有他由神给予王位。他统治的土地何其欢乐，他是边界的拓展者，将获得南方的土地，未考虑北方的山国，但他不得不抵御贝多因人并征服沙居人。去他那里，使他知晓你的名字，听从我这远离陛下之人的要求。他将为你做他父亲所做之事，不吝惜把好处给予满足其需要的山国。"

他对我说："那么，埃及变好了，因为它知晓了他的能力。你留在此地，与我同处，我将善待你。"

【注释】

[1] 本文称此人为叙利亚地区的统治者，但确切身份尚无旁证。

[2] 即叙利亚地区。

[3] 由"如同沼泽地"至"身处努比亚"类似于汉语文言文中的互文。三角洲处于埃及北方，前文的沼泽地特指三角洲的湿地，努比亚则是古埃及南部的异邦，埃勒凡泰尼在南部阿斯旺地区。两句共同表示"如同埃及北部的人突然发现自己身处南方"。

[4] 孟菲斯三神系中普塔赫神之妻，狮头人身的战争女神，被古代埃及人视为在异邦播撒瘟疫的使者。

[5] 即庇护国王的两位女神，王冠上额头部位的秃鹫和眼镜蛇即为其象征。

【译文】

他让我位居其子女之前，把其长女嫁给了我，让我在他的国家挑选领地，于其领地之中，在与别国的边境之上。这是一片好地，名为雅阿（jAA）[1]。此地有无花果和葡萄，酒多于水，有大量蜂蜜并有许多植物油,它的树上有各种水果。此地有大麦和小麦,各种牲畜无数。许多人因爱戴我而来归附,他使我成为其国家最好的部落之治者。人们为我每日提供敏特酒,烹制的肉和烤制的禽类,另外还有山中野味。有人为我张网捕鸟,为我撒网打鱼,另外,我的猎犬亦带回猎物。许多□□为我而做,牛奶在各种盘中。我度过了许多年。我的儿子们成长为壮汉,每一个都控制着自己的部落。南来北往去往内宫的信使都在我处逗留。我让人人在此逗留,我把水给口渴者,把路指给迷途者,救助被劫掠者。贝多因人准备反对并攻打诸国的统治者,我抵挡了他们的行动。瑞侨努的这位统治者让我作为其军队之指挥官多年。我所进军的每个国家,我都将其击败,将其逐出其牧场和水井。我夺取它的牲畜,带走它的属民并剥夺他们的食物。我屠戮它的民众,凭借我的刀,我的弓,我的行动,我的精妙计划。我赢得了他的心,他喜爱我,知晓我的勇敢,使我位居其子女之前,看见我双臂的力量。①

【注释】

[1] 此地尚不可确定。

【译文】

来了一个瑞侨努的壮士,在我的帐篷挑战我。他是无双的英雄,技压全境。他说他要与我决斗,打算把我洗劫,准备夺走我的牲畜,这是他部落的建议。那统治者与我商议,我说:"我不认识他,不是那种能在其营地闲步的故交。我是否曾打开他的栅

---

① 本段记述主人公在上瑞侨努受到重用。

栏，或翻越他的围墙？这是嫉妒，因他见我正在为你效力。我仿佛一头斗牛闯入了其他牛群之中，小角公牛反对它，长角公牛攻击它。可有小人物因跃居人上而被人爱戴？持弓民族无人与沼泽地的居民相结交，纸莎草如何能在山上生长。一头公牛想战斗，另一头公牛会因惧怕遇到劲敌而想要退缩的吗？既然有人想战斗，就让他说出自己的心愿。神难道会忘记他所预定之事，愿他知道现状！"入夜，我拉弓、备箭、打磨匕首、装饰武器。天亮时，（整个）瑞侪努都来了，他召集其部落（的人），并汇聚其周边各国（之人），安排了这场决斗。他向我走来，我站立着，让自己在他近旁。每个人的心都为我燃烧，女人和男人都大声呐喊，每个人都爱戴我，他们说："有其他壮士能与之战斗吗？"他的盾牌、斧子和满怀的飞矛向我砸来。之后，我避开了他的武器，使他的箭矢徒劳无功地擦身而过，一支接着一支。他□□□□，试图击打我。他逼近了我，我操弓射击，箭矢正中他的脖颈。他大叫着迎面倒地，我夺过他的斧子杀了他，对着他的脊背发出咆哮，每个亚洲人都在喝彩。我把赞美献给了孟杵神[1]，孟杵神的信徒正因他而庆贺。统治者阿麦姆-滍什拥抱了我。我带走了他的财物，夺取了他的牲畜。他曾计划对我做的事情，都反之其身。我获得了他帐篷中的一切，解散了他的营地。我成了大人物，有充裕的物资，有许多牲畜。①

【注释】

[1] 古埃及的战神。

---

① 本段记述主人公遭人嫉恨并与之决斗。

二、古埃及传记文献选译　　121

【译文】

神以此宽恕了他曾愤恨之人，曾导引至别国之人。如今，此人之心喜悦。逃亡者之逃亡迫于形势，我的证人就在内宫。有饥民因饥饿而晕倒，我却把面包分给邻人。有人赤裸着离开他的国家，我却有白色的细亚麻布。有人因无人可差遣而自己奔走，我却有许多仆役。我的家好，地方宽敞，我的心思却在王宫之中。预定此次逃亡的一切众神，请宽恕我并让我回家，请一定让我见到我的心所牵挂的地方。何事能胜过我埋身于出生之地？来帮助我，让好事发生。愿神给予我宽恕，愿他如此行事以使他所惩罚之人有好的结果，愿他的心喜爱那被他驱逐而生活在异邦之人。今天，他既已宽恕我，愿他听从远方的祈祷，愿他把我所游荡的区域更改为他曾带我离开的地方。愿埃及的国王宽恕我，我以他之宽恕为生。我向其王宫中的国家的女主人致敬，愿我能听到她之子女的消息。愿我的肢体重返年轻，因为暮年已经到来，衰弱战胜了我，我的双目沉重，双臂无力，双腿无法追随疲惫的心，我已经濒临逝去，它们将把我引至永恒之城[1]。我将追随万物之女主人[2]，她将告诉我其子女安好，她将把永恒施予我。①

【注释】

[1] 指当时埃及的国都。

[2] 指当时埃及的王后，亦即主人公当初所侍奉的对象。

【译文】

有人对上下埃及之王赫坡瑞卡瑞（xpr-kA-ra）陛下说了我所

---

① 本段记述主人公在功成名就之后产生思乡之情。

处之境况,陛下赠予我王家的礼物,让我这谦卑的仆人如每个异邦的统治者一般舒心。他王宫中的王室子弟们让我听到他们的消息。①

以下为陛下给我这谦卑的仆人关于带我回埃及的命令:

荷鲁斯:降而生者;两女神:降而生者;上下埃及之王:赫坡瑞卡瑞;拉神之子:阿蒙尼姆赫特[1],愿他永生。致随从辛努海的王命:"注意,有人把此王命持给你让你知晓,你游历诸国,离开凯岱姆前往瑞侪努,越过重山,皆遵从你内心的建议。你所行之事可曾被用来反对你?你不曾出言不逊,使得有人拒绝你的话,不曾在官员会议中发言,使得有人反对你的词语。此事把你的心持住,但不在我的心中反对你。你在王宫中的天如今一如既往地无恙,她的头上笼罩着国家的王权,她的子女们正在内殿。把他们给你的贵重物品留下,以他们的礼物为生。回埃及吧,看看你生长的居所,亲吻巨大宫门处的土地,加入伴友们。现在你开始衰老,丧失了活力。想想葬礼以及获得真正幸福之日。有人为你安排这样一夜,涂油和包裹由塔伊特(tAyt)[2]亲手进行,有人在葬礼之日为你送葬。棺椁是黄金的,面罩是青金石的。青空在上,你被置于灵车之中,公牛拉着你,乐师领着你。有人在你的墓门处表演乐舞,为你诵读陪葬品的清单,在你的祭坛处宰牲。你的墓室立柱是石灰岩的,墓与王室子弟的墓在一起。你必不可死在异邦,必不可让亚洲人埋葬你,必不可被置于羊皮之中并被葬于沙坑。你的游荡已经很漫长,想想你的遗

---

① 以下数段记述埃及国王听闻主人公的境况并修书召其归国。

体,回来吧。"

【注释】

[1]由"荷鲁斯"至"阿蒙尼姆赫特"为时任埃及国王的完整王衔,但第五个王衔本应为辛瓦瑟瑞特,写本在此存在笔误。

[2]古埃及的纺织女神,古埃及人认为包裹木乃伊之亚麻布的防腐功效出自该女神的神力。

【译文】

这命令抵达我处,我站在我的部落当中。它被念给了我,我伏在地上,让大地贴近我的胸膛。我欢呼着环绕我的营地,说:"这如何会发生在一个仆人身上,他的心已(使他)误入敌国。何其美好的仁慈,救我于死亡之手。您的灵魂将使我获得结果,我将身处内宫。"①

以下是对王命的答复:

王宫仆人辛努海说,愿您处于极大的安泰。以下事关我这谦卑的仆人因无知而做下的逃亡。善神,两土地之主,拉神之所爱,底比斯之主孟杵[1]、两土地王座之主阿蒙、塞贝克-拉(sbk-ra)、荷鲁斯、哈托尔、阿图姆及其九神、塞徘杜内弗瑞-巴乌-塞麦色儒(spdwnfr-bAw smsrw)、荷鲁斯-亚伯提(Hr-iAbti)、与尊首合一的内伯特-伊姆赫特(nbt-imHt)、原初之水上的众神、山地之中的曼努-亥瑞(mnw-Hr)、蓬特之女主葳蕤瑞特(wrrt)、努特、荷鲁斯-葳蕤-拉(Hr-wr-ra)、埃及与诸海岛的一切众神所赞赏的国王,愿他们把生命与统治置于您的面前,让您与他们

---

① 以下数段记述主人公对国王的答复。

的礼物合一，把无限的永远与无尽的永恒送给您，让他们对您的恐惧重现于异邦的土地上。您征服了太阳所环绕的万物。这是我这谦卑的仆人对其在西方施救之主人的祈愿。洞察之主，子民的洞察者，您作为宫禁之中的陛下，洞察了我这谦卑的仆人所惧怕言说之事，一件太过重大而无从复述之事。如拉神一般的大神理解那侍奉他的人，我这谦卑的仆人在关心他的人手中，被置于他的安排之下。

陛下是征服者荷鲁斯，您的双臂强壮，甚于天下一切人。陛下令人把麦基（mki）[2]带至凯岱姆、把汉特－伊伬什（xnt iwaS）带至凯什（kS）[3]的内地、把曼努斯（mnws）带至腓尼基两土地，他们是名声广传的统治者并因你的爱而出现。陛下不提及瑞侪努，是因它属于您，仿佛是您的猎犬。

关于仆人的此次逃亡，事非出故意，不在我之意中，我未计划它。我不知是何缘故使我离开岗位，这仿佛梦境，仿佛沼泽地的人发现自己身处埃勒凡泰尼，仿佛三角洲的人（发现自己）身处努比亚。我不畏惧，无人在我背后追赶，我未听见不幸的传言，无人从传令官之口听见过我的名字。然而，我的躯体战栗，双腿狂奔，我的意志引领着我。预定这次逃亡的神驱使着我，我不是傲慢之人，凡人畏惧知晓其国家者[4]，拉神让对您的畏惧遍及大地，让对您的恐惧传至每个异邦。当我处于内宫时，当我处于这里时，正是您笼罩着这天际，太阳因对您的爱而照耀。水在河中被人饮用出于您的意愿；气在空中被人呼吸出于您的盼咐。我这谦卑的仆人将要把一切托付给我的雏鸟，我这谦卑的仆人在此生下了他们。有人向我这谦卑的仆人走来，愿陛下按照他的意

二、古埃及传记文献选译　　125

愿行事，人们得呼吸您所给予的空气。愿拉神、荷鲁斯神、哈托尔神爱您那高贵的鼻子，底比斯之主孟杵神，愿其永生。

【注释】

[1] 由"底比斯之主孟杵"至"荷鲁斯－蕤蕤－拉"均为各种神灵，主人公在此恭维国王受到了众神的赞赏。古代埃及身份较低者在向身份较高者写信时，常以冗长的恭维作为起首。

[2] 由于缺少相关信息，麦基和下文的汉特－伊佤什、曼努斯的身份与事迹不明。

[3] 地名，应位于叙利亚。

[4] "知晓其国家者"为神的代称。

【译文】

我得以在雅阿[1]度过白天，把自己的财产托付给我的子女。我的长子照看着我的部落，我的部落和一切财产都在他的手中，还有我的一切仆人与牲畜，我的一切甜美的水果和果树。我这谦卑的仆人启程南下，我在荷鲁斯之路[2]停下，在此负责边境的军官派信使至内宫以使人知晓。陛下使王宫内杰出的农夫总管来此，满载的船只随其身后，带着国王给贝多因人的礼物，他们引领我至荷鲁斯之路而与我同来，我在此一一介绍了他们的名字。仆人们各司其职，我扬帆启程，他们在我面前榨汁和酿酒直至我抵达伊敕（jT）城[3]。①

【注释】

[1] 即主人公在叙利亚的领地，参见前文。

---

① 本段记述主人公的归程。

［2］由叙利亚巴勒斯坦地区通往埃及的道路。

［3］第十二王朝的国都伊敕－塔威（iTi-tAwy）的略称，其确切位置不可考，大致位于法尤姆绿洲。

【译文】

次日天亮，有人来叫我，十人来，十人往，引我去王宫。我叩首于狮身人面像之间的土地，王室子女立在门廊迎接我，伴友们引我到了内殿，使我踏上内殿之路，我发现陛下在门廊里的赤金王座上。我匍匐在地，在他面前忘记了自己。这位神慈祥地向我问候，我仿佛被夜幕笼罩的男人，我灵魂出窍，躯体虚弱，心脏不在体内，我知道了生与死的不同。①

陛下对这些伴友当中的一人说："把他扶起，让他与我说话。"

陛下对我说："你来了。你游历诸国，逃亡使你受苦了。老人家，你已届老年，安葬遗体不是小事，不要被持弓民族埋葬。不要与自己作对。你不作声，你的名字也会被召唤。"

身为畏惧惩罚之人，我用畏惧的答复回答："我该如何回答主人的问话。我并非对神不敬，在我身上的恐惧仿佛使逃亡注定发生。我在您面前，生命属于您，请陛下任意处置。"

而后，有人引王室子弟至此，陛下对王后说："辛努海来了，仿佛贝多因人养大的亚洲人。"

她高声惊呼，王室子弟一齐大叫，他们对陛下说："这不是真的，君主，我的主人。"

陛下说："这是真的。"

---

① 以下数段记述主人公进宫面见国王及其家人。

他们手持项圈、摇铃、叉铃，将其交给陛下，说："礼品在您的手上，永恒的国王，这是天空之女主人的饰物。愿金神[1]把生命给予您的鼻孔，愿群星之女主人环抱着您。上埃及王冠向北航行，下埃及王冠向南航行，因陛下之口合二为一，眼镜蛇女神被置于您的额头。您使穷人远离罪恶，两土地之主拉神对您满意。向您致敬，还有万物之女主人。收起您的弓，放下您的箭，把空气给予窒息的人，把额外的好礼给我们，把这北风之子、出生在埃及的野蛮人赐予我们。他的逃亡出于对您的恐惧，他离开这片土地出于对您的恐惧。脸庞若看着您将不会苍白，眼睛若注视您将不会畏惧。"

陛下说："他不必畏惧，他不必因恐惧而胡言，他将作为官员当中的伴友，将被安置为一名扈从。你们去朝见的内殿等候他吧。"

【注释】

[1]指女神哈托尔。

【译文】

当我离开内殿时，王室子弟与我牵着手，我们随后前往巨大的宫门。我被安置在王子的宅邸，它颇为华贵，其中有浴室和天际的神像，有国库的珍宝，诸如国王的亚麻布、没药、油膏。他所宠爱的官员遍及每个房间，仆人们各司其职。我让岁月远离我的躯体，让我的头发得到梳理。我把礼物给予异邦，把布匹给予沙居族。我身穿细布，搽着油膏，睡在床上。我使沙土归于居于其上者，使树木之油归于涂抹它的人。

我被给予宅邸和庄园，正如一名伴友应有的。许多工匠投入它的建造，树木被种植一新。有人为我送来王宫的食物，一日之中有三四次，另有王室子弟的赠予，无有间断之时。一座石头金字塔为我而建于金字塔群之中。金字塔建筑工的总管负责选址，画师总管负责设计，石匠总管负责开凿，墓地工匠的总管统揽一切。应置入墓道的一切物品在此各就其位。（国王）为我派遣丧葬祭司，为我建造墓园，田地在其中，在我的居所前面，仿佛为头等伴友所做的那样。我的肖像被黄金装饰，其围裙则用琥珀金，正是陛下让人制作。类似的事情此前从未有人这样做过，我承受了王恩直至盖棺之日来临。①

其从头至尾照抄自被发现的文字。

16. 阿蒙尼色内卜铭文

【题解】

这两块石碑在阿比多斯中王国神庙中发现，现存于法国卢浮宫。阿蒙尼色内卜于国王拉－内泽尔统治时期受命于维西尔去净化阿比多斯神庙，因其工作出色而被任命为该神庙工程总监。他将此荣誉刻写在下面的铭文中，其中还提到辛瓦瑟瑞特一世阿比多斯神庙中的建筑。译自《古埃及记录》（芝加哥，1906）。

【译文】

第一块石碑

以通常的丧葬祈祷开始："为阿比多斯祭司家族首领阿蒙尼色内卜——胜利者，女主内贝特伊特弗所生，阿姆卡乌之子——

---

① 以上两段记述主人公安享晚年。

二、古埃及传记文献选译

维西尔受命

（3）他说："维西尔之书吏，色内卜，维西尔之子，受命（4）维西尔前来叫我。之后，我随他去，我见居城之总管，维西尔，（5）昂琥在其厅里。然后，该官员授我以命，说：'看，（6）此乃命令，你去净化该阿比多斯神庙。将因此给予你工匠，还有（7）供奉储藏区的世俗祭司。'"

【译文】

执行使命

"于是，我净化神庙的（8）下室与上室[1]，还有其墙、墙背面及墙内。画上涂以三色，（9）有□□□□和□□□□[2]，恢复到（10）上下埃及之王，胜利者，赫普尔卡瑞（辛瓦瑟瑞特一世）最初建造的样子。"

【注释】

[1]上下室是神庙的两层，上层为神庙的顶棚，其上画着天幕。
[2]破损处可能是两种"泥浆"。

【译文】

阿蒙尼色内卜的奖赏

"然后来了油树保护者[1]（11）恢复其神庙中的位置，期间主宝藏监管萨尹赫瑞特随行。之后（13）他为此对我大加感谢，超过一切，说：'他为其神所做的多么吉祥！'然后，他给我十得本重一'堆'[2]，辅之以（15）枣和半头牛。"

【注释】

[1]油树保护者（xw-bAq）应为该神的仪式形象。

[2]一堆什么没有说。

【译文】

"然后下游□□□□（16）官员到来，来看这些工程；（17）然后，异常高兴，超越任何事情。"

【译文】

第二块石碑

石碑上刻有国王的名字，阿蒙尼色内卜就是为这位国王执行上面铭文所说的任务的，碑上记录了国王对他颁布的命令。上边是头衔：

仁王，两土地之主，献祭之主，上下埃及之王，尼玛阿特拉－尼哈，给予永恒生命；拉神之亲子，拉－内泽尔，永远赋予生命、稳定与丰足。

【译文】

（1）命令给予阿比多斯祭司家族主管，阿蒙尼色内卜，胜利者，说："看，（2）你做的这些工作（我们）已看见；国王赞赏你，他之卡赞赏你。（3）在你神之庙中安度你之晚年。"然后，命令（4）给我一只牛之后部的一半，命令给我，说："执行（5）监管该神庙中发生的每一件事情。"我按照命令执行；（6）我让每一位神在其神庙中［闪亮］，恢复，（7）他们的圣坛更之以雪松，大［祭品桌］置于神前。（8）我按我心愿去做，取悦我神；国王赞扬我。

17. 胡索贝克石碑

【题解】

胡索贝克，一译作索贝克胡或塞拜克胡，又名扎阿。其名字胡索贝克意为"索贝克神保护之人"，索贝克为古埃及的鳄鱼之神，具有保护之意。该名应该是他成为法老后卫部队首领之后取的名字。这块石碑于1901年由加斯坦（J. Garstang）在埃及阿比多斯发现，石碑为石灰石，宽16.5厘米，高28厘米，现藏于英国曼彻斯特博物馆。最初这块石碑可能竖立在胡索贝克的陵墓之中，或者立于他在阿比多斯的衣冠冢之中。古埃及人认为阿比多斯是冥神奥西里斯的丧葬之地，因此都渴望能葬在奥西里斯神墓地附近。如果无法正式葬于此地，也会想方设法修建一个小的衣冠冢或小丧葬神庙在通往奥西里斯神最后休息的道路上，以便能够跟随奥西里斯进入永恒世界。虽然石碑有些残破，但因为它记述了一次埃及早期与北方敌人的战争而变得非常重要。从他的身世看，他没有像许多大臣一样记述自己的显赫出身。这可能暗示我们他出身卑微，是通过自身的努力进入宫廷成为辛瓦瑟瑞特三世法老的护卫首领的。

【译文】

陛下向北行进，去打击亚洲贝多因人[1]。陛下来到一个地区，塞克迈姆是其名字。陛下引导好路进军到"长寿、富裕、健康"之宫，塞克迈姆陷落，还有邪恶的瑞侨努[2]，当时我充任后卫。然后，军中市民[3]加入与亚洲人的战斗。然后，我逮到一个亚洲人[4]，并让他的武器为两个军中市民所夺得，因为没人从战斗中转身，我的脸对着前方，我没有转身背对亚洲人。辛瓦瑟瑞特[5]活着的时候，我讲真话。然后他给我一支金属[6]之杖，还有一个弓，镶有金属的短剑，以及他的武器[7]。

世袭王子，贵族，凉鞋坚固者，满足于前行践踏宠爱他的人的道路者，两土地之主给予他许多，他的爱提升了他的席位，城市首脑，扎阿[8]。

【注释】

[1] mnTw-sTt，"亚洲贝多因人"。中王国埃及的战略重点在努比亚，因此这次进军亚洲只是打击亚洲势力而非占领。

[2] rTnw，"瑞侨努"，在现在的叙利亚境内。

[3] 古埃及人大多生活在农村，但多靠近城镇。"军中市民"指城中居住的市民士兵。

[4] aAmw，"亚洲人"，与sTt有什么区别不详，前者常出现被反绑双手人做定符，可能具有贬义。

[5] 辛瓦瑟瑞特三世。

[6] 此时埃及贵重金属稀缺，多为国王掌握，只有最勇敢的战士才有资格获得此项殊荣。

[7] 战争中俘获敌人的武器归法老所有，法老根据战斗中的表现，将这些武器奖励给勇敢的战士。

[8] 应为军中头衔，因为他属法老军中后卫部队，因此应该是后卫部队首脑。

【译文】

他说："我已为我自己建造了这个华美的陵墓；其地点在伟大神祇，生命之主，阿比多斯主宰之台阶处，位于转弯之处：'供奉之主'，转弯之处：'生命女神'[1]；我可以闻到此处飘来的该神气味的熏香。"城畿主要侍从，扎阿；他说："我出生于上下埃及之王胜利者内卜库瑞[2]统治的第二十七年。上下埃及之王，胜利者内卜库瑞带着双冠出现在现世的荷鲁斯王座之上。陛下让我变换角色为一名武士，带领六个宫廷之人在陛下身后和身旁。然后，我就准备在他身旁，陛下任命我为'统治者之侍从'。我在陛下南方巡视之时组建六十人之（护卫）队，去打击努比亚的穴居人。然后，我在我的城市之侧的□□□□捕获了一个黑人。之后，我向北方进发，从者为宫廷六人；之后，他任命（我）为侍从指挥官，并给予我一百人作为奖赏。"

【注释】

[1] 该地为何处精确地点不详，应该位于底比斯墓地之中荒漠边缘的隆起之处。

[2] 即阿蒙尼姆赫特二世（约公元前1917—前1882），第十二王朝的第三位法老。

18. 霍尔维尔瑞铭文

【题解】

霍尔维尔瑞是第十二王朝阿蒙尼姆赫特三世统治时期的大臣。该篇铭文在西奈的塞拉比特－艾尔哈迪姆发现。西奈半岛南部矿场为埃及提供铜和绿松石。铜是促使埃及文化进步的一种非常重要的物质，而绿松石在埃及因为漂亮而受到珍视。西奈矿场从前王朝时代直到第二十王朝都有埃及人前往开采。保证矿石供应的需求使埃及的外部竞争激烈，埃及帝国在此基础上形成。译自《古代近东文献》（普林斯顿，1955）。

【译文】

该神陛下[1]派遣神之玺印总持，内政总监和长矛之总管，霍尔维尔瑞到此矿区。于第二季第三个月到达该块土地，虽然天气根本未到来此矿区的季节[2]。该神之玺印总持对此季来该矿区的官员说：

【注释】

[1]指国王。

[2]大约公元前1830年，这个月份应该是六月初，在西奈这正是个酷热无比的季节。

【译文】

你们的脸不要因为天气而萎靡。你们注意，哈托尔神[1]会将天气变好的。我自己已经看到了；我自己已经经历过类似的情形。我从埃及来的时候，我的脸也很萎靡。在我的经验中，当这块土地炽热起来的时候，很难找到（合适的）衣裳，高地上是夏天，山已经烫出了水疱的外表。当我领人去设营那天破晓的时辰，我不断向工匠们讲话："在此矿区多幸运啊！"但他们说："绿松石总是在山上，（可）在此季节不得不去寻找（合适的）衣裳。我们过去听说过，矿石在该季节容易开采，但是，实际上，在此困难的夏季缺乏的是衣裳！"

【注释】

[1]哈托尔是西奈矿区的保护神。

【译文】

我带（人）到该矿区的全部时间，国王的荣誉都给予了我。

我到达这片土地，我在吉兆下开始工作。我全部队伍都完好无损地返回；军队中没有出现过损失。我的脸在工作之前景中没有萎靡。我成功地把握了最好的兆头。我在第三季的第一个月停止，带走该土地上好石头。我胜过到来的任何人或要求做的任何事情。没有"噢，要是有一个好的衣服有多好！"（的抱怨）（但）眼睛里却充满欢乐。情况比正常的季节要好。给上天女神献上祭品；祈祷，让哈托尔满意。如果你做了，你就会获益。你会因此而胜出；幸运将陪伴你。我使我的远征极为成功。对于我的工作（无需）大声宣扬：我所完成的远征都是成功的□□□□□。

19. 卡摩斯铭文

【题解】

将希克索斯人从埃及驱除出去并不是一代人能够完成的事情，埃及人需要在一系列的征战中积蓄力量。卡摩斯是埃及第十七王朝最后一位统治者，是塞肯南瑞-陶二世（约公元前1560年）的继任者，第十八王朝第一位统治者阿赫摩斯一世（公元前1550—前1525）的前任。他统治情况的材料主要来自两块卡尔纳克石碑，记述的都是其抗击希克索斯人的战斗。此外还有卡那封字板，内容显然是后来学生抄录的石碑内容。这三份文献的内容都是以描述塞肯南瑞-陶二世和希克索斯国王奥色拉-呵俳匹（公元前1585—前1542）之间战争开始的，然后叙述卡摩斯在其父亲死后继续与希克索斯人的斗争。卡摩斯死后被埋葬在得拉-阿布-艾尔-那加的一个金字塔风格的陵墓里，那里是第十七王朝皇室早期丧葬地，在此后拉美西斯九世（公元前1126—

前1108）统治时期对该墓地进行检查时，其陵墓显然还没有被盗墓者光顾过，四百多年保持完好。他的棺椁于1857年在得拉-阿布-艾尔-那加被发现，但非常遗憾的是，其木乃伊在打开的时候解体了。

这里翻译的铭文是卡那封第一块字板。该字板在底比斯西部发现，是一个学童书写练习的字板。字板上记述的内容几乎与内容所述事件的时间是同一时代。该字板抄录的是卡摩斯石碑上的内容，这一点已经得到证实。在卡尔纳克发现的一块石碑残片，其上铭文所记述的正是卡那封字板上的内容，除了有些学童抄录过程中的书写错误外，两者文字几乎一模一样。该石板上的内容由卡那封勋爵和H.卡特公布，题为《底比斯的五年勘测》（伦敦，1912），伽丁内尔也在《埃及考古学杂志》第三卷上（1916）公布了该字板的内容。译自D.雷德福《希克索斯：新历史及考古观点》。

【译文】

荷鲁斯三年：出现在其王座上；两女神：重建纪念性建筑；金荷鲁斯：让两土地满意；上下埃及之王□□□□；[瓦桎]-亥坡尔-[瑞]；拉神，两土地王座之主，像拉神一样永恒。[1]

【注释】

[1]古埃及国王的王衔有五个：荷鲁斯名、两女神名、金荷鲁斯名、加冕名和加冕之前的名字。

【译文】

底比斯强大国王，卡摩斯，被赐予永恒之生命，慈善之国王。[拉]神亲自[让其成为]国王并赋予其力量。

陛下在其王宫中对其随从中的贵族内侍说："让我看看我的力量能做什么！一位王子在阿瓦瑞斯[1]，另一个在库什，而我坐在这里与一个亚洲人及一个黑人为伴！每个人都拥有埃及的一小片，同我分割这块土地。我不能经过他的管辖到孟菲斯，埃及之水，（但是），注意，他[2]占有了赫尔摩坡里。受亚洲人赋税的掠夺，没人可以安定。我要与他斗争，我要撕开他的肚皮！我的愿望是拯救埃及，痛击亚洲人！"

【注释】

[1] 第二中间期（公元前2181—前1550）希克索斯人统治埃及的首都，位于三角洲的东部。考古遗址是特尔艾尔－达巴，有两平方公里大小，位置在部分由一个大湖围绕的土丘之中。阿瓦瑞斯城从1966年开始发掘，挖掘结果表明该遗址包含了从第一中间期到第二中间期的许多层遗存。第二中间期期间，希克索斯人的首都阿瓦瑞斯是埃及一个亚洲人的殖民地，曼弗瑞得·比塔克（Manfred Bietak）的挖掘成果表明，这些亚洲殖民分散在一个长方形的地带，其城池的布局很大程度上受到中王国城池布局的影响。房屋和墓地都分散在居住区，有时候靠得很近。20世纪早期遗址的挖掘主要集中在希克索斯时代一个大的王公建筑的地下建筑上，位于该遗址西部边缘的艾淄拜特－赫尔米（Ezbet Helmi）。1991年，许多米诺斯文化壁画残片在覆盖着靠近王宫的古代花园废墟中发现，其中有许多来自描绘青铜时代中期克诺索斯王宫中"跳牛人"的绘画。特尔艾尔－达巴出现的米诺斯壁画表明，阿瓦瑞斯居民当中可能有爱琴海地区的人口。

[2] "他"指希克索斯统治者，控制着南到中埃及孟菲斯南25英里的赫尔摩坡里的埃及土地。

【译文】

跟随他之老臣说:"看,直到库萨[1]都是亚洲人的水,他们都伸出舌头,要在一起说话了,(然而)我们却在我们埃及一方安闲自在。埃勒凡泰尼很有力量,(这片土地)的中部一直到库萨也都站在我们一边。他们最好的土地要耕耘,我们的牛在三角洲上放牧[2]。小麦送给了我们的猪。我们的牛已经被夺走□□□□□他控制亚洲人的土地;我们控制了埃及。如果有人要来[反对我们],那么我们就抗击他!"

【注释】

[1]库萨(Qis)在孟菲斯南大约150英里处。

[2]"放牧"一词在石碑上是刻在这个地方,在字板上却放在了文中别的地方,原因可能是因为字板抄写的是石碑,抄错在所难免。上埃及通常都到三角洲去放牧畜群,第二中间期的短暂和平时期仍然保持了该习惯。小麦在埃及主要用作饲料,在三角洲种植。

【译文】

然而,他们会深深伤害陛下的心:"至于说到您的计划,□□□□□与我分割这片土地的人就不会尊敬我。[我会尊敬]这些从他那里□□□□□□的亚洲人吗?我[要]向北航行,到达下埃及。[如果我与]亚洲人战斗,胜利将会到来。[1]如果他想满足于□□□□流泪,整个埃及□□□□底比斯的统治者,卡摩斯,埃及的保护者!"[2]

【注释】

[1]石碑和字板上的文字此处都遭破损,使我们理解起来有些模糊不清。

[2]从此段结束,法老主战大臣占了上风。

【译文】

我向北前进,因为我(足够)强壮,在阿蒙神之号令下打击亚洲人,(这是)正义的忠告。我英勇的军队在我前面像一阵火焰。玛肇伊的军队在我的船舱上部,搜寻亚洲人,将他们的阵地向后推去。[1]东边和西边都有他们中最好的部分,军队到处搜寻粮草。我派出一支强大的玛肇伊军队,而在我白天出巡□□□□将□□□特梯,俳匹之子包围在内弗儒西中[2]。我不会让他逃跑,我同时阻止了反抗埃及的亚洲人。他把内弗儒西当作亚洲人的巢穴。[3]我在我船上过夜,我的心充满快乐。

【注释】

[1]来自埃及南部的玛肇伊雇佣兵爬上船的高处侦察敌情。

[2]内弗儒西在赫尔摩坡里偏北一点的地方。关于"特梯,俳匹之子",我们所知甚少,从其埃及名字来看,他可能是希克索斯国王在当地的一个封臣。

[3]这句话出现在石碑上,意思可能是:他(特梯)将内弗儒西当作亚洲人势力的一个巢穴。

【译文】

当天刚破晓,我像一只猎鹰一样扑向他。当早饭时间到来之时,我开始攻击他。我突破其城墙,我杀死他的人,我将其妻子驱赶到河边[1]。我的士兵就像狮子一样,带着他们的战利品,有农奴、牛、肉和蜂蜜,分割他们的财产,他们的心充满欢乐。内弗儒西地区陷落了;我们还没做够,直到其心脏被包围。

【注释】

[1]臣服的象征,也是战利品。

20.阿赫摩斯纪念碑铭文

【题解】

阿赫摩斯一世是第十八王朝第一位法老,可以说是这一王朝的真正建立者。他登上王位的时候只有10岁,但正是在他统治时期埃及完全从希克索斯人的统治中解脱出来。虽然学者对于他登基的年代有几种说法,但最为人接受的是公元前1550年。他在位约25年,于35岁便英年早逝。他的父王塞肯南瑞－陶二世和哥哥卡摩斯都在与希克索斯人的战斗中战死沙场,这使整理河山的任务历史性地落在了他的肩上。该石碑在卡尔纳克神庙南侧第八塔门前被发现,现藏于埃及开罗博物馆,编号为34001。译自《第十八王朝文献》第一卷(莱比锡,1906)①。

【译文】

荷鲁斯,伟大的形象,两女神,生于美丽,金荷鲁斯,将两土地结合在一起,上下埃及之王,两土地之主,内卜沛赫梯瑞,拉神之子,为其所钟爱,阿赫摩斯——愿他长寿、富裕、健康——阿蒙拉神之亲生之子[1],为他所钟爱者,给予他王座的他的继承人,拥有强大臂膀之善神,绝无虚言,像拉神一样行为万

---

① Sethe, K., *Urkunden der 18. Dynastie*, Bd. 1, Leipzig: J. C. Hinrichs'sche Buchhandlung, 1906, pp. 14–24, 塞特为《文献》所做16卷新王国前期文献汇编,收录了第十八王朝初创直到图特摩斯三世时期的几乎所有重要文献。全部内容皆由塞特手写象形文字抄录。

能,盖博神之两姐妹,他的继承人,在欢乐中庆贺者,像他父亲拉神创造了他一样的儿子,在大地之上实施了复仇的人,领导一国光辉的王国,欢乐之神给予女人的鼻孔呼吸,威力无穷征服了□□□□,赋予生命,执行真理,所有国度国王之国王,国王——愿他长寿、富有、健康——使两土地服从之人,伟大的敬畏,魔幻之力量出现于□□□那些人都弯下腰,他们的神祇赋予他生命和命运,先在天上,再到地上,其光辉创造了光,阿蒙神所钟爱者,像脸庞美丽者一样造就了统治,像拉神之主一样的治年之主,他让他的神庙为神所知,知晓每位神祇宴饮之一切所需,上埃及布托之王,埃及之统治者,上天之泛舟者,大地之掌舵者,拥有所有太阳循环之人,白冠与红冠戴于他的头上,荷鲁斯与塞特两主之部分[2]皆在他的监管之下,当他像荷鲁斯神一般拥有两土地,以其年轻之容,双重奇迹在其所有时日中为王冠闪亮出现,戴着高高的双羽,双蛇[3]在他前面异常强大,一位国王——愿他长寿、富有、健康——他在亥贝特[4]带上双冠,王冠之主,荷鲁斯神,用爱护佑,东西南北各方人士咸来(归附);他继续为主,已确保两土地之安全,他继承其父的遗产;两土地在他面前让路;他伟大的父亲[5]将它们送于他。

【注释】

[1]从新王国起,古埃及法老五个王衔齐全,分别是:荷鲁斯、两女神、金荷鲁斯、上下埃及之王和拉神之子。后两者一般称为登基王衔和出生名。

[2]在古埃及传统意识中,荷鲁斯神和塞特神分属上埃及和下埃及,"两主之部分"意指上下埃及。

［3］双蛇指王冠上的装饰蛇，具有保护王权的意义。"双蛇"代表上下埃及王冠。

［4］Ubt，古埃及神话中荷鲁斯神的出生地，在靠近布托的三角洲沼泽地。

［5］"伟大的父亲"指阿蒙神。

【译文】

他获得了人民，他掌握了臣民，人民拥戴他，每个人[1]都说："他是我们的主人"，所有的居民[2]都说："我们属于他"，他是一位拉神缔造的国王，一位阿蒙神让其伟大的国王；他们将所有的国家和土地以及太阳所照耀的一切都立即送给他。

野蛮人屈服，他们都于他宫殿的门前站立。对他的敬畏遍及亥内特痕内弗瑞[3]人之中，他战斗的呐喊令凡瑚[4]各土地上的人都能（听到）。

对陛下的敬畏充满这片土地[5]之心，就像当皿神到来之时对他的敬畏一样。他们带来美丽的贵重物品，满载礼物给国王。

他出行，他的随从在其身旁，他像月亮在群星之中一样，步伐优美，脚步沉静，步履坚定，紧压鞋底。拉神的光辉照耀着他，阿蒙神保护着他。他的爱让他的伟大的父亲为他开路。

两土地说："我们如果能够见到他该多好啊。"每一个人都充满了对他的爱。看到国王眼睛里都充满了惊奇，心都为他而跳动。看见他像拉神一样升起，当太阳开始闪耀，当赫坡瑞[6]出现在人们的眼中，他的光芒照在（人们）脸上，像阿图姆神在东方的天空一样，当鸵鸟在荒漠的峡谷中舞蹈，当雅胡神[6]在白日闪耀，万物温暖。

二、古埃及传记文献选译　　143

天狼星[7]提升之国王，塞沙特神[8]赞美之国王。对托特神的尊崇就在他的身旁，他给予他万事的知识。他指导书吏们书写清晰。

他富于魔法，比任何国王都更加精通爱；荷鲁斯，他给予拉神之爱，心中尊敬他，心中真诚地赞美他。听，人民，人类，臣民，每一个人，大步陪同这位国王的人们，将他的声名传到其他人的手中，用他的手净化你们自己，用他的生命净化你们自己。看，他乃地上之神祇。像拉神一样给予他光荣，像月神一样给予他赞美，上下埃及之王，征服每一片外国土地的内卜沛赫梯瑞。

【注释】

[1] 直译为"每张脸"。

[2] hAw-nbwt，应为爱琴诸岛居民。

[3] 指努比亚地区。

[4] fnxw，指现在叙利亚的一个民族。

[5] "这片土地"指埃及。

[6] iAxw，指太阳的光芒。

[7] spdt，直译为天狼星，被认为是荷鲁斯神的母亲伊西斯女神之心。

[8] sSAt，书写与计算女神。

【译文】

赞美土地之女神，所有土地上国家之公主，在每一个异国都有贵族的名字，为民众制此计划者，国王——愿他长寿、富有、健康——之妻，国王之妹，一位国王之女，一位国王之母，伟大的人；她通晓事务，她统一埃及，她聚齐官吏，她保护它，她聚集难民并包容其移民；她让上埃及安静，平息它的反叛，王室之妻，阿赫霍泰普[1]——愿她长寿。

陛下命令为他的父亲阿蒙-拉神修建纪念碑，高级伟大的黄金花圈，天青石项链，黄金护身符，一只黄金大水罐，银质水容器与罐子，一只黄金奠酒水罐，一张黄金和白银的供桌，金银项圈嵌着天青石与绿松石，一只黄金容器，带有银质支架，一只塔布-恩-卡容器[2]带有容器银架，银质镶着金边的塔布-恩-卡容器，带有银质架子，一只银质碗，几个红色黄冈岩水容器，装满了油膏；大号镶金边的银质呎筛姆罐，它们的银质□□□□；一只金银支撑的乌木竖琴；银质斯芬克斯；一只金器；（又）一只金器。[3]

陛下命令建造行于水上的大船，其名字是威瑟尔-哈特-阿蒙[4]，用从台地[5]新砍伐的最好的雪松来建立其一年开始时的美丽杰作。□□□□我竖起雪松木柱，其顶以及门廊一同竖起。我给予□□□□。

【注释】

[1]指陶二世之妻之妹，陶一世之女，卡摩斯和阿赫摩斯一世的母亲。

[2]圆底容器，需支架可立。

[3]此段译文因语法细微处理解与布雷斯特德略有出入，因此译文不完全相同。读者可参见布雷斯特德《古埃及记录》（芝加哥，1906，第14页）译文。

[4] wsr HAt imn，意为"强大的阿蒙神形象"。

[5]指黎巴嫩海岸山地。

21. 伊巴纳之子阿赫摩斯自传铭文

【题解】

新王国于古埃及历史乃一特别重要时期，被称为古埃及帝国时代。然该王国从建立到巩固却少有文献为证。从第十七王朝法老塞肯南瑞－陶二世木乃伊头颅多处重创伤口可知其与希克索斯人战争之惨烈，第十八王朝建立之非易，但无文字为证，详情更无法得知。直到艾尔－卡伯遗址两座大臣陵墓内墙壁上所刻铭文被发现，该段历史详情才有据可查。一篇是大臣雅赫摩斯－番内赫伯陵墓墙壁上刻写的自传铭文，另一篇是阿赫摩斯陵墓东墙之上的自传铭文。两篇铭文成为古埃及人驱逐希克索斯人及新王国建立研究的唯一留存文献，十分重要。曼涅托之佚著《埃及史》所建埃及史框架，以古埃及留存下来的六篇王表所示第二中间期向新王国的转变之空旷均可以两篇铭文为据，进行重建丰满。

艾尔－卡伯位于尼罗河东岸卢克索南80公里处，为史前及法老时代居地及第十八王朝早期凿岩墓地。伊巴纳之子阿赫摩斯之墓便是该地凿岩陵墓中最重要陵墓之一。墓内主体为一大间，四面墙上皆有铭文。东墙尽头处接一小室，为墓室。陵墓入口开于南墙中部。墓门将南墙分割成东西两段。门东段南墙与东墙相接，铭文内容便是伊巴纳之子阿赫摩斯一生经历记述，史称《伊巴纳之子阿赫摩斯自传铭文》。

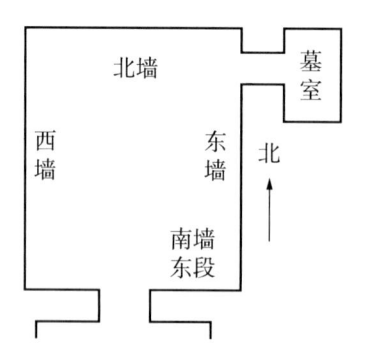

图 2 艾尔-卡伯伊巴纳之子阿赫摩斯墓平面图

据该铭文可知伊巴纳之子阿赫摩斯出身底比斯艾尔-卡伯一军人世家。其父巴巴为第十七王朝法老塞肯南瑞-陶二世的一名军官，祖父为瑞内特，应为贵族。伊巴纳为其母名。他自称"伊巴纳之子"，可见其母出身望族。据 S. 惠尔（S. Whale）研究，阿赫摩斯家族系谱为：[①]

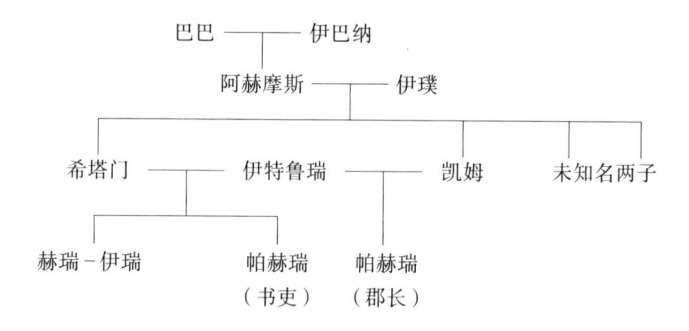

```
        巴巴 ── 伊巴纳
            │
        阿赫摩斯 ── 伊璞
            │
  ┌─────┬────────┬──────┬──────┐
 希塔门─伊特鲁瑞        凯姆   未知名两子
       │
   ┌───┴────┐
赫瑞-伊瑞  帕赫瑞   帕赫瑞
          （书吏） （郡长）
```

阿赫摩斯与伊璞生有两女两子。希塔门与凯姆为其两女，皆嫁于图特摩斯一世之子佤芷摩斯之师伊特鲁瑞。阿赫摩斯凿岩陵墓即

---

① Whale, S., "Paheri, the Supervisor of Works in the Tomb of Ahmose, Son of Ebana" in Newsletter No. 28 of the Rundle Foundation for Egyptian Archaeology, March, 1989.

为他的外孙、书吏帕赫瑞所建。

阿赫摩斯于第十八王朝建立者阿赫摩斯一世统治时入伍，历经阿赫摩斯一世、阿蒙霍泰普一世、图特摩斯一世三位法老统治，参与并见证阿赫摩斯法老驱逐希克索斯人之阿瓦瑞斯之战、沙汝痕之围，以及此后三次远征努比亚平定叛乱。阿蒙霍泰普一世时期他跟随法老再与努比亚作战。图特摩斯一世时他南征努比亚人部落，北征亚洲纳哈林，军至幼发拉底河。

新王国时期，埃及非专制政体。虽有中央皇权，但其于地方贵族势力并无绝对控制。第十七王朝欲统一埃及，需得地方势力支持方能完成。而其一呼百应之力全凭提升与赏赐。阿赫摩斯由水兵升至船长，获得奴隶及黄金，皆因其战功。延至孙辈，已官至城池之主。土地的赠予，使其势力更为强大。从理论上讲，"普天之下，莫非王土；率土之滨，莫非王臣。"然各诺姆地方势力各据一方，虽效忠法老却各有土地、财产甚至军队。阿赫摩斯仅为军官，他的自传不足以提供内政详情，新王国初期之内政还待此后维西尔瑞赫米拉陵墓墙壁上的自传铭文提供更加翔实的材料。

本文译自塞特《第十八王朝文献》第一卷（莱比锡，1906）。[①] 该篇铭文抄自雅赫摩斯艾尔－卡伯的凿岩陵墓。第一至第三十一行抄自陵墓东墙；第三十二至第四十行抄自门南墙东段。

---

① Sethe, K., *Urkunden der 18. Dynastie*, Bd. 1, pp. 1–10.

图 3　东墙铭文细部

【译文】

水手首领[1]，伊巴纳之子，阿赫摩斯，毫无虚言。他说，我对你们说，众民。我欲使你们知晓我所获赐之荣耀。我七次获得黄金之赏，皆当其整个土地，及男女仆人[2]之面，我得到大片土地。勇者之名来自其所为，永远不会在此土地上消失。

【注释】

[1] Hr(y) Xnyt= 水手首领。Hr(y)= 高位者；Xnyt= 水手。

[2] Hmw= 男仆人，Hmwt= 女仆人，词汇相同，身份相同，只是后一词有阴性词尾，故为女仆，可能皆为战争奴隶。

【译文】

他说，我在内赫布镇长大[1]。我父亲是上下埃及之王塞肯南瑞的一名士兵，毫无虚言。瑞内特之子巴巴是其名字。我于两土地之主内卜沛赫梯瑞[2]之时入伍，代替他成为"野牛"船上的一名士兵，毫无虚言。（当时）我还是一个尚未娶妻的男孩[3]，我还睡在编织的吊床上。

【注释】

[1] xprw.i 中的〔是后缀代词第一人称〔的变体；内赫布〔，现在的艾尔-卡伯，属上埃及第三诺姆，阿赫摩斯就葬在这里。

[2] 内卜沛赫梯瑞指第十八王朝的创立者，阿赫摩斯一世。内卜沛赫梯瑞意为"拉神力量之主"，阿赫摩斯意为"月亮神所生者"。

[3] 古埃及男性一般20岁左右便可结婚，女性略早。他入伍之时尚未结婚，可能年龄不到20岁。下一句更证明他尚未成人。

【译文】

而当我安家立户之后，我因勇敢而被派到一艘叫"北方"的船上。当君王——愿他长寿、富有、健康——乘着战车到处巡行之时，我步行跟随着他。当阿瓦瑞斯城[1]被围之时，我在陛下面前徒步勇敢作战，因此我被任命来到哈姆曼内弗尔[2]船上。之后，在阿瓦瑞斯的帕捷德库[3]水上有一场战斗。我斩获并带回一只手[4]。这被报告给法老传令官，于是给予我勇敢者的金子[5]。然后，又一次战斗在该地打响，我再次斩获并带回一只手。我再次获此勇敢者的金子。之后又一次战斗在埃及该城南部爆发，我带回一男性俘虏。我下到水中，看，他被押着带到该城的路上，被押解过河。这报告给法老传令官，看，我再次获赏勇敢者的金子。之后阿瓦瑞斯沦陷，我从那里带回战利品：一个男人、三个女人[6]，总共四人。陛下将他们送于我做奴隶[7]。然后，沙汝痕[8]被围三年。接着，陛下夺取该城，我从那儿带回战利品：两个女人和一只手。勇敢者的金子赏赐给我，看，俘虏赏赐于我做奴隶。

【注释】

[1] ▢▢▢古希腊人称之为 Αὔαρις，后被拉丁化为 Avaris，是第二中间期第十五王朝希克索斯统治埃及时的都城，位于尼罗河三角洲东北部，现在被称为达巴丘。

[2] 哈姆曼内弗尔▢▢▢▢，船名的意思为："于孟菲斯升起"。

[3] 阿瓦瑞斯的帕捷德库▢▢▢▢▢▢▢，为阿瓦瑞斯的一条运河。

[4] 古埃及战争斩敌多少是按带回敌人手的数量论功行赏的。

[5] 勇敢者的金子▢▢▢▢，法老赐予作战勇敢者的奖励，一般为金子做成的首饰，如金项链等。

[6] 古埃及语中▢为"女人"，▢为"女仆"，两者加一起形成的词汇▢▢仍被翻译成"女人"。▢与▢两词之间的区别尚不清楚。

[7]![hieroglyph]有"仆人"和"奴隶"之意。作为战俘,这里应为奴隶。

[8]沙汝痕,位于巴勒斯坦南部内盖夫荒漠中,具体地点有三种可能:法拉赫丘、艾尤尔丘和赫洛尔丘。

【译文】

现在,陛下杀戮了亚洲贝多因人之后,他向南航行至罕特罕内弗瑞[1]去剿灭努比亚游牧人。陛下在他们中间大肆屠杀。我从那里带回战利品:两活男和三只手。之后,我再次获得金子的奖赏,看,两个女奴赐给了我。陛下乘船向北,心中充满勇敢与胜利的欢乐。他征服了南方和北方。

【注释】

[1]罕特罕内弗瑞位于尼罗河第二瀑布以南的努比亚地区。

【译文】

之后,阿阿塔[1]南来。其命运加速了他的死亡。上埃及的神祇逮住了他,他于梯内特塔阿[2]被陛下发现。陛下将其作为活俘带走,其臣民皆为俘虏。我从阿阿塔的船上带回两个散兵俘虏。然后我受赐五人和城中一块五斯塔特[3]的土地。其所有的船员皆享此待遇。

【注释】

[1]阿阿塔 [hieroglyphs],努比亚部落首领。

[2]梯内特塔阿 [hieroglyphs],努比亚库什的一个地区,这里指该地一条运河。

[3]斯塔特 [hieroglyph],古埃及土地测量单位,一斯塔特等于100肘尺×100肘尺,约等于2756.5平方米。

【译文】

之后，该敌前来，其名为特提安，他为自己纠集了不满之众。陛下杀了他，其众尽被消灭。之后我获赐三人及我城中五斯塔特土地。

然后，我船载国王杰斯尔卡拉[1]，千真万确，他正向库什航行，去拓展埃及疆界。陛下于其军中打击努比亚弓箭手。他们缚着带回，无一幸免。逃者被击倒似从未存活过一样。现在，我成为我们军中之首，身先士卒作战，陛下看到我的勇敢。我带回两只手，将其献给陛下。然后，他的臣民和牛被搜寻。我带回一个活俘并将其献给陛下。我用两天时间从"上井"[2]将陛下护回埃及。我获得金子的奖赏。除了已经献给陛下的，我还为陛下带回两个女奴作为战利品，之后我被任命为统治者的武士。

【注释】

[1] 杰斯尔卡拉⊙ 是阿蒙霍泰普一世的出生名。

[2] 上井 为库什的一个地名。

【译文】

之后，当他向南航行驶向努比亚的时候，我船载上下埃及之王，阿阿赫坡瑞卡瑞[1]，毫无虚言，去剿灭全境的叛乱，驱逐来自荒漠地区的入侵。我在他面前于那恶水之上非常勇敢，拖着战船越过大瀑布[2]。因此，我被提升为船长[3]。之后，陛下——愿他长寿、富有、健康□□□□□□□□□陛下愤怒得像一头豹子，陛下怒射，其头一箭射透该敌之前胸。随即这些□□□□□□在其圣蛇[4]面前精疲力竭。杀戮时刻到来，其民众作为活俘带回。陛下驾船北归，所有外国土地都尽在其掌握之中，那胆怯的努比亚部落成员倒悬在陛下之鹰号船头，在卡尔纳克[5]登陆。

【注释】

[1]阿阿赫坡瑞卡瑞󰀀，图特摩斯一世。努比亚󰀀，直译为"美丽前沿之地"。

[2]大瀑布是埃及南部天然屏障，虽无很大落差，水中却乱石嶙峋，无法通船。所以，船要卸载后，空船拖过瀑布。

[3]船长󰀀，直译为"船员之头"。

[4]圣蛇󰀀，代表王权的蛇形装饰。

[5]卡尔纳克󰀀，阿蒙神庙所在地。

【译文】

此后，他驶往瑞侪努[1]，在整个外国土地上宣泄愤怒。当陛下到达纳哈林[2]，陛下——愿他长寿、富有、健康——发现那敌人正在集结。然后，陛下在他们中间大肆屠杀。陛下从其胜利中带回无数活俘。此时，我正是我们军队的前锋，陛下看到了我的勇敢。我带回战车一乘，连同其战马及驾者作为活俘。将这些献给陛下后，我再次获得金子的赏赐。

【注释】

[1]瑞侪努󰀀，北部迦南地区。

[2]纳哈林󰀀，美索不达米亚东部两河之间的土地。

【译文】

我老了，我已进入老年。我仍像□□□□受到青睐，受到□□□□宠爱。我休息在我为自己修建的陵墓中。

22. 雅赫摩斯自传铭文

【题解】

《雅赫摩斯自传铭文》刻写在雅赫摩斯[①]艾尔－卡伯的凿岩陵墓（EK2）墙壁上，墓主人雅赫摩斯－番内赫伯是古埃及第十八王朝大臣，其一生经历了阿赫摩斯一世、阿蒙霍泰普一世、图特摩斯一世、图特摩斯二世、图特摩斯三世和哈特舍普苏特女王六位法老的统治。他出生于内赫伯（现在的艾尔－卡伯）一个贵族家庭，参与阿赫摩斯驱逐希克索斯人出埃及的战争。之后还曾远征努比亚。他生活在一个动荡的时代，其自传铭文记述了第十八王朝早期的历史大事。雅赫摩斯与伊巴纳之子阿赫摩斯同生于内痕，同葬于内痕，两者的陵墓铭文也同样成为第十八王朝早期历史最重要的文献。该自传铭文分别刻写在其凿岩陵墓入口处、门的侧柱上、藏于卢浮宫的雕像底座和芬利先生的雕像底座上，最早分别公布在卡尔·理查德·莱普修斯《碑铭》第三卷、第四卷，埃米尔·普利社《埃及碑铭》第四卷，《埃及语杂志》1883年第77、78期，《文献选》14辑中。[②]

雅赫摩斯是古埃及第十八王朝前期的一位重臣，先在军队中做将军，之后进入宫中任职，老年受命出任哈特舍普苏特女王

[①] iaH ms，音译为"雅赫摩斯"，英文翻译为 Ahmose，一般从英文音译成汉语常为"阿赫摩斯"，读音不确定。其原意为"月神所生之者"，而月神 iaH 读音更接近"雅赫"，而不是"阿赫"，且"阿赫"易与3ḥ读音混淆，故音译作"雅赫"。

[②] 参见 Breasted, J. H., *ARE*, p. 10, n.a & b; Sethe, K., *Urkunden der 18. Dynastie*, Bd. 1, pp. 32, 35。

女儿内弗如瑞公主的老师。他拥有包括世袭王子、伯爵、玺印总持、大司库、陛下传令官在内的多个头衔。该铭文有布雷斯特德的英译和塞特的德译，但译文都不完整。国内尚无译文，亦无对该铭文的研究文字公开发表。

本文译自《第十八王朝文献》第一卷（莱比锡，1906）。[①] 原文并无段落，译者据其所述内容分段。

陵墓入口处铭文：

【译文】

□□□□该伟大□□□□□（1）□□□□他心情愉快□□□□没人发现（2）他的缺点□□□□□（3）作为随从。于所有域外之地征战（4）攻掠，从来没有（5）逃避两土地之主的任何一场战斗，（6）葬礼分享国王的恩宠，宝库总管，（7）雅赫摩斯，被称作番内赫伯。[1]

【注释】

[1] 该段为陵墓入口处的文字，为雅赫摩斯的头衔。开篇处引入自传主人头衔是古埃及自传铭文的惯常格式。此段虽较为残破，但不影响整篇内容的历史价值。

陵墓门侧柱左侧铭文：

A. 引言[②]

【译文】

（1）我每日前来□□□□□□□□□崇拜拉神，他安息在

---

① Sethe, K., *Urkunden der 18. Dynastie*, Bd. 1, pp. 32–39.
② "引言""自传""出征报告""所获奖赏"等标题为塞特本所加，因该译文据其译出，故照录，以保持其版本的原貌。

努（2）特神之地平线间□□□□□□□□□□□□□□□于其节日中，天地之主。[1]（3）通过□□□□□□□□□□□训练有素的军人，[2]（4）说给我的话语令整个土地满意。□□□□□□□□作为其跟随者跟随他来到所有的宝座之上，（5）水上，土地上，山峦上，南方与北方。□□□□□□□□□□□□□□令两土地之主满意，（6）以其主事者的谋划□□□□□□□□每日的（7）白天前来在其面前□□□□□直到□□□□□□□走入主事者之路，步入仕途，（8）其治下各职：下埃及国王宝库总管，国王（9）勇敢的战士，雅赫摩斯，真言如此，被称作番内赫伯。（10）他说：

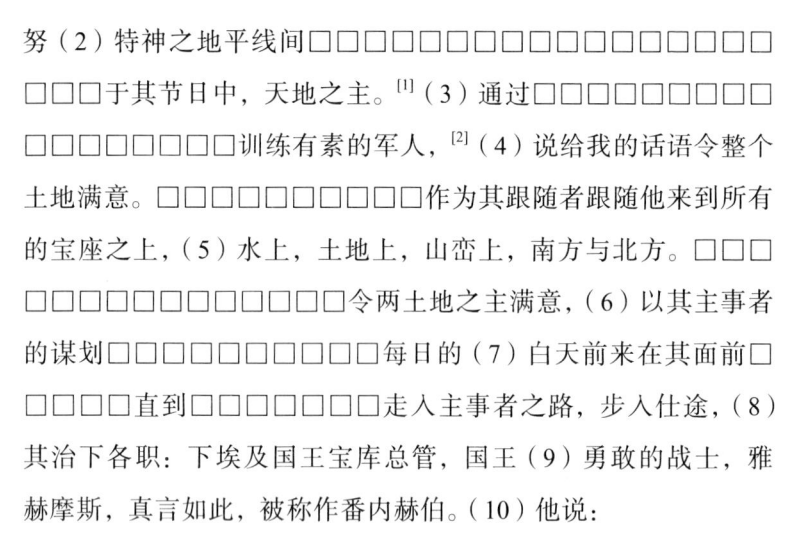

【注释】

[1]该段文字与壁画中逝者雅赫摩斯向太阳神祷告场景相配合，互为解说。

[2]以下文字皆为逝者雅赫摩斯的头衔。

B. 自传

【译文】

我跟随上下埃及之王，（11）神祇；我与他们一起（12）去往南北各地任何他们所到之地；（13）从上下埃及之王内卜沛赫梯瑞[1]，真话如此，上下埃及之王斋瑟尔卡瑞[2]，绝无虚言，上下埃及之王（14）阿阿赫坡瑞卡瑞[3]，真话如此，上下埃及之王阿阿赫坡瑞恩瑞[4]，绝无虚言，比任何神祇都善良，直到上下埃及之王曼赫坡瑞睿[5]，（15）给予永恒生命。

【注释】

[1]即阿赫摩斯一世，意为"月神所生者"，内卜沛赫梯瑞为其登

基名，意为"拉神力量之主"。我们一般熟悉的是他的出生名，即阿赫摩斯。

［2］即阿蒙霍泰普一世，阿蒙霍泰普意为"令阿蒙神满意者"，斋瑟尔卡瑞为其登基名，意为"拉神之卡神圣"。

［3］即图特摩斯一世，图特摩斯意为"托特神所生者"，阿阿赫坡瑞卡瑞为其登基名，意为"拉神之卡形象伟大"。

［4］即图特摩斯二世，阿阿赫坡瑞恩瑞为其登基名，意为"拉神形象伟大"。

［5］即图特摩斯三世，曼赫坡瑞睿为其登基名，意为"拉神形象永存"。

【译文】

我已经步入美好的老年，我已经拥有（16）过国王眷顾的生活，我已经享有过陛下宠爱，（17）对我之爱一直存于宫殿之中，愿其长寿、富有、健康。神妻，正宫王后（18）玛阿特卡瑞[1]反复给予我恩宠，绝无虚言。我教育（19）其长女，公主内弗如瑞[2]，绝无虚言，当她还是个（20）吃奶的孩子之时。玺印总持，传令官，勇士，雅赫摩斯，被称作番内赫伯。

【注释】

［1］mAat-kA-ra，哈特舍普苏特女王的登基名，含义为"拉神灵魂之真理"。哈特舍普苏特是她的出生名，意为"女性贵族之首"。

［2］nfrwra，哈特舍普苏特女王之女，图特摩斯二世之女。其名字的含义是"拉神之万美"。

C. 出征报告

【译文】

（1）世袭贵族，诸侯王[1]，玺印总持，密友[2] □□□□□□（2）玺印总持，传令官，勇士，雅赫摩斯，被称作番内赫伯，绝无虚言。（3）他说："我跟随上下埃及之王内卜沛赫梯瑞，绝无虚言。我于扎西[3]为他俘获一个活俘，（4）一只敌手。我跟随上下埃及之王斋瑟尔卡瑞[4]，绝无虚言。我为他于库什[5]俘获（5）活俘一人。我再次讲述已为上下埃及之王斋瑟尔卡瑞，绝无虚言，所做之事：我为他于（6）伊姆凯亥克[6]北部斩获三只敌手。我跟随上下埃及之王阿阿赫坡瑞卡瑞[7]，绝无虚言，我为他于库什俘获（7）活俘两人，此外还有活俘三人被我从库什带来，余者无计其数。"

【注释】

[1] rpat HAty-a，前者有"世袭贵族"（hereditary noble）① 或"摄政王"（Prinzregent）② 之意，古埃及大臣多有此头衔，译为"世袭贵族"较为贴切。后者多译为"诺姆长""诸侯"（local prince、nomarch 或者 mayor）③，或"伯爵""诺姆长"（Graf, Gaufuerst）④，"诸侯"较能囊括其各种官员出身身份，故译为"诸侯"。

[2] smr waty，直译为"唯一的朋友"，非实衔，为很多大臣夸耀自己受国王赏识的言辞。

---

① 参见 R. O. Faulkner, *A Concise Dictionary of Middle Egyptian,* Oxford: Griffith Institute, 1981, p. 148, 以下简称 *CDME*。
② 参见 *Rainer Hanning, Die Sprache der Pharaonen Großes Handwörterbuch Ägyptisch-Deutsch,* Mainz: Philipp von Zabern, 2009, p. 494。
③ 参见 *CDME*, p. 162。
④ 参见 *Rainer Hanning, Die Sprache der Pharaonen Großes Handwörterbuch Ägyptisch-Deutsch,* Mainz: Philipp von Zabern, 2009, p. 539。

［3］扎西（DAhy），为巴勒斯坦和腓尼基的一部分。

［4］即阿蒙霍泰普一世。

［5］kS，一般译作"库什"，指古代努比亚。"库什"一词首次出现在古埃及中王国之初，辛瓦瑟瑞特统治的第十八年，埃及人占领努比亚，越过尼罗河第一大瀑布，前往第二大瀑布，并留下一个巨大的石碑。该石碑上浮雕描绘埃及底比斯战神孟杵将一批战俘交给埃及国王，战俘浮雕下刻有努比亚不同地区的名字，共10个，其中就有"库什"。据此推断，"库什"应位于尼罗河第二大瀑布以南一些的地方。

［6］伊姆凯亥克（iAm-khk），古利比亚人的一个部落的居地，马斯佩罗（Maspero）认定其地点位于马里奥梯湖与西瓦绿洲之间。

［7］即图特摩斯一世。

【译文】

（8）我再次讲述我已为上下埃及之王阿阿赫坡瑞卡瑞[1]，绝无虚言，所做之事：我为他于（9）那哈林[2]外邦之地斩获敌手21只，马1匹，战车1辆。我跟随上下埃及之王阿阿赫坡瑞恩瑞[3]，绝无虚言，（10）从沙苏[4]带回许多活俘，数不胜数。

【注释】

［1］图特摩斯一世。

［2］nAhrynA，有四五种不同的写法，读法也不尽相同，但基本辅音却是一样的，读作 nhrn。古埃及文字在拼写外国地名的时候采用的是组拼法，即只要辅音读音正确，不管辅音后带不带元音。因此，该地名的书写有时候就带两个A，有时则一个都不带。该地名为古埃及新王国时期对米坦尼王国的称谓。

［3］图特摩斯二世。

[4]沙苏（SAsw），根据福克纳的解释，该地为埃及东北部的荒漠。该词原指生活在西奈操闪语的游牧部落，原意为"徒步行走者"。

D. 所获奖赏

【译文】

（1）世袭贵族，诸侯王，密友，使上下埃及之王伟大之人，让王权光彩之人。（2）□□□□□□□我使两土地之主之卡[1]永恒，王室宠爱之人，所有王宫[2]，愿其长寿、富有、健康，恩宠的拥有者，（3）□□□我带着巨大满足走出宫廷。我再述[3]国王对其大臣[4]之语，玺印总持，（4）传令官，勇士，雅赫摩斯被称作番内赫伯，他说：永恒的君王，被给予永恒生命。我从未于战场上离开国王，从（6）上下埃及之王内卜沛赫梯瑞[5]，绝无虚言，直至上下埃及之王阿阿赫坡瑞恩瑞[6]，绝无虚言。我享有（7）国王的恩宠，直到上下埃及之王曼赫坡瑞瑞[7]，被给予永恒之生命。上下埃及之王斋瑟尔卡瑞[8]赏赐我（8）黄金：手镯两副，项链两条，臂环1副，剑1把，头饰巾[9]1条，扇子1把，金饰[10]1枚。（9）上下埃及之王阿阿赫坡瑞卡瑞[11]赏赐我黄金：手镯4副，项链4条，臂环1副，金蝇[12]6只，（10）金狮3只，金战斧两把。上下埃及之王阿阿赫坡瑞恩瑞赏赐我黄金：手镯4副，（11）项链6条，臂环3副，金饰1枚，银斧两把。

【注释】

[1]kA，古埃及人认为人的灵魂由五部分组成：名字（rn）、灵魂（kA）、灵魂（bA）、影子（Swt）、心（ib），其中kA和bA皆指灵魂，但两者又不相同。前者为灵魂的可见部分，后者则是灵魂的个性部分，即区别某人灵魂与其他人灵魂的特性。一个人的bA在其活着的时候在其

体内，一旦死去，其 bA 就会飞离肉体。古埃及人将遗体制作成木乃伊的一个动机就是让其卡可以找到并返回躯体，这样他才能复活。

[2] stp-sA，直译为"王宫"，但这里亦指"法老"。正如法老 pr-Aa 一词原意为"宫殿"一样，两者都是以王宫、宫殿指代王宫、宫殿的主人，因此才习惯性地在其后加上"愿其长寿、富有、健康"。

[3] wHm.f，其后缀代词尽管为单数第三人称，但这里指代的却是第一人称"我"，相当于汉语中的"此人"。

[4] sAb，有"高官""元老"之意。

[5] 阿赫摩斯一世。

[6] 图特摩斯二世。

[7] 图特摩斯三世。

[8] 阿蒙霍泰普一世。

[9] wAHw，花环或头饰，此处应为黄金头饰。

[10] mxtbt，一种黄金制成的饰品，实物不可考，应为黄金饰物的统称。

[11] 图特摩斯一世。

[12] aff，一种用金子做成苍蝇形状的饰品。

23. 图特摩斯三世散在传记

【题解】

图特摩斯三世传记并不是我们现代意义上的传记，它既不是一个完整的铭文，亦不是他自己的生平记录。但如果我们将这些散落在卡尔纳克神庙等处的铭文放在一起就会发现，整个记述读起来很有一个英雄法老的传记色彩。我们姑且称之为"散在传记"。图特摩斯三世的散在传记由四部分铭文组成：卡尔纳克阿蒙神庙圣殿南侧房间南墙外墙铭文、塞姆内赫神庙铭文、内布瓦韦传记和图特摩斯三世纪年。塞姆内赫神庙不在卡尔纳克神庙中，而是在第十二王朝辛瓦瑟瑞特三世法老要塞旧址的一个神庙基础上再修神庙中发现的。内布瓦韦传记也不在卡尔纳克神庙中，而是散在于几个纪念堂建筑之中。这些铭文中最长、最翔实也是图特摩斯三世生平传记中最核心的部分是他的纪年，刻写在卡尔纳克阿蒙神庙靠近柱廊的内墙之上。纪年中详细记述了图特摩斯三世的17次远征，尤其是第一次远征中的麦基多之战，从策略的选择到行军路线的争论，记述之生动可为后世传记中对战争描写之最早的范例。当然，铭文不是为了传记而书写，甚至不像大臣们的传记那样虽不为传记文学而落笔，传记的书写生命本意却在另外的目的中得到展现。然而，传记因素在这么早的铭文中如此宏伟地构建起来，无论是时间的跨度之大，还是场景转换之众都具有史诗般的展现。译自《第十八王朝文献》第一卷（莱比锡，1906），并参考布雷斯特德公布的版本。

【题解】

第一组铭文刻写在卡尔纳克阿蒙神庙圣殿南侧房间南墙的外墙上，铭文都已经残破，先后由伯鲁格施、马里耶特、罗格和布雷斯特德整理翻译并公布。先是伯鲁格施于1863年在其《纪念堂集》第一卷中发布，但仅发布三个残篇。之后马里耶特于1875年在其《卡尔纳克》中发布了完整的铭文，接着罗格在其《圣书体铭文》中再次发布，因为马里耶特发布的铭文对各铭文顺序排列不对，罗格的顺序更为可靠，但却不像马里耶特的那么完整。

伯鲁格施后来又在《辞典》中调整了各篇的顺序。最后，布雷斯特德单独公布了图特摩斯三世这一部分铭文。

【译文】

图特摩斯三世与年轻时代

□□□□我的□□□□是他，我是他[1]的儿子，他下令说，我应该在他的王座之上，当时我还是他巢穴中（的一只幼鸟）[2]；他以其心之正直生下我，□□□□绝无虚言；因为陛下年轻，而我是他神庙中的一个青年，当我就职成为祭司之前□□□□□陛下。我像阿赫皿[3]年轻的荷鲁斯一样担负起其母柱石[4]的角色，我立于北面多柱[5]□□□□。

【注释】

[1] 这里的"他"指神。

[2] 这种表达是古埃及一个传统模式，因为法老被认为是现世的荷鲁斯神，是鹰的形象，未来的法老出生之时便是雏鹰。

[3] 阿赫皿，地名，位于今开罗以南三百公里处。

[4]"其母柱石"是宫廷中地位比祭司高的一个职位。

[5] 应指图特摩斯一世卡尔纳克神庙中多柱厅北半部。

【译文】

飨宴

□□□□□其地平线光辉闪耀。他以他的美丽让天地共宴；他接受伟大的奇迹；他的光芒在人民的眼里就像"赫尔阿赫提[1]的到来"。人民给予他赞美□□□□□他神庙的祭坛上。陛下为他在圣火上置香，并为他奉上伟大的祭品，有大牛、小牛和山羊，□□□□□。

【注释】

［1］神名，意为"地平线上的荷鲁斯"，常与拉神合称拉－赫尔阿赫提。

【译文】

神的寻找

□□□□神在其两侧的多柱中巡行，前排者的内心并不理解他的举动，他在到处寻找陛下。他认出了我，哦，他停了下来□□□□他拉我到（行进的）路上，我匍匐在他面前。他让我起来站在陛下面前[1]；我被列入"国王列队"。他吃惊于我的□□□□□绝非虚言。然后他们在人民面前揭示了神之内心秘密，他们知道他的□□□□□；没人知道神的心意，没人揭示神的心意，只有他。

【注释】

［1］根据上下文分析，应该是"让我起来站在他面前"。

【译文】

升上天空

他为我打开了升入天空之门；他打开了拉神地平线之门[1]。我作为一只神鹰飞上天空，在天空中看到他的身影；我崇拜陛下□□□□□盛宴。我在天空神秘之路上看到地平线之神闪闪发光的身影。

【注释】

［1］一般在文献中出现这样的句子意味着升入天空之人已死，但此处不同，是指图特摩斯三世被神选中。

【译文】

天空加冕

拉神本尊确认了我,我被赋予他头上王冠的尊严,他的神蛇戴在了我的额前□□□□他用他所有的荣耀让我满意;当他在我父亲阿蒙-拉神的房子里数着他的身体[1]之时,我像荷鲁斯一样坐在神的行列中。我赫然在列,以神的尊严,以□□□我的王冠。

【注释】

[1]"他的身体"指神的成员。

【译文】

赋予头衔

他把自己的头衔加给了我。

他把荷鲁斯头衔加在了我的旗帜上;他让我成为强壮的公牛。他让我在底比斯以荷鲁斯"闪耀在底比斯的强壮公牛"这个名字闪耀。

他让我的王权以我两女神所钟爱的"王权像天空中的拉神一样的永恒王权"这个为名字,像天上的拉神一样永恒。

他塑造我为金荷鲁斯神鹰,他赋予我他的强壮和力量,我以他的王权以我金荷鲁斯"强壮的力量,王权的荣耀"这个名字为众人推崇。

□□□□□以我的名字,上下埃及之王,两土地之主:曼赫坡尔拉。

我是他亲生的儿子,穿的就像托特的主持者;他让我所有形象都美丽,以我这个名字:拉神之子,图特摩斯,美丽的形象,永恒的生命。[1]

【注释】

[1]新王国时期开始,每位法老的五个头衔便都完整地出现在国王

的名字中，即荷鲁斯名、两女神名、金荷鲁斯名、登基名和出生名。

【译文】

权威的认可

□□□□我的□□□□；他让所有国家的王子因陛下声望而来朝献礼；我的威名深植九弓[1]心里；所有的土地都在我脚下。为了拓展埃及的疆域，他通过我的力量给予我胜利□□□□□□因为□□□如此□□□□□□□他。他喜欢我超过天地初分以来大地上的任何一个君王。

【注释】

[1]"九弓"，古埃及语中用来泛指敌人。

【译文】

我是他的儿子，为陛下所钟爱，他的双重愿望让我成为出现在他所在的这片土地之人。我要实现包围□□□□□他所建立的，我让纪念堂在卡尔纳克神庙永恒。我用更美丽的事情回报他的美丽，让他超越所有的神祇。做完美的事情回报他是对他超过其他神祇所为的报答。我为他修建房屋作为永恒的作品。□□□□□□我父让我成为神祇，我要报答他成就了我的王位；我要为他在大地上的圣台奉献食物；我要在他的神庙中用大量的屠宰繁荣他的屠宰区，用无数的大牛与小牛。□□□□□重新支付的东西，□□□□□税收。我为他用无数的大麦与小麦填满他的谷仓。我为他增加神的祭品，我给予他更多，□□□□□□在所有的盛宴上为我父阿蒙神的这个神庙；该月六日满足他应有的愿望；他知道它的永恒；底比斯永恒。阿蒙神，卡尔纳克之主，南方赫留坡里[1]之拉神，这块土地上他闪亮的眼睛□□□□□。

【注释】

[1] 底比斯以南十几公里处的阿尔蒙特（Armant），希腊罗马统治时期被称作赫尔蒙提斯（Hermonthis），因早期的拉神崇拜中心在赫留坡里（Heliopolis），古埃及人称之为 iwnw，多柱之地，指代拉神神庙，后来南方多有神庙被称作南方的多柱之地。

【译文】

该纪念堂的建起

我建造了我的纪念堂，我在卡尔纳克之主的台阶处记录下我的所有已在与仍在创造者的命令。一切都要保持永恒，与这些神祇的事物一起在那里□□□□□□□□□一个祭奠，神对他的事物非常满意。该纪念堂是此神庙中的一件在他的房间里记录我之美丽的作品，我会在口中[1]永恒。

【注释】

[1] 应该是"人民口中"。

【译文】

宫廷回答

这些随从说："□□□□□这对我们说过的话；我们在宫廷[1]中听过的话。愿你鼻孔充满令人满意的生命气息；愿陛下在伟大的王座上永恒。神的亲自神谕就像拉神最初[2]的话语。托特神创造了文字□□□□□欢喜。他的王权给予了你；你的王冠戴在了荷鲁斯王座之上，你作为上下埃及之王的王表得以记录。他让你统一两土地，让它和平，所有国家都臣服。"

【注释】

[1]"宫廷"之后省略了"愿他长寿、富有、健康"，因为每当提到

法老或指代法老的词汇的时候都会在后面接上这句祝愿，宫廷很多时候指代法老。因其将语气截断造成阅读不畅，故在这里删去。

［2］"最初"，意为创世之时。

【译文】

新纪念堂

□□□□翻新，一个神所，一个上好白砂岩的纪念堂。国王自己亲自用双手放绳展线，将其画在地上，在该纪念堂上部署工程要求，根据命令□□□□□□他们手上的永恒工程。

【译文】

圣殿

看，陛下为他建起了一个威严的圣殿[1]：阿蒙神喜爱之地："他伟大的座位像天上的地平线"[2]，用红山[3]砂岩建成。其内饰箔以合金□□□□。

【注释】

［1］原文 Dsrw-Dsrw，"神圣中的神圣"，许多神庙中对圣殿的称呼。

［2］这是圣殿的名字。

［3］红山位于下埃及尼罗河通往西奈的一处采石场，因硅岩呈红色，故称红山。

【译文】

三重门

我建起了第一个门"曼赫坡尔拉在阿蒙神的富饶中辉煌"[1]和第二个门"曼赫坡尔拉在阿蒙神的钟爱中永恒"，第三个门"曼赫坡尔拉在阿蒙神心灵中之伟大者"箔之以真正的合金，玛阿特女神为他由此门入□□□□□欢庆纪念堂节日。他开心他的赞词，他为之所愿，他赋予陛下令人满意的生命，内心永远欢乐。

【注释】

[1]"曼赫坡尔拉在阿蒙神的富饶中辉煌"与下面的"曼赫坡尔拉在阿蒙神的钟爱中永恒""曼赫坡尔拉在阿蒙神心灵中之伟大者"都是门的名字。

【译文】

塔门

陛下在内部圣殿前面建起一个威严的塔门□□□□我为他建起一个伟大的庙门，用新雪松打造，以红铜包裹□□□□黄铜。其上的伟大名字镶以合金，再加以双层上好的黄金与红铜□□□□□就像天上的地平线所用双层的黄金一样。它比任何经由的塔门都更加美丽。

陛下还为他修建了这三重门[1]□□□□□。

【注释】

[1]即上边提到的那三重门。

【译文】

神龛与雕像

□□□□□北面□□□；石头神龛，新雪松之门；陛下雕像放于此处，我父雕像及此前埃及国王的雕像。

【译文】

修复

□□□□□为我父卡尔纳克的阿蒙－拉神，为他建造一个新的纪念堂，□□□□其上□□□祖先，是他美化他的陛下而修建的神庙□□□□□。看，陛下祖先的工程用泥砖建造，损毁严重。陛下亲自用他的双手在这座纪念堂上的"展绳"[1]宴□□□□□□陛下为其起的美丽名字是"人民崇拜的曼赫坡尔拉于拉神的力量中伟大"。其大门是用皇家域内雪松打造，箔之以黄铜；其上伟大的名字是合金的。□□□□□

【注释】

[1]此处所书应该是一个法老参加的开工仪式，"展绳"应该有点像现在开工仪式中的剪彩或破土动工仪式。

【译文】

建筑终结

他比此前[1]任何一位国王都做的多。没人在每项技艺中的任何知识方面超越陛下，□□□□□□□□极其仔细，所有伟大的纪念堂的□□□□□上都有一个展现[2]，根据陛下提及的意愿工作完美，因为其父底比斯的阿蒙神如此地爱他。

【注释】

[1]"此前"指从创世纪开始。

[2]"展现"为神的展现，即神像循行仪式。

【译文】

新供奉

国王亲自命令献上神圣祭品，重新为他的父亲底比斯之主阿蒙-拉神献上□□□□□30罐□□□□，100捆蔬菜，3罐葡萄酒，以及飞禽、水果、白面包，1萘扎[1]草药和1萘扎枣。

陛下还命令献上一份祭品，包括大牛小牛、公牛[2]、瞪羚□□□□□。

陛下为他新建一个菜园，以便为他献上蔬菜和各种美丽的花朵。陛下再次给予土地，2800斯塔特[3]神圣祭品土地，许多南方和北方的土地，□□□□斯塔特。

□□□□□补充了人。我用来自南方和北方的俘虏补充了它，他们是瑞侪努[4]各首领的孩子和汉腾懦夫尔[5]各首领的孩子们，皆遵循我父阿蒙神的指令□□□□□□牛奶，每天用这些陛下为他更新的金、银和铜的容器。

【注释】

[1] nDA，计量单位，我们尚不清楚究竟是多少。

[2] 古埃及语中 iHw 与 kA 都指公牛，我们并不清楚这里为什么并列，可能两者有区别。

[3] 斯塔特 sTAt( )，古埃及土地测量单位，一斯塔特等于100肘尺×100肘尺，约等于2756.5平方米。

[4] rTnw，叙利亚地区的通称。

[5] 汉腾懦夫尔，指努比亚地区。

【译文】

另一份新供奉

第十五年，第三季第一月，第二十七日，陛下命令再献上一份神圣祭品□□□□□在这一年，为陛下永生、繁荣与健康，以使我父阿蒙神的祭台永远得到供奉。

【译文】

陛下又献给他许多纪念物：一只大合金罐，7肘尺高的青铜、黄铜、银子和金子的□□□□□在圣湖之上闪耀；两土地流动着光明，像星星闪烁在努特[1]的身上，而我的雕像跟随其后。

□□□□真正的□□□□合金供桌，陛下让它焕然一新。我为他而造出自我内心所想，听从神本人的指引，成为其墙之南部者[2]之手的作品。自从祖先的时代以来，这片土地上从来没有这样的作品□□□□超越一切！陛下再献给他两只陛下为底比斯之主阿蒙神新造的大罐作为这伟大祭品的第一个，□□□□永远在其所有的飨宴上。陛下又建造了许多房间镶之以合金与红铜，修建起围墙，一个座位□□□□。

【注释】

［1］努特，天神，常以身体作穹顶罩住世界，身上点缀着星星。

［2］rsw inb.f，孟菲斯主神普塔赫神的一个称号。

【译文】

陛下制造了一个豪华的竖琴，用金、银、天青石[1]、孔雀石和每一种昂贵的豪华宝石镶嵌，因为陛下以□□□□名字的美丽赞美，黄金、青铜与每一种昂贵的宝石□□□□作为开始出现在一个房屋中；再次将亚麻与所有应有之物供奉于此；两间房屋为我父阿蒙神装满了豪华的油膏□□□□为此一丝不苟。

【注释】

［1］xsbd，古埃及稀缺宝石，大部分来自现代的阿富汗地区。

【译文】

陛下为吾父底比斯之主，阿蒙神为此，作为陛下该神庙众雕像永恒的回报□□□□肢体，作为一件持久的作品在其新年的伟大飨宴上巡行[1]。

【注释】

［1］一年结束，新一年开始，埃及有五天的时间用来庆贺。最隆重

的庆贺应该在神庙中进行，神的雕像和法老的雕像要在神庙的庆贺中被抬出来在神庙内外巡行。

【题解】

塞姆内赫神庙铭文

该神庙是图特摩斯三世在第十二王朝法老辛瓦瑟瑞特三世神庙基础上重建的神庙，以示对前辈的尊崇。这个神庙最初建立在辛瓦瑟瑞特三世塞姆内赫要塞中，但此时已经完全坍塌，只留下了第二塞姆内赫碑。图特摩斯三世将这块石碑虔诚地竖立在新神庙的墙壁中，并将发现的辛瓦瑟瑞特三世铭文中宴饮与供奉的旧清单记录在新神庙的墙上。老神庙是供奉哈努姆神和戴顿神的，图特摩斯三世又加上了辛瓦瑟瑞特三世，把他神化为占领努比亚的英雄。图特摩斯三世在其统治的第二年就完成了这座神庙的重建，此时神庙中的图像没有一丝与哈特舍普苏特共治或女王垂帘听政的迹象。

【译文】

辛瓦瑟瑞特三世献祭清单修复。浮雕右侧是辛瓦瑟瑞特三世在一个华盖下加冕，在他左侧最远端站着图特摩斯三世。

第二年，第三季第二月，第七日，□□□□□图特摩斯，赋予生命。

陛下[1]对玺印总持，唯一陪伴，国王之子，南方国家统治者□□□□[2]说："让在他父亲掌控努比亚复仇之戴顿[3]的神庙里刻写下神圣祭品，上下埃及之王，两土地之主，祭品之主哈考瑞[4]□□□□曾献上□□□□□；让他可以为他的生身之父们[5]尽卓越之事；而节日供奉，他的名字就会在他父亲九弓捆绑者、沙苏人打击者哈努姆的房间中被提及；当哈考瑞在众生之中，当他活在□□□□诸神；让陛下有神圣祭品献给诸神，世俗祭品献给逝者。神圣祭品重新献上□□□□□在他父亲戴顿的房屋，这样他的名字就会在他父亲九弓捆绑者、沙苏人打击者哈努姆神的房屋中被提及"。

献上的将有：给他们的谷物与小麦以及瓦瓦特[6]的水，□□□□□于每个季节之初的节日给其父统领努比亚的戴顿神祭品：南方稻谷 15 赫克特[7]；给他的父亲统领努比亚的戴顿神：南方稻谷 645 赫克特；小麦 20；□□□□给他的父亲九弓捆绑者哈努姆：每季开始时的宴会贡品 50 赫克特南方稻谷；南方稻谷 425 赫克特；小麦 20；每年给他的父亲九弓捆绑者哈努姆神：一头新年牛群的公牛；给他的父亲戴顿：一头□□□□□公牛；一头飨宴公牛："穴居人的反击"[8]，要在第二季第四月第二十一日，季节之初的宴饮献上贡品：南方谷物 50 赫克特；南方谷物 202 赫克特；小麦 15；每年"穴居人的反击"宴会上：皇家亚麻 8 □□□□□给第三季第一天的宴会：一头公牛；给他的父亲九弓捆绑者、沙苏打击者哈努姆神：南方谷物 26 赫克特；每年在捆绑野蛮人[9]的宴会上给国王之妻梅尔塞格尔：南方谷物 135 赫克特；小麦 10；每年给国王哈考瑞：□□□□□□□□。

陛下命南方埃勒凡泰尼要塞首领与统治者遵守并维系每年的赋税。

【注释】

[1] "陛下"在古埃及语中有几种表达：Hm.f（his majesty）、Hm.i（my majesty）、Hm.pr-aA（majesty of court）等，此处为第三种，因此其

后按习惯应跟随"愿他长寿、富有、健康"。这里省略。

[2] 因破损，我们不知道这个官员是谁，但根据头衔可以推测，他可能是图特摩斯一世任命的当时的库什总督图瑞。

[3] 戴顿，努比亚财富之神，常以人形或狮子的外貌出现。

[4] 哈考瑞，辛瓦瑟瑞特三世。

[5] 这里父亲用复数是指众神。

[6] 瓦瓦特，地名，在努比亚北部。

[7] 计量单位。

[8] 公牛的名字。

[9] 宴会的名称。

【译文】

向戴顿和辛瓦瑟瑞特三世献祭场景：圣船载着一个神龛和瓦瑟瑞特三世的雕像，图特摩斯三世和戴顿神站在他们身后，戴顿神拥抱着图特摩斯三世法老。

我可爱的儿子，曼赫坡尔拉[1]，你为我可爱的儿子，上下埃及之王哈考瑞[2]建造的这个纪念堂多么美丽。你让他的名字永远不朽，你因此可以长寿。

【注释】

[1] 曼赫坡尔拉是第十八王朝法老图特摩斯三世的出生名。

[2] 哈考瑞是第十二王朝法老辛瓦瑟瑞特三世的出生名。

【译文】

在同一场景的对面墙上，戴顿神说：

你在纪念堂中再一次让他再生。你献给他很多金、银、铜和亚洲铜的供桌。因此对你的回报是像拉神一样满意的生命。

【译文】

西墙外侧

善神,曼赫坡尔拉。他为他的父亲统治努比亚的戴顿神和上下埃及之王哈考瑞修建了纪念堂;用努比亚上好白石头为他们建造了一个神庙,虽然陛下发现损坏的砖石;像一个儿子之所为,按照其父的愿望,其父将两土地交给了他,让他成为荷鲁斯神,这片土地的主人。我已在我神圣心里打定主意,我要建造他的纪念堂;我要据他给予的□□□□□让他强大;我要让他的房屋永存,因为他比任何神都更加伟大。他像拉神一样给予我永恒的生命、稳定与满足。

【题解】

内布瓦韦传记

内布瓦韦是第十八王朝的一位神庙官员,常被召入宫中充任官员。这个传记刻写在他的雕像和石碑上。

该高官人生经历很多,也很长,开始于图特摩斯三世统治时期,一直持续到阿蒙霍泰普二世统治。然而不幸的是,他的传记丢失了中间很长一段时间,只留下了早年和最后的一段时间。遗失的原因是这篇传记铭文分散在不同的纪念堂建筑之中,因此有些地方就因破损而亡佚,无法找到了。只留下国王赏赐给他的一个雕像和一个石碑,他的传记的首尾就刻写在这仅存的两个文物上。

【译文】

上下埃及之王,曼赫坡尔拉[1]——愿他长寿——的恩惠给予奥西里斯神高级祭司内布瓦韦,他说:"我是一个对其主人有用的仆人,热情地服务于给他恩惠的人。

我来到我父奥西里斯房屋第一室；我在该神庙的□□□□□成为主持。作为阿比多斯之主的秘密□□□□□每日有皇室命令给我。我□□□□□□□□这一阶段持续到第三年。我主，上下埃及之王，曼赫坡尔拉为此称赞我。

我被任命为我父奥西里斯神高级祭司；这一室的每一职位都在国王侍者的权力之下。有一次他命令我说要我去带给在潘诺坡里[2]的皿神的房屋中的他父赫尔内芷伊泰特[3]黎明，[4]在所有潘诺坡里宴会上，我在此做整个神庙、祭司和所有工人的主管。这一阶段一直到第六年。正是此时□□□□□□于提尼斯诺姆。陛下赞美我。

我被任命为他父亲上下埃及之王内卜沛赫梯瑞[5]□□□□□主管；他的库房在我的封印上；我从那时起一直安全繁盛直到第九年。

我指导圣船[6]上的工作，我击退反叛陛下者。"

【注释】

[1]曼赫坡尔拉，即图特摩斯三世。

[2]潘诺坡里是阿赫皿（Akhmim）的希腊名称。

[3]赫尔内芷伊泰特，意为荷鲁斯，其父保护者。

[4]此处描绘的应该是神庙中的仪式，神每日需从东方升起，傍晚再进入冥界。

[5]内卜沛赫梯瑞是第十八王朝第一位法老阿赫摩斯一世的登基名。

[6]圣船指奥西里斯神秘仪式所用圣船。

【译文】

阿比多斯石碑：虽然这块石碑是献给图特摩斯三世的，但它记述了图特摩斯三世统治向阿蒙霍泰普二世统治的过渡。铭文记述了图特摩斯三世统治即将结束与阿蒙霍泰普二世共治已经开始之时内布瓦韦的生平。

国王曼赫坡尔拉给予奥西里斯神高级祭司内布瓦韦的钟爱。

他说:"我在我父的房子里制作了许多金、银、天青石、孔雀石和各种昂贵豪华宝石的作品。所有这些皆归我掌管[1],因为他知道我对他有颗无与伦比的心。我作为我父亲房屋的守护者,管理我主的事物。我在国王给我的青睐下获得尊重。我曾被他召入金屋,而我的住地就在他的房子中间。我双脚踏入金碧辉煌之处[2];我用最好的油膏涂抹,项圈戴在我颈项,像国王对待他所宠爱的人一样。

他的儿子,上下埃及之王,阿阿赫坡儒瑞,愿他永生,重复他对我的宠爱。他给我一尊他父亲,上下埃及之王,永生的曼赫坡尔拉的雕像、他父亲奥西里斯之屋的百万年之物[3]、神圣贡品、皇室土地。每一字对于拉神之子,他的西方世界第一神,阿比多斯之主,像拉神一样永恒赋予生命,奥西里斯钟爱的阿蒙霍泰普,都无虚言。"

【注释】

[1]直译为"在我的印上"。

[2]指王宫。

[3]"百万年"在古埃及语中常指百万年圣船或百万年庆典。

【题解】

图特摩斯三世纪年

该纪年刻写在卡尔纳克阿蒙神大神庙靠近的柱廊内墙上。这些墙是图特摩斯三世所建，构成一个东西长25米、宽12米的砂岩神室，里面镶进了黄岗岩圣室。纪年开始于东北角，书写方向是沿北向西阅读，然后从西墙向南阅读，在这面墙的中间门口处终止。在该门的另一侧浮雕画面和铭文亦终止于此，南墙此处铭文从东向西阅读，西墙向北阅读。这是古代埃及留存下来的最长的一篇铭文，有223行之多，完整地记录了图特摩斯三世17次远征的壮举。难能可贵的是在远征的记述中不仅仅详细记录了战争胜利所俘获的战利品及被征服者奉献的贡品，还记录了图特摩斯三世战略决策的制定与不同作战方案的选择。"现在，陛下对该城及对邪恶的敌人和他的军队所做的一切每一天都以这一天的天名记录下来，其名字为□□□□□□□□□□，然后再于这一天在阿蒙神庙中记录在皮纸卷上。"显然，对于每一次战争，都有详尽的记录收藏在阿蒙神庙的档案库中。可惜的是这些档案一份都没有留存下来。之后铭文中提到的"为未来所及"亦告诉我们古埃及宫廷是有大事记录存档的，虽然宫廷档案可能不在宫廷内保存而是在神庙之中，但宫廷档案的确存在。纪年铭文中有些细节刻画了图特摩斯三世的性格特征，这对于如此之早的传记文学来说难能可贵。当然，由于该纪年的书写者是位祭司，因此其关注点与兴趣更多在战利品方面，使得该纪年读起来不那么生动，越到后面越是如此。现代学者称图特摩斯三世为"古代埃及的拿破仑"，这篇纪年显然是他获得该雅号的原因。

【译文】

荷鲁斯，强壮的神牛，在底比斯闪耀，□□□□□□□□□□。

上下埃及之王，两土地之主，曼赫坡尔拉；拉神之子，图特摩斯□□□□□。陛下命令在陛下为他父亲阿蒙神建造的神庙中的一块石碑上[1]记录下他的胜利，他父亲阿蒙神给予他的胜利，详细展示每次远征的名目和陛下带回的战利品。一切皆遵其父阿蒙神给予他的命令。

【注释】

[1] wD，石碑，实际上这些铭文是刻写在神庙墙壁上的，不知道为什么这里用了石碑一词。

【译文】

第一次远征（第二十三年）

□□□□□让陛下驻扎在大地之角，以便征服亚洲人[1]。我是强壮的公牛，闪耀的底比斯，阿图姆神之子，孟杵神[2]所钟爱者，亲自为其军队作战，两土地将会看见；绝无虚言。我从我父亲，众神国王阿蒙神的房屋出发，他命我取得胜利。

国王亲自率领军队上路，意志坚定，像火中烈焰，国王挎着他的宝剑。他前进，无人能比，杀戮野蛮人，打击瑞侪努[3]，带回他们的王子作为活俘，他们的战车镶嵌着黄金，驾着他们的战马。柴赫努[4]国家因陛下的英名而纷纷降服，贡品背在背上，□□□□□□像狗一样，这样才会给他们一口呼吸。

第二十二年，第二季第四月[5]，第二十五日，陛下第一次胜利远征进军到叉洶[6]，以□□□□□的力量拓展埃及的疆界。

此时，亚洲人陷入了矛盾，每个人都与其邻居争斗□□□□□。现在恰逢众部落□□□□□人，他们都在沙汝痕[7]；看，从叶拉扎[8]到大地沼泽，他们开始反叛陛下。

第二十三年,第三季第一月,第四日,国王加冕宴之日,他来到他攫取的这个城市加沙[9]。

第二十三年,第三季第一月,第五日,从此处威猛地出发,□□□□强力胜利地征服邪恶的敌人[10],拓展埃及的边界,遵从其父阿蒙-拉神的意愿,命令□□□□去夺取。

第二十三年,第三季第一月,第十六日,他到达了亚海姆[11]。

陛下与其勇敢的军队召开一个磋商会议,说了下边的话:那邪恶的敌人,卡叠什[12]首领,过来进入了麦基多[13]城;他在那里正得意。他将所有臣服于埃及[14]的国家首领都召集到他那里,直到纳哈林,包含哈如[15]和凯度[16]等国家,他们的马匹,他们的军队,□□□□□这样,他说:"我已经在麦基多崛起反抗陛下。"你告诉我□□□□。

他们在陛下面前说:"怎么回事,难道我们应该走这条狭窄的、充满危险的路吗?而他们来了并说敌人就在那儿等着,守住要冲,以一当十。(我们得)马跟着马,人跟着人吧?我们的先头部队都已经开展而后续部队却仍然站在阿鲁纳[17]那里没有加入战斗?有两条路[18]:一条路,你看,它将□□□□我们,它将在塔阿纳赫[19]向前,另一条,你看,它将带我们向北到达斋夫提[20],这样我们就可以到达麦基多北。让我们胜利之主走上他想要的路吧,我们不想走那条不可行之路。"

然后,□□□□关于这一计划的信使对陛下所说的话是:"我发誓,以拉神对我的爱,以我父阿蒙神对我的钟爱,以我的鼻孔循环着的满意的生命,陛下要走阿鲁纳这条路。是让你们当中的人走你们提到的那条路，还是让你们当中的人跟随陛下？[21]那些拉神厌恶的敌人难道不会这样想：'陛下不会走另一条路吗？他开始害怕我们了。'他们会这样想。"

他们在陛下面前说："愿你父底比斯之主卡尔纳克主神阿蒙神赋予你生命。看，我们在每一处都跟随陛下，无论陛下走到哪里，因为臣下总要跟随主人。"

然后，陛下命令全军向那条狭窄而有危险的路□□□□进发。陛下发誓说："在我之前没人走这条路，在□□□□□。他身先士卒走在军队前面，用他自己的脚步探路；马跟着马，陛下在他军队的前头。"

第二十三年，第三季第一月，第十九日，国王营帐中的安全值守现在到了阿鲁纳城。我在我父底比斯之主阿蒙神的护佑下向北前进，他走在我前面，赫尔阿赫提神让我的军队强大□□□□□我父底比斯之主阿蒙－拉神，胜利者之剑□□□□在我之上。[22]

敌人以数个战斗队列前进，南翼在塔阿纳赫，北翼在□□□□□地南。陛下在□□□□□之前大声呐喊，他们纷纷倒地；看那邪恶的敌人□□□□□□□□□阿鲁纳城的□□□□□。

现在，陛下胜利之师的后翼还在阿鲁纳，先头部队却正在向□□□□□峡谷进发；他们堵满了峡谷的入口。然后他们对陛下说[23]："看啊，陛下带着他的胜利之师前进，军队挤满了峡谷；让我们胜利之主这次听从我们，让我主为我们保护他军队的后翼和他的人民。让这支军队的后翼在后面赶上我们，然后他们就也可以与这些野蛮人战斗了，然后我们就不再需要为我们军队的后翼担忧了。"陛下停在外面等在那里,保护着他胜利之师的后翼。

看,当前锋到达这条路的出口,阴影已经转过来,当陛下到达麦基多之南的基纳[24]消息岸边之时,据太阳推测七个小时已经过去。

然后,陛下扎起营盘,他对全体部队命令说[25]:"武装起来!拿起武器!黎明我们就要冲上去与那邪恶的敌人[1]战斗。"国王在国王帐篷中休息,将领和参与者装备的事情已经安排好。军队值守到处传达说:"信心坚定!信心坚定!警惕!警惕!看守好国王帐中的生命。"[26]有人来对陛下说:"大地很好,南北步兵也都很好。"

第二十三年,第三季第一月,第二十一日,新月宴会之日,恰逢王冠加冕之日,一大清早,看,命令下达给全体军队,出发[27]□□□□陛下在合金镶嵌的战车上冲锋,排列好他战争的武器,像力量之主,打击者,荷鲁斯一样,像底比斯的孟杜神,他的父亲阿蒙神加强着他的军队。陛下军队的南翼在基纳消息南侧的一座山上,北翼在麦基多西北,而陛下在中间,阿蒙神是他成员的护卫□□□□他四肢□□□□勇敢。然后,陛下在军队前头扑向他们,他们害怕得掉头回逃进麦基多,丢弃了他们的战马与金银打造的战车。他们被拽着衣服拉上去,拉进城里去。现在,要是陛下的军队没有掠夺敌人的东西,他们此时应该已经夺取了麦基多,此时卡叠什邪恶的敌人和此城邪恶的敌人却急匆匆地将他们拉上城墙进入城里。陛下的声威已进入他们心脏,让他们军队无力(反抗),他的战冠在他们当中所向披靡。

然后,他们的战马被俘获,金银打造的战车成了战利品;他们的追随者像鱼一样躺在地上。陛下无敌的军队到处清点他们各部。看，那邪恶敌人的帐篷被俘获，里面有他的儿子□□□□□□□□。全军欢庆，为胜利赞美在这一天给予他儿子胜利的阿蒙神，颂扬他给予陛下的胜利。他们带上他们夺得的战利品，有手[28]、活俘、马匹和金银战车□□□□□□□。

陛下听到他军队中这些话说："如果你们之后打下这座城市，看，我就会在这一天给予拉神□□□□□；因为反叛的每一个国家首领都在城里，这就等于打下了上千个城市，打下了麦基多。强力打下麦基多，强力□□□□□□□。"

陛下命令军中军官去□□□□□，回到各自的位置。他们丈量了这座城市，将城市围绕起来，用所有植物树木青材[29]，简称围墙。陛下自己则在这座城市东侧的堡垒上观察□□□□□。

城被后墙围住□□□□□□厚厚的墙。墙的名字叫作：曼赫坡若拉是亚洲人的包围者。军人驻扎下来守卫着陛下的帐篷，他们受命：心要坚定！观察□□□□□□。陛下命令说："别让他们中任何一个人出来，出到墙外来，除非他们出来是为了敲他们碉堡的门[30]。"

现在，陛下对该城及对邪恶的敌人[31]和他的军队所做的一切每一天都以这一天的天名记录下来，其名字为□□□□□□□□□□，然后再于这一天在阿蒙神庙中记录在皮纸卷上。

看，这个城市的首领们都跑来投降，都嗅到了陛下威名大地的味道[32]，都渴望着他们鼻孔中的呼吸，因为他的力量强大，因为陛下威名的力量，□□□□□国家□□□□□□来就他的威名，带着他们的礼物，有金、银、天青石、孔雀石，带来干净的谷物、葡萄酒、大牛和小牛，□□□□□献给陛下的军队。他们当中每一位凯度带着贡品南来。看啊，陛下重新任命这些首领为□□□□□□。

□□□□□340活俘、83只手、2041只母马、191只马驹、6匹种马、□□□小□□□□、1辆镶嵌着黄金，并带有黄金车杆的属于那个敌人[33]的战车、1家包金的属于麦基多首领的精美战车、□□□□□[34]892辆邪恶军队的战车，总共924辆、1副漂亮的属于那个敌人[35]的青铜铠甲、1副漂亮的属于麦基多首领的青铜铠甲□□□□200副属于他邪恶军队的铠甲、502副弓、7根属于那个敌人帐篷的包银柱子。看，陛下的军队夺取了□□□□、297□□□□□、1929头大牛、2000头小牛、20,500头小白牛[36]。

清单：国王之后取得的那个敌人耶努阿穆[37]城和胡任卡汝[38]家用物品，所有这些投降城市的物品都带给了陛下，747□□□□□、38个他们的首领、87个那个敌人以及与他一起的首领的孩子、5个他们的首领、1796个男女奴隶及他们的孩子、因饥饿投降的非战斗人员103人，总共2503人。此外还有价值连城的宝石与金子制作而成的平盘、各种容器□□□□□、1只大两耳罐产品，□□□罐子、平盘、盘子、各种饮具、3只大壶、87把刀，总共784德本[39]。绕在工匠手上的金子和成环的银子，966德本1基德[40]。1尊打制而成的银雕像□□□□□金头，人脸权杖、6把那个敌人的象牙乌木与皂角木包金椅子、6把属于他们的脚凳、6张象牙皂角木大桌子、1只皂角木权杖、铂金镶嵌贵重宝石漂亮权杖，亦属于那个敌人，都包着金箔、1尊那个敌人的乌木镶嵌黄金雕像，头上镶嵌着天青石□□□□、许多青铜容器和许多那个敌人的衣物。

看，可耕地被皇室巡查官计算后分进田地，以收入他们的收成。来自麦基多田地带给陛下的收成情况：208,200（+x）四倍赫克特谷子，此外还有陛下军队收割的饲料□□□□。

【注释】

［1］mnTw-sTt，直译为"亚洲的贝多因人"。

［2］孟图神为古埃及战神。

［3］rTnw，一般指古代叙利亚地区。图特摩斯三世第一次远征并没有到古代叙利亚，原文为什么这么写，值得推测。可能是习惯用法，瑞侨努指代整个亚洲。

［4］THnw，指古代利比亚地区。

［5］古埃及历法将一年分成三个季节，每季四个月，第二季第四月相当于一年的第八个月。

［6］通往西奈半岛的一个要冲，在"荷鲁斯之路"上，托勒密时期希腊人称之为西来（Sile），位于今伊斯玛莉亚。

［7］沙汝痕是古代巴勒斯坦南部一个城镇，公元前16世纪下半叶，希克索斯人被赶出埃及就在这里构建堡垒，位于今加沙。

［8］从朱迪亚（Judea）西北直到幼发拉底河一片地区。

［9］ga-Da-tw。

［10］指卡叠什国王。

［11］y-Hm。

［12］qd-Sw。

［13］my-k-ty。

[14] 直译为"在埃及水上",意为臣服于埃及。

[15] Xa-rw。

[16] Qdw,岸边居住者。

[17] aA-rw-nA。

[18] 意为还有另一条路。

[19] tA-aA-nA-kA。

[20] Dfty。

[21] 这句话是意译,原文直译为"让你们当中的他走你们提到的路,让你们当中的他跟随陛下"。

[22] 这是图特摩斯三世说的话。

[23] 军中大臣们说的话。

[24] Qy-nA。

[25] 图特摩斯三世的话。

[26] 值守者的话。

[27] 意为"进攻"。

[28] 杀死敌人的手,一般为右手,以此回来论功行赏。

[29] 青材,刚砍伐下来的木材。

[30] 意为前来投降。

[31] 指卡叠什国王。

[32] 意为臣服。

[33] 指卡叠什国王。

[34] 破损处应提到32辆战车,可能属于军官的,这样才能总共924辆。

[35] 指卡叠什首领。

[36] 很可能指山羊。

[37] Y-nw-aA-mw。

[38] Hw-r-n-kA-rw。

[39] 约 86.7 公斤。

[40] 约 106.8 公斤。

【译文】

麦基多围困片段：以下片段所载铭文仅包含第一次战役的解说，所以，毫无疑问应该是在这次战役结束后，第二次战役还没有开始之时记录下来的。因此，这个铭文片段很有可能是图特摩斯战争记录的第一篇。

□□□□底比斯之主，阿蒙－拉神，征服瑞俦努，邪恶的□□□□□再一次为陛下的父亲，阿蒙□□□□□□□封邑之地，他开始侵入陛下的领域。□□□□□列阵，出于对陛下的仇恨。他们倒下啃地[1]□□□□□麦基多。

然后，陛下用墙将其围住，用厚厚的□□□□□他们尝不到生命的气息，围在他们的墙前□□□□□所有国家的亚洲人都俯首前来，臣服于陛下的威名。□□□□□。

这些在邪恶的麦基多的亚洲人□□□□□来到威严的神赋予生命的曼赫坡尔拉面前说：给我们一个机会，我们就可以向陛下奉献赋税。永远□□□□全部陛下在这片土地上之所为。

之后，陛下命令给予他们生命之呼吸。[2]

□□□□□

□□□□□带领我到一条好路上□□□□□被围在□□□□□推罗[3]□□□□□这些□□□□□□□□带着各种香木□□□□□我这样做□□□□□。我在□□□□□所有土地上的胜利,在活着的荷鲁斯神宝座上闪耀,像拉神一样永恒。

【注释】

[1] 直译为"他们以脸贴地倒下"。

[2] 即没有杀掉他们。□□□□□他们所有的物品,都背在□□□□□。

[3] Tyre,古代黎巴嫩的一座城市。

【译文】

第二次远征:这次远征似乎只是穿过古代巴勒斯坦和南部叙利亚的巡行,以便接受各王朝君主的屈服与供奉。遥远的亚述听到埃及的大胜也送来了礼物,埃及的书吏记录中用的词汇与用在叙利亚的词汇一样,都是"供奉"(inw),与礼物有区别。

第二十四年阿舒尔[1]与瑞侪努首领贡品清单:

阿舒尔首领贡品:一大块纯正天青石,20德本9基德重、纯正天青石两块,总共三块、小块重30德本,总共50德本9基德重、来自巴比伦[2]的上好天青石、阿舒尔彩色石头容器,□□□□□很多。

瑞侪努首领们的贡品:一位首领的女儿,带着该国□□□□黄金、天青石饰品、她的30个奴隶、他供奉的65个男女奴隶、103匹马、5驾包金金杆战车、5驾包合金阿盖特木[3]杆战车,共10辆;45头小公牛和牛犊、749头公牛、5703头小牛、金平盘未称重量、银盘和银片104德本5基德重、一只镶嵌天青石的金角、一副镶金□□□饰青铜胸甲、许多银□□□□□在战斗重□□□□□823扎香料、1718扎蜂蜜葡萄酒、□□□□阿盖特木和许多两色阿盖特木、象牙、皂角木、俳斯古[4]木、许多捆生火木材、这个国家所有豪华物品□□□□□陛下巡行所至，帐篷皆（为其）竖起。

第二十四年，在瑞侨努的陛下用威名带来进贡清单。

【注释】

［1］ys-sw-rA，亚述首都。

［2］bb-rA。

［3］agt，一种很稀缺的木材。

［4］psgw，是什么木不清楚。

【译文】

阿舒尔第二次进贡

阿舒尔首领贡品：马□□□□□。一□□□□麦嗥[1]皮作上好□□□木战车的保护、190辆大车□□□□□□木，内海伯木[2]343块、皂角木50块、麦汝木[3]190块、内比和卡内克木206块、橄榄木□□□□□。

【注释】

［1］不知为何种动物。

［2］不知为何种树木。

［3］不知为何种树木。

【译文】

第三次远征（第二十五年）：这是刻写在卡尔纳克神庙墙壁上的记述，只有一篇是刻写在石沙布特－哈代姆石头上的。所有记述都没有记述第三次远征的细节,仅出现在墙壁上浮雕的配文中。因此可以推断,第三次远征仍然是一次巡视性的军事远行,主要是展示实力。

上下埃及之王曼赫坡尔拉,愿他永远长寿,统治的第二十五年。陛下在瑞侪努土地上发现植物。

陛下在据其父亲阿蒙神的命令进军上瑞侪努,以征服所有国家,将他们从第一年直到千秋万代永远踩在脚下时发现的所有生长的植物,所有神之土地[1]上的花朵。

陛下说:"我发誓,就像我父阿蒙神爱我,拉神恩宠我,这一切都真实地发生了□□□□。我没有编造,这一切真的对我发生了,我将这超凡之举刻写下来□□□□。我心底所愿将其展现在阿蒙神这伟大的永恒纪年的神庙中我父阿蒙神的面前。"

【注释】

[1] tA-nTr,直译即"神之土地",可能指亚洲。

【译文】

第四次远征:第四次远征像第三次远征一样,没有记录在神庙的墙壁上,连浮雕都没有。这次远征可能并没有特别重要的内容值得大书特书,因此刻写在另外一处了。但遗憾的是,直到今日都没有被找到。

【译文】

第五次远征:这次远征的记录重新回到神庙主室中,遗憾的是,只有末段几行还在原处,主题部分被盗,现存卢浮宫。第一次远征最北到达黎巴嫩南部的特里波里斯(Tripolis),而这次远征进入到了内陆。第二、第三次远征的战争意味不浓,显然没有向北推进。第四次远征记录没有找到，第五次是在第二十九年，北进的脚步超过了第一次征讨的最北界线，是沿河而进的。第五次远征又有一个新的标题，好像是一个新时代的开始一样。自从第二十三年的一次反叛被镇压下去，扎西诸城六年没有受到镇压。这次远征兵分两路，一路在南，一路在北。

陛下命令让他父亲阿蒙神给予他的胜利记录在陛下重新为其父修缮的神庙石墙上，每次出征都以其名[1]（记录），同时（记录）陛下带回的战利品。一切皆按照其父拉神给予他的命令去做□□□□。

【注释】

[1] 以阿蒙神之名。

【译文】

第二十九年，看，陛下在扎西于其第五次[1]胜利远征中镇压反叛他的国家。

看，陛下夺取了城市瓦□□□□□□。这支军队向陛下欢呼，为他给予其子的胜利赞美阿蒙神。他们用各种事情让陛下的内心喜悦。

此后，陛下向贡品储藏屋进发，献给阿蒙神和赫尔阿赫提神牺牲，有牛、牛犊、家禽，为了给予神赋生命曼赫坡尔拉生命、繁荣和健康。

这个城市取得战利品清单，来自图尼普[2]敌人的步兵：该城首领1人、武士329、银子100德本、金子100德本、天青石、孔雀石、青铜和黄铜容器。

看，船只已经起航□□□□载满各种货物，有男女奴隶、铜、铅，各种好东西。之后陛下向南行军回到埃及，满心喜悦回到他父阿蒙-拉神那里。

看，陛下征服了富有谷物的阿尔瓦[3]，砍倒了它全部的树。看，所有扎西的产物都被发现。他们的果园到处是水果，他们的葡萄还在被压榨像水一样流淌，他们坡地上的谷物□□□□，比岸边的沙子还要多。军队与他们的装备都被征服。

这次远征带给陛下的进贡清单：51个男女奴隶、30匹马、10个银平盘、香料和油及470罐蜂蜜、6428罐葡萄酒、黄铜、铅、天青石、绿长石、616头大牛、3636头小牛、各种面包、谷仓里与大地上干净的谷物□□□□。该国所有好的水果。看，陛下的军队就像在埃及国内的宴会上一样每天大醉并涂抹上油膏。

【注释】

[1] 以次数名之，比如第五次、第六次等。

[2] tw-np，古代叙利亚西部的一个城邦。

[3] A-rA-ty-wt，古代腓尼基的一个城邦，今在叙利亚境内。

【译文】

第六次远征：第三十年，图特摩斯三世进行了他第六次亚洲远征。这次是通过水路前往，在通往卡叠什最便利的港口西米拉[1]登陆。该城曾是反埃及联盟中的盟主，七年前在图特摩斯三世第一次远征中被埃及打败。毫无疑问，在腓尼基海岸城市中该城总是站在反叛城市一边，就像图尼普第二十九年的反叛一样，让图特摩斯三世不得不率军前往镇压。最后，图特摩斯三世于第三十年率军前来叛乱中心，狠狠地惩罚了卡叠什。之后他又调转军队去西米拉，从那里进军阿尔瓦惩罚叛乱。为了防止后患，图特摩斯三世掠走这些地方的王子们到埃及接受教育，以让他们对埃及友好，之后把他们放回去继承王位，取代仇视埃及的王位继承人。

第三十年，看，陛下第六次在瑞侨努的土地上胜利远征。

（他）到达卡叠什城，征服了它，砍倒它的树林，收获它的谷物。（他）来到□□□□的土地，到达西米拉城，再到阿尔瓦城，做了同样的事情。

该年瑞侨努首领们带给陛下可心的进贡清单。

看，这些首领的孩子们和兄弟们被带到埃及的要塞[2]。现在，无论这些首领哪位去世，陛下都会把他的儿子派回去接替他的位置。这些首领孩子清单：□□□□人、181个男女奴隶、188匹马、40辆包金银的彩画战车。

【注释】

[1]地中海沿岸港口，距卡叠什最近的港口。

[2]地点不详，应该是统一管理教育这些王子的地方。

【译文】

第七次远征：图特摩斯三世再次率军远征腓尼基沿岸城市，通过水路到达地中海东岸地区。他先夺取了西米拉附近的一个沿海城市乌拉扎，获得了叙利亚小国君主的贡品与顺从。之后沿海岸一个港口一个港口前进，迫使他们臣服，每一处都安排下他的驻扎部队和盖内波特伊乌（Genebteyew）他未来行动所需之物。当他接到瑞侨努丰收的报告，他返回埃及，他发现信使从南部部落带来了贡品。

第三十一年，第三季第一月，第三日。陛下在这一年夺取城市清单：

夺取乌拉扎[1]。

从泽伦[2]海岸上的乌拉扎城带回的战利品：490个活俘、□□□图尼普敌人的儿子、一个在此地的□□□首领、总共494人。26匹马、13辆战车以及他们所有的战争武器装备。是的，陛下很快夺取了这座城市，其所有财产都成为了战利品。

该年来臣服于陛下心愿的瑞侪努王子们的贡品：□□□□男女奴隶、这个国家的□□□□、银子761德本2基德、19辆包银战车、他们的战争武器装备、104头牛与小公牛、172头牛犊与母牛，总共276头、4622头小牛、本地黄铜40块、铅，□□□□□41只□□□形状的金手镯，还有这个国家所有的产品和所有上好的香木。

现在，陛下到达的每个码头都提供各种面包、油、香料、葡萄酒、蜂蜜、水果□□□□超越一切的丰富，超越陛下军队的想象，绝非虚言，他们仍在法老日志中，清单没有在这篇铭文中，以不使文字增倍，以在此处提供给他们的□□□□□□□。

瑞侪努土地的收获报告：包含许多净谷、仓谷、麦子、香料、绿油、葡萄酒、水果和该国各种令人喜悦的物品；他们将其分摊到国库，根据□□□税收被计入□□□□□各种□□□，还有闪亮的绿石；这个国家所有的好东西。

当陛下回到埃及，盖内波特伊乌的信使带着他们的贡品到来，其中有没药、胶□□□□□、10个黑人男仆、113头牛和牛犊、230头公牛、总共343头，此外还有容器装满铁、乌木、豹皮等□□□□产品。

瓦瓦特税收清单：瓦瓦特5 □□□□、31头牛与牛犊、61头公牛，总共92头；此外，还有装满这个国家所有物品的容器、瓦瓦特的丰收粮食等。

【注释】

[1] An-rA-Tw。

[2] Dr-nA。

【译文】

第八次远征：第三十三年，图特摩斯三世进行了他最伟大的一次亚洲远征，占领了幼发拉底国家。图特摩斯三世为此做了很长时间的准备，先征服了奥伦特（Orontes）河谷上的卡叠什，之后又征服了地中海沿岸诸城，为开展进一步军事行动在那里建起了要塞。遗憾的是记述比较简短，且没有完全按照时间顺序记述，从航行到西米拉，进军到奥伦特河谷，再到幼发拉底河，全都没有记述。远征中的加冕，幼发拉底河东边竖立边界石碑，这些事件被直接陈述记录。而这次军事征讨的高潮之处也仅用很少的字句记述下来。当图特摩斯三世向北进军，所向披靡，很快便与米坦尼国王相遇，击溃米坦尼，掠夺了大量战利品。阿蒙尼姆哈伯在他的自传铭文中提到这次远征中的三次战斗，最后一次是卡赫美士[1]之战，这里提到的战役可能就是卡赫美士战役。卡赫美士可能是这次战役推进的最北界线，其他两次战役可能是在推进的路上进行的。图特摩斯三世在这次战役中越过了幼发拉底河，在那里竖起了界碑，然后返回，途中到达尼亚[2]，会见了诸王子，他们立即臣服并带来贡品。巴比伦虽远，也送来了礼物。赫梯也是第一次在历史记录中出现。

第三十三年，看，陛下在瑞侪努的土地上，他到达了□□□
□。

他在这片水[3]的东侧竖起了一块石碑，他在他父亲上下埃及
之王阿阿赫坡瑞卡拉[4]的碑旁竖起了另一块石碑。

看，陛下向北夺取了一些城镇并毁掉了纳哈林那个敌人的住
地□□□□他驾船追逐他们到伊特尔，无人能跟随其后，但他们
像一群山羊一样逃窜，绝无虚言，马匹逃散□□□□。

整个军队夺取的战利品清单：王子3人、他们的妻子30人、
男人80个、606个男女奴隶带着他们的孩子、投降者与他们的妻
子□□□□□他收割了他们的谷物。

陛下返回的时候，向南进发，到达尼亚城，在纳哈林竖起了
他的石碑，拓展了埃及的边界。□□□□。

该国首领献给陛下的贡品清单：513个男女奴隶、260匹马、
黄金45德本又1/9基德、扎西工匠的银容器□□□□□战车带
着他们所有的战争武器、28头牛、牛犊和小公牛、564头公牛、
5323头小牛、香料828罐、甜油和绿油□□□□□该国各种令人
喜悦之物、各种水果无数。

看，根据他们所需，根据他们每年的契约，这些码头供给了
各种东西，根据他们与黎巴嫩首领每年的契约，黎巴嫩缴纳的赋
税、四只该国野禽，每天□□□□。

希纳尔[5]首领的贡品：真正的天青石4□□德本、人工天青
石24德本、巴比伦天青石□□□□真正的天青石、一个真正天
青石羊头，15基德、容器□□□□。

这一年伟大的赫塔[6]的贡品：8个银环、401德本、白宝石

一大块、木材□□□□回到埃及，随着他从纳哈林拓展埃及边界返回。

陛下这一年从蓬特带回的奇物：干没药1685赫克特、黄金□□□□□黄金155德本2基德、134个男女奴隶、114头牛和牛犊、305头公牛，总共419头、此外还有盛满象牙、乌木、豹皮的容器、该国的各种好东西□□□□。

瓦瓦特赋税：□□□□13个黑人男奴，总共20人[7]，44头大牛和牛犊、60头公牛，总共104头，此外还有装满该国各种好东西的容器，还有该地的收成。

【注释】

[1]卡赫美士，幼发拉底河上一座赫梯人的城市。

[2]尼亚是新王国时期奥伦特河岸上的一个小民族，后来被赫梯征服，逐渐融入周边民族而消失。

[3]指幼发拉底河。

[4]阿阿赫坡瑞卡拉是图特摩斯一世的出生名。

[5]SA-n-g-rA，是否为《圣经》中提到的"希纳尔"尚存争议。

[6]"伟大的赫塔"是赫梯人的称呼。

[7]破损处应该提到的奴隶是七人。

【译文】

第九次远征：第三十四年，图特摩斯三世此次远征仅限于巡视，接受征服城镇的驯服，接受瑞侪努和塞浦路斯的贡品。码头照例备好供给，包括一支装满木材的外国船只队伍。

第三十四年，看，陛下来到扎西之地。

□□□□他因恐惧完全被陛下征服。这一年夺取城镇清单：

两座城镇和一座安弩格斯[1]地区降服的城镇、总共三座城镇。带回给陛下的俘虏□□□□带走90个投降的俘虏，他们的妻子和孩子□□□□、40匹马、15辆包以金银的战车、金容器与金环50德本8基德、这个国家的银容器与银环153德本、黄铜□□□、326头小母牛、40只白山羊、50只小山羊、70头驴、大量木材、许多黑木和皂角木椅子、6根镶以青铜和贵重宝石的帐篷柱子，还有该国各种上好木材。

这一年瑞侨努首领们的贡品：□□□匹马、31辆镶有金银和图画的战车、70个男女奴隶、金子55德本8基德、各种该国工匠用的银器□□□德本6基德、金银、宝石、各种宝石容器、本地黄铜80块、铅11块、染料100德本、干没药与长石、绿石□□□□□13头大牛和牛犊、530头公牛、84头驴、青铜□□□□、大量木材、无数黄铜容器、香料693罐、甜油与绿油2080罐、葡萄酒608罐、3辆皂角木战车、该国各种木桩。

看，陛下所有的码头都配备了陛下从扎西收到的各种好东西，包括凯富提乌船[2]、巴比伦船和塞克图雪松船，都载着桅杆与横杆，还有陛下□□□□的大的树木。

这一年伊西[3]首领的贡品：108块纯黄铜2040德本、5块铅、1200片铅、天青石110德本、象牙1根、2根□□木。

邪恶的库什的赋税：金子300德本、60个黑人、伊瑞姆[4]首领的儿子□□□□总统64人、牛95头、牛犊180头，总共275头。此外还有装满象牙、乌木和该国各种产品的容器，以及库什的收成。

瓦瓦特赋税：金子254德本、10个黑人男女奴隶、□□□□

牛与牛犊，此外还有装满各种该国好东西的容器。

【注释】

[1] An-yw-g-sA，地点不详。

[2] 这是一种什么船还不是很清楚，凯富提乌应该是个地名。

[3] Ysy，指塞浦路斯。

[4] Yrm，地点不详。

【译文】

第十次远征：第三十五年距征讨纳哈林已经两年，该地区的国王们再次反叛。图特摩斯三世从腓尼基海岸出发前往镇压，打败了被称作"纳哈林的敌人"的王子纠集的反叛者，这位"纳哈林的敌人"可能是阿勒坡的国王。该联盟在一场阿瑞纳的战斗中被打败。阿瑞纳可能在梯赫西（Tikhsi）地区，阿蒙尼姆哈伯自传中曾经提到过该地。图特摩斯三世在这里夺取了大量战利品。叙利亚王子们的贡品在这里没有提及，应该是按照惯例交付，库什和瓦瓦特税收倒是提到。

第三十五年，看，陛下于其第十次胜利远征中来到扎西的土地。

当陛下到达阿瑞纳城[1]的时候，看，那邪恶的纳哈林敌人已经集合起战马和军人。陛下□□□□□□大地之角。他们数量□□□□他们正要与陛下作战。

然后，陛下前进与他们作战，陛下的军队打了一场典范之战，俘获并夺取。然后，陛下以其父阿蒙神之心胜过这些野蛮人，纳哈林的□□□□。他们在陛下面前望风而逃，人踩着人。

比较下自己从这些纳哈林野蛮人夺取的战利品清单：□□□

□两套铠甲、铜□□□德本。

陛下军队从这些外国人身上夺取的战利品清单：10个活俘、180匹马、60辆战车、□□□□□□□13副胸甲、13副青铜铠甲□□□□、5副头盔、5副哈汝[2]弓箭，在其他国家的所获：□□□□□□□□226□□□□、一辆镶金战车、20辆镶金包银战车□□□□还有□□□□□□21罐□□□□、甜油954罐□□□□□□□制品□□□□。

□□□□金子□□□□环、手镯、宝石、眼影化妆品□□野山羊、燃木。

邪恶的库什的赋税：黄金70德本1基德、男女奴隶□□□□□大牛和牛犊□□□□此外还有装满乌木、象牙和这个国家所有好东西的容器，以及库什的收成。

瓦瓦特的赋税□□□□□34个男女黑人奴隶、94头大牛和牛犊以及公牛。此外还有载满各种好东西的船只、瓦瓦特的收成。

【注释】

[1] A-Ra-yA-nA，地点不详。

[2] 巴勒斯坦地区。

【译文】

第十一次远征（第三十六年）：完全破损。

【译文】

第十二次远征（第三十七年）：完全破损。

【译文】

第十三次远征（第三十八年）：这一年，图特摩斯三世再一次把眼睛盯住黎巴嫩南部弩格斯地区，因为这里是利塔尼河向海湾处，可以控制北向道路，因此，图特摩斯三世一定要征服这里的王子们。正常的叙利亚贡品、河港口备品在这里也被记述。还有蓬特产品也被提到，之后是库什及瓦瓦特的赋税。

第三十八年，看，陛下于其第十三次胜利远征中到达□□□□。看，陛下正在征服弩格斯地区的□□□□□□。

陛下军队从弩格斯地区带回的战利品清单：50个活俘、□□□匹马、□□□□3辆战车、□□□□以及他们的战争武器、□□□□弩格斯地区投降的人□□□□□。

这一年因陛下威名带来的贡品：328匹马、522个男女奴隶、9辆镶金包银战车、61辆衬画战车、总共70辆、1副真正天青石项链、数只山羊头、1只狮子头、扎西制造的各种容器□□□□黄铜2820德本3基德半、粗糙黄铜276块、铅26块、香料656罐、甜油和绿油1752罐、葡萄酒156罐、12头牛、□□□□46头驴、5个象牙雕头、象牙与皂角木桌子、白石头68德本□□□□□□青铜投枪、盾牌、弓箭□□□□所有战斗武器、该国甜木、该国所有好东西。

看，每一个码头都按每年他们的协议配备了各种好东西，无论向北还是向南，黎巴嫩贡赋也是一样，扎西的收成，包括干净谷物、绿油、香料和葡萄酒。

伊西王子的贡品：粗铜□□□□、马匹。

这一年阿拉帕齐提斯[1]国家的贡品：男女奴隶、粗铜2块、皂角树65段、该国所有甜木。

陛下的威名从蓬特带回的珍奇：干没药240赫克特。

邪恶库什的贡赋：黄金 100 德本 6 基德，36 个男女黑人奴隶，111 头牛与牛犊、185 头公牛，总共 306 头，此外还有装满象牙、乌木和该国各种好东西的容器，以及该国的收成。

瓦瓦特的供奉：黄金 2844 德本□□□基德、16 个男女黑人奴隶，77 头牛与牛犊，此外还有装满该国各种好东西的容器。

【注释】

[1] A-rA-rX，地点不详。

【译文】

第十四次远征：此次远征由一次对埃及东北边界贝多因人袭击的惩罚开始的，然后图特摩斯三世向北进军叙利亚去收取每年都要进奉的贡品和确保各港口的供给。

第三十九年，看，陛下在打击完沙苏[1]之后于第十四次胜利远征中到达瑞侪努之地。

□□□□的供奉清单：197 个男女奴隶、229 匹马、2 只浅金盘、金环 12 德本 1 基德、□□□□真正的天青石 30 德本、1 只浅银盘、1 只银罐、1 只牛头容器、325 个各种银容器，还有银环 1495 德本 1 基德、1 辆战车□□□□用贵重白石头制作、泡碱石和所有该国贵重石头、香料、甜油、绿油、油和蜂蜜 264 罐、葡萄酒 1405 罐、84 头公牛、1183 头小牛、青铜□□□□、该国令人愉快的□□□□和香水，此外还有该国所有好东西。

看，每个港口都按照每年的商定配备了非常好的东西，南来北往亦□□□□，黎巴嫩的收成□□□□扎西的收成，包括干净的谷物、香料、油□□□□葡萄酒□□□□。

【注释】

[1] SA-sw，可能是青铜时代晚期到铁器时代初黎凡特地区讲闪语的游牧民。

【译文】

第十五次远征：此处墙上的残片只显示了塞浦路斯进贡清单和库什及瓦瓦特的赋税。

第四十年，□□□□。

伊西首领的供奉：象牙2根、黄铜40块、铅1块。

□□□□贡品。邪恶的库什在这一年的赋税：黄金144德本3基德、101个男女黑人奴隶、牛□□□□。

瓦瓦特赋税：□□□□35头牛犊、54头公牛，总共89头，此外还有装满乌木、象牙的容器，以及该国所有的好东西□□□。

【译文】

第十六次远征：只记录了贡品清单。

第四十一年，□□□□贡品□□□□环。

这一年陛下威名带来的瑞侉努首领们的贡品清单：□□□□40块□□□□一把燧石宝剑、青铜投枪□□□□□□。

这一年□□□□贡品：象牙18根、皂角木242根、184头大牛、□□小牛□□□□□香料。

这一年伟大的赫塔首领贡品：黄金□□□□□□□。

这一年邪恶的库什的赋税：黄金94德本2基德、8个男女奴隶、13个男性黑人随后被带来，总共21人，牛□□□□。

瓦瓦特赋税：黄金3144德本3基德、35头牛和牛犊、79头公牛，总共114头，此外还有装满象牙□□□等容器。

【译文】

第十七次远征：这一次远征是在图特摩斯三世统治的第四十二年，此时他已经是一位老人，可能已进入他70岁的高龄。他镇压了得到纳哈林帮助的图尼普和卡叠什的反叛。他先从叙利亚北部沿岸进军，夺取海岸城市埃尔卡图后直进图尼普。征服了图尼普，又向奥伦特河进发，直逼老对手卡叠什，20年前的反叛就是卡叠什王子领导的。这次遇到了顽强的抵抗，但城墙还是被攻破，不仅卡叠什城，周边的城镇也都被埃及军队劫掠一空。

第四十二年，□□□□芬胡[1]。看，陛下来到海岸的路上，以便征服埃尔卡图城[2]及□□□□城市□□□□卡纳[3]□□□□。这座城市连同它整个地区都被征服。

陛下到达图尼普，征服整个城市，收获了它的谷物，砍倒了它的树林□□□□军队的市民。

看，他安全地到达卡叠什地区，夺取了那里的城市。

从那里带回的战利品清单：□□□他们中的帮凶邪恶的纳哈林的□□□□□以及他们的马匹、691人、手29只、44匹马、□□□□□。

这一年□□□□的供奉清单：295个男女奴隶、68匹马、3只黄金扁盘、3只银扁盘、两耳罐3只、闪光石头与银□□□□□。

图尼普贡品清单：□□□□铅47块、铅1100德本、该国染料、金刚砂和所有美丽宝石、数副青铜铠甲、战斗武器□□□□该国所有令人愉快的物品。

看，每个港口都按照每年的约定配备了各种好东西，该国的收成□□□□。

□□□贡品：□□□□□与平盘、公牛头[4]，总共341德本2基德，真正的天青石1块，重33基德，1根好木权杖、本地黄铜□□□□。

瑅内[5]首领的贡品：一个凯富提乌银容器和铁制容器制品若干，4银手重56德本1基德、□□□□。

这一年邪恶的库什的赋税：□□□□□此外还有装满该国各种好东西的容器、邪恶的库什的收成等。

这一年瓦瓦特的赋税：黄金2374德本1基德、□□□□□瓦瓦特的收成。

看，陛下命令记录这些他从第二十三年到第四十二年取得的胜利，当时，这个铭文就被记录在此圣殿之中，以便他能被赋予永恒的生命。

【注释】

[1] 芬胡，fnxw，地点不详，埃及文中的意思是"宽阔的"。

[2] 埃尔卡图，ar-qA-tw，地点不详。

[3] 卡纳，kA-nA，地点不详。

[4] 公牛头是器物上的装饰。

[5] ty-nA-y，地点不详。

【译文】

远征盛宴与贡品：在此铭文中，图特摩斯三世记录了他征服亚洲期间设定的新宴与附加供奉。因此，这个记录开始于他第二十三年第一次远征，持续到第四十二年他远征结束。为了使这个记录与第一次远征事件连接起来,记录回顾了攻占麦基多之后向黎巴嫩的进发,记录了一座堡垒的修建和之后返回直到在底比斯上岸。所有这一切都引出三次大的"胜利之宴"的确定。

看,他在底比斯登陆,他父亲阿蒙神在□□□□□。当陛下从他第二十三年第一次胜利远征征服邪恶的瑞侪努,并拓展埃及的边界返回的时候,陛下为他第一次设定了胜利之宴,通过此次他[1]命令我取得的胜利,带来□□□□□。

第一个胜利之宴于阿蒙神第一宴□□□□之宴上庆贺,要持续五日。

第二个胜利之宴于宴会上庆贺:带给该神之日,阿蒙神第二次宴会,要持续五日。

第三个胜利之宴于该神庙阿蒙神第五个宴会上庆贺:生命之礼,□□□□□日,要持续五日。

陛下第一次为胜利之宴设定了一个大祭祀,包括面包、啤酒、牛犊、公牛、禽鸟、羚羊、瞪羚、野山羊、熏香、葡萄酒、水果、白面包和各种美好的祭品□□□□□。

第二十三年,第一季第二月,第十四天,该威严的神祇让陛下出游,于其欧佩特节[2]上巡行。陛下于该日在他的欧佩特为他设定了一大份祭礼,包括面包、牛犊、公牛、禽鸟、熏香、葡萄酒、□□□□□来自阿蒙神给予我的第一次胜利,要充满他的库房,□□□□农民仆人,要为他纺织亚麻,白色亚麻,各种亚麻。□□□□农民做他们田里的工作,要有丰收,填满我父阿蒙神的库房,用好的方式□□□□□。

陛下从第二十三年直到整个圣殿中这块碑铭刻写下来的献给

我父阿蒙神的亚洲人男人女人和黑人男女的情况：1578个叙利亚人[3]□□□□□。

南北□□□□□：扎西三头奶牛、库什一头奶牛，总共四头奶牛，每天要挤牛奶在合金罐中，用来献给我父阿蒙神。

陛下给予他[4]三座上瑞侨努城市：其中一个叫弩格斯，另一个叫叶诺阿姆，第三座叫赫壬克汝。赋税包括为我父阿蒙神的该年工作与圣祭□□□。

□□□□□所有金、银、天青石和孔雀石等物品。陛下献给他大量金、银、天青石、孔雀石、黄铜、青铜、铅、染料、金刚砂，用来建造我父阿蒙神的纪念堂。□□□□□□。

陛下为他聚起几群鹅来填充圣湖，成为每天的贡品。看，陛下每天给他肥鹅，作为给我父阿蒙神永恒的贡赋。□□□□□阿蒙神的之前的供奉，包括各种面包1000块。

在陛下从第一次胜利远征打击瑞侨努回来之后，陛下命令加倍该供奉1000块各种面包，以在被称作曼赫坡尔拉纪念堂中光辉闪耀[5]的伟大房屋中得到恩惠□□□□□各种□□□□□□，来自每日收入的632□□□□作为1000供奉的增加。

我为他取得很多南北优选的土地、果园和耕地，以辟称田地，供奉给他清洁的谷物□□□□□□。

每年□□□□□：包括面包、公牛牛犊、公牛、禽鸟、熏香、葡萄酒、水果和每年进奉的各种好东西。陛下设定了神圣贡品，以获得我赫尔阿赫提的恩宠，当他升起□□□□□陛下为他设定了一个神圣的大麦供奉，以于新月飨宴、该月六日宴饮上在那里进行仪式，根据赫留坡里进行的模式，作为每日的进项。看，陛下发现在□□□□□耕种大麦非常好。

□□□□□神圣贡品，为陛下为其父阿蒙神第一次制作的4个大方尖碑，各种面包、4罐啤酒，每个方尖碑1罐，25块面包，1罐啤酒。

陛下为□□□□的雕像[6]增加了神圣供奉□□□这个入口的打开。

陛下为他设定了一个面包、啤酒、熏香、葡萄酒、白面包、每日各种好东西的晚祭。陛下在□□□□□为他增加了祭品的数量。

陛下为皿神前行[7]的宴饮设定了一个供奉，有牛、禽、香、葡萄酒、面包和各种好东西，120堆各种东西的贡品，为了陛下的永生、繁荣与健康。我命令增加6大罐葡萄酒□□□□□每年作为比往年多的增加。

陛下第一次为他建造一个花园，种上了各种树木，以为每日的圣祭献上蔬菜，陛下重新增加了以往的数量□□□□□用整个土地上的美女。

看，陛下建造了每一个纪念堂，指定了每一个法律和规则，我为我父底比斯之主主宰卡尔纳克神庙的阿蒙－拉神而做，因为我知晓他的威名。我晓得他的完美，懂得他的身体秘密，当我知道□□□□他命令去做的，是他想要的和所有他的卡想要的，我都根据他的命令而做的事情。我的心指引着我，我的手为我父做事，他塑造了我，为我父阿蒙神□□□□进行着一切完美的事情。陛下设定了一切完美的事情，扩大庙宇，为未来所记，要展示、净化、规范和为我父底比斯之主主宰卡尔纳克的阿蒙神整个神殿提供祭品。每天通过□□□□□他的愿望。

看，在陛下发现祭品都已被安排在那里之后，陛下为每年季节之初在我父主宰卡尔纳克神庙的阿蒙神圣殿中的飨宴和神的展现提供贡品，包含奠酒、熏香□□□□□每年的责任。

我一点没有虚言，为了吹嘘我之所为而说："我已经做了什么什么事情，虽然在下尚未行动。"我还没有为人民做任何事情，抵牾之事却被说出。我已经为我父阿蒙神□□□□□做了这件事，却说了些没有做的事情，因为他知道天地，他每时都看着整个大地。我发誓，因为拉神爱我，我父阿蒙神赞赏我，只要我鼻孔还充满令人满意的生命之气，我已经做了整个□□□□□。

□□□□□警惕你的职责，不要忽略你的任何准则；要纯净，圣物都要干净；留心僭越，保护你的心以免你的话□□□，每个人都要留心自己的脚步。□□□□□我的雕像，我建造的圣殿的完好。为我献上贡品，我在他的房屋中安排了节庆，给我的雕像穿上衣服，亚麻的衣服，我已经提供了亚麻的丧葬贡物□□□□□先给我所有的水果，因我已重新圣化一个花园；给予我□□□肩胛牛肉，因我已给季节之始献上公牛；用牛奶把祭台为我装满，让熏香□□□□金银供桌；按照我前面那些我提供的东西对待我的雕像；在你的手划桨的日子[8]将我的雕像放到前面来，赞美我的父亲。

他要为了我在□□□□□安排的幸福安康而每日清点比以前增加的贡品：3305块各种圣贡面包、132罐啤酒、谷物和2块白面包、2萘扎[9]草药、2萘扎枣、□□□肥禽□□□□□许多禽鸟、5盆熏香、2罐葡萄酒、4盆蜂蜜、2罐□□□□、1罐啤酒、

2块面粉白面包、15块供奉白面包、□□□烤鲜肥肉、□□□□□□野山羊、9只瞪羚、125只费鸟、1100成对禽鸟、258只群鸟、5237只成对群鸟、1440罐葡萄酒、熏香。

为四个方尖碑：熏香、318块白面包、□□□□熏香□□□□□104赫克特熏香，总共334拍得特[10]熏香、21罐绿香、5赫克特没药、236块公牛饼、258块鹅衣饼、24块方尖碑饼、562块白饼、□□□□□。

【注释】

［1］指阿蒙神。

［2］欧佩特最初是古埃及底比斯南部地区一位守护女神的名字，后来指代整个底比斯地区阿蒙神一个特殊神殿。每年卡尔纳克神庙都有一个大规模的宗教庆典，因此又称欧佩特节。从新王国时期开始，每年欧佩特节拉开神圣庆典的序幕，欧佩特节开始于第二月的第十八日，大约是我们现在的八月中旬。到拉美西斯三世时该庆典时间延续到九月中旬。

［3］xA-rw，指古代叙利亚、巴勒斯坦一带的亚洲人。

［4］指阿蒙神。

［5］指图特摩斯三世在卡尔纳克神庙中的大厅。

［6］应该是老法老的雕像。

［7］"皿神前行"为宴饮的名字。

［8］指神巡行在尼罗河和圣湖的节庆日子里。

［9］计量单位，多少不详。

［10］计量单位。

24. 阿蒙尼姆哈伯自传铭文

【题解】

阿蒙尼姆哈伯是埃及第十八王朝图特摩斯三世和阿蒙霍泰普二世统治时期的一位军官。其生卒年约为公元前1460年—前1400年。该篇铭文刻写在其位于底比斯西岸陵墓的墙壁上，是关于阿蒙尼姆哈伯的唯一材料。其妻供职皇室，为皇室大保姆。他可能由其妻引荐得以进入法老军队供职。该陵墓编号为TT85，是古埃及典型的"土"字形陵墓。

该篇铭文的意义在于，尽管它所记事件都没有加入日期，事件次序也没按时间先后记述，但它却是"构成图特摩斯三世年表的一个重要补充"①。《图特摩斯三世纪年》刻写在卡尔纳克神庙第六塔门内"圣中之圣"室内墙之上，主要记述图特摩斯三世法老对叙利亚、巴勒斯坦一带的平定战争。其中对麦吉多之战的描述最为详尽。然而，古埃及历来有法老炫耀武功的传统，没有旁证是很难断然确定其文中所述尽为真实。《阿蒙尼姆哈伯自传铭文》不仅确证了《图特摩斯三世纪年》的真实可信，还对其是个非常重要的补充。铭文主要记述了图特摩斯三世亚洲之战及阿蒙尼姆哈伯随法老狩猎等事。布雷斯特德将铭文所述亚洲战事按年代排列：

第三十年，第六次战役：夺取卡叠什。

第三十三年，第八次战役：夺取森扎尔；纳哈林三场战斗，

---

① Breasted, J. H., *ARE*, Vol. 2, p. 228.

尼沂猎象。

第三十五年,第十次战役:梯赫西战斗。

第三十九年,第十四次战役:内盖博战斗。

第四十二年,第十七次战役:卡叠什之围。[①]

此外,该铭文还记载了图特摩斯三世逝世时间为其统治的第五十四年第二季第三月,由此推出其在位时间为五十三年零十个月另二十六天。

该篇铭文以抄本形式存世,目前所知存世抄本11篇,最早抄本为埃伯斯(Ebers)1873年于《古埃及语言杂志》(*Zeitschrift für ägyptische Sprache,* 1873)上公布,后由其本人与斯特恩(Stern)修正后先后发于同一杂志第63、64期。之后,查巴斯(Chabas)再次修正,1975年发表于《埃及学合刊》第三期上(*Mélanges égyptologiques,* III)。后来埃伯斯再次修正,将更为可靠的抄本发表于《德国东方社会杂志》第30期上(*Zeitschrift der Deutschen Morgenländischen Gesellschaft,* 30)。韦睿(Virey)在《法国驻埃使团回忆录》中发表的《第十八王朝底比斯七墓》公布了自己的抄本("Sept tombeaux Thébains de la XVIIIe dynastie", *Mémoires publiés par les membres de la mission archéologique française au Caire,* V),后经斯爵伯格(Sjöberg)修正后公布于《斯芬克斯》第一卷上(*Sphinx,* I)。皮尔在《铭文》中对该铭文亦有整理(*Inscriptions,* I)。纽伯里曾为布雷斯特德提供该篇铭文抄本,其《古埃及记录》中的译文便是据此翻译注释的,但未见其

---

① Breasted, J. H., *ARE,* pp. 228–229.

抄本公布。译自《第十八王朝文献》第三卷（莱比锡，1907），① 其所据版本为纽伯里整理本。

该篇铭文国内尚无译文公布，国外译文有两个版本为史家所用，一为布雷斯特德《古埃及记录》中的译文，另一为韦睿发表于塞斯主编《往昔记录》系列二第四卷中的《来自底比斯阿蒙尼姆哈伯陵墓埃及官员的职业生涯》。②

【译文】

（1）兵阿蒙尼姆哈伯说："（2）我非常忠实于君主[1]，愿他长寿、富有、健康，献身于上埃及之王，随时服务于下埃及之王。我按照（3）我主之愿望跟随他前往南北土地[2]，我做其陪伴。"

【注释】

[1]君主指图特摩斯三世。

[2]南北土地指外国土地。

【译文】

他正（4）于其胜利之田野战斗之中，其力量令其胆壮。我为你夺取了内（5）盖博[1]。我带回三个亚洲活俘。③

【注释】

[1]内盖博：希伯来语"南部国家"。

【译文】

当陛下到达纳哈林[1]的时候，（6）我从那里带来三个活俘，

---

① Sethe, K., *Urkunden der 18. Dynastie*, Bd. 3, pp. 890–897.
② P. Virey, "The Official Life of an Egyptian Officer from the Tomb of Amen-em-heb at Thebes", A. H. Sayce, ed., *Records of the Past,* Series 2, Vol. IV, 1890.
③ 该段记述内盖博战役。

我将其作为活俘献于陛下面前。①

【注释】

[1]纳哈林：指米坦尼，公元前16—前14世纪叙利亚北部安纳托利亚东南的一个胡里语国家。

【译文】

（7）我再次于该异邦丸沙岸阿莱坡[1]之西之远征中有所斩获。我带回（8）13个亚洲人作为活俘，另有70头活驴，13件铜斧，饰金铜件（9）□□□□□。②

【注释】

[1]丸（𓎛𓈖𓏏𓈉 wan），词根意为"杜松"，后加地域字符，应为"有杜松之地"。穆勒认定该地为安提俄克旁奥伦特河面海地带的南岸地区。阿莱坡，叙利亚西北古城。

【译文】

我再次远征卡赫美士[1]作战。我带回（10）□□□□□□作为活俘。我渡过纳哈林水域，他们在我手上作为□□□□□（11）我将其献于我主之前。他赐予我很多奖赏，如下：□□□□（12）□□□□□。③

【注释】

[1]卡赫美士，幼发拉底河上的一座赫梯人的城市。

【译文】

我亲见上下埃及之王，赋予生命，曼赫坡尔拉[1]在森扎尔[2]

---

① 该段记述纳哈林战役。
② 该段记述凡战役。
③ 该段记述卡赫美士战役。

的胜利，他在他们中间（13）大肆杀戮。我于君王面前奋勇杀敌，带回一只手。他赐予我黄金作为奖赏，如下：□□□□□（14）□□□□□两银环。①

【注释】

[1] 曼赫坡尔拉，即图特摩斯三世。

[2] 森扎尔，塞加尔堡古代名称。

【译文】

我再次亲见其勇敢，当时我是他的一名随从。他夺取了（15）卡叠什[1]城，我与他寸步不离。我带回两名玛瑞那斯[2]人活俘，我将其置于（16）两土地之主，君王图特摩斯——愿其永生——面前。他因我的勇敢而于全体人民面前赐予我勇敢者之黄金□□□□□□（17）如下：上好黄金，两头宝石狮子，两只蝇坠，四个臂环。[3]②

【注释】

[1] 卡叠什，黎凡特的一座古城，位于奥伦特河上游。

[2] 玛瑞那斯，当地贵族。

[3] mAi Sby，布雷斯特德译为"一头狮子，两条项链，两只蝇坠，四个臂环"，此处因皆为赐品，真狮子可能性不大，而 Sby 一词既有项链之意，又可译为宝石，因此这里将 mAi Sby 译为"宝石狮子"较合逻辑。

【译文】

我亲见我主于□□□□（18）□□□□于其□□□尽头之

---

① 该段记述森扎尔战役。

② 该段记述卡叠什战役。

二、古埃及传记文献选译　　217

国，以其所有形式□□□□□（19）哈□□□□□倒向他。我被提升为□□□□□□急赴整个军队。①

【译文】

我（20）再次亲见其在邪恶的梯赫西麦瑞乌城□□□□□之胜利。（21）我于该地在君王面前作战，带回三个亚洲人作为活俘。我主赐予我（22）奖赏之黄金，如下：黄金宝石之物，花环两个，臂环四个，蝇坠两只，狮子一个，男女奴隶各一。[1]②

【注释】

[1] 布雷斯特德译为"两个金项链，四个臂环，两只蝇坠，一头狮子，一个女奴和一个男奴"理解似可商榷。"黄金"与"宝石"应为这些赐品材料，所有物品非黄金即宝石，言其贵重。

【译文】

（23）我再次亲见两土地之主于尼沂建立的另一次伟绩。他为获象牙狩猎120头大象，（24）我对付它们中最大的、正面对陛下的那头，我在其活着的时候（25）于陛下面前将其手[1]砍下，当时我正立于两块石头间的水中，之后，我主赐我黄金（26）□□□□□五块布匹。③

【注释】

[1]"手"，应为鼻子。

【译文】

卡叠什侯驰来一匹母马，（27）她飞驰而来，冲入军中。[1]我

---

① 该段记述此战役之地不详。
② 该段记述梯赫西战役。
③ 该段记述尼沂猎象。

徒步紧随其后,(28)手握宝剑,戳开了她的肚子,砍掉了她的尾巴,(29)我将其献于君王面前,因此而敬神。它给予我快乐,充满我的躯体,狂喜渗透我的肉体。①

【注释】

[1]根据布雷斯特德,此事发生在图特摩斯三世第四十二年远征。敌人的目的是为了用母马扰乱埃及战车阵,因为拉战车的都是公马。

【译文】

(30)陛下派来其军中所有勇士,以便突破卡叠什新建之城墙。是我(31)突破了城墙,我在所有勇士之最前面,无人能于我先。我冲锋,带回两个玛瑞那斯(32)活俘。我主因此再次赏赐我君王治下(33)所有令人心愉快之佳品。②

【译文】

我完成获俘,时为阿蒙韦瑟尔哈特[1]舰上军人。(34)我当时为阿蒙韦瑟尔哈特舰上掌绳者[2],当时我为其舰(35)于美丽的奥佩特节日航行□□□□□之首领,两土地人人欢乐。③

【注释】

[1]阿蒙韦瑟尔哈特,战舰的名字,意为"强大的阿蒙神之先锋"。

[2]掌绳者,指挥官。

【译文】

(36)噢,国王安享其许多年完美时光,勇敢而强大,(37)绝无虚言,从完美的第一年到第五十四年,第二季之第三月,上

---

① 该段记述卡叠什之围。
② 该段记述攻破卡叠什经过。
③ 该段记述底比斯之宴。

下埃及之王,(38)曼赫坡尔拉陛下统治之下的最后一天[1],绝无虚言。他飞向天空,与阿吞结合,神赋躯体与其创造者合而为一。①

【注释】

[1]曼赫坡尔拉陛下统治之下的最后一天,图特摩斯三世登基时间为埃及历9月4日,生命的最后一天为7月30日。其精确的在位时间为53年零10个月另26天。

【译文】

清晨天亮,(39)太阳升起,天空闪亮,上下埃及之王——阿阿赫坡儒瑞[1],神之子,阿蒙霍泰普,赋予生命,(40)登上其父王座,恢复其王衔。他掌握一切,他进入□□□□(41)人当中,他砍下他们首领的头颅。作为伊西斯之子荷鲁斯神登基,擒获□□□□(42)□□□甘纹梯乌人与恺内姆梯乌人[2],每一片土地都因其力量而臣服,贡品背在其背上,(43)他给予他们生命的气息。②

【注释】

[1]阿阿赫坡儒瑞,阿蒙霍泰普二世。

[2]甘纹梯乌人与恺内姆梯乌人,他们为何人尚待考证,此处与布雷斯特德和韦睿译文皆异,因其定符为外国地名,而其词尾又很像指人,故作此译。

---

① 该段记述图特摩斯三世去世。
② 该段记述阿蒙霍泰普二世登基。

【译文】

陛下看着我驾船载他于其——阿蒙霍泰普——(44)鹰船之中，其名为哈姆玛特。我驾船□□□□□于美丽节日出现于南宫[1]，像东方地平线一样辉煌。(45)抵达陆地□□□，我被召入宫，立于阿蒙神之子阿阿赫普儒瑞拉——(46)伟大力量——面前。我于陛下面前匍匐在地，他对我说："我知道你，当我还小的时候，(47)你就跟随我父。命你入主军队代理之职，如我所示，指挥皇室精锐部队[2]。代理者玛琥完全按其所示执行。"①

【注释】

[1] 南宫 ，指卢克索神庙。

[2] 皇室精锐部队 ，直译为"皇室勇士"，为皇室直辖精锐军团。

25. 哈特舍普苏特铭文

【题解】

该铭文是1894年纳维尔埃及勘探基金会挖掘戴尔埃尔-巴赫瑞神庙时，在神庙中间北半部柱廊上发现的，跟南半部蓬特浮雕相匹配。后来纳维尔以《戴尔埃尔-巴赫瑞》名字发表该铭文。译自《古埃及记录》(芝加哥，1906)。

【译文】

众神之会

壁画

阿蒙神坐在右侧的王座上，在左边两排的12位神前面。

---

① 该段记述阿蒙尼姆哈伯所受法老青睐。

铭文

该铭文是阿蒙神和其他神之间的对话,可能有二十一行,包含有其他神说的话(三行在左)和阿蒙神说的话(所有其余的文字),其中阿蒙神明确地预言哈特舍普苏特的出生,许诺给她伟大的权力;我们可以读到:

我欲为她平和地统一起两土地。□□□□我会给她所有的土地,所有的国家。我之心灵是她的,我之奖赏是她的,我之王冠是她的,这样,她就可以统治两土地,她就可以带领所有的生命□□□□□。[1]

【注释】

[1]此下两行破损,无法恢复。

【译文】

阿蒙神和哈努姆[1]的会见

阿蒙神这时召来创造人类的哈努姆神的援助。

壁画

阿蒙神站立在左侧,位于右侧的哈努姆的前面。

铭文

阿蒙神的指示

卡尔纳克之主,阿蒙神的话语:"去,用我身之四肢创造她,连同她的卡;去,比所有神都更好地构造她;为我塑造我之该女,我为其父。我给予她所有的生命和满意,所有的稳定,来自我所有内心之欢乐,所有的祭品和所有的面包,就像拉神一样永恒。"

【注释】

[1]哈努姆（xnmw）神为古埃及生育之神、水神和创造婴儿的陶轮之神。

【译文】

哈努姆的回答

"我会创造［你的］这个女儿［玛阿特卡瑞］[1]；为了她的长寿、富有、健康；为了祭品□□□□为了美丽的女神之爱。她的形象将比神更尊贵，以其上下埃及之王的无比高贵。"

【注释】

[1]哈特舍普苏特。

【译文】

哈努姆塑造这个孩子

壁画

哈努姆在一个陶工的陶轮前坐着，他正在其上塑造两个男性（！）孩子，第一个是哈特舍普苏特，而第二个是她的卡。蛙头女神赫克特（Heket），即哈托尔，跪在右侧，把生命之符推延到两个孩子。

铭文

哈努姆复述着他从阿蒙神那里接受的指示，现在把阿蒙神的指示灌注给第一个人。

陶工，赫尔－威尔[1]之主哈努姆说："我已经用阿蒙神，卡尔纳克之主的四肢创造了你。我走近你[2]，使你比所有的神都好。我已经赋予你所有生命与满足，所有的安定，我内心之所有欢乐；我已赋予你所有的健康，所有的土地；我已经赋予你所有的国家,全部的人民;我已赋予你所有的祭品,所有的食物;我已经让你像拉神一样永久地在荷鲁斯的王座之上出现;□□□□□□□[3]我已根据深爱你的父亲之命,让你现于所有生灵之卡前,你就像南北方的上下埃及之王一样闪亮。"

【注释】

[1]赫尔-威尔(Hr-wr)意为"伟大的荷鲁斯"。

[2]此片铭文中的代词"你"多为阴性,指哈特舍普苏特。

[3]此处缺失两行。

【译文】

托特神与王后雅赫摩斯的会面

壁画

雅赫摩斯[1]王后站在右边向托特神行礼,她站在左边伸开手臂。不幸的是,上面的文字只留下了头衔和与之相关的赞美词语,因此,该会面的谜底是什么我们并不清楚。

【注释】

[1]哈特舍普苏特的母亲。

【译文】

王后雅赫摩斯被带去分娩

壁画

哈努姆神和赫克特神在王后身边领着她的手。在她们之前是一排三位分成三排的九位神。全部由阿蒙神引领。

铭文

这里还是只刻写了头衔和称号;但是,赫克特的铭文却包含一些壁画的信息;我们能辨认出:"你在此之后立刻怀孕,你

[□]一个孩子□□□与他[1]一起[到]宫廷去,到□□□□;"但是她大部分的话都被拉美西斯二世重新刻写、铲除或覆盖掉了。在阿蒙神之前,一篇十三行的长铭文含有对该壁画的描述,但已不复存在。

【注释】

[1]哈努姆或阿蒙神。

【译文】

出生

壁画

王后在上排的中间,抱着孩子坐在王座上;在其面前是四位女神,扮演着助产员的角色,伸出手臂来接孩子。在她身后是五位女神;最前面的女神给予她生命的符号。她们都坐在凳子上。中间的一排在王后下边,我们可以看到两个万年魔妖;魔妖的两侧是东西方魔妖。下一排画的是:左边,南北魔妖;右边,贝斯神[1]和塔外瑞特[2],中间是一片空白,应该是一篇铭文,可现在都已不见了。在最右侧坐着生育女神美斯赫尼特,指导着这些助产员。

铭文

上排右侧的神和美斯赫尼特都像在哈努姆复述阿蒙神指示一样说的同样的话。这里就不再重复了。

【注释】

[1]贝斯(bs)乃欢乐之神及战神,保护家庭、生育、婴儿。以矮人形象出现。

[2]塔外瑞特(tA-wrt)掌管生育之神,以女人与河马之型混合而

成的形象出现，其名之意为"伟大者"。

【译文】

将孩子献给阿蒙神

孩子这时由哈托尔神献给她的父亲阿蒙神。

壁画

右侧王位上的哈托尔神将孩子送给站在左侧的阿蒙神。

铭文

哈托尔神的话几乎看不见了，但我们仍然可以辨认出："她在陛下面前伸出手臂。"

阿蒙神的话

［阿蒙神］说□□□□□□他深爱，国王，玛阿特卡瑞（哈特舍普苏特），愿她长寿，在她出生后，来看他的女儿，他的心中充满了幸福。

［阿蒙神对］他的女儿［哈特舍普苏特］说："来自于我荣耀之躯体；国王，控制两土地，永远在荷鲁斯的王座上。"

【译文】

阿蒙神与哈托尔神会面

壁画

阿蒙神坐在左侧的王座上，在哈托尔面前抱着孩子，哈托尔坐在右侧的王座上。在哈托尔神后面是女神色瑞克，她在下一幅壁画中招呼孩子过来吃奶。

铭文

很不幸，铭文损坏严重，只有很少的同类铭文中常出现的承诺的字句尚可辨认。

【译文】

孩子的养育

壁画

　　雅赫摩斯王后在上排凳子的左边,坐在一个女神托着的凳子上。在她前面是两个牛头哈托尔神正给孩子喂奶。在凳子下面是两个哈托尔母牛神在给孩子和她的卡喂奶。在右侧是她的卡,一共12个,都已经喂过奶,正交给尼罗河神和另外一个叫赫库的神,他们将这些卡呈献给三位在王座上的神。

铭文

　　铭文已经被删除掉了,但我们仍可以读出下面的文字:"为陛下(阴性)与其所有的卡喂奶。"

【译文】

阿蒙神与托特神第二次会见

壁画

　　阿蒙神和托特面对面站立,孩子与其卡被托在他俩之间。

铭文

　　铭文内容只是传统的许诺;会面的目的可能是安排孩子的前程。

【译文】

最后的壁画

壁画

　　在壁画左边,哈努姆神和阿努比斯神在向前走,阿努比斯在神面前滚动一个大圆盘。在他们前面的上排是两位女神将孩子与其卡献给一位跪着的女神(可能是尼罗河神),在下排在另外一位不知名的神面前出现的也是两位女神将孩子与其卡献上的画面。在画面的右侧站着塞弗赫特神[1]，做着记录，陪伴身边的是侍神。

铭文

这里的铭文也是传统的许诺；因此，这幅壁画表现的目的是什么也不好解释。此时孩子开始了自己的生涯。

【注释】

[1]书写女神。

【译文】

埃内卜尼雕像[1]

尊贵的女神，两土地之主的宠爱者，玛阿特卡瑞[2]，愿她长寿，像拉神一样永恒，与其兄弟，祭祀之主，曼赫坡若拉[3]，像拉神一样被赋予永恒的生命。

【注释】

[1]雕像现藏于大英博物馆，埃内卜尼后来可能成了库什总督，但不能确定。

[2]哈特舍普苏特。

[3]图特摩斯三世。

【译文】

"国王给予之祭品"——因为他的完美，为了唯一完美者之卡，其神所宠爱者，其主人所钟爱者；其主人上下埃及巡游[1]之跟随者，国王之子，弓手之首，皇家武装首领，埃内卜尼，伟大的九神面前之成功者。

【注释】

[1] 图特摩斯三世的一次远征。

【译文】

瓮上铭文

哈特舍普苏特献给其母亲雅赫摩斯的一个小罐,上边有文字:

神之妻,伟大的国王妻子[1],哈特舍普苏特;她为其母亲,伟大的国王妻子,奥西里斯神面前的成功者雅赫摩斯制作。

【注释】

[1] 此时的哈特舍普苏特还用"国王妻子"这样的头衔,还没有自称国王。

【译文】

王后哈特舍普苏特加冕

该壁画和铭文接着出生壁画和铭文,描绘孩子由神认定王位;然后,长大由神为之加冕;最后由其父图特摩斯一世在宫廷为之加冕。此后跟着的是一些神主持的结束仪式。

净化[1]

壁画

孩子站在右边的阿蒙神与左边的虹苏神之间,他们在她头顶上为之洗礼。

铭文

两神说出下面的话:

你和你的卡都已纯净,[为]伟大尊贵的上下埃及之王,愿其长寿。

【注释】

[1]中台，北面，南墙末尾处，上排，在出生系列壁画第一幅之上。

【译文】

阿蒙神将孩子给所有神看

壁画

阿蒙神坐在左边的王座上，在其膝头爱抚着孩子；在其前面站着六位神：上边三个代表的是"全部南方之神"，下边三位代表的是"全部北方之神"。

铭文

□□□□□□□□□（这里的铭文也被铲除掉了）

阿蒙神的话

[上天]之神阿蒙－拉神对众神说："你们看，我永生之女儿[哈特舍普苏特][1]，你们要爱她，你们要对她满意。"

他将她展示给南北全部神祇，他们来看她，在她面前鞠躬。

【注释】

[1]此处她的名字被铲除掉了，拉美西斯二世在此空白处填加了阿蒙神的名字。

神说的话

（1）全体神祇对阿蒙－拉神说："您之女儿，[哈特舍普苏特][1]，愿她长寿，我们对她一生一世都满意。（2）她现在是您的女儿，像您，是您生育的，培育的。您给予她您的灵魂，您的□□□□，您的[慷慨]，王权的神奇力量。（3）当她还在母体中孕育的时候，大地是她的，邦国是她的；天空笼罩的和大海环绕的一切（皆属于她）。您现在已经对她做了（4）这一切，因为您知道两个永恒。您满意地给予她荷鲁斯之生命，塞特之年华。吾辈给予她□□□□□。"

【注释】

[1]拉美西斯二世又在哈特舍普苏特名字处加上了阿蒙神名。

【译文】

北方之旅

到这里，她的童年时代从纯粹虚构进入可能包含一些真实经历的叙述。在其父亲执政时期她就曾随父亲到北方去过，这里，她将此次旅行的目的做了合乎自己用途的改变，把此次旅行的目的描绘成埃及全体神祇承认她登上王位，让她来到赫留坡里由阿图姆神为她加冕。根据她大庆（15年）日子推算，她作为加冕王子可能有15年的时间。除提及她的长相美丽、与神相像及从小到大的成长之外，此次旅行的其他内容很少被提到。但这里说，当她来到北方的时候，所有神祇都来到她身边。伴随着这样描述的是神对她未来伟大王国的许诺。此次去赫留坡里的北方旅行反映在壁画中，描绘的是她在阿图姆神面前加冕。

这样的事情也出现在阿蒙霍泰普三世加冕的铭文中。这无疑是个古老传统，因为阿图姆神是太阳神，总是和王权联系在一起。像上面关于她出生的铭文和壁画中展现的，阿图姆神在赫留坡里的后继者拉神成为了所有埃及国王之父。根据这个古老传统，阿蒙霍泰普三世也拜访了阿图姆神，并在其继任前由阿图姆神为之加冕。

王后的成长与美丽

（1）陛下本人看到了该事[1]的全部，她告诉人民，他们听到后因为敬畏而匍匐在地。（2）陛下成长得超过一切；看她比什么都美好；陛下□□□□□就像神，她的外貌像神，她（3）像神一样做事，她的光彩像神；陛下（阴性）是位少女，是其盛时的布托[2]，美丽，光彩照人。（4）她让其神之形象繁耀，他的宠爱塑造了她。

【注释】

[1] 此处说的"该事"指什么还不清楚，可能指她被带给众神，在这里她将此事讲给公众。

[2] 指布托的保护神。

【译文】

游历

陛下（阴性）跟随其父，上下埃及之王，阿-凯佩尔-卡-拉[1]，愿他长寿，游历（5）到北方国家。其母哈托尔，底比斯保护神、布托，得普[2]之主、阿蒙神，底比斯之主、（6）阿图姆，赫留坡里[3]之主、孟杵[4]，底比斯之主、哈努姆[5]，瀑布之主，底比斯所有神祇到来，所有南北之神走向（7）她。他们为她来回穿梭，非常愉快，（他们）到来，带来了生命和令人满意的东西，他们在她身后保护着她，他们每天一个一个地（8）在她身后走过。

【注释】

[1] 图特摩斯一世。

[2] 位于三角洲西北部。

[3] 下埃及遗址，位于三角洲与尼罗河谷交汇处，是古埃及最为重

要的宗教崇拜中心。

［4］古埃及战神，底比斯诺姆主神，后被阿蒙神取代。

［5］埃及许多神庙中的羊头神，在埃勒凡泰尼与伊斯纳尤受尊崇。

【译文】

神的许诺

他们说："欢迎，阿蒙－拉神之女，你看到了你在大地上的工作，你要给予（9）它秩序，你要恢复那些毁坏了的建筑[1]，你要在该房中建造你的建筑，你要为他的供品桌提供食品，他生了你，你要走遍大地，你要拥抱（10）许多国家。你要脚踏柴赫努[2]，你要用你的权杖摧毁穴居人；你要砍下其士兵的头颅，你要抓住（11）柴赫努带剑的首领，他们躲过了你父亲的打击。你的礼物是金字塔、你勇敢俘获的俘虏，你的奖赏是（12）数千人修建两土地上的神庙！你在底比斯，国王阿蒙－拉神，底比斯之主的台阶上给予供品。（13）众神［给予］你时光，他们［给予］你生命和让人满意的东西，他们赞扬你，因为其心理解其打造之卵[3]。他们设置你的疆界远到天边，远到夜的第十二时之极限；两土地将充满孩童□□□□，你无数的孩子（15）就像你谷子的数量，你在人民的心中□□□□□；这是其母之牛的女儿，□□□□□深爱的。"

【注释】

［1］此处提到的"恢复"显然是她恢复贝尼哈桑记载的神庙，这表明加冕浮雕日期要比神庙修复日期晚。

［2］利比亚。

［3］指哈特舍普苏特。

【译文】

阿图姆为之加冕

左边的王后由哈托尔引领站在右侧的阿图姆神面前。他们前面站着托特神,铭文有损坏,留下的如下:

托特的话

将他的王冠放在她的头上;放□□□□□□□□头衔□□□□□□□□在神的面前□□□□□□□□

【译文】

接受王冠和名字

阿图姆神面前的加冕跟着一个在阿蒙神面前的同样的仪式。

壁画

王后站立着,阿蒙神拥抱着她,左边是加冕画面;她从右侧走向南北埃及女神,纳赫贝特(秃鹫女神,上埃及保护神)和布托(下埃及保护神)。一个戴着上埃及王冠,另一个戴着下埃及王冠,其后为神仆。

铭文

赋予你拉神头上的红色王冠;你要戴上双冠,你要以它的名义接管两土地。

赋予你头上强大的白色王冠;你要以它的王权,它的名义接管两土地。

【译文】

名字的接受

这里有一幅壁画,表现的是王后接受神授予的新王室名字。此幅壁画已经完全损坏,在壁画的右侧只残存下了塞弗赫特神

（书写女神）和托特神的身影，伴着下面的文字：

书写该名，金荷鲁斯：神圣之王权。书写该名，上下埃及之王，玛阿特卡瑞。

【译文】

在阿蒙神面前宣布为国王

壁画

在左边，王后穿着国王的服装，戴着上下埃及双冠，站在阿蒙神面前，加冕。王后身后是神仆，后面照例是塞弗赫特神和托特神在记录。

铭文

伴随铭文不是被毁坏，就是只残留下传统字句。完成神前的加冕可以从托特神残破的字句中看到：

你已将双冠戴在你的头上。

【译文】

朝臣前加冕

现在我们来到女王的正式加冕画面，加冕是在图特摩斯一世指令下于朝臣面前进行的。他从王位上退下来，将王位给予哈特舍普苏特。从她登基之前的头衔"伟大的王后"我们可以推测，她没有像此处记述的立即继承其父王位。

因此，动摇了我们对该铭文记述事件真实性的信任。这里记载的加冕日期是新年第一日，埃及人称之为托特日，这本身就是个巧合。

"他（图特摩斯一世）意识到新年这天加冕作为平安和度过无数大庆之年伊始的吉祥。"

这里，图特摩斯一世好像选择的是新年这一天为女儿加冕，因为这一天吉祥。但如果我们读一读她方尖碑上的铭文就会发现，她开始统治的时间是第十二月的第六到第三十日之间的一个日子。戴尔埃尔巴赫瑞神庙对该加冕的记述是从中王国时期阿蒙尼姆赫特三世在阿尔茜诺的加冕记述中逐字抄录来的，因此，并不可信。所以，很明显，哈特舍普苏特此加冕铭文和她出生铭文一样都是为了政治需要而被杜撰出来的。

壁画

左边是图特摩斯一世加冕，他女儿站在他前面；在右侧站着三排朝臣。

铭文

图特摩斯一世召唤他的女儿加冕

（1）她[1]父亲陛下，她之伟大创造者，荷鲁斯神[2]看到她！她的心充满了快乐，（为）她伟大的王冠；（2）她真实地述说她的原由，[提升]其王室之尊严与其卡之所为。官员列（3）在［□□□□］宫殿中她的面前。陛下对她说："来，美丽的女儿，我将（你）置于我之前面；（4）你会在宫殿中看到你的官员，你的卡完成的突出功绩，即你要取得的皇室的尊严，你（5）奇迹的荣耀和你巨大的力量。你在两土地上强大无比；你将抓住反叛者；（6）你将出现在宫殿中，你的前额将被饰以双冠，放置于我亲生之荷鲁斯后裔的头上，（7）布托神钟爱的白冠之女儿。主持神之王位的神给予你双冠。"

【注释】

[1]哈特舍普苏特。

[2]指图特摩斯一世。

【译文】

图特摩斯一世宫廷官员

（8）陛下使他有国王之尊贵，大臣，（9）宫廷官员和赖依特[1]之主，以便他们献上敬意，在□□□□□的宫中将荷鲁斯神之女（10）带到陛下的面前。当这些人在宫廷中匍匐在地时，（11）在［宫廷］右侧的朝觐厅中设有国王自己的王位。

【注释】

[1]古埃及庶民。

【译文】

图特摩斯一世对宫廷讲话

陛下在他们面前说："我该女儿，赫内迈特－阿蒙，哈特舍普苏特，愿她长寿，我任命［她］□□□□□；她乃我（13）王座之继承者[1]，她无疑是坐我神奇宝座之人。（14）她将给宫廷中每个地方的赖依特下达命令；她是将要领导你们的人；（15）你们将宣布她的话，你们将在她的指令下统一起来。对她表示敬意的人将长寿，用恶语（16）亵渎她的人将死亡。一致颂扬陛下（女王）名字的人（17）将直接进入皇家厅室，就像颂扬荷鲁斯神名字一样。[2]因为（18）你是神，哦，一位神的女儿，甚至神都为她而战；他们遵照她父亲，神之主的命令，每天在她的身后给予她保护。

【注释】

[1]注意这里用的是"继承者"而不是"共治者"。

[2]女王的名字在宫廷里就像其父亲的名字一样有力量。

【译文】

朝臣与人民承认新女王

（19）国王的大臣、贵族和赖依特的首领倾听尊贵的上下埃及之王的女儿，玛阿特卡瑞[1]（哈特舍普苏特）——愿她长寿——（20）晋升的命令。当（21）皇家命令传到他们当中之时，他们在他脚下亲吻土地；他们为上下埃及之王，阿-凯佩尔-卡-拉（图特摩斯一世）——愿他长寿——赞美所有神祇。他们前进，他们的口里（22）欢呼着，他们［向］他们公布他的公告。所有宫廷居住的（23）赖依特都能听见；他们来了，他们的口里欢呼着，他们宣布（该决定）胜过任何事情，那里居住者中（24）的居住者以他的名字宣布着；战士中的战士□□□□□，他们（25）为了他们心中双倍的喜悦而跳跃着，他们舞蹈着。他们［宣布］，他们宣布陛下（阴性名词）的名字为国王；当陛下（阴性名词）还是少年之时，当伟大的神祇（26）将他们的心转向他女儿，玛阿特卡瑞（哈特舍普苏特）——愿她长寿，当他们意识到这是神女的父亲，（27）这样，他们在她伟大心灵中就比什么都更加优秀。而任何在他的心中热爱她，每天对她表示敬意的人，（28）他将闪耀，他将无比昌盛；但任何说陛下名字坏话的人，（29）每天在她的身后保护她的神将立刻判定他的死刑。她父亲陛下公开说了这些，所有人都一致认定（30）他女儿为国王。当陛下（哈特舍普苏特）还是少年之时，陛下（图特摩斯一世）的心就非常倾向于［她］。

【注释】

[1]此名为哈特舍普苏特的登基名，意为"拉神之卡的秩序"。

【译文】

女王名字的宣布

（31）陛下（图特摩斯一世）命令召来仪式祭司［宣布］她属于其皇冠尊严的伟大名字，以出现在（32）两女神喜爱的（每一项）工作和每一个封印中，巡视北墙，[1]为两女神钟爱者之神穿衣。（33）他意识到新年这天加冕作为平安时代和度过（34）无数万年大庆开端的吉祥。他们宣布她的王名，因为（35）神根据其以前创造他们时所用形式让她之名在他们心中：

【注释】

［1］一种仪式，我们尚不清楚仪式的具体内容。

【译文】

（36）她伟大的名字，荷鲁斯：［沃瑟瑞特卡乌］[1]，永恒；

（37）她伟大的名字，两女神钟爱者："年年更新"，善良女神，贡品之主；

（38）她伟大的名字，金荷鲁斯："神圣王冠"；

（39）她伟大的上下埃及之王之名字："玛阿特卡瑞，永生"。[2]这就是她真正的名字，神所先行给予。

【注释】

［1］沃瑟瑞特卡乌（wsrt-kAw）意为"双重力量"。

［2］完整的王衔应该是五个，这里缺少最后一个。她最后一个王衔是哈特舍普苏特，意为"贵族中之首席"。

【译文】

第二次净化

公开加冕之后，神的仪式继续。

第一幅壁画

女王由赫塞梯神引领而去。

铭文

两女神宠爱的上下埃及之王,安宁年代第一年新年第一季第一(日),巡视北墙,塞德节□□□□□。[1]

(由)"大室"之"其母之栋梁"[2]带领进入"大室"(进行)"大室"之净化。[3]

【注释】

[1]壁画中女王之上的文字。

[2]一个祭司头衔。

[3]壁画中神之上的文字。

【译文】

壁画

赫塞梯神站在右侧,在站立于左侧的女王之上拿着一只带有生命符号形状的碗。

铭文

在女王之上,只有她的名字和称号,神之上的铭文如下:

我已用此全部让生命满意的,全部健康的,像拉神一样永远庆贺其节日的水为你净化。

【译文】

结束仪式

女王由荷鲁斯引走,接着是一系列仪式,内容破损严重无法复原,但其中一项是"巡视北墙"。加冕完成,荷鲁斯说:"你已经作为国王建立起你之威严,出现在荷鲁斯王座之上。"

26. 伊南尼自传铭文

【题解】

《伊南尼自传铭文》发现于埃及底比斯什赫阿布杜艾尔-库尔纳（Sheikh Abd el-Qurna）一座 T 型凿岩陵墓（TT81）内的两块石碑上，墓主人是一名叫伊南尼的宫廷大臣。库尔纳位于底比斯西岸，是第十九王朝塞提一世法老丧葬神庙所在地，亦为中王国时期与新王国时期丧葬墓地。第十八、十九王朝大臣多葬于此。陵墓由前厅、长廊与最深处的墓主人造像龛室构成。前厅有六个方柱，各有壁画装饰，多描述日常生活。前厅中两侧各发现一块刻有长篇铭文的石碑，《伊南尼自传铭文》即为其主要内容。

伊南尼是古埃及第十八王朝一位重臣，曾于阿蒙霍泰普一世、图特摩斯一世、图特摩斯二世、哈特舍普苏特及图特摩斯三世五位法老统治时期任职，拥有包括谷仓总管、皇室工程总管及卡尔纳克财库总管等多个头衔。该铭文是研究图特摩斯王位继承问题的关键文献，对于新王国时期特别是第十八王朝行政建制研究不可或缺。德国埃及学学者库尔特·塞特与美国埃及学学者詹姆斯·亨利·布雷斯特德先后于近百年前将该铭文整理翻译，国内尚无人对该铭文进行过翻译注释研究。

译自《第十八王朝文献》第三卷（莱比锡，1907），原文并无段落，译者据其所述内容分段。译文中表格为原文所有，照译。译文因所据版本不同，有些地方与布雷斯特德译文略有出入。

第一碑自传铭文

【译文】

（1）哈特努伯[1]，其用一块青铜所造之门竖起，酷似足赤。

我亲见我主之所为［□□□□□］（2）青铜、亚洲黄铜、项链、器皿、项圈，当时我乃其所有技艺之掌管者，所有部门皆受制于我。命令［□□□□□］［□□□□□］（3）在那里，埃及历季节节日恰似其父两土地之主阿蒙神之节日一样。其皆统于我，因其已托于我。我细数［□□□□□］①（4）在那里。此时陛下已于幸福平和中度过其生命之时光，升入天空，与太阳合为一体，与其来处汇合［□□□□□］②

【注释】

［1］"哈特努伯"，意为"金屋"，该神庙名。

【译文】

（5）善神，打击异邦；力量之主，毁灭贝多因人。他拓展其疆界到外普塔[1]，北部疆界到荷鲁斯之凉爽之地。寒梯什[2]雪松及埃及木材为他而来［□□□□□］③（6）像埃勒凡泰尼之赤铁矿藏。那游牧人[3]像交上下埃及之赋税一样带来其贡品。陛下每年将其献于底比斯之父阿蒙－拉神。上下埃及之王，善神□□□□，将一切交付于我[4]，（7）因为他信任我。我被提升为要员，粮仓督监，神之祭品置于我之监管之下，一切非凡工作尽由我来掌控。④我亲见他于卡尔纳克[5]建造其所有宏大建筑，其巨柱厅呈纸草状立起，（8）其侧之巨大塔门以阿奴[6]之精美白石建

---

① 以上文字记述建筑，可能为阿蒙霍泰普一世丧葬神庙。该神庙于1896年被斯皮尔伯格发现，位于底比斯西岸德拉阿布-恩-内伽（Drah abu-n-Neggah），参见 Breasted, J. H., *ARE*, 1906, p. 20, n.b.
② 该段记述阿蒙霍泰普一世去世。
③ 该段记述图特摩斯一世继位及其力量。
④ 该句记述伊南尼被提升。下一句记述卡尔纳克神庙塔门的修建。

成，神庙外壮美的旗杆用金冠梯林[7]顶级真松竖起。我亲见饰金［□□□□］（9）竖起。① 我亲见大门"强大阿蒙神之辉煌"竖起，其伟大双门为亚洲青铜，阿蒙神神圣雕像面部为黄金。② 我亲见一双巨大花岗岩方尖碑立于神庙入口处。我亲见（10）其长120肘尺、宽40肘尺壮美舰船之建造，以便载此方尖碑平稳、安全、强健地到来，到达卡尔纳克之地。我亲见陛下开凿之城西部湖的疏通，（11）其岸栽满各种椰枣树木。③ 我亲见陛下陵墓之秘密开凿，无人亲见，无人得闻。我查其卓越工程之利［□□□□□］，（12）我谨慎寻找其有益之事。我建造灰泥之地以装饰其墓地之陵墓。此乃此前从未做过之工程，我受命完成伟大创举，我以［□□□□□］代之。（13）我为后人监管，此乃两项我之理想工程，我之优势乃我之智慧。长者并未给予我任何指示，我因多年的智慧而得到那些将效仿我之所为者的称赞。当之［□□□□□］时，我负责管理。（14）我乃整个工程之总监，④ 对我之颂扬在宫廷中持续传颂，对我之爱充盈朝臣之中。陛下赐我奴仆，我每日之供奉来自皇室谷仓。⑤ 法老寿终正寝[8]，去往天空，于心之欢快中完成其生命[9]。⑥

【注释】

［1］"外普塔"，意指南方"地之角"。

---

① 以下记述卡尔纳克入口的修建。
② 以下记述卡尔纳克方尖碑的竖起。
③ 以下记述图特摩斯一世凿岩陵墓的开凿。
④ 以下记述伊南尼所受奖赏。
⑤ 以下记述图特摩斯一世之死。
⑥ 以下记述图特摩斯二世直接继位。

[2]"寒梯什",指黎巴嫩。

[3]游牧人,布雷斯特德译为"沙居人",参见 ARE, Vol.II, p.42。

[4]交付于我,布雷斯特德译为"在……之下,一切为我而昌盛"。

[5]卡尔纳克,直译为"南宫"。

[6]阿奴,现在图拉采石场。

[7]金冠梯林,指黎巴嫩斜坡顶处呈金色的森林。

[8]法老寿终正寝,原意为"法老从生命中休息"。

[9]完成其生命,原意为"完成其年月"。

【译文】

雏鹰尚在巢穴,登上王位,荷鲁斯,(15)上下埃及之王,阿阿赫坡瑞恩瑞[1],他成为黑土地之国王与红土地之统治者[2],成功拥有两土地。①

我乃国王无论在哪里都想念[3]之人,他对我所做超过前人。我已步入受人尊敬之年,我每日享陛下之青睐,享用来自国王供桌的供给,(16)有献于国王的面包,还有啤酒、肥肉、蔬菜、各种水果、蜂蜜、糕点、葡萄酒及油膏。因为爱我,陛下亲口问询我之健康。②他走向天空,与神祇汇合。③其子立于他之王位成为两土地之王,于生之者之王座上进行统治。

【注释】

[1]阿阿赫坡瑞恩瑞,图特摩斯二世登基名。

[2]黑土地、红土地,指整个埃及。

---

① 以下记述伊南尼受新王信赖。
② 以下记述图特摩斯二世逝世。
③ 以下记述图特摩斯三世继位及其与哈特舍普苏特共治。

[3] 想念，直译为"充满其心"。

【译文】

（17）其姊①，神妻，哈特舍普苏特按其计划处理两土地之事务。埃及低头为之服务，源于他之卓越神种。南方船头之绳[1]，南方人民之船桩；她是北方卓越的船尾之绳，命令之女主，其计划完美，当她说话，两土地欣喜。（18）②陛下赞赏我，她喜爱我，她知道我在宫中之价值，她赐我以物品，赞美我，用金银及宫中一切美好物品填满我的帐篷。我无法尽数，一切都超出我之所愿。③我要告诉你们，平民[2]，听着，你们要有善举，正如我之所为。

【注释】

[1] 船头之绳，掌握船的关键。

[2] 平民，刘文鹏先生在其《古代埃及史》中称之为"赖依特"，意指"被征服的人民"，参见刘文鹏：《古代埃及史》，商务印书馆2000年版，第87—89页。

【译文】

（19）你们同样做。我平稳于该地位，厄运从未光顾。我的光阴在欢乐中度过，我从未有过悖逆，我从不抱怨，我从未做小人之事，我从未做错事。我是权中之权，我从未失败；我主心中杰出者，未尝懒惰。我是听从其官长话语之人。（20）我的心对宫中大人物从未有过敌意。我为城神所爱。我从未于神事上争

---

① 指图特摩斯二世之姊哈特舍普苏特。
② 以下记述伊南尼受哈特舍普苏特垂青。
③ 伊南尼自述其为人。

吵。至于作为宠臣度过的岁月，其巴将伴全能之主，其美名将留于生者之口，其记忆与其名声都将永恒。受尊者要员，阿蒙神谷仓监管，书吏伊南尼，实话如此。

第二碑自传铭文

【译文】

（1）□□□□□□□□□□□□□方尖碑□□□□□□□□□□□□（2）拖到那里□□□□□□□□□□□（3）一切。□□□□□□□□□□□□已被运走□□□□□□□□（4）□□□□□我对你说□□□□□□□□□（5）□□□□掌控火气之人[1]□□□□□□□（6）君王因为我在他心目中的完美已多次向我表达宠爱。他将我提升为该工程之主管与其陵墓之最高监管，（7）□□□□□□□他知道我为人正直之后，满意于我对王室［愿他长寿、富有、健康］事务的守口如瓶。我被提升为两谷仓监管，城侯[2]及卡尔纳克神庙工程总管□□□□□□□□（8）当称量贡品和称量祭品□□□□□□□□□□以使其仪式祭品有条不紊之时，对于称量供给之日神之祭品，我没有争辩。（9）我心充满对我神之敬畏，我心充满对我主之崇敬。没人其主喜欢冒犯，没人其神喜欢吵闹。谦卑者□□□□□□□□□□□□□□（10）我在南方之城老冉冉其将至，在哈弗特特哈瑞内卜斯[3]终老，其尊者宠爱我，其平民爱戴我。我从未盗取，我从未越雷池一步，□□□□□□□□□□（11）我死后我的躯体与墓地中我的陵墓结合，我的巴前往大地上水淹之地，随其意愿越过湿地，我为其造型，我每日前行，我在树下乘凉□□□□□□（12）天空。我想喝水就喝水，西方之门守护者并不推拒我。我说，此乃我要对你们之所说，以便到处都可见到他[4]。毫无虚言，所言皆真，没有虚饰，你们亲见（13）我之为人，我之所为，皆益于你们。你们长寿于大地之上，繁荣昌盛。你们安详地度过你们的时日。你们将你们的职司传于你们的孩子，你们将于你们永恒之墓安详。

【注释】

[1] 火气（srf），原词有温暖、气温、脾气之意，这里应指脾气。

[2] 城侯（HAty-a m niwt），有城侯或市长之意，城侯更符合古代称谓。

[3] 哈弗特特哈瑞内卜斯，直译意为"于其主之前"，但其两个限定符号一为坐姿神祇，二为城池。因此为一地名。

[4] "到处可以见到他"，"他"指其巴。

第三块铭文——前厅铭文

【译文】

□□□□□□□伊南尼说，我是贵族，心灵纯正者，真正的无畏者。其名字因其于大地上之所为而形象永存。心灵于死后因其为善而充盈生命。厅中都是真话。我乃大地之真言，奉献白日之祭品。我乃奉献□□□□□□□一生之人，阿蒙谷仓总管，伊南尼，真言如此。

伊南尼头衔

第一组

【译文】

公爵，可信者，献身其巴者，智慧超群，出色谏臣，说出国王心中优美话语，智者，国王因其语言而与之熟知，世袭阿蒙神谷仓总管，书吏，伊南尼，绝无虚言。

第二组

【译文】

世袭贵族，完美之人，众爱所归，而非位在民众之下，贵族，阿蒙神谷仓总管，伊南尼，绝无虚言。

第三组

【译文】

世袭贵族，卡尔纳克神庙所有工作总管，两银库在其手中掌管，两金库由他掌管大印，印封阿蒙神庙一切契约者，两阿蒙神谷仓世袭总管，伊南尼，毫无虚言。

第四组

【译文】

世袭阿蒙神庙谷仓总管，阿蒙神庙所有玺印总持，书吏，伊南尼，毫无虚言。

第五组

【译文】

公爵，国王陵墓工程总管，阿蒙神庙所有职司监管，阿蒙神谷仓世袭总管，伊南尼，毫无虚言。国王陵墓工程总管，权贵，伊南尼，毫无虚言。

伊南尼陵墓生活壁画铭文

壁画一

【译文】

（1）监努比亚多人被俘献于阿蒙神祭品之列。（2）当时怯懦的库什被推翻，所有外国礼物都被陛下献于阿蒙神庙，（4）作为丰（5）年税收，代表长寿、富有、健康，（6）上下埃及之王，阿阿赫坡瑞卡拉[1]。（7）噢，公爵，阿蒙神两庙谷仓主管，（8）伊南尼，毫无虚言。[2]

【注释】

[1]阿阿赫坡瑞卡拉，即图特摩斯一世登基名。

[2]塞特整理本中该段编号缺（3），原文如此。

壁画二

【译文】

（1）我看管金、银、（2）天青石、绿松石等所有高贵宝物，（3）测量每月焚香定额□□□□□□□（4）九神系□□□□□□□（5）□□□□□□□（6）□□□□□□□（7）□□□□□□□（8）□□□□□□□（9）□□□□□□（10）□□□□□□□（11）阿蒙神的□□□□□□

阿蒙神室	姆特-神蛇室	月神室	普塔赫神室	哈托尔女神室	南卡尔纳克神庙	曼塞特	塞特阿亥特	亥尔伊亥尔阿蒙
熏香	熏香	熏香	熏香	熏香	称量	称量	称量	称量
440	8+½	8+½	8+½	8+½	8+½	□□□	□□□	18

壁画三

【译文】

（1）我看管阿蒙神的厩中之牛、长角牛、（2）奶牛及满意神祇之侍者，（3）处理阿蒙神，满意之神仓库中的税收粮食（4）哦，公爵，国王陵墓（5）工程主管，阿蒙神两谷仓（6）总管，书吏，伊南尼，真话如此，生于女主，皇室装饰者图特塞特[1]。

【注释】

[1]"皇室装饰者"职务不详,应为后宫高级侍者。图特塞特为伊南尼母亲的名字。

壁画四

【译文】

(1)哦,(2)公爵,阿蒙神(3)两谷仓总管,伊南尼,(4)去看管其田地,(5)其(6)三角洲的(7)牛群。

壁画五

【译文】

(1)我越过他西方的土地,于(2)其无花果树下沐浴,看管他高大而(3)美丽的树木,置人民于高贵神祇,两土地王座之主,阿蒙神之庇护之下。

④ 梧桐 73	⑪ 葡萄树 12	⑱ 蟠桃树 2
⑤ 鳄梨 31	⑫ 石榴树 5	⑲ 树□□
⑥ 椰枣树 170	⑬ 合欢树 8	⑳ 落叶树□□
⑦ 多姆椰枣树 120	⑭ 树 15	㉑ 树 3
⑧ 无花果树 5	⑮ 枣树 5	㉒ 柳树 9
⑨ 长发树 3	⑯ 树 5	㉓ 柽柳 10
⑩ 清凉树 2	⑰ 椰枣杂树 1	

27. 因泰甫石碑铭文

【题解】

因泰甫的石碑铭文,刻写在底比斯因泰甫的坟墓石碑之上,他的坟墓是底比斯的第155号墓。该石碑现存于法国卢浮宫,高约 183 厘米，宽约 122 厘米。20 世纪初，戴维斯就已经进入了因泰甫的坟墓，1930 年到 1931 年间他又对因泰甫的坟墓进行了清理和考察，并且对其坟墓中的壁画做了研究。[①]

伽以特（Gayet）对该篇铭文进行了复制和整理，铭文中石碑的所有者叫因泰甫，因为这一名字同中王国时期因泰甫家族名字相同，所以伽以特将该石碑归于第十二王朝。[②] 但是有学者从其语言和所记载的内容推测该石碑属于第十八王朝，而这一推测又由纽伯里在底比斯发现的因泰甫的坟墓得到了证实。它最终证明因泰甫属于图特摩斯三世统治时期的一名官员。伯鲁格施对部分铭文进行翻译。[③] 布雷斯特德的《古埃及记录》中也对该铭文进行了翻译，不过内容仍有缺失。[④] 塞特在《第十八王朝文献》中也全文收录了该篇铭文，并进一步完善了铭文的内容。[⑤]

本文译自塞特《第十八王朝文献》整理的埃及语原文，同时参照布雷斯特德的英文翻译。铭文开头部分两次列出因泰甫的头衔，以及他的兄弟和他的儿子给他的祭品，应该是石碑的两面所刻写的内容。段落的划分是根据布雷斯特德的翻译划分的。

[①] Davies, N. de. G., "The Work of the Graphic Branch of the Expedition", *The Metropolitan Museum of Art Bulletin*, Vol. 27, No. 3, Part 2: The Egyptian Expedition 1930–1931 (Mar., 1932), pp. 51–62.

[②] Gayet, A.J., *Stèles de la XIIe dynastie*, Paris: F. vieweg & Bouillon, succ., 1889, p. xix.

[③] Brugsch, *Thesaurus*, VI, Leipzig: J. C. Hinrichs, pp. 1479–1485.

[④] Breasted, J. H., *ARE*, Vol. II, pp. 295–300.

[⑤] Sethe, K., *Urkunden der 18. Dynastie*, Bd. 4, pp. 963–975.

A[①]
1. 因泰甫浮雕旁铭文[②]

【译文】

世袭王子[1]，地方长官[2]，朋友[3]，被喜爱者，提尼斯市和提尼斯州的长官[4]，掌管所有绿洲者，国王的伟大传令官[5]，因泰甫，再生者[6]，令人尊敬者[7]。

【注释】

[1]世袭王子（rpat 或 iry-pat），是地方官员的头衔，参见 A. H. Gardiner, *Ancient Egyptian Onomastica*, Vol.I, Oxford: Oxford University Press, 1947, p.14*（以下简称 Gardiner, *AEO*，页码数字后的星号为该书手写体部分的页码标号方式）; A. H. Gardiner, *Egyptian Grammar*, Oxford: Oxford University Press, 1957, p. 578; R. O. Faulkner, *CDME*, p. 148; A. Erman and H. Grapow, *Wörterbuch der Ägyptischen Sprache*, Vol.II, Berlin: Akademie-Verlag, 1971, pp. 415-416（以下简称 *Wb*）。

[2]地方长官（HAty-a），伽丁内尔将其译为"领头人"，他认为该词在古王国时期和中王国时期应译为"地方州长"，以表明拥有这一头衔的人具有较强的独立于中央政府之外的权力。在新王国时期拉美西斯统治期间，该头衔则通常被译成"市长"，以表明拥有这一头衔的人居于中央政府管理之下，其独立性已经丧失。参见 Gardiner, *AEO*, Vol.I, p. 31*; Faulkner, *CDME*, p. 162; *Wb*, Vol.III, p. 25。

[3]朋友（smr），古代埃及服务于宫廷的官员的头衔，常见的搭配

---

① 编号为塞特添加，A 表示该段为石碑右上部分，浮雕中的图景为因泰甫接受其兄弟的两个容器的图画。
② 铭文本无标题，此处为塞特所加，因据此译出，故保留。

是唯一之友（smr waty），也是官员的头衔。参见 Faulkner, *CDME*, p. 229; Gardiner, *AEO*, Vol. I, p. 20*; *Wb*, Vol. Ⅳ, p. 128。

[4] 提尼斯市（Tni），提尼斯州（tA-wr），提尼斯是希腊语用名，是曼涅托所取。提尼斯州属于上埃及第八州，铭文中连续使用了两个名称，第一个指的是提尼斯市，第二个指的是提尼斯州，提尼斯市是提尼斯州的首府，参见 Faulkner, *CDME*, pp. 293, 305; Gardiner, *AEO*, Vol. I, p. 91*; Vol. Ⅱ, p. 38*; *Wb*, Vol. Ⅳ, p. 138, 5ff。布雷斯特德将该句译为"提尼斯州的提尼斯市的长官"，参见 Breasted, J. H., *ARE*, p. 295。

[5] 传令官（wHmw），古埃及官员的头衔，较常见的是国王的传令官（wHmw nsw），参见 Faulkner, *CDME*, p. 67; Gardiner, *AEO*, Vol. I, pp. 22*, 91*。

[6] 再生者（wHm-anx），希望死者可以重生，寄托美好希望。

[7] 令人尊敬者（nb-imAx），该词与再生者一词连用，常出现于死者名字之后。

2. 因泰甫兄弟身旁铭文

【译文】

他所钟爱的兄弟，书吏[1]，雅赫摩斯献给世袭王子，地方长官，传令官，因泰甫所有的祭品，所有的蔬菜[2]，所有好的、干净的物品。

【注释】

[1] 书吏，古埃及的官职，中央设有国王文案书吏、神庙书吏、军事书吏、档案书吏、财物书吏和仓库书吏等；地方则往往设置田产书吏等。①

---

① 参见 D.B. Redford, *The Oxford Encyclopedia of Ancient Egypt,* Vol. Ⅲ, Oxford: Oxford University Press, 2001, pp. 187–192（以下简称 Redford, *OEAE*); Shaw and Nicholson, *The British Museum Dictionary of Ancient Egypt,* Cairo: The American University in Cairo Press, 2002, p. 254（以下简称 Shaw and Nicholson, *BMDAE* ）。

[2] 在祭品中常见的有面包、啤酒、肉类等，蔬菜并不常见。

B[①]

1. 因泰甫身旁铭文

【译文】

世袭王子，地方长官，下埃及玺印总持[1]，唯一的朋友，善神所钟爱者[2]，精于计算的书吏，国王的第一传令官，因泰甫，再生者，令人尊敬者。

【注释】

[1] 下埃及玺印总持（Htm-bit），古埃及官职，蜜蜂（bit）通常指代的是下埃及，参见 Dilwyn Jones, *An Index of Ancient Egyptian Titles, Epithets and Phrases of the Old Kingdom*, Vol. II, BAR International Series 866 (1), Oxford: Archaeopress, 2000, p. 763。布雷斯特德将该词译为皇室掌印者，参见 Breasted, J. H., *ARE*, p. 296。

[2] 钟爱者（imy-ib）原意为"在某人心中者"，转译为"钟爱者"。

2. 因泰甫儿子身旁铭文

【译文】

他所爱的儿子，女神内夫西斯[1]的祭司[2]和书吏泰提，给世袭王子，地方长官，传令官，因泰甫献上净水，奉上啤酒[3]。

【注释】

[1] 内夫西斯（nbt-Hwt），赫留坡里九神之一。从古王国时期开始，她就同伊西斯一起成为国王的保护者。她是古埃及的丧葬女神，死

---

① B 表示该段为石碑左上部分，浮雕中的图景为因泰甫接受他的儿子献给他的两个容器的图画。

者的保护神。参见 G. Hart, *A Dictionary of Egyptian Gods and Goddesses*, London, New York:Routledge, 1986, p. 136（以下简称 Hart, *DEGG*）; Shaw and Nicholson, *BMDAE*, pp. 201–202。

[2] 祭司（wab），神职人员，wab 是祭司中最普通的一种，除此之外，还有先知（Hm-nTr）、诵经者（Xry-Hb）、卡祭司（Hm-kA）等，参见 Gardiner, *AEO*, Vol. I, pp. 53*–58*; Redford, *OEAE*, pp. 68–73。

[3] 原文象形文字因无定符而单从单字的读音分析会出现两种可能，一是权杖（HqAt），参见 *Wb*, Vol. III, p. 170；二是啤酒。根据上文，可知他的兄弟给他的是祭品，这里应该译作啤酒更为合适，如果是权杖，不符合文意，而啤酒（Hnqt）的象形文字是比文中多一个啤酒罐的定符，应理解为省略定符的文字。

C. 长铭文

1. 奉上祭品 [1]

【译文】

国王献祭品于两土地王座之主阿蒙 [2]；西方之主奥西里斯 [3]，文奈菲尔 [4]，绝无虚饰，头戴阿太夫王冠的伟大神祇 [5]，令人敬畏尊崇之主；在其绿洲与群山之巅的坟墓之主 [6] 阿努比斯 [7]。审判庭的第一传令官，因泰甫，绝非虚言，每天将祭品献于其祭坛之上。

【注释】

[1] 坟墓铭文中最常见的，最正式的奉献祭品的格式，通常以"国王献给……的祭品（Htp-di-nsw）"开头，放在铭文的开头部分。

[2] 阿蒙神，底比斯地区的主神，新王国时期地位上升，成为国家的主神。参见 Hart, *DEGG*, pp. 4–17。

[3] 奥西里斯，赫留坡里九神之一，古代埃及神话中的冥界之神，常以人形木乃伊的形象出现，而古埃及也将西方看作亡者的国度，因此奥西里斯又被称为西方之主。参见 Hart, *DEGG*, pp. 151–167。

[4] 文奈菲尔（wnn-nfr），直译为"在美好中存在的人"，这是对亡者委婉的称呼。它是奥西里斯的另一个名字。参见 Faulkner, *CAME*, p. 62; Hart, *DEGG*, pp. 157–158。

[5] 阿太夫王冠是宗教仪式上使用的王冠，其形状是白色王冠加上双羽形状。奥西里斯的形象是头戴阿太夫王冠。

[6] 原文直译为"圣地之主"，阿努比斯神的一个称号。

[7] 阿努比斯，豺狗形象，墓地守护神。参见 Hart, *DEGG*, pp. 21–30。

2. 请路过其坟墓者向亡者献上祈祷

【译文】

他说："哦，活在大地之上的人啊，每一个人，每一个祭司，每一个书吏，每一个节庆主管者[1]，你们将经过这块墓地中的这座坟墓[2]。如果（你们）[3]热爱生命并忘记死亡；如果你们当地神祇垂青你们，如果你们不想品尝另一片土地[4]的恐惧，如果你们想葬于你们的陵墓之中，如果你们想将你们的职位传给你们的子孙，无论是你们作为书吏读到石碑上的文字，（亦或是你们）听到了这些话，你们都要这样说：'国王献祭品于两土地王座之主阿蒙神，他奉献1000块面包，1000罐啤酒，1000头牛，1000只鸭子，1000块雪花石膏，1000匹亚麻，[1000斤焚香，1000斤油]。'"[5]

【注释】

[1] 节庆主管者（Hb），布雷斯特德将其译为"仪式祭司"，参见

Breasted, J. H., *ARE*, p.297。Hb 本身就是庆祝节日的意思，其定符为人，且根据前文所列，这里应该也是一个官职名，因此译为"节庆主管者"。

[2] 原文使用的是第三人称"他们"（aqt=sn r is pan n Xrt-nTr），直译为"他们将进入这块墓地中的这座坟墓"，从上下文来看，这里的"他们"指的是前面列举的每一个人，每一个祭司，每一个书吏，每一个节庆主管者，因泰甫作为第一人称叙述时，应使用的是"你们"，"他们"不可能进入这座坟墓，只能是经过这座坟墓。

[3] 原文是没有主语的，根据前后文推测这里的主语是"你们"。

[4] 另一片土地指的是死亡之界，即另一个世界。

[5] 墓主人对将来来此墓地的人说的话，请求来者如果是书吏就读出这段文字，如果不是书吏就跟着书吏读出这段文字，目的是让阿蒙神听见。

【译文】

为其卡[1]，世袭王子，地方长官，下埃及玺印总持；唯一的朋友，为国王所欣赏者，军队之首领，调动官员和士兵，[2]召集皇室随从，接引贵族，使众贵族在他们的座位之上；[3]强有力者中的强有力者，率领千人；位列高官之上，居于王座之前，（国王）面前的能者，进赖依特[4]之言，（向国王）汇报两土地的事务，[5]在隐秘之处商议大事，携国王口令进入，[6]带着赞赏出来。将每一个人都安排在他父亲的座位上，[7]令人满意，[8]称颂值得称颂者。官员根据他的言语得到提拔，为法庭效力，为宫廷——愿他长寿、富有、健康——制定规则。[9]使每个人都知道他的职责，为[宫廷]带来辉煌，在皇室居所，伟大的地方，[带来]崇敬。令人噤声者，使秘密现行者，指引沉静处的脚步，维持善神之平衡,指导人们做他们该做之事。说:"执行它吧。"(那它将被)[立即]执行,就像(命令)发自于神之口一样。发布命令给民众,为国王清点他们的工作量,掌管所有的外国土地,掌握他们官员的事务,擅长清点数目,供应□□□□做。[10]知道国王——愿他长寿、富有、健康——心中所想,是宫廷之口舌,国王之双眼,宫廷之主的心脏,整片土地之星辰,平定反叛者,驱逐叛逆,□□□□邪恶的抗拒者,砍下偷盗之人的双手,用强力对付冒犯者,以勇敢之心对抗勇敢之心,让高傲者顺从,[11]使心怀恶意之邪恶力量消亡[12],使穷凶极恶者接受法律的制裁,尽管他并不情愿。巨大的恐惧弥漫在犯罪者中,反叛者震慑之主威震其心,驱逐敌对者,击退入侵者,宫廷的守卫者[13],其法律之建立者,令他的主人非常满意之人,审判大厅的第一传令官,提尼斯市和提尼斯州之长官,掌管所有绿洲者,优秀的书吏,长于书写,因泰甫,实话如此。

【注释】

[1]卡(kA),指的是永恒的灵魂,区别于人的肉体,人死之后卡与人的身体分离,依靠供奉的祭品存活,这里的卡指的是死者因泰甫。

[2]原意为"使……动起来",布雷斯特德译为"征召官员和士兵",参见 Breasted, J. H., *ARE*, pp. 297–298。

[3]这里指的是传令官的职能,为国王召集众臣,并将他们接引至国王处,安排他们坐在该坐的位置上。

[4]赖依特在字典中的含义是"臣民",对于其身份,刘文鹏先生曾有专论。

[5]这句话体现了传令官最重要的职能,即向国王汇报事务,向民

众传达命令。

[6] 布雷斯特德译为"带着好的东西进入",参见 Breasted, J. H., *ARE*, p. 298。而从原文来看,这里用的是 xrw 一词。

[7] 即每一个人都继承其父的职务,官职世袭。

[8] 直译是使心愉悦（snDm ib）。

[9] 直译为使规则出现在宫廷中。

[10] 外国官员的事务即向埃及法老进贡,因泰甫是为国王接收贡赋者。

[11] 直译是"使高傲者降低肩膀"。

[12] SHtm 为使动词,意为使其消亡。

[13] 直译是"宫廷之安宁"。

3. 因泰甫赞颂的继续①

【译文】

唯一的智者,以知识武装（自己）,真正安全者,区分愚者和智者之人,令工匠完善者,蔑视无礼者,能者,理解伟大意愿者,耐心倾听者,□□□□□者,从不犯错者,对君主有用者,直谏者,从不说谎者,掌握所有事务者,尊重快乐者,倾听他的请愿者（所说的话）[1],亲切对待性情沉静之人[2],据其计划之所为做出回答,从未[疏忽]真理者,理解力强,当话语尚未从其双唇吐出以道出其心中所想时,便知晓其腹中之意,无人是他不曾知晓的,但是他只将脸对着说真话之人,而把（他的）

---

① 该题目为塞特抄本所加题目,布雷斯特德译文中为该段加的题目是"因泰甫的品质"。

背面向说假话之人，对□□□□施害□□□，他不听信胡言乱语之人，而是通过做正确的事来对付他，令人满意而使心灵平静，不提升没有自知之明者，而是理解自己者，追寻真理，耐心倾听请愿，调解人们（之间的矛盾）[直到他们和解]，不与说谎者为伍，做事不偏不倚，用正义之词宣扬正义，因其罪过惩治犯罪之人。穷人的后盾，幼儿的父亲，孤儿的向导，胆小者的母亲，侵入者的囚牢，疾病者的保护者，保护强者的财物不被更强者夺走者，寡妇的丈夫，孤儿的庇护所，[令哭泣者平静之处]，知之者因之而高兴，其品行得到赞扬，赞美他，众神因其品格而善待他，所有的人都为他祈祷，愿他健康、长寿。伟大的审判厅传令官，房屋总管，两个谷仓的总管，宫廷——愿他长寿、富有、健康——所有工作的掌管者，所有的官员都向他汇报，他清点领导者、地方长官、南北方地区长官带来的贡赋，优秀的书吏因泰甫，绝无虚言。

【注释】

[1]请愿者或上诉者（spr），这里有听讼之意。布雷斯特德将之译为"祈祷者"，似可商榷。

[2]性情沉静者（qb srf），参见 Faulkner, *CAME*, p. 236。布雷斯特德将之译为"性情乖戾者"，因其两词意思分别为"冷"和"热"，故可指性情忽冷忽热之人。

4. 因泰甫的声言

【译文】

他说："我的品行已经经过证实，绝无夸大之处，这就是我于各种事务中的品行，没有虚饰之处，另外，我的言语中不存在自夸与虚假，我所展示的正是我的本性[1]，我任职于宫廷——愿他长寿、富有、健康——中，我的职责在宫廷——愿他长寿、富有、健康——中，我的职责在法庭上。

【注释】

[1] iwn 有"肤色"的意思，故布雷斯特德译之为"这就是我的色彩"，但该词也释作"本性"，故译作"我所展示的正是我的本性"。

【译文】

我的心让我知道我应该做的事情，它指引着我，对我来说，它是极好的见证，我没有违背它的话语，我害怕违反它的指引，我成功地被提拔，我出色地（完成）它让我做的事情，在它的领导下，我十分优秀。现在，人们□□□，它是每个人心中的神之语言，我很幸运因为它为我引领了一条有收获的成功之路，我像这样做了。

【译文】

我跟随两土地之王，我跟随他去往南方和北方的外国土地，我到达高地，我到达了它的尽头，我跟随在国王——愿他长寿、富有、健康——的身后，[1]我的英勇就像君主之勇，我像他的勇士一样俘获敌人，一国之每一宫殿[2]□□□□□□□，我作为陆军的首领［走］在步兵的前面，当我的主人安全地到达我（所在的地方时），我已经准备好了它[3]，我为它提供了所有在国外都想被得到的东西，使其比埃及宫殿的还要好，他们的宫殿是干净的、清洁的、隐秘的、神圣的，（每一个）房间都有其合适的（用途），我使国王的心对我所做的□□□满意，我清点各个城市统治者带来的贡赋，包括银子、金子、油、焚香和［酒］。

【注释】

[1]直译为我在国王的脚下。

[2]直译为每一座外国的宫殿。

[3]它指国王在国外的行宫。

<h3 style="text-align:center">因泰甫陵墓"葬锥"①之上铭文</h3>

【译文】

奥西里斯-伟大的神-所尊崇者,国王的传令官,因泰甫,绝无虚言。

阿努比斯-高山之巅-所尊崇者,国王的传令官,因泰甫,绝无虚言。

28. 库什总督塞尼传记

【题解】

塞尼是古埃及第十八王朝一位库什总督,曾先后于图特摩斯一世和图特摩斯二世统治时期任库什总督。这一职务从公元前16世纪开始设立直到公元前11世纪取消,持续了五百多年。库什是古代努比亚北部地区,在这五百多年里,成为一个类似行省的地区,由法老派总督去统治,总督直接对法老负责。库什总督被称作 sA-snwt-kAS,即"库什的王子"。虽然库什总督一职只持续到公元前11世纪,但后来被称作"努比亚人王朝"的第二十五王朝被认为是早年库什总督的后裔建立的王朝。我们能追溯到的

---

① "葬锥"为放置在陵墓中的锥体工艺陪葬品,多为泥塑,其上有文字,多放置于墓室入口处。

古埃及库什总督有35位，其中有十几位只知其名，留下来的文字甚少，塞尼就是其中的一位。译自《第十八王朝文献》第一卷（莱比锡，1906）。

【译文】

□□□国王统治，上下埃及之王内卜沛赫梯瑞[1]。他任命我为总管[2]，□□□□我的性格颇得他之喜悦。□□□□中从未有对我的抱怨。□□□□他的朝臣。另一个宠幸来自他的儿子，上下埃及之王，两土地之主斋瑟尔卡瑞[3]。他任命我为谷仓总管和卡尔纳克工程总监[4]。我成为陛下的知己。他知我思想卓越，他称赞我为他操持正义[5]□□□□上下埃及之王阿阿赫坡瑞卡拉[6]第一次恩宠于我，指定我为国王之子并给予我黄金臂圈[7]□□□□和一只金手镯。上下埃及之王阿阿赫坡瑞卡瑞[8]第二次给予我恩宠，给予我两个黄金项链、两只金圈、一只臂圈□□□□他识我之杰出远胜宫中任何高官。他于其朋友之前熟知我之优秀。他认识到我是可以为他所赞叹之人，不将地方官员变成仆人之人，一个真正正直的人。□□□□在一个令人满意的职位上，当其垂垂老矣之时，没人找到他身上有缺点。上下埃及之王阿阿赫坡瑞恩拉[9]第一次给予我恩赐，他给予□□□□我从未将国王的吩咐执行糟糕过。我的腿在□□□□方面变得强壮。上下埃及之王阿阿赫坡瑞恩瑞第二次给予我恩赐，他将我提升为□□□□。

【注释】

[1]第十八王朝第一位法老阿赫摩斯的登基名。

[2] imy-r。

[3]阿蒙霍泰普一世。

[4]xrp,该词原形为一只代表宫廷权力的权杖,执有者凭此权杖进行管理,加人的限定符号表示行使权力的人。

[5]mAat,"玛阿特",古埃及人心目中代表正义、平衡、和谐的概念。

[6]阿阿赫坡瑞卡拉,图特摩斯一世的出生名。

[7]nbw,直译为"黄金",类似中国的长命锁一样的饰品。

[8]图特摩斯一世的登基名。

[9]图特摩斯二世的出生名。

29. 瑞赫米拉自传铭文

【题解】

瑞赫米拉是古埃及第十八王朝的一位贵族和官吏。他先后在图特摩斯三世和阿蒙霍泰普二世统治时期任底比斯城侯和维西尔。他是维西尔乌塞尔的侄子,乌塞尔曾在哈特舍普苏特执政时期任她的维西尔。除了维西尔之职外,乌塞尔还有城侯和诸侯头衔。"诸侯"原文为rpat-HAty-a,词典里一般译为"prince"等,但我们无法断定是否为法老之子。因此,译为"诸侯"应较为准确。瑞赫米拉因其陵墓中的壁画和自传铭文而受到埃及学学者的重视。他的陵墓建于底比斯大墓地中,里面有栩栩如生又保存完好的新王国时期日常生活的画面。最为难得的是,陵墓铭文中有古埃及维西尔自传铭文中最完整的维西尔职责铭文,为我们研究古埃及政制,特别是第十八王朝的政制提供了不可多得的文献材料。古埃及政制的研究离不开对古埃及政制建构的恢复，而恢复古埃及政制建构最为重要的文献便是维西尔的自传铭文。古埃及留下来的维西尔自传铭文不少，但涉及维西尔职责的却只有四篇，即图特摩斯三世和哈特舍普苏特女王的维西尔乌瑟尔（TT131）自传铭文、图特摩斯三世维西尔瑞赫米拉自传铭文（TT100）、阿蒙霍泰普二世维西尔阿蒙尼米沛特（TT29）自传铭文和拉美西斯二世维西尔帕塞尔（TT106）自传铭文。

该陵墓曾至少两次被盗墓者光顾，里面的东西已被洗劫一空。像大多数大臣陵墓一样，瑞赫米拉的陵墓也修建得相对简单。前面是一个院子，通向陵墓的前厅。前厅有20米长，之后通向一个与前厅成直角的有25米长的长形墓室。墓室的天顶入口处有3米之高，越往里走天顶越高，至后墙时已达8米之高。陵墓中没有发现仪式竖井，这让考古学家推测可能瑞赫米拉的木乃伊并没有葬在这里，而是葬在了尚未发现的一个墓中，很可能在帝王谷内。陵墓中装饰壁画从前厅就已开始，风格古典，很像中王国时期的陵墓，一直延续到墓室里面的墙壁上。陵墓中的壁画和铭文主题有许多，包括开口仪式和节日庆典等内容，同时也有独一无二的内容，让我们较为全面地了解古埃及人完整细致的日常生活图景。陵墓中的这些壁画都保存较为完好，色彩也较为鲜亮。

进入前厅，左侧壁画分上下五层描绘上埃及生产场景，配以铭文解说。下一面墙便是瑞赫米拉的自传铭文，记述他作为维西尔的职责。在陵墓内西北面的墙壁上画有外国向埃及进贡贡品的场景。画面分五组，分别为：1.蓬特人献上的香料树、狒狒、猴子和兽皮；2.克弗提人带着罐子和幼畜；3.库什人带来长颈鹿、豹、狒狒、猴子、狗、象牙、兽皮以及黄金；4.亚洲人带来罐子、车辆、武器及马、熊和大象等动物；5.各国前来进贡的人。陵墓中南墙的东部是维西尔瑞赫米拉视察下埃及进贡的场景，画面中瑞赫米拉的形象已经残破。图画中出现的画面上还有工匠们在神庙工作的场面。东墙是瑞赫米拉亲眷的画面，北面墙的东侧部分画的是来自埃及地中海沿岸的物产，还有葡萄酒制作、捕鱼和狩猎等场景。墓室中的壁画画工精细，非常漂亮，但天顶上的图画由于位置较高且在人们的头顶上，看上去就不那么细致，特别是天顶后边的壁画。进入墓室可以在西墙上看到六组画面，画的是瑞赫米拉视察集会和准备食物分配给神庙的场面。接下来的是八个画面，描绘的是工匠们在阿蒙神庙中工作的场面，工匠有陶工、木工、漆工、金匠、雕匠和石匠。接下来又有十个画面，展示丧葬队伍向墓地前行的场面、方尖碑的竖起、瑞赫米拉的九个朋友托运灵柩、去阿比多斯朝圣、给死者净身、舞蹈场面以及屠宰动物仪式。墓室的后墙高处有个神龛，里面曾有一个石碑，这个石碑现存放在法国卢浮宫。神龛下面是一个假门。还有一幅壁画描绘瑞赫米拉在奥西里斯神面前向神鞠躬，他的儿子曼赫普尔瑞塞奈伯向父母（瑞赫米拉和美瑞特）献上祭品。

在陵墓墓室的东面长墙上我们可以看到瑞赫米拉三个儿子的画面。这三个儿子，一个是我们已经提到的曼赫普尔瑞塞奈伯，其余两个，一个叫阿蒙诺菲斯，另一个叫塞努尔塞尔特，三个儿子立于瑞赫米拉与妻子美瑞特面前。再接下来是十个壁画描绘在瑞赫米拉雕像前面进行的播种仪式，仪式中有宰杀动物、给死者净身和准备食物的环节。接着的是一幅丧葬宴会的画面，画面非常精细。男女乐师穿着艳丽，演奏乐器，有笛子、铃鼓、弦琴、竖琴和响板。参加宴会的人坐在垫子上餐饮。画面里仍有死者的儿子和女儿们向瑞赫米拉和美瑞特夫妇献花环场景。东墙上最后一处壁画描绘瑞赫米拉乘船旅行，以便接受法老阿蒙霍泰二世的奖赏。这幅画面中仍然有他的儿子向他奉献鲜花的场景，同时，描绘显贵人物和请愿者被维西尔瑞赫米拉接见。卢克索西岸有太多的陵墓，但瑞赫米拉的陵墓可以说是除了法老陵墓外最好的陵墓之一，里面的壁画异常精美。最为难得的是墙壁上的文字，特别是记述维西尔职责的文字，对后世了解古埃及行政管理的建构意义深远。

【译文】

南城或官邸维西尔城池督管公卿之规定。无论该公卿会于维西尔寮中[1]需向维西尔汇报何种情况，他都需坐于佩亥芷[2]之上，地铺茅席，身着官服，背靠皮垫，脚下亦有皮垫，□□□□他，手持阿巴之杖[3]，30草卷展于面前，内务官吏立于其右，出入监官立于其左，维西尔之书吏立于身侧，各于其位列队侍立。奏报一个接着一个，低位者不可于高位者之前奏报；如果某位高位官吏说："无人可于我前奏报"，维西尔之使节将立即将其捕获。

【注释】

[1] 中国周朝官制有两大体系，即公卿寮与太史寮。古埃及维西尔工作处无法用现代名字翻译，故用寮字。

[2] pHD 为古埃及一种椅子。

[3] 阿巴之杖是古埃及权杖中的一种，具体分工还待考证。

二、古埃及传记文献选译　　267

【译文】

向其奏报之事有要塞定时封闭与定时开启，向其奏报之事有南北要塞情况，以及法老域内任何所出之物品。任何进入法老疆域之物品亦需向他报告，还有任何进出宫中之物品，是由他的使臣负责该项出入，监管官吏即地区监管皆需向他汇报。

然后，他将觐见问候法老，愿他长寿、富裕、健康，每日在其宫廷向他汇报两土地之事。他将进入宫廷，司库立于北柱之处，等待维西尔从东方"双门"进入，然后司库走上前去问候并向他汇报，说："您的事务一切皆好。"各部门均向我汇报说："您的事务一切皆好，法老域内一切皆好。"然后，维西尔对司库说："您的事务一切皆好，内宫之储备一切皆好。我已接受各部门要塞定时关闭和定时开启之报告。"两位高吏互相通报之后，维西尔便下发命令开启法老域内每一道门，说："允许所有该进入的进入，该出去的出去。"他的使臣用文字将其记录下来。

绝不允许任何官吏拥有超过他维西尔寮断事之权力，如果有人于其官邸中控罪这些官吏中的某人，他将被带至宫廷，由维西尔对其依法起诉并对其定罪惩罚。维西尔决不允许任何官吏在其官邸拥有殴打之权力。任何不具备该寮能力的人都向其（维西尔）报告，使他可以亲自处理此事。

任何维西尔派出的执行使命的使节，从最高一级到最低一级：不允许在官员面前鞠躬或被传唤。他要站立于那位官员面前传达维西尔之指令，说完他的指令，然后走向他的位置。正是他的指令让城侯与地方首领来到宫廷，是他的传令官宣布指示□□□，如果使节返回说："我奉派去见某某官吏，他传唤我并将一些东西放在我的脖颈上",该官吏此事件为人所知后,该使节□□□□,维西尔将因此事件在其寮内对使节进行惩罚,通过任何比肢解惩罚更为严厉的惩罚手段。

【译文】

现在,任何于维西尔寮中听讼的活动,任何人于其使命中做得出色他都会听到,当他听到任何人完成其使命效率显著或他听到任何人执行劳务时消极怠工,那么此行为就会被记录在主附官的违背者名单之中,同样,对于他的任何官吏□□□其职责将不被完成。如果此种情况再次发生,那么违背者登记名单中,同时将此事情总汇情况也一同加在报告其违纪情况的名单当中。

维西尔发给任何部门官吏的任何未封文件,都要由相关官员登记并由"听者"[1]与文件负责者封上后送给他。他检查过文件之后将文件封以维西尔印送往存放之地。如果他索取已封文件,决不允许文件由相关官吏送达。

【注释】

[1]凡·登·伯恩(G.P. F. van den Boorn)译之为"调查者"。

【译文】

任何维西尔派出的处理任何上诉人的使节,都会被允许与维西尔见面。任何向维西尔就土地问题上诉者,会由维西尔亲自召唤,同时有土地监察和登记员听证。他可以获准其上埃及或下埃及土地延迟两个月。但如果他的土地靠近南城[1]或王宫,他则根据法律只准许他延迟三天。他根据他手中的法律听取每一位上诉者的诉讼。

他是派人召集地方要员之人,他是派遣他们下去让他们向他汇报他们地区情况之人,每一个意愿都向他汇报,他将封起这些意愿。

他赠予每一块土地,任何上诉者说:"我们的界线被移动了",那么就会有人去检查界线是否仍有官员印封。如果的确如此(被人挪动了),他就会带走挪动(土地界线的)官员。

任何矿区,任何人来到这里。当一件来自矿区的物品被发现,任何上诉者都要记录在案而他不得上诉听讼者,任何向陛下上诉的人在他已被记录在案之后将由他(维西尔)报告给陛下。

【注释】

[1]"南城"指底比斯。底比斯古时候还有"南赫留坡里城"之称。底比斯是古希腊人给予该地的称呼,古埃及人自己给它的名字是"瓦塞特"。

【译文】

是他派出宫廷的每一位使节去往城侯与地区首领所在地。是他派每一位官吏去传递宫廷的每一项法令。

是他任命上下埃及和南方之首底比斯诺姆的所有地方官吏中的每一位官吏。他们向他每四个月汇报一次他们所管辖的事务,与他们的议事成员一起向他提交他们所管辖事务的文件。

是他召集跟随陛下征战南北的军队。是他根据王宫所示组织军队余者镇守南城和京畿。水师统领和军队司令被招进他处进行军事教育。

现在,让每一位官员——从最低级阶层开始——进入维西尔寮向其同僚[1]致敬。

【注释】

[1]这里"同僚"指维西尔。

【译文】

是他根据宫中所示派人去砍伐树木。是他派遣地方官吏在全国各地修建沟渠。是他派遣城侯与地区首领管理耕种与收获。

是他于禁城迎宾殿任命警察总监。是他主持城侯与地方首领朝报，他们以他的名字前往上下埃及。

缺少意见的法律事务都向他汇报。上埃及要塞事务以及涉及劫掠□□□□的每一个人的逮捕都需向他报告。是他分配战利品给每一城镇地区。是他审理他（劫掠者）。

是他派遣书吏和其他官吏组去执行法老的指示。是他把地方记录存于他的僚属以备听取任何土地的情况。是他为每个地区、每个园地、每个庙产及每块封地划定界线。是他执行法老颁布的每项圣旨。

是他进行每一项调查，当一个人与别人发生争执时，是他听取每一个上诉。是他任命每一个需要任命之人到宫廷门区去。王宫内每一个需要问询的人都要来到他这里。是他听取每一项命令。是他听取每一个神庙财产损失之诉讼。是他提供每一份包括食物在内的供应给每一位应该配给的人。是他在南城与官邸□□□□，是他用他的封印为之封上。是他听取每一个案件，是他收齐库场的物品。大议事会向他汇报运送和税收的情况。是他听取配给之处□□□□每一项运入宫廷。是他与金库总管一同开启金库。是他监管着比布鲁斯[1]的生产□□□□高级部门与伟大的议事会。是他为需要列入清单的所有畜群列出清单。是他于每十天的开始检查饮料供给□□□□，□□□□涉及宫廷的每项事务。城侯与地区首领以及每一位臣民都向他报告其收入情况。每一位地区首领和每一位警察都向他汇报每一起冲突□□□每月向他汇报收入的精确情况。是他分配船只给每一位需要分配给船只的人。当法老远征之时，是他派遣每一位王宫使臣去□□□他的□□□。是他让□□□法老□□□□。每艘船开船停船的议事都要向他汇报。是他按照王宫指令封上□□□□的每一道命令□□□给狗之监管人。每一项□□□□报告都要报告给他。在维西尔寮听取宫廷之门司们于其面前报告其所有行为，指挥官员□□□□。

【注释】

[1]"比布鲁斯"为腓尼基一座古城，位于今天黎巴嫩贝鲁特城东北偏北处。公元前2000年，它是埃及在亚洲的一个重要商业中转地，其名字的来源与纸草有关，因其专营纸草而得名。

30. 赫瑞姆赫布将军墓铭文

【题解】

历史上常出现重复的旧套式铭文，尽管是重复以往的文字，但有时比记录时事更为重要。史家常无法确定其所面对的铭文是真实的记载还是固定的纪功模式。下面摘录的铭文便是一个恰当的例子。阿玛那改革中，埃及丧失了其亚洲帝国的大部。赫瑞姆赫布系当时埃及军中一名指挥官，后来成为法老（约公元前1349—前1319）。在他还是军官时，便建墓于萨卡拉，墓中遗物现散藏于三大洲。其中，声称征服外邦以及获得外国朝贡可能是对有限事实的夸大，抑或是掩盖失败之辞。

下面（a）节铭文藏于大英博物馆、开罗博物馆和卢浮宫；

(b)节见于亚历山大城的私人收藏;(c)节在波伦亚市立博物馆;(d)节在荷兰的国立博物馆;(e)节在维也纳博物馆。关于这些铭文的参考文献见 B. 波特（Bertha Porter）与 R. L. B. 摩斯（R. L. B. Moss）的《古代埃及象形文字铭文、浮雕、壁画地质参考文献Ⅲ——孟斐斯》（牛津，1931，第 195—197 页）。译自《古代近东文献》（普林斯顿，1955）。

【译文】

a

赫瑞姆赫布墓中的称号表明他曾负责亚洲各国事物。他是"世袭王公，国王右手的执扇官，陆军总将军"；"遍于南北异邦的国王足迹之随从"；"派往南北异邦的国王军前信使"；"唯一的心腹，杀戮亚洲人之日战场上其主足旁之人"。[1]

【注释】

[1]阿玛那诸法老中唯一曾明确宣称征服外邦的是图坦哈门，他的彩绘箱（N. M. 戴维斯，伽丁内尔：《古代埃及绘画》，芝加哥，1936）上有表现法老杀戮亚洲敌人的战斗场景，图上铭文描述道："现世之神，阿蒙之子，无双勇士，臂膀强壮，杀敌百千，降服万众。"我们对这样的战斗是否确有其事当持怀疑态度。

【译文】

b

赫瑞姆赫布被一位不知名法老派去埃及南诸国征收贡品，会当亚非各国正式朝贡之时。

□□□□□他作为国王信使被派往日轮遍照之处，完成［征讨］，胜利返回。没有哪个地方能在他面前抵抗，他瞬间将其

［占］领。他的名字在□□□□□国[1]中被［敬畏］地传诵，他没有停止北上。此时陛下现身王座，接受朝贡。南北［诸国］献上贡品，而世袭王公赫瑞姆赫布，胜利者，站立旁边□□□□□。

【注释】

［1］此国名已不可辨识，但参考下半句，并考虑到原文表述上可能要形成南北对偶的修辞，这里也许为埃及以南某国，可能是内帕乌（Nepau）。该名曾出现在图特摩斯三世所征服非洲地方的长串名录中。

【译文】

c

下面一段可能出自描写外国进贡的同一场景。

□□□□□引导贡品各归其位，将从中精选出的披在□□□上，□□□□□军队，填满神的仓库，神心中满意，□□□□□叙利亚所给予他们的□□□□□他可供国王取用。

【译文】

d

赫瑞姆赫布向不知名法老引见亚洲人，国王满意，亲切地赏给将军黄金。

□□□□□众异邦王公来向他乞求生命。世袭王公，唯一的心腹，王家书吏赫瑞姆赫布，胜利者，当他答复［国王］时，说道："以前不知埃及之［国家］，他们将万世在您脚下，阿蒙神已将其发落于您。他们召集［各］异邦，［结成同党］，自拉神以来都不为人所知。他们在战场上如一人般呐喊。（但）您的名字灼烧［他们，他们］臣服于您。您就是拉神，［迫使］他们［抛弃］城市□□□□□。"

【译文】

e

赫瑞姆赫布向下属军官发布命令,处理不安静的敌对民族。

□□□□□现在,法老——愿他长寿、富足、健康——已将他们交于你手,去保卫他们的疆界□□□□□属于法老——愿他长寿、富足、健康——按照从最初以来其远祖的方式□□□□□那些不知如何生存的异邦人到来□□□□□他们的国家正在经受饥饿,他们像沙漠中的野兽般生存□□□□□力之大者[1]将其重剑送到□□□前□□□□□毁灭他们,使他们的城市荒芜,放火□□□□□(这样)这些异邦将使其他人各归其位。

【注释】

[1] 指法老。

31. 维西尔帕塞尔自传铭文

【题解】

帕塞尔是古埃及第十九王朝塞提一世与拉美西斯二世执政时期的一位维西尔①。维西尔一职相当于古代中国的宰相。帕塞尔的陵墓在底比斯大墓地中,编号为 TT106,该墓于其任塞提一世第一大臣之时开始修建,坐落在底比斯西岸什赫阿卜杜艾尔-库尔纳大臣墓群之中,在帝王谷与王后谷之间。在岩石沉降处的北侧是内弗尔霍泰普的陵墓,编号为 TT107,而该沉降之西侧便是帕

---

① 维西尔源于闪语词根,古埃及语为 TAty,因该译文为西方语言所普遍接受,故在这里采用。

塞尔的陵墓。

帕塞尔的陵墓由三部分构成：前厅、宽厅与内厅。前厅面向西，宽厅与前厅平行。该陵墓习惯上被称作"T型墓"，是由于前厅有一部分凿入岩中。通往宽厅的走廊两侧各有一个石碑，塞提一世的"王名圈"就刻写在南面石碑上，而拉美西斯二世的名字刻写在北面的石碑之上。由此考古学家推测，该墓的建造跨越了两个法老的统治时代。石碑侧面有帕塞尔雕像一尊。再向南，在陵墓门面南端是帕塞尔的另一尊雕像，其北端是一个壁柱半掩在墙壁中，其上所画为净化仪式。南北两端侧墙很窄，北侧侧墙上是一个神龛，南侧则有两个。其上都有帕塞尔的形象出现。

宽厅中有八个立柱，内厅与宽厅之间由一个走廊连接。宽厅和前厅是在塞提一世统治时期修建，只有内厅和前厅北半部中的一小部分为拉美西斯二世统治时期完成。整个陵墓呈对称型，由中间贯穿前厅、宽厅和内厅的走廊中轴。整个轴线将两侧的浮雕、壁画及铭文分成两个世界，南半部记述描绘现世世界，而北半部则记述描绘来世世界。

前厅壁画展示的是帕塞尔走向众神。帕塞尔及其家庭成员进入神的世界，向神献祭并吟咏赞美诗歌。南面石碑描绘的亦为净化过程，只不过是在前厅进行的木乃伊的净化。古埃及人把陵墓的前厅看作连接两个世界的门户，这个门户也是进入永恒世界而再生的入口。门上方的门梁上刻着帕塞尔向各种神祇祈祷的图画。入口门侧厚面上方画的是他吟诵赞美诗，其母亲在向升起的太阳祈祷。另一侧描绘的则是他父亲向落下的太阳祈祷。

宽厅北半部壁画上出现一艘太阳船，船上有托特神、哈托尔神、玛阿特神、阿图姆神及树神。此面墙上壁画中出现的所有神祇，无论男神还是女神，都对冥界死者的生命异常重要，因此，帕塞尔与其家庭成员的形象也被画在壁画中。下面的文字中，书写有帕塞尔及其家人崇拜诸神并从以树神形象出现的努特女神那里得到死后重生的文字。全体家庭成员在歌者及乐人伴随下向神献祭，赞美阿蒙-阿图姆神。该神乘太阳船在天空中驶过。家庭成员们为帕塞尔向神祈祷，祈求神的庇护。帕塞尔的头衔在铭文中书写完整，为后人分析其职务与经历提供了很好的材料。其家人的情况也在此处书写得较为完整。

宽厅的左面有两幅图景：帕塞尔检查卡尔纳克神庙工程并接受塞提一世给予他的奖赏。国王坐在华盖中的王座上，将荣誉之金授予帕塞尔。宽厅南半部的绘画中部分展示的是"维西尔的职责"，是其自传的主要部分。其陵墓中的柱子上亦刻写有其自传铭文的内容。此外，他和家人的形象也出现在另一根柱子上。

宽厅中有八根柱子，其中四根（编号为 E、F、G 和 H）在宽厅的北侧，另四根（A、B、C 和 D）在宽厅的南侧。编号为 E 的柱子上陈述的是帕塞尔代表塞提一世向孟杵神献上的赞美诗；编号为 H 的柱子陈述的是他向底比斯大墓地保护女神美瑞特塞格尔的祈祷。

很明显，从陵墓绘画与文字上看，内容描绘了两个世界，表现为两个世界的统一，即现世与冥世的统一。现世社会由帕塞尔的生平事迹构成，包括他与法老的关系以及他的工作与职责。冥世部分展示的是帕塞尔被引荐给诸神。

这个分析提供了一个针对传统结论的反例。传统观点认为拉美西斯众墓中只有宗教图画,没有现世描绘。"在拉美西斯众墓之中几乎没有任何明显的第十八王朝象征符号留存下来。包含有大量重生与复活概念的'日常生活图景'现在被抛弃了"。① 尽管日常生活图景消失了,陵墓拥有者现世的日常工作却没有消失。很显然,帕塞尔陵墓在什赫阿卜杜艾尔-库尔纳墓地的显赫地位使之可以不像其他陵墓那样只描述来世内容。帕塞尔的生平似乎在宗教内容占陵墓内容统治地位的什赫阿卜杜艾尔-库尔纳中显得并不那么重要,但现世生活在拉美西斯大臣陵墓中仍为陵墓装饰图画和文字的重要部分。

第十八王朝和第十九王朝陵墓建筑风格也不存在突然断裂。根据利斯·马尼克(Lise Manniche)所述,第十八王朝陵墓"有一个统一的形象,这将其与其他时代和遗址中的其他陵墓区分开来"。帕塞尔陵墓与阿蒙霍泰普三世时期修建于库尔纳的玛阿特祭司美瑞玛阿特的陵墓之间并没有实质的区别。后者为典型的"T型陵墓",其平面图跟帕塞尔陵墓的平面图一模一样。②

一般说来,第十八王朝大多数的陵墓都有一些相同特点。"无论采用什么标准,国王都是一个陵墓拥有者生命中最为重要的人物",③"维西尔及一些其他官员的职责包括代表君王接受贡

---

① Manniche, L., *City of the Dead: Thebes in Egypt,* Chicago: University of Chicago Press, 1987, p. 64.
② 参见 the TT C4 plan in Manniche, L., *Lost Tombs: A Study of Certain Eighteenth Dynasty Monuments in the Theban Necropolis,* London: Kegan Paul, 1988, p. 38 with the plan of TT 106 in Assmann, J., *Sonnenhymnen in Thebanischen Gräbern*, Mainz: Philipp Von Zabern, 1983, plan LI。
③ Manniche, L., *City of the Dead: Thebes in Egypt*, p. 31.

品",① "工场监管,也在维西尔的职责范围之内,神庙工场监管则是阿蒙神高级祭司的职责","陵墓主人在壁画中显示向诸神奉献铜盆花药祭奠,诸神并未被画出,但在伴随的文字中有所描述。"② 所有这一切都可以在帕塞尔陵墓中找到。其陵墓属于拉美西斯时代陵墓。

因此,帕塞尔墓的形制并没有迅速脱离第十八王朝陵墓的形制,特别是入口和南半部跟第十八王朝陵墓并无二致。帕塞尔墓总体建筑设计体现的正是第十八王朝陵墓的精髓。该墓北半部的宗教内容图画属于拉美西斯时代个人陵墓装饰风格,融入了第十八、十九两个王朝陵墓建筑和装饰风格。

帕塞尔是塞提一世和拉美西斯二世统治时期的维西尔,因此他是两位法老统治时期的一位重臣。从第十八王朝开始,维西尔这一职位开始设立两个,一位南方维西尔,一位北方维西尔,分别处理南方和北方的事务。帕塞尔是塞提一世的南方维西尔,后来继续做拉美西斯二世的南方维西尔。因为南方维西尔的陵墓在底比斯大墓地的贵族陵墓内,所以南方维西尔留给我们的材料要比北方维西尔多。

我们尚知帕塞尔是什么时候升任为南方维西尔的,但从其陵墓的规模及内饰的豪华程度看,他当上南方维西尔的时间应该是塞提一世统治时期。帕塞尔在塞提一世统治的最后五年任南方维西尔之职,之后在拉美西斯二世统治时期至少做了 20 年的南

---

① Manniche, L., *City of the Dead: Thebes in Egypt*, p. 33.
② Ibid., p. 35.

方维西尔。[1]这就是说,如果拉美西斯二世继任法老是在公元前1290年的话,帕塞尔出任南方维西尔一职的时间就应该是公元前1295年。

帕塞尔的父亲是内卜内彻汝(Nebneteru),卡尔纳克神庙阿蒙神高级祭司,拥有"南北方神祇主祭司"的完整头衔,而该头衔是埃及宗教上的最高荣誉。利斯·马尼克认为帕塞尔的母亲是美瑞特瑞,"阿蒙神后宫之主"。这一头衔是阿蒙神皇家首席女祭司。他的母亲出生在孟菲斯,因此可以推测,帕塞尔家族起于北方,而非南方的底比斯。他起初是作为塞提一世的内务总管而得到赏识后被提升到维西尔这个位置上来的。

维西尔这一职位的设立可以追溯到第三王朝佐塞尔王统治时代,甚至在纳尔迈调色板上也出现了疑似这一头衔的文字。维西尔的职责范围很大,除了军事和宗教,大部分政府管理工作都是维西尔职责所在。在宫中,维西尔作为法老的代表直接行使总理内务的职责,是国王的副手。他接受大臣们的报告,负责管理财政"金库",派遣传令官到地方官府。作为内政管理的首脑,维西尔还主管法律、宫廷管理以及任命文职官员。宫廷中的一切通告都从维西尔那里发出,所有的法律事件都会让维西尔去听讼而不是由国王亲自出席。若用现代的职务来看,这一职务非常像古埃及法老的高级秘书,代理法老处理几乎所有的法老的事务。[2]

---

[1] Kitchen, K. A., *Ramesside Inscriptions*, Oxford: Blackwell, 1993, p. 198(以下简称 *KRI*)。

[2] Boorn, G.P.F. van den, *The Duties of the Vizier: Civil Administration in the Early New Kingdom*, London, New York: Kegan Paul, 1988, pp. 309–391; E. Martin-Pardey, "Wesir, Wesriat", in *Lexikon der Ägyptologie*, Bd. VI, Wiesbaden: Otto Harrassowitz, 1986, pp. 1229–1230(以下简称 *LÄ*)。

此外，维西尔还被指定为主持宗教仪式的主祭司，这似乎是出于敬重的需要，因为在内政管理中，宗教仪式跟维西尔的职责无关。

帕塞尔成为维西尔是在古埃及历史最为辉煌的一个时代，但尽管如此，新的王朝还是试图加强他们统治的能力。一方面通过修建大工程展示法老的权力与统治能力，另一方面，通过将他们的王权与第十八王朝王权相接证明其统治的连续与合法。他们忽略所有不安定因素的存在，比如在哈特舍普苏特女王和阿玛纳时期，以此来让第十九王朝成为第十八王朝这个经典王朝的继承王朝。

TT106号陵墓就是这个计划中的一部分。他们试图抹去一切能让人想起这个应该是属于新王朝的痕迹，通过建造并装饰一个同第十八王朝维西尔瑞赫米拉陵墓（TT100）一样的陵墓来暗示人们，帕塞尔是从那些著名维西尔那里继承的职位。[1]

译文译自基钦《拉氏铭文》(*KRI*)。

【译文】

2.1. 入口处铭文

大入口处，门道（KRI, I, 285, 1–286, 12）

陵墓外正脸门楣：左侧是帕塞尔在拉神和女神前面的图画；右侧是奥西里斯与阿努比斯的图画；中央是带翼太阳圆盘及"王名圈"。

拉神：拉-亥尔阿赫梯，伟大神祇，天空之主。

---

[1] 参见 Boorn, G.P.F. van den, *The Duties of the Vizier: Civil Administration in the Early New Kingdom*, pp. 365–371。

女神：□□□□西部荒漠，于其主之前。

帕塞尔：向亥尔阿赫梯献上崇拜，□□□□他们准许出入□□□□祭品□□□□维西尔成之总管，帕塞尔，真话如此。

阿努比斯：阿努比斯，大墓地中神龛最前者。

奥西里斯：□□□□

帕塞尔：□□□□

带翼太阳圆盘：贝赫戴特[1]

"王名圈"：蒙玛阿特瑞，塞提－美瑞－恩－阿蒙。

【注释】

[1]贝赫戴特为地名，应在伊德福地区。

【译文】

门口厚侧（右）：

帕塞尔之父内卜内彻汝崇拜落日。

内卜内彻汝衣袍上的"王名圈"：蒙玛阿特瑞，塞提－美瑞－恩－普塔赫。

赞美诗：高级祭司赞美拉神，当其降落之时。愿你接受□□□□□召唤你，□□□□□，崇拜你，每时每刻。□□□□□。

塞姆祭司[1]，底比斯总管，阿蒙神高级祭司，内卜内彻汝，绝无虚言。

□□□□你，真实地□□□□。愿你为我设□□□□之地。我给面包于[饥饿者]，给水于饥渴者，给衣服于裸身者。

噢，神祇，愿你让我与你一起，我就能在你面前接受贡品□□□□□。

【注释】

[1]塞姆祭司是古埃及祭司中负责在木乃伊仪式中扮演长子角色的祭司,负责将死者生命归还给神。

【译文】

门口厚侧(左):

帕塞尔与其母亲崇拜初升的太阳。

赞美诗:世袭贵族,大臣,高贵者,内痕之口[1],玛阿特先知,改成总管,维西尔帕塞尔,真话如此,大臣之子,阿蒙神高级祭司,普塔赫神塞特姆祭司[2],内卜内彻汝,真话如此,崇拜拉神,当其于天空的东方地平线上升起之时。

他说:"赞美你,来自原始瀛水之中的阿蒙-拉-阿图姆-赫尔阿赫梯神,□□□□□一人都崇拜你。

在天空中度过者□□□□落入他的时间。

活着的巴,他自己重生。无人知晓(之地)□□□□。

神鹰[3],变幻的羽毛,贝赫戴特,消除一切罪恶□□□□。

□□□□匹与内痕之心灵(赞美你),狒狒[4]于太阳初升之时崇拜你。

傍晚之太阳船在你之右,白日之太阳船在你之左。拉神之船员个个充满欢乐。

赫留坡里议事会在欢庆,因为他们看到了叛乱之蛇被征服,你的敌人受戮遭屠。

□□□□日间的太阳圆盘。是拉神让你变得大美。

你欢乐地漫步于每个地区,是你创造了他们的生命。

九神为你创造了尼尼，托特神亲自提升你。愿你让我在晨曦中见到你。

为奥西里斯之卡，世袭贵族，高官，显贵，判官，内痕之口，玛阿特之先知，喉舌，令整个土地满意之人，让上埃及国王受益之人，对下埃及国王有用之人，善神之唇舌，国王右侧执扇者，该城主管，该城维西尔，帕塞尔，真话如此，阿蒙神高级祭司，普塔赫神塞特姆祭司内卜内彻汝之子，真话如此，生于阿蒙神后宫之大人美瑞特瑞，真话如此。"

【注释】

[1] 这里采用的是阿道尔弗·厄尔曼和赫尔曼·格拉坡的《埃及语词典》中的翻译，大多数埃及学学者认为应译为"内痕守护者"。

[2] 即塞姆祭司。

[3] 指荷鲁斯神。

[4] 狒狒在古埃及浮雕及绘画中经常伴随太阳神出现，被认为是太阳神最忠实的崇拜者。

2.2. 南侧石碑

前门面外侧南侧石碑（KRI，I，286，15-290，9）

顶端中心部分"王名圈"：曼玛阿特瑞，塞提·美瑞-恩-普塔赫

上沿右侧空边处：

外侧铭文：国王献给奥西里斯的祭品□□□□□永恒。他度过百万年为其一生。

愿他提供我所接受的来自他房屋的祭品，于其所有节庆□□

□□□

□□□□□

□□□□他的母亲，底比斯阿蒙神宫之伟大者，来自孟菲斯的美瑞特瑞。

里侧铭文：所有国王奉献给伟大之神，该神之母，面庞美丽者，百万之船[1]，位于其额头之上的拉神之眼[2]，名为威瑞特-赫考[3]者，在其兄之太阳船中掌舵者，不找到其兄绝不停歇者伊西斯之祭品。

愿她准许出入，毫无阻碍□□□□□□□□□该城主管，维西尔帕塞尔，绝无虚言。□□□□□。

基座铭文：□□□□□于普塔赫神神庙之中，内卜内彻汝，被称作西底比斯之柴睿，绝无虚言，赞美神庙中该神。

上沿左侧空边处：

外侧铭文：所有国王奉献给两土地之主，赫留坡里□□□□每一位都活□□□□□黎明之拉-赫尔阿赫梯神[4]之祭品。他每日出生。愿他让太阳之轮可见，月亮可见□□□□□。

为□□□□□世袭贵族帕塞尔之卡。

□□□□□阿蒙神高级祭司，内卜内彻汝，称作柴睿□□□□□。

里侧铭文：所有国王奉献给拉神之女□□□□□赫尔摩坡里之主之前额，伟大者□□□□降落在□□□□□纸上，优雅女神，其父之宫殿里的甜蜜之爱玛阿特之祭品。

愿她给予□□□□□之寿命，维西尔帕塞尔□□□□□。

基座铭文：(遗失)

画面

帕塞尔与其母亲崇拜奥西里斯和伊西斯（图画右上方）。

奥西里斯：奥西里斯，西方之主。

伊西斯：伊西斯，伟大者，该神之母。

帕塞尔/帕塞尔的母亲：奥西里斯，该城主管，维西尔帕塞尔，绝无虚言，他的母亲，阿蒙神宫殿之伟大者，美瑞特瑞，绝无虚言，崇拜薀恁内弗尔[5]，永恒世界之统治者。

内卜内彻汝与其妻子崇拜拉-赫尔阿赫梯神与玛阿特神（图画左上方）。

拉神：拉-赫尔阿赫梯□□□□□两土地与赫留坡里之主，天神之主。

玛阿特：玛阿特，拉神之女□□□□□。

内卜内彻汝/其妻：奥西里斯，阿蒙神高级祭司，内卜内彻汝，称作柴睿，绝无虚言，及阿蒙神宫中之伟大者，美瑞特瑞崇拜玛阿特之创造者。

【注释】

[1] 全称为"百万年之船"，为拉神每天航行于天界与冥界的太阳船。

[2] 许多女神被称作"拉神之眼"，伊西斯女神之外还有哈托尔神、塞赫迈特女神、巴斯特特女神、娲吉特女神和姆特女神。

[3] 古埃及人格化的超自然力量，直译是"伟大的魔力"或"伟大女巫"。

[4] 这是拉神与荷鲁斯神结合之神，意为"拉神，两地平线上之荷鲁斯"。

[5]奥西里斯神的另一个名字，意为"完美的存在"。

【译文】

净化帕塞尔与其母亲木乃伊的仪式（图画右下方）。

主祭：诵经祭司诵读之词：

你之净化乃荷鲁斯之净化，反之亦然；你之净化乃塞特神之净化，反之亦然；你之净化乃托特神之净化，反之亦然；你之净化乃塞帕神[1]之净化，反之亦然；奥西里斯，帕塞尔，绝无虚言。

【注释】

[1]蜈蚣神，奥西里斯神的一个方面。

【译文】

木乃伊：净化，净化！奥西里斯，该城之主管，维西尔，帕塞尔，绝无虚言，奥西里斯之子，阿蒙神宫之伟大者，美瑞特瑞，绝无虚言。

内卜内彻汝与其妻子木乃伊前献祭（图画左下方）。

木乃伊：奥西里斯，高官，阿蒙神高级祭司，内卜内彻汝，被称作柴睿，真话如此，与其妻子，阿蒙神宫之伟大者，美瑞特瑞，真话如此。

主祭：为拉－赫尔阿赫梯神，为奥西里斯，蕴恁内弗尔，为神之母伊西斯，为拉神之女玛阿特，为大九神与小九神焚香祭酒。

愿他们奉献上千块面包，千扎啤酒，千头祭牛，千只鸟禽，千个完全纯净美好的东西，一切上天给予、大地创造的东西，一切尼罗河从其洞穴中带来的东西，给奥西里斯、柴睿，给奥西里斯，阿蒙神宫之伟大者，美瑞特瑞。

奥西里斯诵经祭司，胡伊，真话如此。

【译文】

铭文主题部分：

奥西里斯，城市主管，维西尔帕塞尔，真言如此，所叙之词。他说：赞美你，罕提阿蒙提乌[1]，君主，统治者，□□□□盖博[2]之子，所有□□□之继承人，王中之王，面庞秀美，接受了白冠，令大小九神满意之人。

愿你愉快，哦，你在大墓地，心情倦怠者。愿你加入快乐，因为你的儿子荷鲁斯，因成功而欢欣鼓舞，他接受拉神的装饰，其父□□□□赋予生命与领土，置于薀恁内弗尔的保护之中。

当他们看见奥西里斯之子荷鲁斯神坐在他父亲的王座上，众神欢庆，议事会欢庆。

我来到你的面前，我的心承载着玛阿特□□□□□□□□。我做的都是一流的作为[3]，我没有从神庙中□□□□食物，我没有改变过供奉的标准。

请让我加入陛下身后得到□□□□宠爱者的行列。我会接受献于你面前的食物祭品。我的供奉会像□□□□日内什迈特船[4]中的供奉一样。愿我像荷鲁斯之跟随者一样成为神船中的舵手，愿我的巴在我的名字被召唤时向前轻落于地上。愿我进入我的房间，这样我就可以看见来自希克秣槭树的□□□□之人，祭奠之饮□□□□，他们喝下。愿我的灯芯草之地[5]长满大麦与小麦，耕种□□□肘尺，□□□（太阳船）夜船，当他们航行□□□□来自泰特[6]之手的帆装，□□□□薀恁内弗尔□□□□于拉-塞查乌之日[7]接受□□□□我的心。愿我可以在脖颈上带着洋葱跟随太阳船□□□□另一个世界□□□□泛着太阳神拉之光芒，身着全红亚麻衣裳。

愿我每个新年之日的早晨接受□□□□。我父亲之名□□□□，带着我□□□□池中之内姆希图罐。我每日航行至底比斯之西，而诵经祭司与奉献者们□□□□。愿每一个人带来祭品放于□□□□拉神面前的威严的贵族，愿你们中的一员修建□□□□我的陵墓。然后，愿完美的灵魂前来，对着被召唤的□□□□呼喊，他们便会于□□□□□之日接受蕰愸内弗尔的祭品，保护此人，当他跟随□□□□颐养天年。

为奥西里斯，该城之主管，维西尔帕塞尔，高贵的阿蒙神高级祭司，被称作柴睿，实话如此，内卜内彻汝之卡。

□□□□他说："哦，底比斯的人们，什塔伊特[8]圣殿前的伟大之神□□□□熟知该神语言者，每一个平安进入我陵墓之策之葬礼者。愿你不断复述我的名字，愿你不要忽略我□□□□给予饿者以面包，渴者以水，我给予裸者以衣物□□□□我将其儿子置于其父亲的座位之上，我让国王在我的时间里满意□□□□与强有力者一起□□□□他给予我□□□□□祭品。"

【注释】

[1]奥西里斯和阿努比斯两神的一个称呼，名字的意思是"西方第一人"。因古埃及人常称死者为奥西里斯，这里是指对死者的呼唤。

[2]大地之神，天神努特的丈夫。

[3]原文是"我没做过二流的作为"。

[4]即奥西里斯船。

[5]"灯芯草之地"为古埃及人意识中的来世之地，为人们向往的来世天堂。

[6]泰特是古埃及纺织之神。

[7]即大墓地日。

[8]索卡尔神。

【译文】

2.3. 宽厅南侧部分

宽厅，南半部

后墙

"维西尔职责"铭文（KRI，I，290，13-291，10）

□□□□在宫殿中

他派朝臣□□□□

他倾听贵族和统治者之言

□□□□任何地区的掠夺者

他□□□□

□□□□所有土地

□□□□□□□□

□□□□在底比斯□□□□

□□□□在他身旁

他听见□□□□

他打开金库之封□□□□□□

前墙

塞提一世奖赏帕塞尔（KRI，I，291，11-293，6）

国王登上华盖下的宝座，玛阿特，匹与内痕之灵[1]

带翅膀的太阳圆盘：比赫德提特[2]，伟大神祇，梅森[3]之主，愿他赋予生命于疆域。

比赫德提特，伟大神祇，变化多样的羽毛。

愿他像拉神一样赋予生命与疆域。

国王品评：上下埃及之王，曼玛阿特瑞，拉神之子，塞提-麦瑞-恩-普塔赫，像拉神一样赋予生命，两土地王座之主，上天之主。

所有的能力与疆域，所有的健康，全都像拉神一样永恒地服侍他。

匹与内痕之灵，匹之众灵与内痕之众灵使之扩展。

玛阿特：拉神之女玛阿特吟诵之词：我的双臂用生命于疆域护佑着你。我赋予□□□□愿你永远在力量之座快乐。

【注释】

[1] 两个地名，两地之灵指已逝的先辈国王。

[2] 荷鲁斯在伊德福神庙的称呼。

[3] 一个三角洲城。

【译文】

随从授予帕塞尔金项圈（*KRI*, I, 292, 2–293, 6）

帕塞尔：世袭贵族，大臣，权贵，法官，内痕之喉舌，先知，该城之主管，该城之维西尔，帕塞尔，真话如此，底比斯之西之神祇赞美他。

三位随从：朝臣帕杵玛

朝臣普塔赫玛伊

朝臣梅睿瑞，被称作□□□□

铭文主题部分:

世袭贵族,高官,该城主管,维西尔帕塞尔,真话如此,之吟诵之词。

他说,赞美你□□□埃及,九弓[1]之太阳,上下埃及之王,曼玛阿特瑞,荷鲁斯,在底比斯上闪亮升起。□□□□他懂得人心,和人们身体之内的事情。他就是哈努姆,他□□□□人民,他支持穷人,他提携痛苦者,□□□□贵族。尼罗河□□□□他非常留意。愿你让我通过□□□□祖先。愿我得知他心中所想。没有□□□□在君王之前,这样陛下就能从神圣之门看见神秘众门之□□□□。伟大人物和朝臣都在两门之旁□□□□面前。无人报告,无人□□□□显得地位比我高。国王的青睐在我身上,因为我很伟大。他从百万人中挑选了我,因为他心里知道我的完美,我是他创造出来的朝臣,他的教诲融化在我的身体里,每一个机构都在我心中盘算过,因为对于要我所做的事情我都非常智慧,拉向□□□□□□□□□为他的两条蛇,你的父亲幸运□□□□拉神之子,塞提-美瑞-恩-普塔赫那里。

愿他让我像一位□□□□之日富有者一样度过我的一生,在大墓地你身旁□□□□的□□□□之前之地区。

(主),我一直与伟大之人,祖先和完美之灵魂在一起。愿冥界里的亡灵对我说:"欢迎!安详地欢迎!你已为底比斯之主做到了玛阿特,他派你前往西方世界。"

为奥西里斯之卡,权贵,法官,内痕之口舌,玛阿特之先知,该城之主管,维西尔帕塞尔之卡,实话如此。

【译文】

帕塞尔视察卡尔纳克神庙工匠的工作（*KRI*, I, 293, 7-295, 1）

官员向帕塞尔展示塞提一世雕像（上部文字）

帕塞尔：该城之主管，维西尔帕塞尔，真话如此。

他说："愿普塔赫神喜欢你，哦，雕匠。你所雕塑的主之雕像多么完美。让它雕塑得像宫中传说的古代雕像一样，因为一个人雕塑了令人喜悦之物，他的双臂就会□□□月。"

雕像：上下埃及之王，曼玛阿特瑞。

第一人：为雕像的完成定个日期。雕匠去为雕像雕凿。

官员：他说："所有从你的嘴里说出来的事情，陛下都会非常喜悦。你是下埃及之王的眼睛，上埃及之王的耳朵□□□□□的脸，为其主人之精用。你开启每个功能之心，你之教诲在工匠之室中到处传诵。"

工匠、带尺之人，带斯芬克斯之人（下部文字）

底行

众人（右）：雕匠□□□□。

众人（左）：金匠，内弗尔霍尔。

他说："愿阿蒙神让法老——愿他长寿、富有、健康——健康。愿他赋予维西尔帕塞尔他的钟爱。愿他给予我时间□□□□去见阿蒙神。"

中行

两人（左）：拉神之女玛阿特祭司，胡伊。

带尺之人（中）：□□□□注意□□□□永恒，上下埃及之王，曼玛阿特瑞，在□□□□之日胜利的国王之宝库，□□□□维西尔之官员们。

于□□□□之日，接受祭品供桌之器具，有金的与银的，该城之主管，维西尔帕塞尔，为上下埃及之王曼玛阿特瑞奉献，奉献给卡尔纳克阿蒙神庙。真话如此。

他说："让我□□□□□□□平衡。"

上行

众人/斯芬克斯/皇室头衔（中）：

上下埃及之王，曼玛阿特瑞，拉神之子，塞提-美瑞-恩-普塔赫，永远赋予生命，于卡尔纳克永恒之建筑中，为阿蒙-拉神，两土地王座之主所钟爱。

雕匠（右）：雕匠胡伊，雕匠宫中查□□□□之子。

众人（左）：祭司坤尼，更新生命□□□□来到□□□□□□□。雕匠，他说。

众人（下左）：坤尼祭司。

众人（下中）：画师，阿蒙瓦赫苏。

左侧铭文：金室守卫者，内弗尔芮乃普特。

他说："□□□□工匠们！愿你们的心快乐，愿你沉静□□□□安静地进入，他会受惠并受到爱戴。"

金匠内弗尔霍尔，他说："神直到他来到西方[2]，阿蒙神一直倾听将其藏在心里的人。"

【注释】

[1]古埃及人用"九弓"指代所有敌对国家。

[2]"西方"指进入另一个世界。

【译文】

2.4. 宽厅北半部

宽厅，北半部

前墙

太阳船（*KRI*, I, 295, 2–295, 9）

托特神/哈托尔神/玛阿特在太阳船中：赫尔摩坡里之主，玛阿特前之哈托尔神保护太阳船。

国王向阿图姆神献上玛阿特：献上玛阿特给她的父亲，伟大的神祇，拉神之子，曼玛阿特瑞，塞提－美瑞－恩－普塔赫。

阿图姆神在船舱中坐于王座之上：阿图姆安坐。

两神/荷鲁斯神在船中：西方之卡，东方之卡，由奥西里斯神之子荷鲁斯神充当早船之舵手。

帕塞尔与其家庭向诸神献祭（*KRI*, I, 295, 10–296, 5）

帕塞尔/家庭：为两土地王座之主阿图姆神焚香，向拉－尔阿赫梯神焚香，向□□□□之神阿图姆神焚香，其□□□□在他的身体中，向迈赫特－维瑞特神[1]焚香，她在其□□□□之间，向威瑞特－赫考焚香，向大九神焚香，向小九神焚香，这样他们就会以所有的生命、稳定与疆域保护国王曼玛阿特瑞。

我跟随他，卓越者，用他纯净的双手保护我的躯体安全无恙，直至我到达杜阿特土地边缘的玛阿特的土地，高官，法官，内痕之喉舌，玛阿特之先知，该城之主管，维西尔帕塞尔，真话如此，法官之子，阿蒙神高级祭司，普塔赫神庙塞特姆祭司[2]，上下埃及祭司之主管，被称作柴睿，生于阿蒙神宫殿之伟大人物，底比斯之完美荣耀的美瑞特瑞、内卜内彻汝，实话如此。

【注释】

[1] 天空女神,其名字的字面意思是"大洪水"。

[2] 古埃及祭司中的一种。

【译文】

帕塞尔家庭:

他的儿子,阿蒙神诵经祭司,护卫首领,祭司阿尼。

他的儿子,陛下马厩主管,塔提亚。

他的女儿,宫廷钟爱者,阿蒙神宫殿之伟大人物梯伊。

她的妹妹,阿蒙神颂诗歌者,纳雅。

歌者(KRI, I, 296, 6–296, 15)

歌者:接受美物,众神之主,底比斯的阿蒙-阿图姆神。

神圣之鹰,变换的羽毛,贝赫德泰特,丰富的色彩。

你在你母亲的体内休息,航行于天空,快乐地倾听、休息。

[(夜船),] 其心愉快,造船欢乐。

圣船中的众神欢乐,拉神之船员欢庆,他们看见□□□□。

阿图姆神在其和善的微风中与其昨日之地□□□□山峦合为一体。

愿他接受祭品,献上□□□□他的□□□□。

他让曼玛阿特瑞,荷鲁斯□□□□健康。

你给予他节日之永恒,财物之恒久。

愿他赞同□□□□对其忠实之人□□□□给帕塞尔□□□□。

让他像其主钟爱者和信任者所做的一样加入□□□□永恒之主旁的玛阿特的人们。

众人：□□□□接受我所唱之歌，该城之主管，讲话者。

帕塞尔，其父母和家庭接受来自一位祭司的祈祷（*KRI*, I, 297, 1–297, 7）

帕塞尔 / 父母：为世袭贵族，高贵者，下埃及国王玺印总持，宫廷中之伟大人物，宫廷中大臣之最高位者之卡。关注之事被告知之人，对其没有秘密之人，两耳充盈荷鲁斯与玛阿特之人，对其言语满意之人。

显贵之人，法官，内痕之喉舌，玛阿特之先知，两土地之主的大臣总理，威瑞特－赫考之高级祭司，国王右侧之执扇者，该城之总管，维西尔帕塞尔，真话如此，西方之神所钟爱之人，显贵、法官、底比斯阿蒙神高级祭司被称作柴睿的内卜内彻汝与卡尔纳克神庙阿蒙神宫殿中之伟大人物，阿什汝[1]女神，房屋之主姆特神所钟爱者，美瑞特瑞之子。

【注释】

[1]"阿什汝"为卡尔纳克神庙圣湖之名。

【译文】

帕塞尔，他的父母和家庭接受来自树女神的饮料（*KRI*, I, 297, 8–298, 6）

树女神：伟大者，受益于希克秾她的树名的努特神吟诵之词。

接受这个水流，你的心就可以通过来自底比斯西岸地区你的池塘中流来的溪水，在水中冷静。

接受贡品与供品□□□□来自我的躯体。愿你的心存于我之荫凉处，任意饮水。

上行

帕塞尔/家庭：为该城总管，维西尔帕塞尔，法官，阿蒙神高级祭司，被称作柴睿的内卜内彻汝和底比斯西岸阿蒙神宫殿之伟大人物美瑞特瑞——真话如此——之子——真话如此——之卡。她向其神致意。

奥西里斯，底比斯高级祭司，被称作柴睿的内卜内彻汝——真话如此。

他的妻子，阿蒙神宫殿之伟大人物，美瑞特瑞。

他的儿子，阿蒙神之诵经祭司，阿尼。

他的女儿，国王钟爱者，阿蒙神之歌者，梯伊。

下行

家庭：他的父亲，奥西里斯，塔提亚——真话如此。

他的妻子，塔维亚。

祭司，诵经祭司，阿尼。

阿蒙神之歌者，纳雅。

【译文】

2.5.柱子

宽厅

柱子B（*KRI*, I, 298, 7–299, 16）

帕塞尔与塞提一世

国王：上下埃及之王，曼玛阿特瑞，拉神之子，塞提-美瑞-恩-普塔赫，像拉神一样永久赋予生命。

帕塞尔：国王右侧执扇者，该城总管，阿蒙神节日之指挥者，帕塞尔——真话如此。

他说:"赞美你,善神,荷鲁斯,升起在底比斯,在□□□□□他生命之山,陛下在那里度过其一生。"

愿你让这个仆人在里面像其主人所用之仆人一样安息。让大臣们说:"他所经历的一切多么好啊。"你让我成为跟随陛下的一个好榜样。愿你让我像所有你钟爱的人一样抵达底比斯西岸。

为该城总管,维西尔帕塞尔——真话如此——之卡。

自传铭文:作为一位宫廷钟爱者,被认可为世袭贵族,显贵,高官,法官,内痕之喉舌,玛阿特神之先知,国王右侧执扇者,该城之总管,维西尔帕塞尔——绝无虚言。

他说:"赞美你,埃及之王,九弓之太阳。你是生存于玛阿特之上的神祇,你知道她心中之事,你判断人们,你知道他们,像赫尔摩坡里之主一样聪明,□□□□□□像普塔赫神一样洞悉,你创造了工匠之室的技艺。"

哦,陛下高兴,他于其幸福的宫殿里加入欢乐与喜悦,像两地平线之拉神一样。他的母亲玛阿特神在她作为威瑞特-赫考升起之时保护着他的躯体,她让她的宝座像他头上的盘踞者[1]一样置于他的双眉之间。

他手持钩子与连枷[2],及其父亲盖博神之建筑,□□□□天上之欢庆,贵族之室在欢庆,赫留坡里之主在欢庆,卡尔纳克在欢庆,阿蒙-拉神看到其宝座上的儿子之时,欣喜异常。当他欢乐地为其陛下创造奇迹之时,他让他在他面前出现。他让南、北、西和东都为拉神形象,拉神之子,上下埃及之王曼玛阿特瑞,塞提-美瑞-恩-普塔赫,赋予生命,朝气蓬勃。

我主命令将这个仆人提升为宫廷第一朋友,他让他成为宫廷总理与威瑞特-赫考之高级祭司。他再次任命他为该城总管,维西尔,决定谁是对的人,让他为胜利之王的宝库接受南北各国之供品。他被派往□□□□在他身上,因为他拥有超凡的能力,去计算两土地,南方北方,所有诺姆之税收。

王室书吏,受钟爱者,善神宠爱之人,伟大建筑之工程总管,所有国王之主席工匠监管之监管,阿蒙神节日之指挥,城市总管,维西尔帕塞尔——真话如此。

他说:"宫廷之□□□□朋友及伟大人物,宫廷中众朝臣□□□□关注善神之忠告,成功之人,□□□□幸福晚年。我已为我神维持玛阿特□□□□,愿他于死亡世界,西方,阿蒙-拉神治下之□□□□对岸给我一席之地,神命令□□□□进入受人尊敬之年纪,决定□□□□。"

【注释】

[1]即蛇神梅痕,最早出现于古埃及棺文之中,当拉神乘坐太阳船巡行于夜晚的时候,例如巡行于阿姆杜阿特之时,该神便环绕着太阳神出现于壁画或浮雕中。

[2]钩子和连枷是古埃及王权的象征,过世法老雕像常以双手执钩子与连枷交叉于胸前以展现其神的地位。

【译文】

柱子 C（KRI, I, 300, 1–300, 13）

帕塞尔和他的妻子在伊米乌特[2]前

帕塞尔和他的妻子:为伊米乌特焚香祭酒□□□□,伟大的神祇,掌管着神圣神龛,阿努比斯神,薀怹内弗尔神秘首领。

愿他让遗体安好,木乃伊停留于大墓地之中。愿你为你钟爱

之人所做的一切也能对我去做。让我的肉体在木乃伊工匠之首□□□□净化之室□□□□

为□□□□之卡

他受到钟爱的妹妹，阿蒙神宫殿之伟大人物，梯伊，绝无虚言。

【注释】

[1]"伊米乌特"为古埃及一种崇拜物标志，常为系于一个莲花头饰杆子上的被吹鼓起来的无头动物（猫科动物或公牛）皮囊。它的尾巴系于杆子顶端。

【译文】

他的兄弟向帕塞尔奉献

帕塞尔：世袭贵族，显贵，高官，法官，内痕之口舌，玛阿特之先知，威瑞特-赫考高级祭司，该城总管，维西尔，帕塞尔——真话如此。

他的兄弟：焚香献祭，献上一切美好纯净之物，面包和啤酒，牛与禽。

每日为你的卡献上所有纯净的礼物！

其兄弟，马厩总管梯提亚，绝无虚言。

帕塞尔在神龛中哈托尔牛之前，为塞提一世喂奶。

神龛前面铭文：善神，两土地之主，□□□□胜利之王，修建永生之建筑□□□□。

哈托尔诵经之词：我是你的母亲□□□□创造了你的美丽，用奶水喂养你□□□□。

框中铭文：曼玛阿特瑞。

贝赫德泰特，伟大神祇，变换的羽毛。比赫德提特，伟大神祇，变换的羽毛，上天之主。

善神，阿蒙-拉神之子□□□。

善神，曼玛阿特瑞，□□□□。

【译文】

柱子 E（*KRI*, I, 300, 16–301, 7）

孟杵代表塞提一世祈祷

主铭文：奥西里斯，显贵，法官，内痕之喉舌，玛阿特之先知，该城之总管，维西尔，帕塞尔，真话如此，显贵之子，阿蒙神之高级祭司，被称作柴睿的内卜内彻汝，真话如此，生于阿蒙神宫殿之伟大人物，美瑞特瑞，实话如此□□□□。

他说："哦，贵族神祇，三十聚神之主，赫蒙绋斯强壮的公牛，国王□□□□。"

愿你赋予国王曼玛阿特瑞，拉神形象，赋予生命，以百万年□□□□集合在他的拳头里，他将九弓统一为陛下的奴仆。

他的母亲玛阿特神保护着他的躯体□□□□在他两眉之间。

她为他征服了他所有的敌人。□□□□他巡行于他的疆域。

我每日跟随着他，我与□□□□联合，一个对他的主人有用的仆人□□□□得到□□□□王室的青睐。

说：底比斯的人们，他是多么幸运啊！□□□□的一个好榜样，我与伟大人物及祖先们合在一处。我像任何一个通过最后审判者一样□□□□。给予我的是□□□□。

【译文】

柱子 H（*KRI*, I, 301, 8–301, 11）

帕塞尔在美瑞特塞格尔[1]之前

帕塞尔：为美瑞特塞格尔熏香，为□□□□主管之室的威瑞特-赫考焚香。

塞赫迈特[2],塞赫迈特,火,火,慈悲者,慈悲者!愿国王曼玛阿特瑞被世袭贵族、显贵,两蛇女神之高官,威瑞特-赫考之高级祭司,该城之主管,维西尔帕塞尔——实话如此——赋予所有的生命、稳定与疆域。

【注释】

[1] 古埃及神话中一位蛇头女神,其名字的字面意思为"喜欢沉默者"。新王国时期,她在底比斯大墓地变得越来越重要,被认为是危险与慈悲女神,常和哈托尔神结伴出现。

[2] 塞赫迈特为孟菲斯神系中普塔赫神的妻子,为狮头女神。这里将美瑞特塞格尔等同于塞赫迈特女神。

32. 俳迪埃斯诉状

【题解】

这是对发生于第二十六王朝,持续多年直到冈比西斯统治的第二十七王朝的诉讼经历的记述。主人公是一位祭司,因祭司份额纠纷打了一场旷日持久的官司。这场纠纷不仅闹出人命,还因为各个涉事祭司各有保护人,而久拖不决。这个讼诉记述很有特点,是古埃及纪实文学作品中少有的让人们读到祭司社会生活与家庭生活的记事作品。事件发生发展过程跌宕起伏,读起来有"黑社会"影片的紧张。很多细节耐人寻味,活灵活现地展示了古埃及官员的腐败以及中产阶级为了财富进行的激烈争斗。由于人物关系比较复杂,且人物名字冗长,它读起来会让人有些混乱,但也正因为如此,才提供给我们更多的信息。当时,祭司职务是个肥差，可以子承父业，因此祭司特别是重要祭司都想保住这个职务，并占有更多的份额。在古代埃及，做祭司是一条获得财富的重要道路。但也因此祭司们之间很容易互相嫉妒甚至是抢夺财富。这场官司记录在纸莎草文书之上，现藏于英国曼彻斯特莱兰兹博物馆，被称作"莱兰兹草纸文献第9号"（PRylands 9）。本篇译文根据《约翰·莱兰兹图书馆世俗体草纸文献》（*Demotic Papyrus in the John Rylands Library*, Manchester, 1909）译出。

【译文】

愿阿蒙神让他长生不老！

在大流士法老统治的第九年[1]，派瑞特[2]季节的第三月：阿赫摩斯，佩蒂霍尔内普之子，从南方土地[3]来到苔乌沼伊[4]。当他做阿蒙神之迈尔森[5]之时，他对伊瑞特霍尔儒[6]之子斋德巴斯特特伊吾弗昂赫[7]说："自叁梯[8]任命我为苔乌沼伊之阿蒙神先知时起，我就在苔乌沼伊每年领取我作为祭司的收入。"

伊瑞特霍尔儒之子，迈尔森斋德巴斯特特伊吾弗昂赫对他说："愿你的呼吸老当益壮！依仗寓于此处的阿蒙神之生命。看，是派瑞特季节的第三月，阿蒙神粮仓已无小麦，神庙圣殿已无白银[9]。从现在起，我们将采用记账的方式充实库房所需。这个城市中这些双手被困的人，如果只有他们，这并非我们的过错。"

阿赫摩斯对他说："我问哪位可以告诉我，这座城市是怎么被毁坏的？"

迈尔森斋德巴斯特特伊吾弗昂赫对他说："这个是如何被毁灭的，除了外扎塞玛塔维之子俳迪埃斯，没有人能够告诉你。他会告诉你真相。"

阿赫摩斯召见了我。他对我说:"请告诉我,这个城市是如何毁灭的。"

我对他说:"你要做的第一件事情就是命人打我吗?我与人□□□□媾和。我不会告诉你这座城市已经发生了什么。"

阿赫摩斯[说]:"你就是比毁灭了这座城市的人更毁灭这座城市的人。"他命令他的人看护着我。他把我扔进了他的船,说:"我要带你去见叁梯,如果我还没有打你,只是因为你是一位老人。你会被打死的。"

【注释】

[1]即公元前513年。

[2]古埃及历法将一年分成三季,即阿亥特季、派瑞特季、莎姆季。阿亥特季常被译为泛滥季,派瑞特季被译为冬季,而莎姆季被译为夏季。这种译法并不精确,但大体相当。

[3]即上埃及。

[4]上埃及第十八诺姆首府。

[5]属管理阶层的一个头衔。

[6]名字的字面意思是"荷鲁斯之眼抗拒他们"。

[7]名字的字面意思是"巴斯特特神说:'他将长寿'"。

[8]一个地区的管理官吏中的主管。

[9]指当时用于贸易的铜,"白银"只是用来记述钱的词汇,并非是真的白银。

【译文】

阿赫摩斯来到希拉克里奥坡里。直到这一天他才问我:"你能告诉我苔乌沼伊是怎么被毁灭的吗?"

我对他说:"当我见到叁梯并看到叁梯会保护苔乌沼伊时,我才能向你汇报苔乌沼伊发生了什么。"

阿赫摩斯对我说:"你不是男人。"

他命两个人看管着我并说:"让他站在太阳下!"

我在太阳光线下忍受了巨大的痛苦。我对他说:"命人给我拿一张草纸来,我好把发生的事情全都书写下来。"阿赫摩斯给了我一张草纸。我写下了为毁灭苔乌沼伊所做的一切。阿赫摩斯读了草纸上的文字。他大声喊叫。他对我说:"拉神在上!我知道了当你说'如果我告诉你发生在我身上的事情,这些祭司们就会杀了我'时,你是对的。"

他封上了草纸,并让我和他一起印封。他把草纸递给了一个人。他命令将草纸送到叁梯所在的房间里去。阿赫摩斯待在希拉克里奥坡里处理他的事情。他放了我。我返回到苔乌沼伊。

几天以后,帕伊芙哈瓦为阿蒙[1]之子帕卡普[2]来到苔乌沼伊。他把阿赫摩斯让我写的草纸带给了祭司们。他们逮到了我、我的儿子和我的四个兄弟。他们把我们投入到酷刑器具中。他们把我们囚禁在一个神庙院子当中。帕卡普解除了伊瑞特霍尔儒之子斋德巴斯特特伊吾弗昂赫的迈尔森职务。他用手铐绑住了他。他命人将他投入我们所在的地方。他让俳迪哈匹之子伊瑞特霍尔儒跟随着他。派瑞特季节的第二月,第十三日,是舒神节日。苔乌沼伊城的所有人都开始喝啤酒。看守我们的护卫都喝醉了,他们倒头睡着了。伊瑞特霍尔儒之子斋德巴斯特特伊吾弗昂赫逃跑了。护卫醒来。他们没有发现斋德巴斯特特伊吾弗昂赫。护卫们看着我们离开。俳迪哈匹之子,迈尔森伊瑞特霍尔儒听到了。他和他的兄弟以及他们的人来到神庙。他们把我们撂倒，并殴打我们到几乎打死。他们停下来说："他们死了。"

他们把我们带到神庙大门上边的一个旧塔里。他们把我们扔进去，说他们让塔在我们头上倒塌。俳迪埃斯之子尼西依瑞蒂泰斯来了大叫："你要光天化日之下杀人，你做的事情会传到叁梯耳朵里的，甚至会传到埃及最高者[3]耳中。这是你要杀害的六个祭司，说：'我们要把塔弄倒在他们的头上。'我不得不将此事报告给叁梯。此事被人知道之时，你们就会被杀掉，他们就会说：'毁灭，因此事而毁灭苔乌沼伊。'人们就会待在一个没有人居住的城市中。"

【注释】

[1]名字直译的意思是"他生命之气息在阿蒙神手中"。

[2]捕鸟人。

[3]应该指波斯派来统治埃及的总督。

【译文】

他们把我们弄出该塔。他们把我们带离神庙。恰巧除了我之外他们中间没有老人。我的心受到了毁灭。除了已经发生的事情，我对这个世界一无所知。他们想："俳迪埃斯不会活过（下一个）时辰。"他们把我带到了我的家。我度过了四天，没有意识到我所在环境的任何情况。我在医药师护理下度过了三个月，我的伤才痊愈。夜晚，我登上一艘装载木材的船来到孟菲斯。我度过了七个月的时间，试图能来到叁梯和大人物的面前，而帕伊芙哈瓦为阿蒙之子帕卡普命令每一个人："不要让他接近叁梯！"

但是，昂赫雯内弗尔之子塞玛塔维塔伊芙那赫特认出了我们。我把发生在我身上的一切都告诉了他。他让我出现在叁梯的面前。叁梯派人唤他们四次，但他们没有来。他们在第五次召唤的时候来了。他给予他们包括每人50鞭子抽打的惩罚之后，放他们走了。他们前往找昂赫雯内弗尔之子塞玛塔维塔伊芙那赫特，说："我们给你和你的兄弟以及你的五个儿子神的贡品[1]，把草纸拿来，我们会签个契约给你五份神的贡品。"塞玛塔维塔伊芙那赫特命人拿来一张草纸。他们签订了五份神的贡品的契约。

塞玛塔维塔伊芙那赫特去见叁梯，说："愿他度过拉神的一生！这些祭司，看啊，叁梯已经惩罚了他们。他们到这里的缘由已经不在。愿叁梯放他们走吧！"

那晚我与塞玛塔维塔伊芙那赫特一同站在叁梯的面前，事情就这样发生了。我在叁梯面前说："苔乌沼伊阿蒙神先知的份额属于我的父亲，还有另外16名苔乌沼伊神祇先知的份额。他们却以他们的名义给他16个份额的神的贡品。但是我的父亲与法老普萨美提克内弗尔伊布瑞[2]带着阿蒙神的鲜花前往叙利亚。"

与此同时，祭司们前往霍尔赫布之子希拉克里奥坡里之主霍尔外扎之处，说："苔乌沼伊阿蒙神先知份额是法老的份额。但一位阿蒙神先知在他做希拉克里奥坡里之主的时候就领取了。看啊，自从他与法老一起前往叙利亚的土地，它直到今日一直为他儿子的儿子所拥有。让你的儿子霍尔外扎之子普塔赫内弗瑞来吧，我们会把苔乌沼伊阿蒙神先知的份额转签给他。"

他让他儿子普塔赫内弗瑞来到苔乌沼伊。他们把阿蒙神先知的份额转签给了他。祭司们取得了另外16个份额。他们在祭司官吏阶层中进行了分配。每位总数达4个份额。

叁梯对我说:"你给我讲的故事很多。请进屋吧。让塞玛塔维塔伊芙那赫特给你一张草纸。写下所有的从这个份额归他们所有开始发生在你祖先身上的事情!写下它和其他份额是怎么从你父亲那儿被夺走的。写下直到今天为止发生在你身上的所有事件。"

第二天,我手里拿着草纸文书。我写下了叁梯说的"把它们写下来!"所涉及的每一件事。祭司们来到我所在的房间门口。他们说:"俳迪埃斯,你认为叁梯打我们是因为你的缘故吗?愿拉神长寿!他并不是因为你的缘故打我们。他打我们是因为他派人找我们数次,我们都没来。"

我告诉他们:"愿普塔赫神长寿!你们已经见证了他将因为我再次给予你们的惩罚。"不知道塞玛塔维塔伊芙那赫特已经让叁梯放了他们。晚上,塞玛塔维塔伊芙那赫特从书写之室过来。我把我写的草纸文书给他,说:"读吧!"他给予我如下回答:"叁梯已经放走了这些祭司。他们已经离开了。带给他一张草纸不会给你带来任何利益。他会命人去追捕他们吗?"

我来到塞玛塔维塔伊芙那赫特面前说:"我来到这里度过七个月,每日上诉叁梯和他的大人们,只是为了给这些祭司两鞭子了事吗?我每日来到叁梯和他的大人物面前抱怨只是为了打这些祭司这么两鞭子,说'你们晚了!派人叫你们,你们不来'吗?愿拉神长寿!我来上诉叁梯,我就不会再次被赶出我的城市!"我不知道他们已经为塞玛塔维塔伊芙那赫特写下文书,给予他祭司的俸禄,我也不知道是他把他们放走的。

塞玛塔维塔伊芙那赫特对我说:"别担心!只要拉神活着,他们就不会停止威胁你。来吧,我将命令荷鲁斯神之先知阿赫摩斯给他们写封信，代表我，我给他们写一封私信，是会让他们将比尊重叁梯的书信还要更加尊重的书信。"他陪同我去见荷鲁斯神之先知阿赫摩斯。他命令他给他们写一封信。他自己也给他们写了一封信。然后，他让我回去。我回到南方到达希拉克里奥坡里。我见到了俳迪埃斯之子尼西依瑞蒂泰斯和阿赫摩斯霍尔内外瑞士，当时他们正向北航行。他们对我说："你是俳迪埃斯吗？你是要去苔乌沼伊吗？你别白费力气了！你的房子已经被烧毁了！"我返回北方。我向叁梯呼唤："我的房子已被烧毁！"他对我说："谁干的？"

我告诉他："是那些我向你上诉七个月直到今天的祭司。有人却放他们走了而没有惩罚他们。"叁梯派人叫来俳迪霍尔内普之子阿赫摩斯说："跟俳迪埃斯一起去苔乌沼伊！把烧毁他房子的这些祭司带到我这儿来！"

过了几天阿赫摩斯说："我要跟你去南方。"他们得知我又回来了。一天荷鲁斯神之先知阿赫摩斯驾临，派人去叫一位名叫瓦西博瑞梅尔瑞的卜莱迈米伊特[3]，说："去苔乌沼伊！将俳迪埃斯上诉的这些祭司再次带来。"

瓦西博瑞梅尔瑞来到苔乌沼伊。他们给他五凯特[4]白银。他没有带任何祭司回北方，只把俳迪哈匹之子，迈尔森伊瑞特霍尔儒带回来。他们对俳迪哈匹之子伊瑞特霍尔儒说："你们为什么把俳迪埃斯的房子烧毁？"令人让俳迪哈匹之子伊瑞特霍尔儒接受50鞭子惩罚。他们把他扔了出去。我在管理区度过了许多天，每天上诉申冤。他们并不理睬我的任何事情，他们也不放俳迪哈匹之子，迈尔森伊瑞特霍尔儒。荷鲁斯神之先知阿赫摩斯对我说：

"你想死在管理区吗？来吧，我让迈尔森伊瑞特霍尔儒发誓如下：'我将在你所有的事务中支持你。'"

【注释】

[1]"神的贡品"，指祭司的薪俸。

[2]普萨美提克二世。他于公元前597年耶路撒冷被攻占之后的公元前592年进军中东。

[3]玛佐伊后代，玛佐伊是移民埃及的努比亚人，充当埃及的警察。

[4]相当于十分之一德本，约9.1克。

【译文】

荷鲁斯神之先知阿赫摩斯让俳迪哈匹之子伊瑞特霍尔儒对我发誓："我将在你所有的事务中支持你。"荷鲁斯神之先知让我离开了。我同迈尔森伊瑞特霍尔儒一同回到苔乌沼伊，没有得到正义。我带了人去见他们以便让他们与我媾和。

愿阿蒙神延长他的生命。

（下边写着）让叁梯知道在我父亲身上发生的事件。老普萨美提克法老四年[1]，从孟菲斯南卫站到阿斯旺的南国土地皆在大船主昂赫沙尚克之子俳迪埃斯的领导之下。大船主昂赫沙尚克之子俳迪埃斯是一位神之主阿蒙-拉神祭司之子。当他还不是阿蒙神祭司的时候，他就被带到法老宫中，当时他只是个霍尔晒弗神[2]祭司和索贝克神祭司。他有一个亲戚，一个他父亲年轻兄弟的儿子。伊瑞图儒之子俳迪埃斯是他的名字。他是大船主俳迪埃斯的助手。从南方卫站到阿斯旺都是在他的监察之下。法老普萨美提克第四年，昂赫沙尚克之子俳迪埃斯出现在法老面前。他说："我伟大的主人。愿他得到拉神一样的寿命！我已经长大成人。愿法老向我展示他的恩惠：我有个亲戚名叫俳迪埃斯，伊瑞图儒之子。正是他管理着南方土地，带来银子和麦子。恰逢南方土地丰收。金钱和谷物都增长了一倍。愿他被唤到法老面前。愿法老告诉他一些美好的事情。愿他被告知：'南方土地由你管理，也在我的管理中，所以愿他因它的名字而闪亮。'"

伊瑞图儒之子俳迪埃斯被带到法老面前。法老对他说："大船主已告诉我你是一个多么神奇的人物。"法老说："愿他得到一艘好船！愿他得到一匹负轭之马！"法老对他说："你监管着南方的土地。我要命人记入你的账上。"

俳迪埃斯说："我伟大的主人。它是在大船主俳迪埃斯控制之下。"法老对他说："将来，他还是与你一起控制，但有人会就其事务与你对话。"

黄金与亚麻在法老面前被送给他。伊瑞图儒之子俳迪埃斯来到南方，监察从南卫站到阿斯旺之地。大船主昂赫沙尚克之子俳迪埃斯在希拉克里奥坡里定居，南方土地发生的一切事情都向他汇报。伊瑞图儒之子俳迪埃斯来到苔乌沼伊。他前往神庙。他检查了神庙内的每一处。他发现苔乌沼伊的神庙以一种房屋非常大的风格修建，但人却很少。他在神庙里除了一名瓦布祭司和一位帕斯托普赫鲁斯祭司[3]之外没看见一个人。伊瑞图儒之子俳迪埃斯派人去找祭司。他对他说："看，你已不年轻，请告诉我这座城市是怎么毁灭的。"

祭司对他说："恰巧这里没有其他祭司，只有神界之王阿蒙－拉神祭司。是你的祖父在这座神庙中做祭司让每件事务都光鲜亮丽。一个丰富的牺牲平台属于苔乌沼伊的阿蒙神。关于这位祭司的那个房屋，有这样的说法：'此乃众神之王阿蒙-拉神第一寓所。'然而，不幸的时候到了。有人让埃及的大神庙交税。[4]这座城市被征收了高额赋税。他们离开了。看，尽管免除了埃及大神庙的赋税，他们来时到我们这儿说：'交税！'直到今日。"

俳迪埃斯顺流而下来到希拉克里奥坡里。他站在大船主俳迪埃斯面前。他告诉他所有他在苔乌沼伊发现的情况。他告诉他自己在苔乌沼伊听到的老祭司讲给他的故事。他对他说："这个祭司告诉我：'这里除了众神之王阿蒙-拉神祭司之外没有一个祭司。'"

大船主俳迪埃斯对他说："愿国王之神，阿蒙-拉神长寿！什么都发生了。我从我们贵族口中听说过你说的所有事情。"他派人去找诺姆书吏们和官吏们。他派人去找他可以询问的人。他们都在大船主面前被询问："苔乌沼伊，这些坏日子到来之前他们在那里总是交税吗？"

他们都同意他们的回答："他们在那里根本没有交税。这是本诺姆最大神庙中的一座。"大船主命人给他们一顿痛打，说："你们从来没有告诉过我：'我们让它[5]交税！'"。大船主伊瑞图儒之子对俳迪埃斯说："去！把记录从南方土地上的大神庙被免税以来的苔乌沼伊交税总量的文件拿来。要还给苔乌沼伊的阿蒙神祭司！"

伊瑞图儒之子俳迪埃斯来到苔乌沼伊。他派人找来工匠。他给他们200足银和20块金子。他告诉他们为阿蒙神打造金碗和银碗。他命他们建造一个在其伟大王座上的阿蒙圣殿。他把祭司们，帕斯托普赫鲁斯和属于该神各阶层的人们带到苔乌沼伊。他们之中有人已经到达底比斯。他把他们全部带回来。

他把他发现的属于阿蒙神的献祭牺牲平台弄回来。他让1000阿罗拉[6]土地加到阿蒙神牺牲平台。他命令牺牲献祭和布匹都放在阿蒙神、塔外扎的奥西里斯神面前。他以南方土地大神庙的风格充实苔乌沼伊。他任命他的孩子们担任苔乌沼伊的阿蒙神祭司。他建造了一个40×40神之肘尺[7]房屋，围绕房屋修建了一个一亥特-奈赫[8]的院子。他建造了他的神庙院落。他走遍南方土地巡查。他到达过埃勒凡泰尼[9]。他采了一块埃勒凡泰尼石碑和两块为制作黑玄武岩石雕像[10]的石头。他将它们运回苔乌沼伊。他派人找来石匠，雕匠和生命之屋的书吏以及画师。他让他们把所有他慷慨给予苔乌沼伊的恩惠都书写在石碑上。他让他们用玄武岩石为他雕塑两尊雕像。他们采取跪着的姿态，阿蒙神形象在其一尊的膝上，奥西里斯神的形象在其另一尊雕像的膝上。他把一尊雕像竖立在阿蒙神室入口处，他把另一尊雕像竖立在奥西里斯神室的入口处。

【注释】

[1] 公元前653年。

[2] 一个羊头神，常被等同于拉神。

[3] 两种祭司，前者为净化祭司，后者为仪式中拿东西的祭司。

[4] 埃及历史上大多数时间内神庙是不纳税的。

[5] 指苔乌沼伊这座城市。

[6] 相当于2700平方米。

[7] 古埃及长度单位，相当于0.5米长。

[8] 古埃及长度单位，约相当于11公里。

［9］在埃及南部，靠近现在的阿斯旺。

［10］即瓦希布瑞的雕像。

【译文】

伊瑞图儒之子俳迪埃斯顺流而下来到希拉克里奥坡里。他站在大船主面前。他把在苔乌沼伊所做的一切都进行了汇报。俳迪埃斯，大船主对他说："愿两土地之王霍尔晒弗赞美你！阿蒙神将许你恩宠作为奖赏。你知道阿蒙神先知和他九神的份额归属于我。你选择了苔乌沼伊作为你的居住地，我将转给你苔乌沼伊阿蒙神和他的九神之先知的份额。"

大船主派人找来一位学校的书吏。他把他苔乌沼伊阿蒙神和他的九神的份额转签给了他。伊瑞图儒之子俳迪埃斯来到南方。他到达了佩尔-麦斋德诺姆[1]视察。他发现一位众神之王阿蒙-拉神祭司，他受阿蒙神祭司委派去照料诺姆提供的牛群和家禽。因此，被派去保护牛群的祭司在他引着牛群去草地的这些日子里被称作阿蒙神财库主管。伊瑞图儒之子俳迪埃斯带着帕伊芙查瓦韦巴斯特特之子，阿蒙神财库主管霍尔外扎与他一同前往苔乌沼伊。他让他在他在苔乌沼伊建造的房子里为自己净化。他让人叫来他的妻子和女儿们，在她们面前放着啤酒。帕伊芙查瓦韦巴斯特特之子霍尔外扎看到俳迪埃斯的一个女儿。她名叫内特姆哈特。帕伊芙查瓦韦巴斯特特之子霍尔外扎对俳迪埃斯说："愿完美的主人同意我找到我的效劳之处。看，完美的主人是众神之王阿蒙-拉神祭司。我父亲曾在苔乌沼伊尽过祭司的责任。我要让我们的主人知道这个事实，他曾在这里尽过祭司的责任。我要将我父亲的记录展示给我们的主人。愿我们的主人同意将内特姆哈特姑娘送给我做妻子。"

俳迪埃斯对他说:"她初潮的时间还没有到来。作为一个众神之主阿蒙-拉神的祭司,我将会把她给你。在所有你被委托领着牛到佩尔-麦斋德诺姆的草地上的日子里,你就住在苔乌沼伊。看,这是一座非常好的房子[2]。这是一个祭司的房子,里面只有两类人:祭司和属于神庙的人。"霍尔外扎向他致意,他说:"当然。"

在法老普萨美提克第十五年[3],南方土地事务的情况很好。他们把伊瑞图儒之子俳迪埃斯带到文件档案库。其银子和麦子都已倍增。他们把伊瑞图儒之子俳迪埃斯带到法老面前。他们用莲花油涂抹他的身体。法老对他说:"你说'可以把它传给我'有用吗?"俳迪埃斯于法老面前说:"我父亲是一位众神之王阿蒙-拉神祭司。他是一位底比斯诺姆神庙的祭司。他是一位霍尔晒弗神祭司。他是一位索贝克祭司。"法老派人叫来写信者:"写信给伊瑞图儒之子俳迪埃斯的神庙,说:'我父亲是他们当中的一位祭司。'写:'如果合适的话,愿俳迪埃斯成为他们当中的一名祭司!'"

信件写给了俳迪埃斯的神庙说:"我父亲是他们当中的一位祭司。"伊瑞图儒之子俳迪埃斯离开法老。他前往南方。他成为霍尔晒弗的祭司。他成为鳄鱼城索贝克神祭司。他成为众神之王阿蒙-拉神祭司。他成为阿比多斯之主奥西里斯神祭司。他成为绨斯安胡尔神祭司。他成为皿神祭司。伊瑞图儒之子俳迪埃斯前往北方视察。他来到了佩尔-麦斋德诺姆。他发现了已被派去管理牛群的帕伊芙查瓦韦巴斯特特之子霍尔外扎。他与伊瑞图儒之子俳迪埃斯一同来到苔乌沼伊。帕伊芙查瓦韦巴斯特特之子霍尔外扎把他父亲的文件带给俳迪埃斯。他让它说明他父亲帕伊芙查瓦韦巴斯特特曾是苔乌沼伊的阿蒙－拉神祭司。俳迪埃斯让帕伊芙查瓦韦巴斯特特之子霍尔外扎成为苔乌沼伊的阿蒙神祭司。他把他的女儿内特姆哈特送给他做妻子。伊瑞图儒之子俳迪埃斯向下游巡视，来到希拉克里奥坡里。他让他的妻子们和孩子们上船，把他们送到了底比斯。他到达苔乌沼伊。他在苔乌沼伊找到了帕伊芙查瓦韦巴斯特特之子霍尔外扎。俳迪埃斯来到他在苔乌沼伊的房子。他对霍尔外扎说："在我们前往底比斯之前，我们非常适合喝着啤酒度过今天。"

俳迪埃斯与他的妻子们和孩子们以及帕伊芙查瓦韦巴斯特特之子霍尔外扎喝着啤酒度过一天。帕伊芙查瓦韦巴斯特特之子霍尔外扎对他说："看，当我们的主人前往底比斯，我们的主人对我说'做吧！'是什么意思？"俳迪埃斯对他说："在苔乌沼伊定居！我会让阿蒙神祭司解决你的账。我会把你拥有的总数给他们。其余的将是把牛让你管理你的部分，当你在苔乌沼伊定居下来而不必遭受辛苦的时候，我会送给你。看，苔乌沼伊阿蒙神先知的份额属于我，还有另外 16 个份额。现在是你来为阿蒙神和九神执行崇拜服务了。你将得到阿蒙神贡品的 1/5。你将继续拥有的总数给我。"俳迪埃斯的女儿内特姆哈特哭着说："让我跟你一起去底比斯！"

俳迪埃斯对她说："你要来底比斯干什么？我要把你留下来，你的生活会比其他所有孩子都要好。接管这个苔乌沼伊的房子！点一个你要我转签给你的先知的份额！"

她的丈夫，帕伊芙查瓦韦巴斯特特之子霍尔外扎说："愿我们的主人转签给她虹苏先知的份额！"俳迪埃斯就把虹苏神先知的份额转签给了她。俳迪埃斯与他的妻子们和孩子们一起航行到了底比斯。帕伊芙查瓦韦巴斯特特之子霍尔外扎与俳迪埃斯之女内特姆哈特在苔乌沼伊定居下来，对阿蒙神和他的九神尽崇拜的义务，获得该神贡品的1/5。伊瑞图儒之子俳迪埃斯到达底比斯。他让他的妻子们和他的孩子们上岸进入底比斯。他把他们留在底比斯他父亲的房子里。

【注释】

[1] 位于开罗西南约160公里处。

[2] 指神庙。

[3] 公元前651年。

【译文】

法老普萨美提克第十八年[1]，昂赫沙尚克之子俳迪埃斯去见他的先人。法老派人去找伊瑞图儒之子俳迪埃斯。他对他说："南方土地在你的掌控之中。你能够管理它。"俳迪埃斯在法老面前说："凭借您赞许的生命！我只能管理它，除非有一位管理它的官吏能将我的管理合在一起的话。"法老对他说："点出你说的'愿它在他的管理之下'的官吏。"俳迪埃斯说："我伟大的主人！昂赫沙尚克之子俳迪埃斯有一个儿子。他是一个属于法老王室之人。他是一位很神奇的人。塞玛塔维塔伊芙那赫特是他的名字。法老将会看到他是一个多么神奇的人。愿法老同意将他父亲的职位托付给他。[2]"法老就这件事问他的官吏。他们全都同意并回答说："可以做！他是一位神奇的人。"法老于是任命塞玛塔维塔伊芙那赫特大船主。南方土地被置于他的掌管之下就像他父亲掌管一样。塞玛塔维塔伊芙那赫特从法老面前离开。他来到希拉克里奥坡里。他对伊瑞图儒之子俳迪埃斯说："到南方去！检查那诺姆！别让任何事情毁坏了！我就待在希拉克里奥坡里这里直到大船主下葬！"伊瑞图儒之子俳迪埃斯来到南方以其以往的姿态进行检查。大船主俳迪埃斯在防腐帐篷里度过了70天的时间。他被埋葬在他佩尔奥西里瑞尔[3]的陵墓里。

伊瑞图儒之子俳迪埃斯开始管理南方土地的账目，每年都由他做，它的情况不错，每年其银子和麦子都在增长。在普萨美提克第十九年，他们查俳迪埃斯的账，他的账很好。法老对他说："有什么事情让你说：'愿它完成！'吗？"俳迪埃斯在法老面前说："愿我得到法老的恩宠。我已经老了。愿法老允我退隐。我不再能努力了。"

法老对他说："你有能够工作的儿子吗？"

他对法老说："很多可以为法老服务的仆人。他们可以在大船主的监管下工作。他们不会弄坏任何事物的。"

法老对他说："你想要什么？"

俳迪埃斯说："法老已经让我富有了。没什么恩惠是法老没有给我的了。"

法老对塞玛塔维塔伊芙那赫特说："听俳迪埃斯说了些什么，即'我已经老了，愿允我退隐！'我会让他退隐吗？你能管理南方土地吗？"

塞玛塔维塔伊芙那赫特对他说："愿允他退隐！我们伟大的主人！他是我们的父亲，平静中度过了一生。但他仍然控制着我们。"

伊瑞图儒之子俳迪埃斯在法老面前退去。他来到南方。他到达苔乌沼伊。他爬上去，在阿蒙神面前扑倒。他献上了燔炙贡品。他在阿蒙神面前献上了奠酒。他被抬到苔乌沼伊他的房间里。他在那里为自己净化，同在的有帕伊芙查瓦韦巴斯特特之子霍尔外扎。他在霍尔外扎面前这样解释了他的情况："我已在法老面前成功获允退隐。"霍尔外扎说："别让这些祭司们听到此事！他们是恶棍。"俳迪埃斯对他说："看，我带你去见大船主塞玛塔维塔伊芙那赫特。把让你受挫的事情去告诉他。"

俳迪埃斯派人去找祭司的年长兄弟们。他让他们在他面前净化自己，他在苔乌沼伊度过了纯净的一日。他起航去底比斯。

第三十一年[4]，派瑞特季第三个月，他们带着麦子前往苔乌沼伊的阿蒙神贡品处。祭司们聚集在神庙里。他们说："说吧，拉神在上，他仍然拿神供的1/5？这个南方土地的怯懦者就在我们面前。"他们命令几个恶棍："今晚带着你们的棍子来，躺在地上，把棍子埋起来，直到明天！"

现在，事情如此发生了，帕伊芙查瓦韦巴斯特特之子霍尔外扎有两个强壮的儿子。早晨，祭司们来到神庙想分玉米给神庙工作人员。帕伊芙查瓦韦巴斯特特之子霍尔外扎的两个年轻的儿子来到神庙。他们说："请量出1/5！"年轻的祭司们从麦子里拿出棍子，他们把霍尔外扎的孩子围住。他们打他们。他们追他们。在阿蒙神厅入口处，他们追上了他们，他们杀死了他们。他们把他们扔进一个石头平台房屋的储藏室中。事情就这样发生了，帕伊芙查瓦韦巴斯特特之子霍尔外扎不在苔乌沼伊。他在西部塔克西的房子里。俳迪埃斯女儿内特姆哈特，两个儿子的母亲，把她的房子护卫起来。帕伊芙查瓦韦巴斯特特之子霍尔外扎听到他的两个儿子被杀的消息后，他穿上了丧服。他前往塔克西玛[5]之头人。玛之头人聚齐起塔克西的士兵。他率领着他们，拿着盾牌与长矛，前往苔乌沼伊。他在内特姆哈特居住的房子周围设立了护卫。霍尔外扎穿着丧服急忙赶至底比斯。当霍尔外扎见到俳迪埃斯，俳迪埃斯与他的孩子们及他的人一起起航了。他驶向北方。他到达苔乌沼伊，他在苔乌沼伊没有见到任何一个人，只有玛之头人的人护卫着内特姆哈特巨柱房屋的四面。俳迪埃斯前往神庙。他在神庙里除了两个老祭司和相关人员外没有见到任何人。在俳迪埃斯来到圣地之前，他们就都逃跑了。俳迪埃斯派一些人去追他们。他派人去向赫留坡里的大船主塞玛塔维塔伊芙那赫特报告当俳迪埃斯在苔乌沼伊时发生的一切事情。大船主派人去找一位将军。他（对他）说："去逮捕所有俳迪埃斯说'抓住他们！'的人。"

将军来到苔乌沼伊。俳迪埃斯让他把两个祭司逮捕。他与他们一同顺流而下来到法老的房屋。俳迪埃斯在法老面前讲述了他们做的所有事情。法老让两个祭司接受惩罚。

俳迪埃斯离开法老。俳迪埃斯来到希拉克里奥坡里。他遇见了大船主。大船主塞玛塔维塔伊芙那赫特对他说："我已经听说了这些你让其富有的苔乌沼伊胆怯的恶棍对你做的事情。"俳迪埃斯对他说："您的荣幸，没有听过有人哺育了狼却被狼吃掉的故事？拉神长寿！这就是发生在我与苔乌沼伊阿蒙神祭司身上的事情。"恰巧帕伊芙查瓦韦巴斯特特之子霍尔外扎与俳迪埃斯在希拉克里奥坡里。俳迪埃斯拉着霍尔外扎的手，他把他领到大船主处说："这是来自苔乌沼伊的我的兄弟。愿大船主让塔克西的玛头领保护他。"塞玛塔维塔伊芙那赫特对他说："我要给跟随我的所有人命令，如下：'发现任何来自苔乌沼伊的人，都要带到我这儿来，以便我让他死在希拉克里奥坡里的监牢里。'"俳迪埃斯对他说："愿大船主别这样做！阿蒙神长寿！愿大船主之呼吸精神矍铄。我如果不再次繁荣苔乌沼伊并将人民归还于它，就不会去底比斯。"

大船主说："我将祈祷两土地之主霍尔晒弗，说：'你过去对苔乌沼伊一直的爱还没有停止。'"俳迪埃斯对他说："愿你保持平安！愿你的呼吸精神矍铄！它是一个众神之主阿蒙-拉神要到的房屋。我要在那里学习很多神圣事务。"大船主让俳迪埃斯走了。他来到南方。他到达了苔乌沼伊。他在苔乌沼伊待了一天。恰逢玛头领带着50名武士来到苔乌沼伊。他来到俳迪埃斯面前。他向他展示了尊重。玛头领对俳迪埃斯说："什么痛苦的事让你屈尊，让大船给我写信'愿俳迪埃斯在苔乌沼伊的人受到保护！'？不是我们的主人供养着我们吗？当我听到这些祭司傲慢无礼的时候，我没有立即安排护卫在你的房子周围，否则他们恐怕要冒犯这里的贵妇人了吗？如果我们的主人对我说：'来底比斯！'我能不来吗？"俳迪埃斯对他说："阿蒙神让你长寿！我让大船主给你写信是为了避免你有更大的担心。为我做这件事：去越过佩尔-麦斋德诺姆和哈尔岱诺姆[6]，要求你找打人的苔乌沼伊人，把他们集合在一个他们让我来的地点，这样我就会发誓让他们什么都做不了。告诉他们：'你们的侮辱，我会让你们偿还。'

让阿蒙神杀掉这些家伙的残存者以毁灭他的城市是正确的吗？"俳迪埃斯手拉着玛头领。他把他领到阿蒙神的面前。他在他面前发一个誓言说："你带给我的所有人，如果他们属于苔乌沼伊，我将不会让任何邪恶发生在他们身上。我对他们发誓不许任何邪恶侵害他们。我在你面前发这个誓，因为（不然的话）他们就会说：玛头领集合我们以便加害我们。"

玛头领匍匐在地上，他表达了他的敬意。玛头领前往佩尔－麦斋德诺姆之屋、赫尔摩坡里[7]之屋和哈尔岱诺姆之屋。他召集了哈尔岱的苔乌沼伊人。玛头领返回苔乌沼伊。他向伊瑞图儒之子俳迪埃斯汇报如下："他到达了赫尔摩坡里。直到赫尔摩坡里，我才离开我没有带到哈尔岱的来自苔乌沼伊的人，是在这个地方他们同意：'愿有人在这里对我们发誓。愿俳迪埃斯之子外扎塞玛塔维来。愿他最后发誓，或者跟随我们主人的一位仆人。'"俳迪埃斯说："愿阿蒙神长寿！我亲自去。"

俳迪埃斯乘船前往哈尔岱。他在祭司们、帕斯托普赫鲁斯及属于神庙的全体人员面前发誓："我不会因为已经结束的事件让任何事情发生在你们身上。"俳迪埃斯与他找到的苔乌沼伊人一起返回苔乌沼伊。所有他们的妻子们和孩子们都返回了。俳迪埃斯让所有的祭司集合在神庙里。他对他们说："哦，愿他们长寿！我对你们做过任何不是你们想要的事吗？看，当我被派遣的时候，我做过任何权势者的事情吗？你们对我说过：'四个祭司的俸禄要给予希拉克里奥坡里之主荷鲁斯神先知和霍尔蒂之主阿努比斯神先知。'我对你们说过：'这些是你们应该给我的。'你们说过：'一个祭司俸禄作为先知份额发放。'我对你们说：'这就是你们应该给的一份。'我还有16份是以我作为先知的神的名义拥有的，一共是20份。你们是每□□□□20个祭司，每个祭司阶层。每个祭司阶层拥有神之贡品的1/5份额。"

祭司们将他们的衣服拉到他们的脖子处，匍匐在俳迪埃斯面前的地上。他们说："我们知道是我们的主人让我们生存，他供养我们的城市，使其跟埃及大神庙一样。这些已经离开道路的年轻人，愿我们的主人把他们都带来！愿他们被投进炉子里面！我们的主人为阿蒙神所做的善行，它们将永世长存。"

俳迪埃斯说："我在阿蒙神面前所做善行——我知道我还没在我父亲面前做过。我所做的是为了阿蒙神。这些杀了我孩子的祭司们，我不能把他们逮到这儿来吗？但我只让他们的父亲接受了惩罚。我把他们留给了神。看，在我被你们欺骗之后，尽管我仍然强大并活着，那一刻总会到来，我将在这里的儿子会比你们弱小。你们将可以拒绝他，并拿走他在这个城市的份额。有人知道会发生什么吗？我命人制作的这个石碑将其载入圣殿——我已让它于这些祭司在此城中转给我的份额前立起。你们将会说：'你是其中的祭司！'"

祭司们说："我们的主人说的：'做吧！'是什么意思？"伊瑞图儒之子俳迪埃斯对他们说："我要在阿蒙神进入圣殿道路旁的石台上书写一块石碑，我要书写下我为阿蒙神所做的善行。我要用它装饰我的祭司工作室。"祭司们说："所有对我们的主人有益的事情就做吧！我们将认可，如果我们的主人这样做了，我们就是通过我们主人而生存的。"俳迪埃斯派人去找生命之室的书吏和画工。他命令他们在石台上的石碑上刻写："如果祭司们和贵族们来检查神庙，他们就会看到。"伊瑞图儒之子俳迪埃斯登上船说："我要航行到底比斯去。"他的女儿内特姆哈特在他面前哭诉："被杀的孩子，他们还在神庙里，他们还没被抬出来。"俳迪埃斯前往神庙。他命人寻找两个孩子。有人在储藏室发现了他们。他让人把他们拿下来。一人为他们包裹上了亚麻布。大声的哀歌在城中响起。孩子们被下葬。俳迪埃斯上了船，内特姆哈特在他面前哭泣："把我带到底比斯去！否则这些祭司会杀了我的。"俳迪埃斯对她说："他们不能那么做。愿阿蒙神长寿！他们不会停止恐吓你！"内特姆哈特说："如果是这样，你就把我们留在这儿吧，愿俳迪埃斯之子外扎塞玛塔维与我留在这儿，崇拜阿蒙神。"

俳迪埃斯让俳迪埃斯之子外扎塞玛塔维住在苔乌沼伊。他对他说："你自己取得苔乌沼伊阿蒙神和他的九神之先知的份额吧！"俳迪埃斯派人取来草纸。他把苔乌沼伊阿蒙神和他的九神之先知的位置转签给了俳迪埃斯之子外扎塞玛塔维。外扎塞玛塔维与他的妹妹内特姆哈特及她的丈夫霍尔外扎在苔乌沼伊定居下来。俳迪埃斯之子外扎塞玛塔维生活在苔乌沼伊，履行对阿蒙神和他的九神的崇拜。他们给予他 1/5 的阿蒙神贡品。俳迪埃斯之子外扎塞玛塔维离开了。他站在大船主塞玛塔维塔伊芙那赫特面前。他对他说："是我，俳迪埃斯让我住在苔乌沼伊，以便履行对阿蒙神和他的九神的崇拜。他已把阿蒙神和他的九神先知的份额转签给了我。"

大船主命令送给外扎塞玛塔维一个金环。他对他说："我没有给你亚麻，是因为接受阿蒙神亚麻已是你的事务。不要忘了随时报告你的事务！"俳迪埃斯之子外扎塞玛塔维度过住在那里，履行向阿蒙神和他的九神的崇拜。他们将给予他 1/5 的神的贡品。外扎塞玛塔维前去见他的父亲。外扎塞玛塔维之子俾迪埃斯跟着他。他履行对阿蒙神和他的九神的崇拜，他们就给予他阿蒙神之神供的 1/5。

在法老普萨美提克内弗尔伊布瑞四年[8]，有人给上下埃及大神庙送来如下命令："法老将去叙利亚的土地。愿祭司们带着埃及神的芳香到来，以便将之随法老一起带到这片土地上。"被送到苔乌沼伊的命令如下："愿一个祭司带着阿蒙神的芳香到来，以便与法老一起前往叙利亚的土地！"祭司们集合起来。他们一致同意，并对外扎塞玛塔维之子俾迪埃斯说："你才有资格随法老前往叙利亚人的土地。这个城市除了你没人可以前往叙利亚人的土地。无论如何，你是生命之室的书吏。没有什么是他们问你你不能回答的。你是阿蒙神先知。伟大的埃及之神先知要随法老前往叙利亚人的土地。"

这样，他们说服了俾迪埃斯跟随法老前往叙利亚人的土地。他做好了准备。外扎塞玛塔维之子俾迪埃斯去了叙利亚人的土地，除了他的仆人和一个叫奥西尔摩斯的看门人外，没人跟随他。当祭司们得知俾迪埃斯已经陪同法老去了叙利亚人的土地，他们就去找霍尔外扎，霍尔赫布之子，一位监管希拉克里奥坡里的索贝克神祭司。他们对他说："我们的主人意识到苔乌沼伊阿蒙神先知的份额是法老的份额了吗？它属于我们的主人。伊瑞图儒之子俾迪埃斯在他当希拉克里奥坡里之监管之时得到了它。看，直到今日，它为这个儿子的儿子所拥有。"霍尔赫布之子霍尔外扎对他们说："他在哪儿，这个儿子？"祭司们对他说："我们已经把他弄去陪法老前往叙利亚人的土地了。让（你的儿子）霍尔外扎之子普塔赫内弗瑞来苔乌沼伊，这样我们把阿蒙神先知的份额转签给他。"

霍尔外扎把霍尔外扎之子普塔赫内弗瑞送到了苔乌沼伊。他们就把苔乌沼伊阿蒙神先知的份额转签给了他。他们把另外16个份额分给了四个祭司等级，每人四份。他们去找霍尔外扎之子普塔赫内弗瑞。他们把他接来。他们让他为五个节日洒水[9]。他们让他履行对阿蒙神的崇拜。外扎塞玛塔维之子俳迪埃斯从叙利亚人的土地上回来。他到达了苔乌沼伊。他们告诉了他祭司们所做的一切。俳迪埃斯急忙北上来到法老的房屋。有些坏的事情发生了。他们对他说："法老病了。法老不能前来。"俳迪埃斯在维西尔和法官们面前控诉。他们派人去带霍尔外扎之子普塔赫内弗瑞来。他们在法官房中写下如下的解释："普塔赫内弗瑞，这个是他父亲做希拉克里奥坡里监管时为他拥有的份额，是法老的份额。"外扎塞玛塔维之子俳迪埃斯与霍尔外扎之子普塔赫内弗瑞一起在法庭上度过了许多天。俳迪埃斯在法庭中被击败。他返回南方。他起身到底比斯去说："我要去统治我在底比斯的亲戚。"他遇到了伊瑞图儒之子俳迪埃斯，他们是底比斯的祭司。他详细告诉了他们因为苔乌沼伊的阿蒙神祭司们而发生在他身上的事。他们接待了俳迪埃斯。他们让他出现在阿蒙神祭司面前。阿蒙神祭司们对他说："你说：'做吧！'是什么意思？事情就这样发生了，阿蒙神祭司们被告知法老普萨美提克内弗尔伊布瑞已经死了。看，有人说：'法老死了。'（否则）我们就会送一个消息给法老之室报告阿蒙神祭司们对你所做的一切。你应该在维西尔面前提起诉讼。那些在法庭上写下证词的人和这个拿走了你的份额的索贝克祭司,这回他们会立即处理这件关于你的事情。"

祭司们给了俳迪埃斯五德本银。他的亲属给了他另外五德本银,总共是十德本银。他们对他说:"去与这个拿走你份额的人对簿公堂!你用完这些银子就来我们这儿,我们给你更多的银子。"外扎塞玛塔维之子俳迪埃斯北上。他到达了苔乌沼伊。他遇见的人对他说:"到法庭没有用。你的对手比你富有。如果你有100德本银,他仍会赢你。"

他们劝俳迪埃斯不要去法庭。祭司们不会给他这祭司们在不同阶层中瓜分的16份额中的任何一份。这些祭司以他们的名义履行了崇拜的职责。他们把四份神之贡品给了普塔赫内弗瑞,阿蒙神先知的份额,从法老瓦赫伊布瑞第一年直到阿赫摩斯法老第十五年[10]。法老阿赫摩斯第十五年,土地总管来到希拉克里奥坡里。他派人去找希拉克里奥坡里诺姆的书吏。他对他们说:"普塔赫伊尔迪斯之子霍尔马阿赫儒在这个诺姆有俸禄吗?这些土地的总管对霍尔马阿赫儒很生气。"昂和帕赫瑞德之子帕伊芙查瓦韦巴斯特特,该诺姆一位书吏,非苔乌沼伊的阿蒙神祭司,对他说:"普塔赫伊尔迪斯之子霍尔马阿赫儒在这个诺姆没有俸禄。但如果土地总管希望对霍尔马阿赫儒造成伤害,我将能对他做些比他的俸禄更令他心烦意乱的事情。"土地总管对他说:"说吧!"帕伊芙查瓦韦巴斯特特对他说:"霍尔马阿赫儒在这个世界上除了苔乌沼伊的这些阿蒙神祭司之外没什么人。他任命了他的兄弟们为苔乌沼伊的阿蒙神祭司。有一个岛为苔乌沼伊祭司所拥有,484阿罗拉[11]可耕土地很适合他们,总共有1000阿罗拉可耕地。

他们带来一尊法老阿赫摩斯的雕像到苔乌沼伊来。他让梅尔伊布普塔赫之子普塔赫伊尔迪斯被任命为雕像祭司。他让120阿罗拉的可耕地转给苔乌沼伊阿蒙神法老雕像,却没有哪怕一阿罗拉可耕地给了带到希拉克里奥坡里的法老雕像。"土地总管起航去南方。他到达了苔乌沼伊岛。他在其最远的边缘登陆。他带了两个土地丈量吏。他让他们围着岛屿走一圈。他们将岛屿上的沙地和树林之地都包括在内。他们丈量出929阿罗拉土地。他没收了苔乌沼伊的岛屿。

【注释】

[1] 公元前648年。

[2] 父亲的职务常常传给儿子,但这个继承不是自动继承,而是通过法老任命。

[3] 地点不详,可能是现在的阿布希尔-艾尔-麦莱克(Aburis-el-Melek)。

[4] 普萨美提克一世统治的第三十一年,即公元前626年。

[5] 此前几百年的时间里侵入埃及的利比亚人形成的武士阶层。

[6] 上埃及第十七诺姆。

[7] 上埃及第十五诺姆。

[8] 普萨美提克二世,其四年为公元前591年。

[9] 根据古埃及历法,一年3个季节,每季4个月,每月30天,这样就是360天,最后再加5天宗教节日。

[10] 瓦赫伊布瑞第一年是公元前589年,而阿赫摩斯法老第十五年是公元前556年。

[11] 土地丈量单位,一阿罗拉约相当于2700平方米。

【译文】

属于雕像的这120阿罗拉可耕地在一个叫作"塞凯克之地"的地方。他把它们全都没收了。土地总管派人找来玛阿恩瓦希布瑞说:"愿苔乌沼伊阿蒙神祭司从他们拥有的该岛收获中献出4000袋谷物,40辛[1]。"将军来到了苔乌沼伊。他接管了粮仓。他命令把所有他在房屋中发现的谷仓中的谷物都运到神庙里来。它们都被锁在了神庙里。祭司们急忙北上去见法老。在其房屋中自己净化的普塔赫神职人员们对他们说:"除了霍尔之子赫尔虹苏之外,没有法老的人会保护你们。他是一位在皇室寝宫中为法老奏乐的人。据说法老之宫中没有人的话比他的话更为法老所听。"他们让普塔赫神祭司将宦官赫尔虹苏带来。他们见了他。他们对他说:"如果赫尔虹苏将我们置于他的卵翼之下,并让属于阿蒙神的这个岛屿归还给我们,那么我们就给他神供300袋谷物,200辛蓖麻油,50辛蜂蜜和30只家禽作为年收入。"

霍尔赫布离开了。他告诉赫尔虹苏。赫尔虹苏说:"这些南方土地者打开其口。他们将在今年就给予我。如果他们得知我已经为他们提供了保护,他们就不会给我任何东西。告诉他们,我是一位匹和布托的荷鲁斯神祭司。我有一个兄弟。他是匹的荷鲁斯祭司。将你们神庙中先知的职位转签给他,并为他写下:你们给予他这些东西作为他每年的收入,我就成为你们的保护者。"

恰巧苔乌沼伊的阿蒙神祭司,索贝克神祭司普塔赫内弗瑞之子尼科当时在孟菲斯。祭司们就前去找他。他们对他说:"尼科!土地总管没收了苔乌沼伊阿蒙神的祭品,使之成为份额土地。你能保护我们吗?如果不能,看,我们已经找过一位官员。他对我们说：'把苔乌沼伊阿蒙神先知的份额转签给我，我就为你们所有的事务提供保护。'你也没有意识到在他的父亲霍尔赫布之子霍尔外扎做希拉克里奥坡里之主的时候，是我们将阿蒙神先知的份额签给了你的父亲霍尔外扎之子普塔赫内弗瑞的吗？现在没有份额属于他了。我们把它给他以便他成为我们的保护人。"

普塔赫内弗瑞之子尼科对他们说："去把阿蒙神先知的份额转签给所有成为你们保护人的人！索贝克神与你们同在！给我拿你们准备好的草纸来，我好签署。"祭司们去找赫尔虹苏的人伊瑞特霍儒之子霍尔赫布。他们将阿蒙神先知的份额转签给了霍尔之子帕森尼姆泰克-麦奈乃普，赫尔虹苏的兄弟。他们拿走了赫尔虹苏的文件。霍尔之子赫尔虹苏向法老提起诉讼如下："我父亲曾是希拉克里奥坡里诺姆非常有名的神庙苔乌沼伊的阿蒙神先知。土地总管去了。他没收了它的神之贡品。他把该城中的一切都拿走了，说：'我要让他们交他已经没收的土地的收成税。'"土地总管被带到法老面前。他说："我伟大的主人！我在苔乌沼伊对岸的河中间发现一个岛屿。该诺姆的书吏对我说：'它有1000阿罗拉的土地，包含了929阿罗拉可耕地。'法老在上！它不适合当作一个男神或女神的供奉。它只适合法老。它将有20袋的谷物，每袋40辛。我问书吏：'它是献给阿蒙神吗？'他们对我说：'它的484½阿罗拉可耕地属于阿蒙神。'我对阿蒙神祭司说：'来吧，我可以把它给你作为你苔乌沼伊土地上的神之祭品之外的收入吗？'但他们□□□□并不听我的。（关于）苔乌沼伊的阿蒙神，我发现有一个非常大的神庙的神供归他所有。我发现33½（袋）玉米，40辛，每天献给苔乌沼伊的阿蒙神。我将从这里支付给他们（祭司们）。"

赫尔虹苏和土地总管有很多争吵。这件事的结局是土地总管无法被人说服放弃苔乌沼伊的岛屿。赫尔虹苏让他写一封官书使484½阿罗拉可耕土地加到苔乌沼伊主土地的乡村中的阿蒙神之神供中，作为已被献给苔乌沼伊岛上神供的484½阿罗拉可耕地的补偿。他将放弃苔乌沼伊提供的麦子，他们说："它将从已被没收了的苔乌沼伊之岛的收成中获取。"霍尔之子帕森尼姆泰克－麦奈乃普，赫尔虹苏的兄弟，前往苔乌沼伊。他为阿赫麦努[2]给自己涂抹油膏。他履行为阿蒙神的服务。他们给予他许诺给赫尔虹苏的东西。帕森尼姆泰克－麦奈乃普对他们说："这份你们为我起草的有关阿蒙神先知份额的草纸，我已经把它拿到了法庭上。一位法官对我说：'它毫无效力，因为祭司们已经对你说过，这部分没有主人吗？'他的主人不定什么时候会来说：'它属于我，有人决定他让正义在他一方而不在你一方。'看，我听说祭司们在他的父亲害死希拉克里奥坡里之主时，已经把它转签给了这位它曾经属于他的索贝克神祭司。它以前未曾有过所有者吗？"伊亚霍尔之子，迈尔森斋德巴斯特特伊吾弗昂赫对他说："我就把所有者带给你。我就让他把这个份额转签给你。"

恰巧外扎塞玛塔维之子俳迪埃斯于阿普瑞思法老第十三年加入了他祖辈的行列。他的儿子外扎塞玛塔维还活着。一个人来见外扎塞玛塔维，说："他们正来强迫你转签阿蒙神先知的份额给霍尔之子帕森尼姆泰克－麦奈乃普。"

夜晚，外扎塞玛塔维与他的妻子和他的孩子们登上一艘船。第二天早晨，祭司们和迈尔森才听说。他们前往他的房子。他们拿走了他所有的东西。他们拆毁了他的房子和他的圣器收藏室。他们叫来一位石匠。他们命他凿掉伊瑞图儒之子俳迪埃斯立在石台上的石碑。他们前往另一个圣殿对里面的埃勒凡泰尼石头[3]石碑,说:"我要把它铲除掉。"石匠说:"我不能把它铲除掉。只有花岗岩石匠能够铲除它。我的工具会变钝。"一位祭司说:"就让它在吧!看,没人能看到它。此外,他是在他成为祭司之前和大船主俳迪埃斯把阿蒙神先知的份额转签给他之前,竖立起这个石碑的。我们可以根据其上文字驳斥他的诉求说:'你父亲不是阿蒙神祭司。'"

他们离开了埃勒凡泰尼石碑。他们没有铲除它。他们前往他的两尊黄岗岩石雕像。一个在阿蒙神神室入口处,其膝上有阿蒙神的形象。他们把它扔进了河里。他们前往他的另一尊立于奥西里斯神庙在奥西里斯圣殿门口的石雕,其膝上有奥西里斯形象。他们把它扔进了河里。外扎塞玛塔维听说了苔乌沼伊祭司们对他做的一切。恰巧有一位名叫帕舍瑞斯之子伊姆霍泰普的前室总管统计员被前室总管派来了解赫尔摩坡里的情况。俳迪埃斯之子外扎塞玛塔维对他的儿子俳迪埃斯说:"你既然常常书写,去与前室总管统计员帕舍瑞斯之子伊姆霍泰普写吧。当他到来知道你的娴熟,他就会与前室总管为你提起诉讼并让我们有一个保护人。"

俳迪埃斯[4]前去与帕舍瑞斯之子伊姆霍泰普起草文书。他以书写的形式参与了他被派往赫尔摩坡里处理他们的事务。我与伊姆霍泰普前往孟菲斯。他让前室总管的书吏写下了赫尔摩坡里事务。他向前室总管报告了此事。前室总管对他很和善。伊姆霍泰普在前室总管面前抱怨说:"我有一个同僚。他是苔乌沼伊阿蒙神祭司。苔乌沼伊迈尔森伊亚赫之子斋德巴斯特特伊吾弗昂赫与他们的兄弟前往他的房屋[5]和他的圣器储藏室。他们拿走了属于他的所有的东西。他们拆毁了他的房屋和圣器储藏室。"前室总管给希拉克里奥坡里之主帕内弗瑞乌之子霍尔比斯写了封信，说："俳迪埃斯之子，书吏伊姆霍泰普是我的下属，在我面前提起了如下控诉：'我有一个同僚，他是苔乌沼伊的阿蒙神祭司。他的名字是外扎塞玛塔维之子俳迪埃斯。阿蒙神迈尔森伊亚赫之子斋德巴斯特特伊吾弗昂赫与他的兄弟们一同前往他的房子和他的圣器储藏室。他们把里面的一切都拿走了。他们拆毁了他的房子和圣器储藏室。'该信一到达你处，你立即出发前往苔乌沼伊！把外扎塞玛塔维之子俳迪埃斯这位祭司对你说：'把他们逮起来！'的所有人都逮起来。把他们都戴上镣铐带到我在的房子里来！"

他为希拉克里奥坡里诺姆的将军帕森尼姆太卡维尼特做了一个抄本。有人同一位瑞麦笞斋姆[6]一起送走了信件。他同我来到希拉克里奥坡里。我们来到希拉克里奥坡里之主和将军面前。我们在书写之屋[7]内站在他的面前。他们阅读前室总管的信件。希拉克里奥坡里之主霍尔比斯说："奥西里斯长寿！苔乌沼伊的阿蒙神迈尔森斋德巴斯特特伊吾弗昂赫不在这个诺姆！我听说他去了布托，哀悼已经前往祖先处的赫尔虹苏之父霍尔。他（霍尔比斯）叫来他的随从俳迪霍尔晒弗，对他说：'去苔乌沼伊！带上50人跟随你！把祭司俳迪埃斯说：'把他们抓起来！'的所有人都抓起来'，把他们带上镣铐带到我这儿来。"

将军召来他的随从说："去苔乌沼伊！带很多人跟着你！把所有外扎塞玛塔维之子俳迪埃斯说的'把他们都抓起来！'的人都

带回来！把他们都戴上镣铐带到我这儿来。"我乘坐两艘船回到苔乌沼伊。我们没有找到苔乌沼伊的迈尔森斋德巴斯特特伊吾弗昂赫。我们找到的他的兄弟[8]都被逮捕了。他们被带到希拉克里奥坡里，带到希拉克里奥坡里之主和将军的面前。他们在希拉克里奥坡里之主和将军面前失声痛哭："法老长寿！我们没有拿任何俳迪埃斯的财产！我们没有拆毁他的房子！是阿蒙神先知霍尔之子帕森尼姆泰克－麦奈乃普拆毁了房子和圣器储藏室。"

希拉克里奥坡里之主说："俳迪埃斯！迈尔森斋德巴斯特特伊吾弗昂赫还没有被找到，你把这些祭司们带到前室总管面前会从中得到什么利益？他们会去前室总管面前说：'我们没有从你那儿获得任何财产！我们没有造成你房屋被拆毁。'"我对希拉克里奥坡里之主说："伊姆霍泰普，前室总管的书吏，在我面前给希拉克里奥坡里之主和将军书写：'我们的主人会让我这里的事情在该诺姆清算'之后，让我站在前室总管的面前。"希拉克里奥坡里之主抓住我的手。他把我拉到一旁。他对我说："奥西里斯在上！我爱你超过这些祭司。事情是赫尔虹苏已同前室总管说过话并说服了他，他们将被放走，你的案子完了。看伊姆霍泰普带给我的私人信件就是我为什么为你而发怒的原因。他这么写的：'他是我的兄弟。给予他保护！确保他来见你的事情得到足够的重视！这些祭司，我会让他们给你10德本银和50袋麦子。我会命他们在霍尔晒弗面前和尼那瑞弗[9]的奥西里斯神面前发誓：我们没有从你处拿走任何财产。此外我会让他们给前室总管的这个人供给。'"

希拉克里奥坡里之主霍尔比斯劝我放这些祭司走。希拉克里奥坡里之主对祭司们说："看，我已经劝说俳迪埃斯放你们走。你们要给他20德本银子。"他们大声喊叫："我们不会给他5德本银子！"我对希拉克里奥坡里之主说："愿我们主人的呼吸强大！他们拿走了这些被他们拆毁的建筑的梁柱和门，值10德本银子。他们毁坏的石头制品，又值20德本银子。"希拉克里奥坡里之主对他们说："奥西里斯在上！我听到了你们对他做过的所有事情。如果他把你们带到前室总管那里，就是50德本银子也让你们出不去。让他得到10德本银子！我会让他放弃剩下的10德本银子。你们对他发誓：'我们没有让任何事物从你那儿拿走。我们没有命人拆毁你的房屋和圣物储存室。'"结果，祭司们不得不保证给这10德本银子，并不得不在霍尔晒弗和奥西里斯神面前发誓，给我面前的前室总管的人1德本银子，我跟祭司们保持距离，希拉克里奥坡里之主对我说："别怕！奥西里斯在上！当迈尔森斋德巴斯特特伊吾弗昂赫来到南方，我将令他给你这些祭司们给你总数的余下部分。我本人会展示我对你的袒护。拉神在上！我已经听到了他们对你造成的伤害。我没有把这些祭司带到前室总管的面前，这样赫尔虹苏就不会驳回你的案子，让你遭受损失。"

【注释】

[1] 一袋约相当于20升，160辛。

[2] 阿赫麦努为卡尔纳克神庙中的一部分，这里可能指一个宗教之宴。

[3] 应为黄岗岩。

[4] 指俳迪埃斯（儿子）。父子同名，儿子出现后该名多指儿子。

[5] 指外扎塞玛塔维（儿子）的房屋。

［6］军中一个阶层中的人。

［7］存放文件的屋子。

［8］这里的"兄弟"指与他关系近的人。

［9］希拉克里奥坡里的一个地方的名称。

【译文】

希拉克里奥坡里之主和将军让我走了。我前往赫尔摩坡里。我带着我的父亲外扎塞玛塔维,我的母亲,我的兄弟以及我的人一起前往苔乌沼伊。我们把砖涂上颜色。我们建起了我们的房子。其底层完工。我们住了进去。其圣器储藏室到此日被人弄倒了。几天过去了,霍尔之子帕森尼姆泰克－麦奈乃普前往他父亲处。直到这一天,霍尔之子帕森尼姆泰克－麦奈乃普还没有来到苔乌沼伊。他派人去取他的财产,直到阿赫摩斯第四十四年[1]。在冈比西斯第三年[2],帕姆泰克美恁匹之子霍尔来到苔乌沼伊。他与祭司们会面。他们跟他说话的方式并不像地上的人类。他们不允许份额给予他。他们来找霍尔赫布维西格木之子帕晒瑞亚赫。他们于冈比西斯四年将苔乌沼伊的阿蒙神先知份额转签给他。

【注释】

［1］公元前527年。

［2］公元前522年。

33.霍尔－内弗尔铭文

【题解】

霍尔－内弗尔是托勒密王朝初期的一位大臣,他从亚历山大大帝进入埃及开始统治时，开始自己的政治生涯，见证了托勒密王朝的建立。本铭文刻写在他的一个雕像上。这尊雕像现藏于瑞士洛桑艺术博物馆。该博物馆于1938年获得该雕像的残片，虽不完整，但非常漂亮。霍尔－内弗尔是皇室书吏，并担任许多上埃及神祇的先知。亨利·王尔德首先公布了这尊雕像上的铭文。文中出现一系列头衔和对于祭司和官员的修饰用词，这对于我们分析当时的官职和宗教关系很有帮助。译自亨利·王尔德《洛桑艺术博物馆霍尔－内弗尔雕像》(《法国东方考古研究所公报》，1954)。

【译文】

上埃及国王书吏，每日满心自信之人，每日每夜清醒寻觅对其统治者有用之事和有用之人，通晓理解魔法语言艺术之人，比□□□□更好地通晓圣典之人，对法老所关心的事务从来不动摇，因此受到法老提拔之人；书写之处[1]书吏；阿蒙神的第一等级书吏；内弗尔霍泰普[2]之书吏。

【注释】

[1] 相当于我们现在的图书馆。

[2] 上埃及第七诺姆的大神。

【译文】

统治底比斯的虹苏神[1]之先知，途中站之阿蒙诺沛特神[2]之先知，第二、第三等级之姆特神治者，巴凯特[3]巴－努伯神[4]之先知，司－塞斋姆－塞特[5]之先知，令孟杵神与塔嫩特女神[6]之母满意的门廊老者之首[7]，赫尔蒙绨斯[8]之主□□□□，带刀的蒙胡[9]之先知，赫门[10]之先知，塞亥特－姆－瑞特之主，杀戮外敌的霍尔-贝赫戴特[11]之先知，奥西里斯神、荷鲁斯神、伊西斯女神和内弗梯斯女神之先知，迪奥坡里斯帕尔瓦[12]之主，内弗尔-霍泰普之主，伟大神祇□□□幼年虹苏之先知与哺育者，伟大的阿蒙神第一诞生者。

【注释】

[1] 古埃及月神。

[2] 后宫之阿蒙，崇拜中心在卢克索，常与皿神合体。

[3] 巴凯特所在地点不详。

[4] 该神名字的意思是"金子之心灵"。

[5] 直译之意为"听之者"。

[6] 战神孟杵配偶。

[7] 法庭设在神庙门廊处，"老者"在晚王国时期是对法官的称呼。

[8] 位于底比斯南12公里处。

[9] 最初为埃斯纳地方的一位神祇，为鹰头神。

[10] 常与荷鲁斯神联合出现的神祇。

[11] "贝赫戴特"原意为"属于贝赫戴特者"，贝赫戴特是三角洲的一个城市，代称带翅膀的太阳形象。

[12] 北方城市，即胡，托勒密王朝时叫这个名字。

【译文】

霍尔-内弗尔，同一位法老阿蒙神书吏之子，阿卡西亚[1]女神哈托尔神之先知，帕西布，凯尔西布所生。□□□□我未疏远您的王座。我每天活着看到你。我生来就渴望您的名声，您比所有神祇都更伟大。我走到哪里都对您忠诚，从我童年时代起，直到我的善终。我待在□□□□您的食物储藏丰富地增长。当我还年轻的时候，您就称呼我为伟大的先知，直到我垂垂老矣。您给予我的四项特权[2]，愿您也能给予我的孩子们，提升他们到□□□□岗位上去。□□□□哦，大地上的人们和他们之后的数代子孙，以及将会看到此尊雕像的人，愿每当您看到它的时候总是想着赞美，并将所有的邪恶都从它这里驱除，献上□□□□□□□□姆特神庙，崇拜众神之女主，这样说：愿您像拉神一样长寿，愿您像奥西里斯神一样重生，愿您每天都活着到来！愿您呼吸到那里的香料和气味！愿您每天听到圣歌的吟唱和欢乐的声音！因为我是一个值得献上祭品的人，一个再赋活力的人，一个值得神来赞美的尊者。实际上，我已经取得了□□□年□□□□他所钟爱的妻子塔崴凯什，亥坡恩瑞奈坡之女。他的父亲□□□□。□□□□国王书吏和神之书吏，皇室皿神书吏，霍尔-内弗尔之子。国王书吏和神之书吏以及王宫书吏和先知，那赫特亥坡。□□□□之女□□□□，司-塞斋姆-塞特与塔迪内弗尔霍泰普之祭司，王室书吏与年轻的虹苏霍尔先知内弗尔之女，生于塔崴凯什。

【注释】

[1] 位于登德拉与库斯之间。

[2] 四项特权为：长寿、令人满意的物资条件、好的环境和子嗣、漂亮的葬礼。

三、古埃及传记文献研究例证

1.《梅藤传记》中的官职与社会：古埃及传记中的历史背景

传记是真实人物的生命记述，而真实人物的生命历程无法脱离历史背景独立存在。历史背景不仅有时代的痕迹，而且很具体。即使是同一个时代，生活在不同地域、不同阶层、不同行业的人，其环境对其生活的影响都是不同的。对于古埃及人来说，社会一般阶层的人，无论是涅杰斯还是赖依特，都不会那么以玛阿特为荣，他们的幸福就是饿了有面包吃，渴了有啤酒喝。对于一个传记主人公的背景设定，准确十分重要。这个准确应能让人看到主人公的生命轨迹和性格形成的背景理由。从某种角度说，人是环境的产物。环境有时代的印记，因此还可以说，人是时代的产物。尽管不同时代人的会有不同的命运，但同时代人的命运也各不相同。因此，时代对于个人命运的左右是通过具体环境完成塑造的。传记作家对于传记主人公如果没有一个理性的了解是很难写好这个传记的，要认识传主，了解传主，分析其所思所想，才能理解并让读者理解主人公的独特行为与生命轨迹。他们书写传主的生命，也解说传主的生命，这样才能让自己所书写的传记理性、有根据、有逻辑、让人信服。《梅藤传记》因为时代过于久远，不可能自觉地完成这样的使命，但其主人公梅藤或直接或间接的背景陈述却让读者读起来感觉主人公颇为立体。梅藤的背景中既有时代的大势，也有具体的官职。法老与地方官吏之间的复杂关系，体制上的上下较劲与一致，都在作品的字里行间展现于读者面前。作者并不是为写传记有意将背景书写下来，作为人物成长的铺垫，但读者读起来却感到了背景设定的预期。

梅藤生活在古埃及第三、第四王朝期间，此时的行政管理建制可以从这篇文献中窥见一斑。《梅藤传记》中记述了梅藤所担职务多达十几个，多数职务为两职兼任，即"宫廷长官"（HqA Hwt-aA）与地方官吏。"宫廷长官"并非中央皇室，但显然由皇室任命。而"宫廷长官"与地方长官兼于一人很容易让人觉得机构重复，而机构设置的重复一定有其原因。一般说来，在一个统一的帝制国家里，地方管理机构应该由中央设置，其重要官员由中央任命或委派。显然，古埃及此时（古王国时期）的统一并未像古代中国一样形成中央对地方的绝对掌控。中央与地方双机构存在的由来，历史地看，可能与埃及走向统一的进程有关。统一是由小的地方势力崛起，不断扩大势力范围开始的，最初形成的诺姆（spAt）势力并未随着统一而消失，而是继续存在了相当长的一段时间。从政权的一统要求上看，这样的结果肯定不是中央政权想要的，但从地方管理的有效性上看，众多地方机构又不能立即被取缔。双机构的设置应该是应对这种局面较好的方式，既可以保持管理的顺畅，又能让中央政权逐步接管地方的一切。

梅藤所任职务头衔还向我们展示了当时地方行政管理的主要事物——田地与狩猎。"海斯-外尔宫廷长官；塞特诺姆西部田地判官""母牛要塞宫廷长官；荒漠地方长官及狩猎之主"都是他的头衔。这些头衔让我们想到象征法老权力的两个权杖：连枷（∧）与钩子（↑）。两者交叉于胸前，这是每一位法老死后下葬的标准姿态，也是每一位法老梦想在永恒世界化作神祇的奥西里斯神的标准形象。连枷用来脱粒，钩子用来牧羊，前者象征农业，后者象征牧业。最大的权力来自对农业和牧业的管控，可见当时农业和牧业对于埃及的重要程度。最高权力需要主管农业和牧业，地方权力亦然。因此，梅藤的这两个头衔具体象征了当时诺姆行政机构管理工作的主要内容。

中央派遣和任命地方官员，并赠送土地给这些地方大员以笼络人心，"许多王室□□□□馈赠他200斯塔特土地作为礼物"。这看上去有点封邦建国的意思，但古埃及建的是诺姆。因此，我们没有在埃及的历史上看到支撑大奴隶生产的奴隶社会阶层。虽然奴隶存在，多为战俘，但建筑在奴隶劳动之上的奴隶社会的基础却并不明显。此时的埃及倒有点像中国春秋战国时代的"封建"。"封建"社会的最为重要的社会价值观念是忠诚，这在古埃及社会中也是极为重要的价值观念。如果我们读一下古埃及文献中的传记文献就会发现，法老对自己的信任与赏赐充斥于大多数官员的自传文献。文献的留世是书写者选择的结果，写什么或不写什么都充分体现书写者的，同时也是整个社会的价值观念。

此外，财产的赠予，遗产的分配，都有法律文书作为保证。

法律事务，特别是关于财产的法律事务已经成为地方行政管理当中的一项重要内容。"他被提升为□□□□，成为舍伊斯（公牛诺姆）之地方长官，舍伊斯之属下地方判官"，表明法律事务与行政事务并未分开。这是人类早期社会行政管理的共同特点。

作为在这样一个时代，这样一个环境中成长起来的宫廷高官，梅藤的性格中一定有与其他高官共性的一面。他对法老极其忠诚，因此也得到了法老对他的信任和钟爱。每一位大臣都在自传中不厌其烦地反复强调这一点，"陛下唯一陪伴，陛下钟爱之人，陛下爱我胜过所有大臣，陛下对我的赏赐过去从来没有过"，这样的字句几乎在所有大臣自传中都可以找到。因此，这是所有大臣传主的共性。身为大臣，就会有大臣的价值观念，而有些价值观念是大臣们共同的价值判断。这一价值判断的缘起应该更早，因为在以后所有古埃及传记文字中都不仅充斥着这一价值观念，而且表述的方式也基本相同。这说明梅藤时代虽早，这一价值观念凝聚而成的套语已经沉淀下来，非常成熟。"陛下钟爱之人"是所有大臣传记中都会出现的自我介绍，法老钟爱之人可能不止一位，因时代久远，我们也无法考证法老究竟对谁更好一些。但另一个套语"陛下唯一陪伴"却值得考证。我们还不知道这"唯一"是否真的唯一，如果确实如此，那梅藤在任期间就是法老最信任的人。但很多大臣都这么说就让人怀疑这个"唯一"是否有水分。当然，还有一种可能性，即"陛下唯一陪伴"是一个官职或荣誉。这样，拥有这一头衔或荣誉的人就不止一个。

《梅藤传记》可能是人类最早的传记作品,如果不是唯一最早的,至少可以说是人类最早的传记作品之一。四千五百多年前的传记是不可想象的。这篇传记为古代埃及大臣们的传记树立了一个样板,随后两千五六百年中出现了无数大臣传记,无论是刻写地点,还是书写的方式,甚至用语,无不延续《梅藤传记》设定的传统。这一传统不仅在传记所书地点、整体内容,而且在避讳的内容上都对后世产生深远影响,比如古埃及传记中没有阴暗内容的记述,因此也没有忏悔意识出现。

2.《贝尼哈桑王子哈努姆霍泰普传》研究

古埃及自从有历史[①]以来,历经三千多年,直到公元前30年灭于罗马,只有一部史书诞生,即王朝历史即将结束之时的埃及祭司曼涅托用希腊语书写的《埃及史》。尽管这部史书也没有留存下来,但古埃及历史框架因此确立。然而此前近三千年没有史书的历史给史家研究古埃及历史带来不小的困难。于是,历史学家研究古埃及历史所依据的史料便仅限于考古、图像(古埃及陵墓、神庙、石碑上的浮雕与壁画)和记述其他内容的文字了。对于历史研究来说,特别是古埃及历史的主干即王朝的历史,如果考古材料没有与文字材料相契合的地方,史家对其所展示的历史信息就无法定位。因此,文献的研究非常关键。曼涅托的《埃及

---

① 这里的历史是指历史是人类书写的文献中所描述的过去。文字出现之前的历史是史前史。

史》提供了古埃及31个王朝的框架，代表神前法老向神献祭的文字提供了王表。有了这样一个历史框架，每一份文字文献就有了归属，历史便可以一点点丰满起来。一个社会的历史，仅包含其最高统治者，还显得过于单薄，还应包含其最高统治者身边的大臣。古埃及的这一角色便是查提（TAty），西方学者称之为维西尔，相当于中国古代的宰相。古埃及大臣的陵墓中保存下一批查提大臣的传记铭文，虽然所书内容多为他们一生的丰功伟绩，但史家据此完成了古埃及王宫管理体系的重建。[①] 由此可知古埃及传记文献作为史料的地位。查提之外，法老的重要大臣是诸侯，诸侯之中有王子，亦有地方首领。诸侯的传记，无论是刻写在陵墓的墙壁上还是竖立的石碑上，不仅成为史家研究宫廷管理体系的材料，还为诺姆层面的政治、经济、宗教、文化提供了最为可靠的史料。

《贝尼哈桑王子哈努姆霍泰普传》作为一篇身为诺姆长的贵族陵墓传记铭文，为史家提供的史料内容远超出我们对于一位诺姆长传记铭文所能提供史料的期待。哈努姆霍泰普二世的家族世系，诺姆长职位的世袭与任命，诺姆长与相邻诺姆的联姻，诺姆长的职责，第十二王朝的诺姆划界，以及字里行间透露出来的古埃及人的社会意识形态等如此多的内容尽含于短短的约2500字（译文数字）的传记之中。

[①] 参见 Boorn, G. P. F. van den, *The Duties of the Vizier: Civil Administration in the Early New Kingdom*。

本篇文字所引铭文译自德·巴克的《埃及文读本》[①]一书中所收该铭文的象形文字抄本，为阅读顺畅，译文去掉了原文抄本中的行号。已发表的译文还有布雷斯特德在《古埃及记录》中刊载的译文[②]和纽伯里的《贝尼哈桑Ⅱ》[③]中的译文。此外，蒙泰特（Montet）等人也发表了他们节选的译文，主要为原文199行之后的内容。

（1）第十二王朝哈努姆霍泰普家族的世系与世袭

哈努姆霍泰普的家族是中部埃及的一大望族。虽然父系家族并不显赫，但他的母亲却是埃及第十六诺姆诺姆长哈努姆霍泰普的女儿。铭文一开头就清晰地交代了自己的家系："摄政诸侯，国王熟知者，为其神所钟爱，东方土地之治者，内赫瑞之子，哈努姆霍泰普，真言如此，诸侯[④]之女巴凯特夫人所生，真言如此。"[⑤]内赫瑞是哈努姆霍泰普二世的父亲，巴凯特是他的母亲。铭文的后半部再次交代家系："给予我的另一个恩泽：我的长子纳赫特，赫琱所生，被任命为银普特总管，继承了他母亲之父的职位，成为唯一陪伴，并被任命为上埃及摄政。"[⑥]赫琱是铭文主人哈努姆霍泰普的妻子，纳赫特是他的长子。他还有一个儿子，如文中所示："哈努姆霍泰普，内赫瑞的儿子哈努姆霍泰普之子，家主赫琱

[①] De Buck, A., ed., *Egyptian Readingbook: Exercises and Middle Egyptian Texts*, Leyden: Nederlandsch Archaeologisch-Philologisch Instituut, 1948, Vol. 1.
[②] Breasted, J. H., *ARE*, Vol. I, pp. 279–286.
[③] Newberry, P. E. *Beni Hassan II*, London, 1983. pp. 57–66.
[④] HAti-a，直译为"地方王子"。
[⑤] De Buck, A., ed., *Egyptian Readingbook: Exercises and Middle Egyptian Texts*, Vol. 1, p. 67.
[⑥] Ibid., p. 70.

所生。"[1] 墓主人哈努姆霍泰普的小儿子与父亲同名，也叫哈努姆霍泰普。

哈努姆霍泰普家族中有三位同名，为区分方便，我们分别称之为哈努姆霍泰普一世、哈努姆霍泰普二世和哈努姆霍泰普三世。三世是二世的儿子，子承父姓，这很好理解。但哈努姆霍泰普一世却不是哈努姆霍泰普二世的父亲，而是他的外祖父。哈努姆霍泰普二世父亲是内赫瑞，身世不详，母亲巴凯特是哈努姆霍泰普一世的女儿。古埃及人没有姓氏，名字的继承亦无父系母系的分别，甚至没有辈分的考虑。选择继承谁的名字往往以认同程度为标准，即谁的名字会给自己带来更多荣耀。哈努姆霍泰普二世之所以没有继承父亲内赫瑞的名字，可能与其父内赫瑞并无像样头衔有关。而他继承外祖父的名字也因为外祖父不但是麦奈特－胡夫镇的首领，还是第十六诺姆的诺姆长。他自己也因此继承了外祖父麦奈特－胡夫镇的首领之职。

哈努姆霍泰普二世自传铭文所提供的还不是该家族完整的世系图画，我们仅凭这篇铭文还无法看清这个家族在中王国时期乃至在整个第十二王朝管理体制中的地位。好在贝尼哈桑这块墓葬之地不仅修建了哈努姆霍泰普二世的陵墓（T3）[2]，还埋葬了哈努姆霍泰普一世（T14）、阿蒙尼姆赫特（T2）等十几个家族成员。这就很容易让我们根据同名的墓主自传铭文建起与哈努姆霍泰普

---

[1] De Buck, A., ed., *Egyptian Readingbook: Exercises and Middle Egyptian Texts,* Vol. 1, p. 71.

[2] T3 与 T14、T2 皆为陵墓编号。

二世相关的家族世系表①：

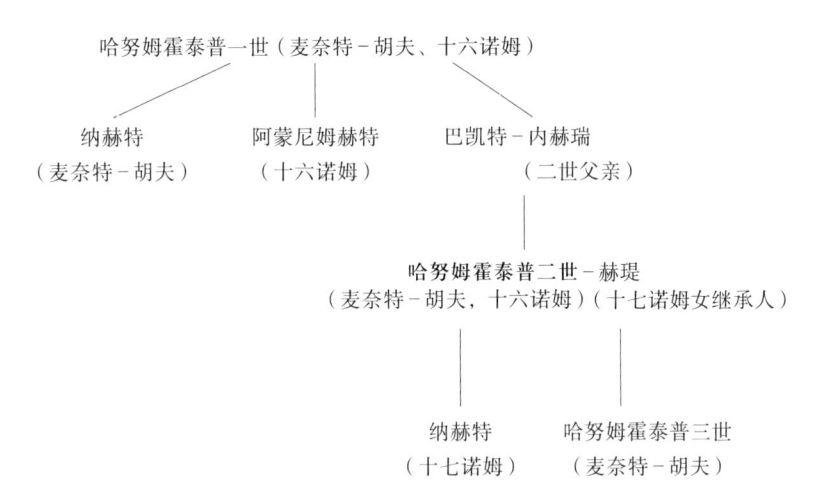

```
            哈努姆霍泰普一世（麦奈特－胡夫、十六诺姆）
           ／              ｜              ＼
       纳赫特         阿蒙尼姆赫特        巴凯特－内赫瑞
    （麦奈特－胡夫）    （十六诺姆）         （二世父亲）
                                              ｜
                                   **哈努姆霍泰普二世－赫琨**
                              （麦奈特－胡夫，十六诺姆）（十七诺姆女继承人）
                                       ／          ＼
                                    纳赫特      哈努姆霍泰普三世
                                 （十七诺姆）    （麦奈特－胡夫）
```

哈努姆霍泰普一世身居要职，是第十六诺姆即羚羊诺姆的诺姆长，并监管麦奈特－胡夫镇。他生下两儿一女，两子分别继承了麦奈特－胡夫镇长（儿子纳赫特）、羚羊诺姆长（儿子阿蒙尼姆赫特），女儿巴凯特则嫁给了内赫瑞，似乎没有继承什么官职。不知什么缘故，纳赫特与阿蒙尼姆赫特没有将职位传给他们的儿子，而是传给了巴凯特的儿子，即两位舅舅将自己的职位传给了外甥哈努姆霍泰普二世。这样，哈努姆霍泰普二世就像他外祖父一样，集麦奈特－胡夫镇长与第十六诺姆诺姆长的职位于一身，并通过与临近诺姆长女继承人的婚姻将第十七诺姆的行政管辖置于自己家族手中。哈努姆霍泰普二世的儿子纳赫特成了第十七诺姆的诺姆长，另一个儿子哈努姆霍泰普三世则继承了父亲在麦奈

---

① 参见 De Buck, A., ed., *Egyptian Readingbook: Exercises and Middle Egyptian Texts*, Vol. 1, p. 72。

特-胡夫的权力，成为该镇镇长。

由此可见，在中王国时期，至少有些诺姆长职位是世袭的。哈努姆霍泰普一世将诺姆长传给自己的儿子阿蒙尼姆赫特，阿蒙尼姆赫特又将这一职位传给外甥哈努姆霍泰普二世；第十七诺姆长职位亦由哈努姆霍泰普二世的妻子传给儿子纳赫特。当然，纳赫特的母亲只是第十七诺姆的继承人，虽然我们不知道她最后是否走马上任，但可以肯定的是她的儿子继承了第十七诺姆长的职位。由此可见，女性可以继承家族世袭的爵位甚至职务，虽然可能是在没有男性继承人可以继承的情况下才这样做，但继承权在父系母系中的区别显然不像其他文明那么大。

（2）十二王朝世袭诺姆长的任命与封建

然而，继承职位并不是自己家族可以完全说了算的，还需要国王的任命。铭文中三次提及上下埃及之王对哈努姆霍泰普二世的任命：

上下埃及之王，内卜考瑞；拉神之子，阿蒙尼姆赫特，赋予生命，永远像拉神一样安稳地统治，任命我为摄政诸侯，东方土地监管者，荷鲁斯与帕赫特①祭司，于麦奈特-胡夫②继承我母亲之父的职位。他为我竖起了上埃及边界石碑，让北方土地像天堂一样完美。以宣告陛下之言的方式，他沿其中线划分了大河，就

---

① pAxt，古埃及狮首女神，名字的意思为"撕扯者"。
② mnat-xwfw，贝尼哈桑的一个城镇名，字面意思为"胡夫的奶娘"，位于赫尔摩坡里北。

像我母亲的父亲之所为。①

然后,他任命我为摄政诸侯,尊贵的辅佐者,玛赫迪②伟大的首领。他竖起上埃及界碑直到乌奈特,其北部到达银普特。他沿其中线划分大河,其水,其田,其树与其沙地远达西部荒漠。③

上下埃及之王内卜考瑞,赋予生命,像拉神一样永恒统治,让我作为摄政诸侯之子继承我母亲的父亲之统治,因为他如此热爱玛阿特。他本人就是阿图姆,内卜考瑞,赋予生命,永恒的权力,像拉神一样永恒幸福。他于其统治的第十九年任命我为麦奈特－胡夫的摄政诸侯。④

内卜考瑞即阿蒙尼姆赫特一世,第十二王朝的第一位法老。三处提及国王任命,职位则是两个,即麦奈特－胡夫镇摄政诸侯与玛赫迪的首领。玛赫迪就是第十六诺姆,羚羊诺姆。我们尚不知晓两个职位的任命是否一次完成,也许是分别任命,我们无从考证,但显然,世袭继承也是需要法老认可的。可见法老与地方诺姆长之间的关系是一种效忠关系,而非"普天之下莫非王土,率土之滨莫非王臣。"的帝制。任命是一种荣耀,世袭才是传统。这一荣耀对于独霸一方的诸侯特别重要,铭文中四代人的继承都

---

① De Buck, A., ed., *Egyptian Readingbook: Exercises and Middle Egyptian Texts*, Vol. 1, p. 68.
② mA-HD,羚羊诺姆。
③ De Buck, A., ed., *Egyptian Readingbook: Exercises and Middle Egyptian Texts*, Vol. 1, p. 68.
④ Ibid.

强调了上下埃及之王的任命:

他于麦奈特-胡夫任命他为摄政诸侯,东方土地监管者。他竖起上埃及界碑,他让北方像天堂一样完美。他沿中线将大河划分,其东边远达东边的荷鲁斯山。当陛下到来,他驱除邪恶,像阿图姆①神本人一样出现,他让城市知道其与(其他)城市的边界,他们的边界像天堂一样完美,并据其所记知其水深,调查旧事,因他如此深爱玛阿特。②

这是对哈努姆霍泰普一世即本篇铭文传主哈努姆霍泰普二世外祖父的任命。哈努姆霍泰普二世的自传本来并不涉及他的舅舅纳赫特,因为他反复强调他是继承外祖父("母亲的父亲")而非他舅舅的职位与头衔。但是文中还是记录了他舅舅纳赫特的受命:

他以陛下,荷鲁斯,诞生之生命;两女神,诞生之生命;金荷鲁斯,诞生之生命;上下埃及之王,赫坡瑞卡瑞;拉神之子,辛瓦瑟瑞特,赋予生命,像拉神一样稳固统治者口授之命任命他的长子,正义的纳赫特,至尊之主,为其麦奈特-胡夫遗产之治者,作为国王的一个伟大恩宠。③

---

① 赫留坡里九神系中的第一代创世之神。
② De Buck, A., ed., *Egyptian Readingbook: Exercises and Middle Egyptian Texts*, Vol. 1, p. 68.
③ Ibid.

第四代继承人纳赫特继承的虽是他母亲的第十七诺姆,但铭文中亦两次强调法老的任命:

> 给予我的另一个恩泽:我的长子纳赫特,赫瑅所生,被任命为银普特总管,继承了他母亲之父的职位,成为唯一陪伴,并被任命为上埃及摄政。陛下,荷鲁斯,两土地之主;两女神,让玛阿特展现者;金荷鲁斯,让众神满意者;上下埃及之王,哈亥坡尔瑞;拉神之子,辛瓦瑟瑞特,赋予生命,像拉神一样的永恒的权力,给予他全部每一种高贵。①

法老与诸侯的关系虽非盟主与城邦那样松散,亦不像皇帝与刺史那样隶属,倒有点像欧洲9—15世纪的封建社会,而非奴隶社会。古埃及语言文字中并无专指奴隶的词汇存在,但奴隶作为奴隶社会基础的一个社会阶层在语言文字中没有体现是不可能的。② 欧洲封建社会的三个基本概念即君主、诸侯、采邑很像古埃及中王国时期的法老、诸侯、诺姆。欧洲中世纪流行的一句话对于描述封建社会君主与诸侯的关系特征,可以说是一语中的,这句话便是"附庸的附庸不是我的附庸。"君主若有战事,无论内战外战,诸侯出兵听令君主,完全依靠忠诚。君主可以命令诸侯,

---

① De Buck, A., ed., *Egyptian Readingbook: Exercises and Middle Egyptian Texts*, Vol. 1, p. 70.
② 几个相近的词汇 tp anx、rmT Hm、ma Hm、nHsyt、Hm、Hmt,无一专指奴隶。Tp anx 是战俘,直译为"活着的头",nHsyt 专指努比亚女仆,其余各词皆与 Hm 相关。Hm 虽有仆人之意,但祭司被称作 Hm nTr,"神之仆""陛下"被称作 Hm·f,"您的仆人"显然都不真正指奴隶。

三、古埃及传记文献研究例证

但诸侯的军队却由诸侯命令。哈努姆霍泰普二世自传铭文没有涉及战事,但他继位前,他的舅舅,第十六诺姆诺姆长阿蒙尼姆赫特自传中却记述了自己跟随法老征战库什(古代努比亚)之役:

> 我跟随我主向南航行去打击外国人中的敌人,因为作为诸侯之子,皇室玺印总持,羚羊诺姆军队伟大的首领,作为接替我年迈父亲的男人,因为皇室恩宠他,宫廷钟爱他,我必须驾船南行。我驶过库什,继续向南,抵达大地之端,带来给我主的贡品。对我的赞扬直抵天上。然后,陛下平安地前进,在邪恶的库什打击他的敌人,像一位积累了丰富经验者一样的我跟随着他返回,我的军队毫发未损。我远航南方是为了带回矿金给上下埃及之王赫坡尔卡拉(辛瓦瑟瑞特一世),永恒的生命。
>
> 我跟随世袭王子,国王的长子阿蒙尼(未来法老阿蒙尼姆赫特二世),愿他长寿、繁荣、健康,驶向南方。随我南征的我军中400名最好的士兵安全返回,没有损失。我带回了分配给我的金子。因此我被皇室赞扬,国王之子为我感谢神祇。[1]

国家没有军队,军队属于诸侯,《阿蒙尼姆赫特自传》不止一次说"我的军队毫发未损。"当然,法老有自己的强大军队,但只是法老自己的,不是国家军队。这是典型的封建社会体制,与奴隶社会不同。

---

[1] Simpson, William Kelley, ed., *The Literature of Ancient Egypt: An Anthology of Stories, Instructions, Stelae, Autobiographies, and Poetry*, Yale University Press, 2003, p. 419.

(3) 第十二王朝诺姆边界划分与联姻

《贝尼哈桑王子哈努姆霍泰普传》提供给史家的历史信息不仅限于哈努姆霍泰普家族的家系与诺姆长的世袭,哈努姆霍泰普自传中记述自己一生中最重要的事迹,有一件被反复提起,即划界:

> 他为我竖起了上埃及边界石碑,让北方土地像天堂一样完美。以宣告陛下之言的方式,他沿其中线划分了大河,就像我母亲的父亲之所为,陛下,荷鲁斯,重生者;两女神,重生者;金荷鲁斯,重生者;上下埃及之王,塞霍泰普伊布瑞;拉神之子,阿蒙尼姆赫特,赋予生命,永远像拉神一样稳定地统治。他于麦奈特-胡夫任命他为摄政诸侯,东方土地监管者。他竖起上埃及界碑,他让北方像天堂一样完美。他沿中线将大河划分,其东边远达东边的荷鲁斯山。当陛下到来,他驱除邪恶,像阿图姆神本人一样出现,他让城市知道其与(其他)城市的边界,他们的边界像天堂一样完美,并据其所记知其水深,调查旧事,因他如此深爱玛阿特。①

划界至少分两个层次,南北东西之界与城市和城市之界。"让城市知道其与(其他)城市的边界",这是诺姆内部的区划。"他为我竖起了上埃及边界石碑,让北方土地像天堂一样完美。"显然划分的是诺姆之外的边界。但究竟划的是诺姆之界还是上

---

① De Buck, A., ed., *Egyptian Readingbook: Exercises and Middle Egyptian Texts*, Vol. 1, p. 68.

三、古埃及传记文献研究例证

下埃及之界,我们仅凭这篇铭文还无法断定。"上埃及边界石碑"原文 wD Sma,前词为石碑,后词泛指上埃及。这个石碑究竟是区分上下埃及的边界石碑还是上埃及与其他国家,比如努比亚的边界石碑,我们单凭这一句话还不好判断。羚羊诺姆虽不是上埃及 22 个诺姆中最北面的诺姆,但从整个上下埃及狭长的尼罗河谷来看,它的确位于整个南北埃及的中间。因为东西划分是以尼罗河中线为界的,让人不得不想古埃及人上下埃及的概念是否也并不严格按照 42 个行政区划的上埃及 22 个,下埃及 20 个的区划表述。还有接下来的一句"让北方土地像天堂一样完美",让我们倾向排除南方国界界碑的可能。然而,有些学者直接将这句翻译成"他为我建立起一个南部界碑",[1] Sma 一词直接被理解为南部。待我们读到下一处记述界碑划界的时候,上述判断可以得到进一步的证明:

然后,他任命我为摄政诸侯,尊贵的辅佐者,玛赫迪伟大的首领。他竖起上埃及界碑直到乌奈特,其北部到达银普特。他沿其中线划分大河,其水,其田,其树与其沙地远达西部荒漠。[2]

"上埃及界碑直到乌奈特",乌奈特是上埃及第十五诺姆的称呼,意为"兔子",正好位于第十六诺姆之南;"其北部到达银普特",

---

[1] Simpson, William Kelley, ed., *The Literature of Ancient Egypt: An Anthology of Stories, Instructions, Stelae, Autobiographies, and Poetry*, p. 421.
[2] De Buck, A., ed., *Egyptian Readingbook: Exercises and Middle Egyptian Texts*, Vol. 1, p. 68.

银普特也正好是上埃及第十七诺姆，意为"羚羊"，位于第十六诺姆之北。进一步证明这是诺姆界限的划分，难怪威廉·凯利·辛普森（William Kelly Simpson）直接将其译为"南部界碑"，而不是"上埃及界碑"。但原文用的词汇是"上埃及"（Sma），而不是"南边"（rsy），因此本书仍将其译为"他为我竖起了上埃及边界石碑"，这是对原文的尊重。

哈努姆霍泰普家族四代诺姆长都有对划界的记述。继承其母第十七诺姆职位的哈努姆霍泰普三世也在其父哈努姆霍泰普二世的铭文中提及，可见划界对每一位诸侯都非常重要：

> 陛下，荷鲁斯，两土地之主；两女神，让玛阿特展现者；金荷鲁斯，让众神满意者；上下埃及之王，哈亥坡尔瑞；拉神之子，辛瓦瑟瑞特，赋予生命，像拉神一样的永恒的权力，给予他全部每一种高贵。他在银普特修建了他的纪念堂，他发现遭到破坏的地方和受到破坏的城市就进行修复，根据土地记录让人知道他们的边界，调查什么是旧有的，在上埃及树立了界碑，并重建了北方，像天堂一样，在低洼的土地上竖起总共15块界碑，建立起北方土地直到瓦布特。当摄政王子哈努姆霍泰普之子，正义之声，受人尊敬的纳赫特请求说"我的水域还不知道来自国王的伟大恩惠"的时候，他沿大河中线划分土地，其银普特的西边直达西部土地。①

---

① De Buck, A., ed., *Egyptian Readingbook: Exercises and Middle Egyptian Texts*, Vol. 1, p. 70.

根据北部诺姆边界竖起至少15块界碑，可以推测，诺姆之间的界限是十分明确的。然而，为什么要划分诺姆的地界，是历代的传统还是新增的需要，这都需要人们深思考察。

宽泛地讲，古埃及的界碑有两种，一种是国际界碑，另一种是国内界碑。被发现的国际界碑多在南方，即埃及与努比亚的边界碑。国际界碑往往有要塞伴随，不仅有石碑，还有要塞内的铭文标志。埃及南部的阿斯旺地区为埃及提供了大量的上好石头，这里曾是埃及的南部边界。第二王朝就已经建起的位于尼罗河第一和第二大瀑布之间，靠近第二大瀑布的要塞布亨（Buhen）遗址曾经是埃及与努比亚的南部边界。第十二王朝先后分别在南部的塞姆纳（Semna）、库玛（Kumma）、塞姆纳南和乌隆纳尔瑅（Uronarti）建起四个泥砖要塞，并竖立了几个边界石碑，以标志与努比亚的界线。随着埃及势力的扩张，到了新王国图特摩斯一世至三世时期，在尼罗河第五大瀑布的库尔古斯（Kurgus）遗址铭文中，将这个贸易枢纽认定为埃及的南部边界。人们发现更多的是国内的界碑。第十八王朝埃赫那吞法老进行宗教改革，迁都阿玛尔那，取名埃赫塔吞，意为"阿吞神的地平线"，阿玛尔那的京畿界碑与大墓地界碑多有发掘出土。阿玛尔那西北的图纳-埃尔-格贝尔（Tuna el-Gebel）大墓地和阿比多斯的乌姆-埃尔-戛阿伯（Umm el-Ga'ab）的舒奈特-埃尔-扎比（Shunet el-Zabi）要塞都是地区地界标志，位于底比斯西岸的赫瑞-霍尔-阿蒙（Heri-hor-Amun）小城则是底比斯诺姆的南部边界。

国内界碑还有一种情况，就是库塞（Cusae）作为第十三王朝的一个边界的特例。库塞在埃及尼罗河谷中部阿斯乌特，自古就是埃及的土地。但第十三王朝这个希克索斯人统治的王朝却将库塞定为自己王朝的南部边界。南方还有第十六、十七王朝，因此不可将之视为国界。尽管南方埃及人经过库塞到北方要缴纳入境税，但是这个边界是不同王朝的势力范围的边界，而不是国界。

中王国第十二王朝为什么要划界，《贝尼哈桑王子哈努姆霍泰普传》为我们提供了一丝线索。国际划界在该铭文中并未涉及，国内划界在文献中被四次提到。铭文中提到："纳赫特请求说'我的水域还不知道来自国王的伟大恩惠'的时候，他沿大河中线划分土地，其银普特的西边直达西部土地。"这句话透露出这样的信息，这次划界是第十七诺姆的诺姆长向法老提出的要求。我们不知道是否每个诺姆的划界都是自己提出来的请求，但至少存在这种情况。诺姆疆界的大小涉及诺姆的自身利益，土地大则资源多，势力范围大，但向国家缴纳的赋税也多。诺姆边界清晰，有助于权利和义务的明确，同时减少相邻诺姆之间的纠纷。第十二王朝距第十一王朝相去不远，前朝的事情还记忆犹新，相邻诺姆互相攻伐在第十一王朝初多有发生。第十一王朝的建立者尹泰弗一世就曾攻占考普托斯（Koptos）、丹德拉（Dendereh）、希拉克里奥坡里（Herakleopolis）等城及邻近诺姆。中间期混乱期间造成的诺姆边界混乱一定会延续到统一时期，因此造成的诺姆间土地纠纷一定不少，重新划界或明确边界便十分重要，尤其对于诺姆自己来说，更显得急迫。诺姆疆界划分在古埃及文献中记录稀少，因此这篇铭文对于我们研究古埃及中王国时期甚至整个王朝时期的土地、税收、行政等问题都十分珍贵。

(4) 第十二王朝诺姆长的职责与美德

诺姆长都做些什么工作，即诺姆长的职责是什么，《贝尼哈桑王子哈努姆霍泰普传》也给史家提供了一些记录。除了划界，铭文中多次提到修缮城市、建造纪念堂和陵墓：

> 他修建了他的纪念堂。他的优选作为是修缮了他的城市，以使他的名字永久流传，以使他于其大墓地中的墓里将它永恒装点。①

修缮城市是为了名字永久流传，可见古埃及人是多么看重身后留名，难怪古埃及人那么看重丧葬。哈努姆霍泰普陵墓里的壁画保存完好，从此生到彼生，描绘得比较完美，很能说明古埃及人的生死观与宇宙观。永恒是所有古埃及人的追求，"名字永久流传"便是这永恒追求中的现世部分。虽如此，修缮城市一定是诺姆长的职责所在。宫廷官员的自传中多是此生所为记述，其中很少见到修缮城市功绩的记录。修缮城市可以作为一件耀眼的功绩让自己的名字永存，可见并不是每个诺姆长都能很好地履行这一职责。人人都有的功绩不会是耀眼的功绩，没必要大书特书。

城市的修缮关涉民生，神庙的修缮则关系到人们社会生活最为重要的中心的完好无损。神庙既是敬神之地、仪式进行之地，又是人们学习知识、认识世界之地。古埃及人对于世界的认识，

---

① De Buck, A., ed., *Egyptian Readingbook: Exercises and Middle Egyptian Texts*, Vol. 1, p. 67.

对于人生的认识都是从这里得到正确答案的。而学习，特别是对于宇宙人生知识的学习，主要是通过仪式的进行来完成的。因此，修缮神庙对于诺姆长来说是最为重要的大事：

> 我修复了他们的葬祭神庙，我跟随我的雕像进入神庙。我献给他们祭品：面包、啤酒、清水、葡萄酒、熏香和肉，交给葬祭祭司。我把田地与仆众交给他。我命面包、啤酒、牛与禽等葬祭品献在每个新年之日于大墓地的每个宴席上，无论是大年还是小年的宴饮，亦或是在年末五日土地划分的大祭或小祭的宴会上，或在12月宴会或12月中的宴会上，献给每一个幸福生活者与死者的宴会。①

> 摄政诸侯哈努姆霍泰普之所为：我在我的城内修建了一座纪念堂。当我发现廊柱厅已成废墟，我就再建了廊柱厅。我竖起廊柱并使之焕然一新，将我的名字刻上，以让我父亲的名字再生。我在每一个纪念堂之上刻写下我之所为。我用来自内皋的雪松为该陵墓内第一道门制作一扇7肘尺的墓门和5肘尺两掌尺的双门。面包、啤酒、牛和禽等丧葬祭品都供于我修建的纪念堂中。我修建了一个湖并建了栈桥，以为此廊柱厅提供呼吸。我在该城的纪念堂比我前辈的更为壮观，该城香火兴旺，而其丧葬地的纪念堂更比此前先祖的完美。②

---

① De Buck, A., ed., *Egyptian Readingbook: Exercises and Middle Egyptian Texts*, Vol. 1, p. 69.
② Ibid., pp. 71–72.

国之大事，在祀与戎。除非内战爆发，战与和不由诺姆长决定，宗庙大事便成为职责中的重中之重。古埃及神庙大体上可以划分为两类：敬神神庙与葬祭神庙。敬神是对现世的解释与模仿，葬祭是对来生的描绘与解说。一个回答世界的创造，一个回答人生的归宿。了解了这个世界才能不疑惑，才知道如何在这个世界上生活。要在世上留名，大事不可以不记。哈努姆霍泰普二世不仅记述了自己的政绩，还在自己的传记中记述了儿子纳赫特的大事：

他在银普特修建了他的纪念堂，他发现遭到破坏的地方和受到破坏的城市就进行了修复。①

有葬祭神庙就会有陵墓，葬祭神庙是举行仪式的地方，而陵墓才是真正让人从一个世界进入另一个世界的入口。一个人有这个入口就有可能进入到永恒世界，没有这个入口此生结束便一切都结束了。给自己建造一座陵墓虽不是诺姆长职责所系，但却能展示一个人的尊严，它不涉及政绩，却关涉形象。

我最高的尊严是修建了一座陵墓，因为一个男人应该效仿其父之所为。我的父亲为自己在梅尔-内弗瑞特修建了一座上好石灰石葬祭神庙，以使他的名字永恒。他为永恒而修缮它，这样他

---

① De Buck, A., ed., *Egyptian Readingbook: Exercises and Middle Egyptian Texts*, Vol. 1, p. 70.

的名字就会活在人民的口中,并活在活人及大墓地中他陵墓里面,以及他永恒的完美房屋内,他永恒之地中,一切遵循国王恩宠与宫廷对他的爱。①

这仍然是为了让"名字永久流传"。

人的一生虽短,但做的事情有很多。在盖棺论定的简短自传中无法一一在录,只书最重要的事情,选择中可反映其共同的价值观念。古埃及人特别看重自己的名声,都希望自己的名字永恒。《贝尼哈桑王子哈努姆霍泰普传》不长,汉语译文约2500字,八处强调自己家族成员的头衔,四处强调界碑的竖立,三处记述纪念堂的修建,三处记载陵墓的修建,两次提及修缮城市。他所记事情不多,但件件见其身份与地位,足见古埃及此时的社会意识中身份地位之重。这是一个等级森严的社会,家族的声望、法老的偏爱和自己的成就构成一个人社会地位与阶层的基础。因为个人美德也是构成个人声望的一个因素,所以在铭文中出现"据能力提升下属"的字句,但与其他因素反复强调形成对照,就显得不那么辉煌。古埃及人意识中人的最高美德是维护玛阿特。玛阿特常以头戴羽毛的女神形象出现在壁画与雕塑中,代表着真理、平衡、秩序、法律、道德与正义。据能力提升下属之所以成为个人美德是因为这一作为维护的是玛阿特——公正。玛阿特最初并不以羽毛的形象出现,而是神像脚下的踏板,其寓意在于这

---

① De Buck, A., ed., *Egyptian Readingbook: Exercises and Middle Egyptian Texts*, Vol. 1, p. 71.

块踏板的平直。后来玛阿特由平直衍生出完整的公平、正义、平衡、秩序等含义。

玛阿特是古埃及人意识形态的核心价值观念,而哈努姆霍泰普二世铭文中选择所记述内容似乎并未把这一观念放在首选。无论是头衔还是政绩,代表维护玛阿特公正的提拔下属并未得到大书特书。这是否意味着玛阿特这个古埃及社会意识中最重要的观念在现实生活中并未真的占据统治地位,或并未那么深入人心?玛阿特无论从当时的"政治正确",还是从其已经成为古埃及人意识形态中的集体无意识来说,都不应该受到其他价值观念的挑战,而这篇铭文中的事迹选择却似与玛阿特地位相抵牾。其实这并不难理解,古埃及的社会等级本来就是社会秩序、平衡、法律与正义的题中应有之义,成为社会结构中高层的一环。正是让玛阿特稳固长久之举,而法老又是维护玛阿特的人间代表,受法老的恩宠自然也就与玛阿特并行不悖。

3. 在自传与传奇间游走:《辛努海的故事》文本研究

《辛努海的故事》是一篇古埃及叙事体文献,有多个写本与抄本存世。该文献最大的一片用祭司体文字刻写在一块石灰石岩片之上,现保存在埃及开罗博物馆。虽然该岩片上的故事只是个开头,但却是保存该文献最大的一块岩片。此外,柏林纸莎草纸文书中亦有该故事的抄本,莫斯科纸莎草文书中也有该故事的片段。不同记载故事的原始文献据分析皆为一个完整故事的抄本,原文应刻写在辛努海的陵墓里。遗憾的是,辛努海的陵墓至今没有被找到。如果此推测不错,那么这个故事虽然生动曲折,给人以小说戏剧般的跌宕起伏,但从整个故事的背景及相关文献对照来看,《辛努海的故事》无疑是一篇第十二王朝大臣的自传。也正因为如此,后人将这篇文献的作者比作"古埃及的莎士比亚",这部作品也的确曾作为戏剧被搬上过舞台。故事的时代背景设在第十二王朝首位国王阿蒙尼姆赫特与其子辛瓦瑟瑞特共治的末期,主人公辛努海是辛瓦瑟瑞特王后的随从。由于宫廷政变,阿蒙尼姆赫特死于非命,辛努海因惧怕被牵涉而出逃至叙利亚,并受到当地统治者的重用。若干年后,辛努海得到埃及国王的宽恕,返回埃及安度晚年。

(1)传记还是传奇

无论是自传还是他传,传记都是真实人物与事件的记述。传记作为一种文学形式,尽管不像历史那样真实,但人物的真实与事件的真实是必不可少的。正是在这个意义上,传记文学为历史研究提供了史料。然而,既然是文学就不可能不追求故事的生动和事件的曲折,因为文学是供人欣赏的。传奇[①]虽未必一定全部基于虚构,但在主要供人欣赏这一点上却与传记相别。传奇有传有奇,传虽可能有据,奇却多非真事。西方的传记起于何时,说法不一,但大多数人同意古代最初的传记出自埃及、两河与波斯,后来才是希腊罗马。普鲁塔克的《希腊罗马名人传》被认为是现代传记的起源。古埃及的传记用圣书体文字(我国习惯称之为象形文字)书写,多出现在墓里,记述主人公的生平事迹,公

[①] 传奇在西方文学中一般并不单列为一种文体,而是归入叙事文学类别。但中国隋唐时代传奇文学自成一种文学体裁。

元前14世纪开始繁荣，成为古埃及历史的重要文献。两河的传记用楔形文字书写，多出现于亚述王宫的墙壁上。而波斯的传记则书写在岩石上。虽然这些流传下来的古老传记读起来让人感觉多有个人荣耀的字句，以至于让人怀疑有夸张成分，但人物事迹基本记述真实可信，并非虚构。虽然传记更注重个人经历与经验的描写，但并不像简历一样只陈列个人的"历史"，这些经历与经验的描写也都有真实历史作为基础。传奇则不然，传奇有传亦有奇。传者，口耳相传或文献中有提；奇者，奇闻逸事，大加渲染的故事。传奇传下来的人物故事虽未必真实，却仍有根据，因此有点像传记；奇的渲染就可能天马行空，编造居多，与传记相去甚远。传记之于传奇正像水火之两端，其连接之处则是水火交融，亦真亦幻。《辛努海的故事》应该是人类历史上自传与传奇水火交融的最早范例。

　　故事情节并不很复杂，整个故事由四个部分组成，即逃离、立足、决斗、归根。逃离的原因是埃及宫廷发生叛乱，老王被杀，新王返回收拾残局，辛努海因害怕卷入事件而逃离埃及。经过千辛万苦，他最后来到叙利亚，赢得当地首领的喜爱并获送封地，在此建立自己的家庭。殷实的家境惹邻邦部落首领嫉恨，于是前来与之决斗，结果生死一战大获全胜。时光荏苒，老年已至，落叶归根，思乡心切，他恳请法老原谅，最后如愿以偿。并不复杂的故事却讲述得悬念迭生。故事一开始宫廷内便生叛乱，情节紧张，然而辛努海为何逃离却并未明确交代。观照结尾处恳请法老原谅，让人想到当初逃离是否有过错在身。但如果我们对古埃及人的生死永恒观念有些了解就会发现另一种可能，辛努海的恳求原谅并不一定与当年宫廷是非有关,而可能是对离开祖国的忏悔。于是,逃离的真实原因便成为一个悬念,一个无人知晓的谜底。异域他乡,一切陌生,能否立足,关乎生死;异族首领,前来挑战,像命运之神敲门,他能否躲过一劫,仍让读者提心吊胆;待垂垂老矣,欲落叶归根,法老会否原谅当年乱世,层层设疑,吊人胃口。《辛努海的故事》可谓一篇人类早期传奇典范。

辛努海无疑是一位古代的英雄,然而一位后宫的文人能逃亡数千里而不疲,临险境而无恙,面武士而不惧,真人如此何不入军队而拜将?文治武功何处习得?英雄气概何时练就?我们无从考据,亦有些不敢相信。这就是传奇的魅力。如果一切真实可信,传奇就不再是传奇。然而,尽管辛努海的经历令人吃惊,却也并非没有可能。传记真实与传奇真实于此篇中融合得恰到好处。传记的真实是历史的真实,而传奇的真实却可以放开想象的翅膀任意飞翔。然而,传奇的奇要保持永久的魅力,仍然要真实可信。这个真实可信不是传记的真实可信,而是传奇的真实可信。传奇的真实可信不是历史的真实,而是逻辑的真实。这个逻辑不是逻辑学的逻辑,而是文学的逻辑。文学的逻辑虽不建立在客观真实的基础之上,但由这个虚构的大前提推演出来的情节却不能违背这个前提。孙悟空大闹天宫,降妖除魔本不存在,但有了他七十二变的本事,十万八千里的筋斗云,后来的一切就都顺理成章了。但如果孙悟空突然打不过一个凡人,这就不符合文学的逻辑,就违背了文学的真实。文学作品要遵从这个逻辑,传奇也要遵从这个逻辑。传奇的真实与传记的真实逻辑不同,前者是虚构的真实,后者则是客观的真实。《辛努海的故事》游走于两者之间，既留下了真实历史的足迹，又突破了读者想象的局限，让我们感受到一个无法体验甚至无法想象的远古真实世界。这个世界不仅有埃及的发达文明，还有氏族社会的生活画面。

然而，这篇故事又不是一篇完全可信的自传。虽然背景真实，人物亦皆有据可查，细节描述也多与历史相符，但故事传奇的色彩、紧张的气氛、异域的风情、跌宕的发展都让读者不敢相信这是真的。悬念一次次让人紧张，结尾却圆满温馨。虽然最初可能是口耳相传，但最后在中王国时期，它才被记录下来，首尾呼应的大团圆结局完全满足了人们的欣赏心理，好似作家设计的结构安排。这应该归功于口耳相传的反复讲述和反复修改创作。然而，这一篇文字毕竟不是自传，尽管文末声称"从头至尾照抄自被发现的文字"，但文学创作的痕迹却很明显。即使它真的抄自辛努海的陵墓，像我们读到过的很多"自传"一样，流传过程中被后人添枝加叶和删改取舍也一定不少，因此它更像一篇传奇。

《辛努海的故事》传奇之处充满整个故事的始终。第一奇，奇在逃离。宫中政变，辛努海如果并未参与，他没有理由逃离；如果参与了，晚年回归就没有可能，因为晚年回归时在位的法老正是他因很可能遭到清算而惧怕回去的共治法老辛瓦瑟瑞特一世。逃总有逃的理由，我们不排除有其他理由，但文中没有明说。这隐晦的悬念成为吸引读者的手段。第二奇，奇在纳婿。虽然在中国有"远来的和尚会念经"的说法，但辛努海单凭其外国人的身份就能赢得古代叙利亚当地大王之欢心，并把女儿嫁给他，这难免让人称奇。难道中国人对外国人的好感并非只古代东方之一端？纳外国人为婿在那个时代意味着要割地给他，即封婿。封婿的对象如果是一个普通的外国人倒也不稀奇，但辛努海毕竟是埃及宫中的重要人物，又是因宫中阴谋叛乱而逃离的，纳这样一个婿会否带来危险，这个地方之王恐怕不会不考虑。然而，英雄人物在传奇中总会与众不同，总会经历常人无法想象的困难与恩宠。每位逃离者都希望得到这样的礼遇，都渴望获得乘龙快婿的幸运。辛努海得到了，凭借他个人的才貌，惊人的毅力，传奇的经历和不凡的出身。在那个时代，无论在埃及还是在古代叙利亚-巴勒斯坦一带，认字的人毕竟不多。而作为埃及后宫中公主的教师，辛努海一定是有文化的，这应该是给他带来好运的素质。第三奇，奇在决斗。决斗是最引人瞩目的传奇经历了，面对挑战不得不应，因为你不应战也一样被杀掉，被抢掠，你没得选择，应战反而还有一线生机。决斗前的心理最为复杂，面对死亡的恐惧与夺得财产地位的欢欣交织煎熬，让读者既体验了这生死未卜的刺激，又不必冒险赴战。决斗也最能体现英雄的传奇色彩。没有经历过战斗的人还算不上英雄，而没有经历过生死考验的人之传奇故事也不会传之久远。辛努海经历了，不仅是战斗，还是一对一的决斗。对方是本地人，瑞侪努人，自然占着天时地利人和。但辛努海没有畏惧，"一头公牛想战斗，另一头公牛会因惧怕遇到劲敌而想要退缩吗？"第四奇，奇在回归。一个远离故国家乡的人回归并不稀奇，但一个逃亡者在外数十年并建功立业，然后回归祖国就显得与众不同。首先遇到的困难是当初为何逃离，这需要有面对旧账重提，甚至是背负叛国、叛乱、参与叛乱等罪名的勇气。当年的宫廷阴谋是否能解释清楚，数十年过去，当年的证人是否还有人健在，即使健在还愿不愿意为其作证，即使有人作证，法老会否相信，这一系列的问题都很难预料。回归需要勇气，勇气支撑传奇。当然，辛努海的回归有观念与冒险之间的权衡。对于古代埃及人来说，客死他乡，不能享受人生最后旅程的命运是可怕的，对这种可怕的恐惧超过对未知命运推测的时候，一个人是可以放弃眼前的安逸生活去面对不可知的命运的。但古埃及人真的这么相信来世吗？尽管所有留存下来的丧葬文献都告诉我们，古代埃及人对于走入来世的永恒的渴望，但这并不说明人们不重视此生。只要我们看一看现代人的丧葬仪式，恐怕我们得出的结论会和我们对于古埃及人的判断一致。然而，辛努海毅然选择了回归。真实与否我们不得而知，因为辛努海的陵墓到目前仍没有被找到，这样的描述至少增加了故事的英雄色彩和传奇特征。

《辛努海的故事》是一篇充满传奇色彩的古埃及自传，读起来引人入胜，人物亦真实可信。无论辛努海这个人物在多大程度上添加了传承者的虚构，都不影响它作为一篇古代传记的判断。如果一定要为之归类的话，《辛努海的故事》应该是一篇游走于传记与传奇之间的传奇传记。是否开一代传奇之先，有待另文探讨研究。作为西方文学创作的秘密"武库"的古埃及文献中的一篇，《辛努海的故事》无论从手法上还是主题上，都偷偷融到了后来的传记和传奇等作品之中。

（2）背景与细节

就其真实性而言，辛努海的陵墓虽至今尚未被找到，但其故事发生的背景与人物各个真实。主人公作为古埃及中王国初期宫廷中的一位服侍公主的老臣，亲眼见证了一次宫廷叛乱，老王被杀，共治小王立即从远方战场赶回收拾残局。这个背景真实可信，有其他历史文献佐证这个背景的真实。《阿蒙尼姆赫特一世教谕》[①]以第一人称的口吻教谕共治的小王不要轻信，并举例老王被杀于宫廷之内，就是宫廷叛乱的结果。这位老王正好就是阿蒙尼姆赫特一世，小王就是辛瓦瑟瑞特一世，两位法老的共治在开罗博物馆 CG20516 号文物上得以证明。该文物是出土于阿比多斯的一块石碑，其上有两位法老的统治纪年，即阿蒙尼姆赫特第三十年和辛瓦瑟瑞特第十年。这块石碑也因此得名"双年号石碑"。[②]双年号说明两位法老同时在位，从此埃及历史上屡次出现共治现象。因此，我们相信《辛努海的故事》背景的真实性，而故事主人公真实与否仍需等待考古发现提供一个最后的证明。

读《辛努海的故事》，我们随着主人公完成了一次惊心动魄、充满悬念的地中海东部沿岸之旅。故事中第一个提到的地名是侪麦胡[③]，当时辛瓦瑟瑞特一世正率军征讨该地。侪麦胡是古埃及人对古代利比亚人的统称，亦指利比亚人居住的地方。当然，在古埃及人口中，利比亚人有很多称呼，但大多数都是生活在利比亚的不同部落的名称。虽然辛努海并未从侪麦胡开始他的逃亡之路，但故事情节的紧张却源自那里。宫廷政变，老王被杀，全城哀悼，一切都是秘密。然而，宫廷快报密报给远在侪麦胡征讨的

---

① Simpson, William Kelly, ed., *The Literature of Ancient Egypt: An Anthology of Stories, Instructions, Stelae, Autobiographies, and Poetry*, pp. 166–171.
② Murnane, William J., *Ancient Egyptian Coregencies*, Chicago: Oriental Institute, 1977, p. 2.
③ TmH，泛指古代利比亚人。

小王，小王立即带领军队杀回。可以想见，待小王杀回宫廷，等待着他的必然是血雨腥风。于是辛努海连夜逃亡。这第一个出现的异域之地究竟在哪儿，我们不得而知，反正是西部的利比亚。

接下来便是辛努海逃往的第一个关口"真理之海"[①]，显然这是个有水的地方。我们知道，阿蒙尼姆赫特一世建立第十二王朝，将王宫从底比斯迁移到了伊敕－塔威[②]，意为攫取两土地之地，距法尤姆湖不远。辛努海逃离宫廷最近的水域应该就是法尤姆湖了，而古代埃及语中的"海"字直译的意思是"一大片绿"[③]，并不专门指海洋。我们且不管"一大片绿"中的绿到底是什么颜色，它指代一大片水域是毫无疑问的。由此可以推测，辛努海逃亡之路的第一站应该是到达了法尤姆湖。该湖之水虽来自尼罗河，但其面积却非常之大，直至今日，埃及人仍称之为海。接下来他到达的是"斯诺弗儒岛"，亦为不易确定之地，从名字上看似与第四王朝第一位法老斯诺弗儒有关。从路线上看，应该在梅杜姆或达赫述尔，因为这两地树立着三座斯诺弗儒法老的金字塔。梅杜姆金字塔外侧已经坍塌，达赫述尔两座金字塔一个修建角度过于陡峭而向内收拢变成中间弯曲形状，故而俗称"弯曲金字塔"，而红金字塔趋于完美，由此验证了斯诺弗儒这个名字的

[①] mAaty，词根是 mAat，意为"真理、正义"，此处限定符号为水塘，指有水的地方。

[②] iTi-tAwy，iTi 意为"攫取"，tAwy 意为"两土地"，古埃及人称自己的国土为"两土地"，即"上下埃及"。

[③] wADwr，前者为绿色，后者为"大"。

含义，即"让一切美丽之人"①。接下来他到达"公牛码头"②，此地实难考据，因为牛在古代埃及特别普遍，公牛从河一侧运往另一侧司空见惯，因此"公牛码头"应该在尼罗河畔数量不少。然后到达的是"采石场东部，红山女神上坡之路"③。接近三角洲的采石场并不多，图拉采石场在三角洲西部，与奔向迦南叙利亚一带背道而驰，显然不是。向东越过尼罗河约四五十公里则有格贝尔-阿赫玛尔（Gebel el-Ahmar）采石场。这个采石场位于现在开罗东北的赫留坡里附近。它的阿拉伯语名字的意思就是"红山"，完全符合文中的描述。再往前便是"统治者墙"④，为镇守通往西奈半岛之路的一个要塞。显然，辛努海没有选择走地中海的海路，而是选择了西奈半岛的陆路。由此离开埃及进入亚洲。"培腾"⑤在哪儿，我们尚无法知道，但从这个地名的山形限定符号来看，此地应该已经出了埃及之境，因为山形限定符号在地名中出现一般皆指域外之地，埃及几乎没有山，除了尼罗河谷就是尼罗河谷两侧的荒漠。除在西部荒漠中有几个绿洲外，两侧荒漠便是死亡之地。然后便是长途跋涉，直接到达比布鲁斯⑥了。比布鲁斯位于现在的黎巴嫩，叫朱拜勒。该城公元前5000年就已经有人居住，是腓尼基的第一个城市。这座现在被联合国教科文组织

---

① 斯诺弗儒的 snfrw，就构词成分而言，第一个字母 s 是埃及语中的构词成分，表"使……"之意，最后一个字母 w 是复数标志，中间部分 nfr 意为"美丽"。
② DmingA，"公牛码头"，亦可译为"公牛之镇"。
③ HrytnbtDw-dSr，"红山女神上坡之路"中的女神指哪一位女神尚不可考。
④ inbw-HqA，亦可译为"统治之墙"。
⑤ ▢▢▢（Ptn），第一到第三个符号是音符，只表发音，第四个符号是限定符号，表意。
⑥ 古埃及语名字为 kpny。

定为世界遗产的古城对于埃及学学者来说都不陌生，因为古埃及文献《维纳蒙的报告》(the Report of Wenamun)中大臣维纳蒙被派往购买建造圣船木材，受到当地人怠慢与侮辱的亚洲城市就是这个比布鲁斯。该遗址发掘中亦有大量涉及古代埃及的文物出土，这说明该地曾与埃及联系密切。此后各地都是亚洲的地方了，凯岱姆、阿麦姆－浦什，最后落脚雅阿。辛努海这条逃亡之路不仅经得住古代文献佐证，亦经得住现代考古学的推敲。除了通往西奈半岛之路，因为现在有了苏伊士运河需要渡过，与古时略有出入，这条线路现在仍然可行。辛努海作为一个宫中大臣，绝非漫无目的误打误撞来到比布鲁斯，这应该是一条早已存在的商路。古代埃及与两河流域早有往来，五千多年前的壁画主题与风格许多都非常相似。[1] 辛努海逃亡之路将这条商路勾画在我们面前。该商路的详尽情况需另文专论，但至少它佐证了这条商路的存在。

《辛努海的故事》中许多细节描述栩栩如生，让人有如身临其境般的感受。决斗在现代社会几乎绝迹，因此我们并不知道决斗如何进行。《辛努海的故事》中对于决斗的描写让我们知道了远古决斗的很多细节。中世纪决斗之风盛行，不知是否为古代习俗的遗传。这场决斗先有瑞侪努[2]人前来挑战，辛努海与部落酋长商议，决定迎战。入夜备战，准备弓箭、匕首。对方备有弓箭、战斧。由此看来，当时的决斗并不限制武器。有远距离武器，亦

---

[1] 参见希拉康坡里陵墓第100号里面墙壁上的绘画。
[2] rTnw，古代叙利亚人。

有短兵相接。围观者不少，双方百姓皆来助威。一阵对射，瑞侨努决斗者被辛努海射中，并被冲上来的辛努海夺过战斧杀死。战败者不仅丢掉了性命，自己的财产也悉数被胜利者劫掠一空。没有裁判，没有约束，甚至没有规则，胜者为王，败者就只能一命呜呼。这是个英雄时代，掠夺造就英雄，英雄率领部落强大，英雄崇拜成为该时代的最高价值尺度。这是人类历史的必由之路。我们已无法考证，这是否符合三千多年前该事件的真实，但从人类历史大势看却是真实无比的。人类从远古走来步步坎坷，顽强生存。最初因为数量的不足而在恶劣的自然环境面前险象环生，生存成为人类最高的价值观念，而此时抗拒自然毁灭的唯一力量源泉落在了人类数量之上。于是人类自身的繁衍便成为这个时代最为紧迫，也最为高贵的理念。我们几乎在所有的早期文明之中都能看到生殖崇拜的文化便是很好的证明。然而，当数量因繁衍而壮大起来的人类不再为整个人类的弱小而担惊受怕之后，各氏族部落因生存条件的不均衡产生的危机接踵而来。要让部落生存无忧就要改变环境，而环境的改变最有效的方式就是迁徙。谁都想要好环境，于是争夺不可避免。有争夺就有伤害，部落的生死存亡因争夺而不再安稳。谁能率领部落成功抵御别人侵扰，甚至毁灭并能抢夺更好的资源和财富，谁就是部落氏族的英雄。英雄崇拜成为此时最高的意识形态。从生殖崇拜到英雄崇拜，人类跨越到了一个更高的阶段，正是在这个英雄崇拜基础上，城邦一个个诞生，国家随后出现。《辛努海的故事》中对决斗的描述为我们提供了合于历史逻辑的细节，诠释了人类社会发展的历史真实。

(3) 于文学中寻觅史证

古埃及的历史研究不像古代希腊、古代中国历史研究一样有那么多的史书可作为基础。古埃及王朝史历时三千年，却没有一部自己的史书出现。[①]因此，古埃及历史研究的史料中就没有史书可资利用。当然，这并不是说古埃及历史研究没有文献，祭祀文献、丧葬文献、文学作品作为文献的主要内容，支撑起历史研究的半壁江山，另一半江山由考古支撑。这样的现实使古埃及的历史研究者只能像侦探一样，要在考古遗址与非"历史的"文献中去寻找线索，像侦探一样依靠现场不多的证据还原真相。这样，古埃及文学就比其他文明的文学在史料意义上更显重要，尤其是像《辛努海的故事》这样的叙事作品。叙事作品中背景的真实就像被害者的人际关系，会给历史真相以方向；细节的真实则像犯罪现场的指纹，让我们能够在细节的阅读中"破案"。

传记文学可以提供给史家什么样的史料？《辛努海的故事》文本可以给我们提供一个很好的范例。背景的真实、逃跑路线的真实、细节的真实为史家研究公元前20世纪的埃及与黎凡特地区提供了难得的史料。史家在《都灵王表》第六栏第七行读到阿蒙尼姆赫特的名字，又在开罗博物馆看到"双年号石碑"，知道第十二王朝的第一位法老阿蒙尼姆赫特一世于其统治的第二十年开始与其子辛瓦瑟瑞特一世共治，因为该石碑上明确刻有两个人的名字，且标明此碑立于阿蒙尼姆赫特一世统治的第三十年，辛

[①] 这里"自己的史书"指用自己的民族语言书写的史书。曼涅托虽然是埃及人，但他的《埃及史》是用希腊文书写的，又是古埃及王朝结束之时出现的，故不能称之为"自己的史书"。

瓦瑟瑞特一世统治的第十年。对于这两位法老只有这样很少的一些信息，而《辛努海的故事》这篇传奇色彩浓厚的传记文学作品虽非记述宫廷大事，但提供了第十二王朝初期共治的情况：老法老主内，在首都总领全盘；小法老主外，率军开疆扩土。阿蒙尼姆赫特一世被谋杀与辛瓦瑟瑞特一世继位亦无史料可证，幸好有《辛努海的故事》与《阿蒙尼姆赫特一世教谕》两篇文学作品存世。这些文学作品的存世弥补了众多王表中对第十二王朝前两位国王统治历史的诸多空白。古埃及文学作品即使不描述宫廷故事也常提及法老，这个传统让史家对于故事背景的判断较为容易。这与古埃及人的价值观念相关，得到法老的宠幸是古埃及人最大的荣耀。仅举两例，可见一斑，皆为第十八王朝大臣的自传：《雅赫摩斯自传铭文》中有"我跟随上下埃及之王，神祇；我与他们一起去往南北各地任何他们所到之地；从上下埃及之王内卜沛赫梯瑞，真话如此、上下埃及之王斋瑟尔卡瑞，绝无虚言，上下埃及之王阿阿赫坡瑞卡瑞，真话如此，上下埃及之王阿阿赫坡瑞恩瑞，绝无虚言，比任何神祇都善良，直到上下埃及之王曼赫坡瑞睿，给予永恒生命"。该段自传铭文中所提法老分别为第十八王朝的前五个法老，即阿赫摩斯、阿蒙霍泰普一世、图特摩斯一世至三世。主人公雅赫摩斯服侍过这五位法老，此外亦在哈特舍普苏特女王统治时期任职。此文中皆称其登基名。[①]《伊南尼自传铭文》中有"上下埃及之王，阿阿赫坡瑞恩瑞，他成为黑土地之国王与红土地之统治者，成功拥有两土

---

① 李晓东：《〈雅赫摩斯自传铭文〉译注》，《古代文明》2013年第3期。

地。我乃国王无论在哪里都想念之人，他对我所做超过前人"。①因此，传记中的历史背景非《辛努海的故事》一篇容易确定。辛努海逃跑路线及决斗的细节上文已经论及，不再赘述。

文学作品作为史料为史家提供的信息更多的是细节。且不说《辛努海的故事》中关于逃跑路线的描述让读者有身临其境的感觉，决斗的描述让人血脉偾张。辛努海归来后的迎接仪式，宫中熟人见面后的举止表情的描述，只有文学作品才能提供。"王室子弟与我牵着手，我们随后前往巨大的宫门。我被安置在王子的宅邸，它颇为华贵，其中有浴室和天际的神像，有国库的珍宝，诸如国王的亚麻布、没药、国王的油膏。他所宠爱的官员遍及每个房间，仆人们各司其职。"②后世的准备亦绘声绘色："一座石头金字塔为我于金字塔群之中修建。金字塔建筑工的总管负责选址，画师总管负责设计，石匠总管负责开凿，墓地工匠的总管统揽一切。应置入墓道的一切物品在此各就其位。"③

古埃及历史研究所依史料来自文献、考古与图像，互相参证，使历史丰满。文献中文学史料在既无史官，也无史书的古代埃及历史研究中地位独特，不可不细查。《辛努海的故事》文本分析仅为一例，更多文本待一一研读。

4.《图特摩斯三世散在传记》研究

散在传记这个术语是研究古代埃及传记时尝试的一个新概

---

① 李晓东：《〈伊南尼自传铭文〉译注》，《古代文明》2012年第3期。
② 参见本书《辛努海的故事》，第113—128页。
③ 同上。

念，指散落在不同地点、不同篇章中记述一个人特别是君王生平事迹的文献。散在传记之所以成为可能，基于以下两个根据：传记的个人生命记述与他传的普遍存在。散落在不同地方、不同篇章中的文献虽不是一篇完整的传记，但此类文献的确是为了给某个人歌功颂德而树碑立传的。自传在传记中只是一类，传记大多是他传，是他人所书。当然，这些文献并非为了传记的目的而书写，但的确是为了给个人歌功颂德。虽然后来的传记融入了很强的忏悔意识，甚至给人以一种印象，即似乎不忏悔便非传记，特别是自传。但忏悔录只是传记文学发展到一定阶段的产物，而非自始有之的题中应有之义。回到"书写生命"这个本质上来，一切书写记述个人生命的，无论是自己书写还是他人书写，都毫无例外地属于传记范畴。至于文献出于不同人的手笔，而非统一记述一个人的生平故事，权当一个传记是由两三个作家的"合著"。这种"合著"虽然存在，在古代埃及却并不多见，多见的是分散在不同地点却同属一个篇章安排的传记散在存在。整篇的结构安排因时代久远破损严重而不易被后世读者理解，但最初是设计精巧的完整篇章。难能可贵的是，古埃及出现的这种"合著"，虽为不同的作者，甚至彼此并无任何联系，但书写主旨却高度一致，即为帝王歌功颂德，即使书写的是自己的生平。虽其在篇章的完整性上，散在传记严重缺失，但也正因如此，才为后人留下进一步整理润色的空间。因此，我们应该再加一个新概念：古人的后世整理传记。这种情况只存在于古代传记文学之中，而不能存在于现代文学作品之内。对于现代作品来说，尽管也有多人写的回忆录中都提及某一个人的同一个事件或经历，甚至多人的口径趋于一致，但这仍无法构成该人的散在传记，充其量只是这个人传记的素材或旁证而已。原因很简单，古代的散在传记都是为传主树碑立传而为，这是现代文字中提及某人时所不具备的特点。古代埃及散在传记虽然散在，却有一个共同的核心，即赞美神祇，称颂传主。

《图特摩斯三世散在传记》虽由四部分文献组成，即"图特摩斯三世年轻时代""塞姆内赫神庙铭文""内布瓦韦传记"与"图特摩斯三世纪年"。其中"图特摩斯三世纪年"最长，与"图特摩斯三世年轻时代"共同构成其散在传记的核心，且其文字的设计与安排是统一而完整的。最初的设计或许是图特摩斯三世法老本人，又或是大臣兼阿蒙神高级祭司，无论是谁，歌功颂德树碑立传的目标是明确而一致的。也许古埃及人将整个底比斯卡尔纳克阿蒙神庙当作一本大书。它不仅有文字，像这本书的不同章节放置在不同的位置，还配有壁画和雕塑，当作这本大书的插图，其栩栩如生的效果远胜现代传记只有文字的干瘪。

（1）君权神授原型的断裂

对于古代君王的传记之源，我们往往会追溯到古罗马时期的希腊作家普鲁塔克，追溯到他的《希腊罗马名人传》。普鲁塔克发布他这部比较传记的时候已经是80年，其实此前就有名人传记问世，公元前44年就有《名人传》，所书者皆为将军。如果我们将古罗马时期的君王传记看作君王传记的源头，那么我们就可以说君王传记从一开始并无君权神授的传统。虽在恺撒之后君王多被神化，会在名字前加上"神圣的"字样，但按照中国的传统，这叫作谥号，是死后所封，与君权神授的君权无关。这让我们感受到东西方传统的大大不同。我们读一读《史记》中的"十二本纪",君王的出身不是其母吞了玄鸟蛋就是踩了巨人足迹。这种不同其实并非东西方的不同,而是西方君权神授原型断裂的结果。古罗马之前,古代希腊就已经开始不把神当神了。人们常说古希腊神话的特点是神人同形同性,神到了古代希腊已经开始降级,从至高无上跌落到与人同形同性的境地。虽然这时的神比人类还是高级一点,但已经不是无所不能。往上追溯,我们会来到古代埃及。古代埃及对古代希腊文化的影响巨大,唯有在神的庄严这一点上却各自秉承了自己的传统。

古埃及君权神授思想虽未能攻破希腊人神话思想体系的堡垒,却在自己的文化传统中强大地存在了三千多年,在传记文学中数千年可见且弥漫在每一篇描写记述君王的文字中,形成了一个文化原型,我们称之为君权神授原型。君权神授原型在《图特摩斯三世散在传记》中可以说是被反复吟唱,像一首庞大交响乐曲中的主题乐句,作为基调主宰了全篇的主旋律。《图特摩斯三世散在传记》一开头就说:

> 我是他的儿子,他下令说,我应该在他的王座之上,当时我还是他巢穴中(的一只幼鸟);他以其心之正直生下我,□□□绝无虚言;因为陛下年轻,而我是他神庙中的一个青年,当我就职成为祭司之前□□□□□□陛下。我像阿赫皿年轻的荷鲁斯一样担负起其母柱石的角色,我立于北面多柱□□□□。

"我是他的儿子"的"他"指神,意为我是神的儿子。先做祭司,再升为法老。这样的字句虽未在每一位法老的雕像上和献祭的铭文中都有所见。但每当法老遇到问题就都会举出君权神授的大旗。图特摩斯三世法老不仅是神的儿子，神之所生，还是神之所选：

□□□□神在其两侧的多柱中巡行，前排者的内心并不理解他的举动，他在到处寻找陛下。他认出了我，哦，他停了下来□□□□他拉我到（行进的）路上，我匍匐在他面前。他让我起来站在陛下面前；我被列入"国王列队"。他吃惊于我的□□□□绝非虚言。然后他们在人民面前揭示了神之内心秘密，他们知道他的□□□□；没人知道神的心意，没人揭示神的心意，只有他。

君权神授到此已经非常充分。神之子，神之选，还有什么理由比此二者更能传达图特摩斯三世登基的合法性呢？

神授的君权，不仅有神奇的身世与神的选中，还有非同寻常的加冕：

他为我打开了升入天空之门；他打开了拉神地平线之门。我作为一只神鹰飞上天空，在天空中看到他的身影；我崇拜陛下□□□□□盛宴。我在天空神秘之路上看到地平线之神闪闪发光的身影。

拉神本尊确认了我，我被赋予他头上王冠的尊严，他的神蛇戴在了我的额前□□□□□他用他所有的荣耀让我满意；当他在我父亲阿蒙－拉神的房子里数着他的身体之时，我像荷鲁斯一样坐在神的行列中。我赫然在列，以神的尊严，以□□□我的王冠。

神就神在整个加冕不是在地上，而是天空中。按古埃及语习惯，"飞上天空"就像我们说的上天堂，意味着此人已死，但在《图特摩斯三世散在传记》中却并非此意，而是破天荒第一次在古埃及话语中用"飞上天空"表达神的加冕。

神授予了君王权力，君王就要回报神。回报的方式有两种，一为奉献，二为尽责。这也是古埃及君权神授原型的题中之义。《图特摩斯三世散在传记》告诉我们，向神奉献的方式亦有两种，一是建庙，二是进贡。于是我们在埃及会看到太多规模宏大的神庙，而修建者都是不同时代的法老。神庙中到处刻满了铭文和浮雕，内容自然多为法老向神献祭的场景，其余的内容便是法老的战功。因为作为神所选中的君王，法老要按照神的愿望履行职责。这些职责首先凝聚在法老的五个王衔之中：

他把自己的头衔加给了我。

他把荷鲁斯头衔加在了我的旗帜上；他让我成为强壮的公牛。他让我在底比斯以我荷鲁斯"闪耀在底比斯的强壮公牛"这个名字闪耀。

他让我的王权以我两女神所钟爱的"王权像天空中的拉神一样的永恒王权"这个为名字，像天上的拉神一样永恒。

他塑造我为金荷鲁斯神鹰，他赋予我他的强壮和力量，我以他的王权以我金荷鲁斯"强壮的力量,王权的荣耀"这个名字为众人推崇。

□□□□□以我的名字,上下埃及之王,两土地之主:曼赫坡尔拉。

我是他亲生的儿子,穿的就像托特的主持者;他让我所有形象都美丽,以我这个名字:拉神之子,图特摩斯,美丽的形象,永恒的生命。

从埃及的王朝历史一开始,每位君王就都拥有五个头衔,即荷鲁斯、两女神、金荷鲁斯、登基衔与出生名。虽然五个头衔同时出现在每一位法老的名字前是新王国时期开始的,但这五个头衔从埃及历史之初就已经出现。荷鲁斯是神,冥神之主奥西里斯神的儿子;两女神分别代表上下埃及,意为统一;金荷鲁斯代表王座的永恒与辉煌。登基与出生所起的名字不必说,是法老自己真正的名字。这五个王衔所含内容是神赋予该法老的责任。图特摩斯三世在此的第一个头衔荷鲁斯之后书写的是"强壮的公牛",神让你成为荷鲁斯神,像强壮的公牛一样攻城略地,拓展边界。第二个头衔两女神之后加上"像天空中的拉神一样的永恒王权",两女神是统一的象征,神希望法老维护永恒的王权统一。金荷鲁斯名"强壮的力量,王权的荣耀",神希望王权强大。最后两个头衔"上下埃及之王"与"拉神之子",既表神圣又含统一。五个头衔都是神所赋予,既是神授君权,又含法老的责任。对于每一位法老,这五个王衔的反复出现与强调有点老生常谈,但这正是君权神授原型在法老传记文字中的传承与演变。其实我们中国也有君权神授原型，最初的原型诞生于上周始祖的传说中，之后演变发展，每每在对大事的记述描绘中出现。且不说帝王出生的"玄鸟生商""姜原践巨人足印""汉高祖梦与神遇""隋文帝人龙合体"，就连农民起义领袖的描述中都有"鱼腹藏书""独眼石人"等神出之笔。中国这一原型持续了近两千年，古埃及的更久，有三千年之久，甚至影响到希腊化时代的托勒密王朝和罗马在埃及的统治。常出现于埃及神庙中统治者的头衔多承埃及传统，皆以拉神之子自称。

当然，除了君权神授原型，"国之大事，在祀与戎"也似君权神授一样几乎成为古代传记中的优先考虑。传记不可能什么都记，传记作家无论是写自己还是写别人都会有选择，有取舍。虽然不同传记作家对内容的取舍会有所不同，但时代传统的影响会更大。传记的这一时代特征也如原型一样影响甚至规定着传记作家所写内容。"国之大事，在祀与戎"，国之大事即君之大事，君之大事自然就是为君主立传的传记作家之大事。因此，在古代传记作家的笔下即使有太多的生活细节的描述，但无论其篇幅亦或是主线都无法与祀与戎抗衡。

□□□□其地平线光辉闪耀。他以他的美丽让天地共宴；他接受伟大的奇迹；他的光芒在人民的眼里就像"赫尔阿赫提的到来"。人民给予他赞美□□□□□他神庙的祭坛上。陛下为他在圣火上置香，并为他奉献上伟大的祭品，有大牛小牛和山羊，□□□□□。

这样的文字在《图特摩斯三世散在传记》中比比皆是。如果按照文字的数量统计，整个传记中一半写敬神，一半写战争。虽然后人读起来因敬神的内容太多而略显涩滞，但对于古埃及人来说，这是最浪漫、最好看的场景。因为所述内容多有仪式演出，神人共舞于神庙内外，像话剧，像舞剧，像歌剧，像人神的狂欢。

虽然古埃及君主传记无论是散在传记亦或是对单独事件的记述都充满了君权神授的内容，但这一传统却没有影响到古代希腊罗马及后来的传记文学传统。原因很简单，君权神授观念本来就是时代的产物，是远古文明特有的文化。那个时代已经过去，君权神授原型自然戛然而止。当然，君权神授原型的断裂并不是完全彻底消失，只是更加隐晦地出现在传记作品之中，君权神授变成了"神人异象"。我们在读不同时期的传记文学，无论中世纪还是文艺复兴甚至近现代的作品，都经常读到传主的异象。他们天赋异禀，与众不同，即使这种不同不是被人赞美的长相与品性，仍然让人肃然起敬。这种隐晦的君权神授原型变化在《罗马十二帝王传》对恺撒的描写中可窥一斑："他身材高大，皮肤白皙，四肢匀称，面部稍胖……他的秃头很不雅观，这使他很烦恼，因为他发现这个缺陷经常成为诽谤者的嘲笑对象。"[1]即使是缺点，读起来也让人印象深刻，肃然起敬。英雄总是与众不同。

---

[1] 〔古罗马〕苏维托尼乌斯：《罗马十二帝王传》，张竹明、王乃新、蒋平等译，商务印书馆1995年版，第24页。

（2）远征路线与古代地中海东部沿岸世界

接下来的两个大臣传记皆为修庙敬神之事，真正的战争记述与描写在"图特摩斯三世纪年"之中。纪年一开始就出现一个疑问：

> 荷鲁斯，强壮的神牛，在底比斯闪耀，□□□□□□□□□。
>
> 上下埃及之王，两土地之主，曼赫坡尔拉；拉神之子，图特摩斯□□□□□。陛下命令在陛下为他父亲阿蒙神建造的神庙中的一块石碑上记录下他的胜利，他父亲阿蒙神给予他的胜利，详细展示每次远征的名目和陛下带回的战利品。一切皆遵其父阿蒙神给予他的命令。

铭文中明确说道，在"一块石碑上记录下他的胜利"，而实际上铭文是刻写在神庙的墙壁上的，具体说是刻写在图特摩斯三世卡尔纳克神庙的柱廊内墙上的。接下来分别记述图特摩斯三世在位期间的17次远征，除第11次和第12次远征记录已经遗失，其余15次远征都较为详尽地记录了图特摩斯三世的霸业是如何建立的。为了看到一个图特摩斯三世明晰的霸业世界，我们先看一下他征战脚步都到达了哪里。

第一次远征一开始就提到两个笼统的概念，即瑞侪努和柴赫努：

> 国王亲自率领军队上路，意志坚定，像火中烈焰，国王挎着

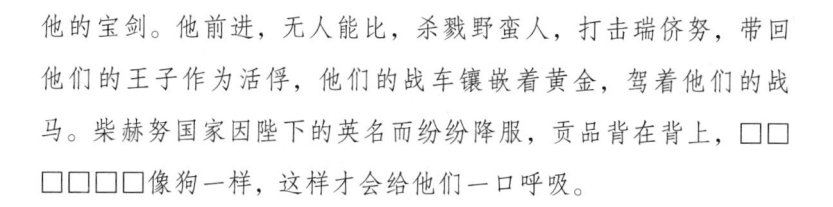

他的宝剑。他前进，无人能比，杀戮野蛮人，打击瑞侨努，带回他们的王子作为活俘，他们的战车镶嵌着黄金，驾着他们的战马。柴赫努国家因陛下的英名而纷纷降服，贡品背在背上，□□□□□像狗一样，这样才会给他们一口呼吸。

在古埃及语言中，瑞侨努指古代叙利亚地区，在埃及的北方。而柴赫努却在另一个方向，在埃及的西方。一次远征同时向两个方向出兵在那个时代可能性不大，铭文中也没有在第一次远征的记述中涉及征讨利比亚。实际上，图特摩斯三世军队的这次远征甚至都没有到达古代叙利亚。这样写是古埃及文献中经常出现的官用套语，就像一提到敌人就是"九弓"，其实未必有九个敌人，只是一种语言模式的套用。接着，开始了图特摩斯三世第一次远征的路线：

  第二十二年，第二季第四月，第二十五日，陛下第一次胜利远征进军到叉迦以□□□□□的力量拓展埃及的疆界。
  此时，亚洲人陷入了矛盾，每个人都与其邻居争斗□□□□□。现在恰逢众部落□□□□□人，他们都在沙汝痕；看，从叶拉扎到大地沼泽，他们开始反叛陛下。

叉迦是通往西奈半岛的一个要冲，在"荷鲁斯之路"上，托勒密时期希腊人称之为西来，位于现在的伊斯玛莉亚。这个地方现在是位于苏伊士运河中间的一座沿河城市，紧靠大苦湖。苏伊士运河上有三座重要城市，北边是地中海进入运河的入口塞得港，南边是运河出海口进入红海的苏伊士市,中间的叉咖显然是进入西奈半岛的最佳路线。西奈自古就是埃及的辖地,也是古代贝多因人出没的蛮荒之地。因此在古埃及语中,西奈这个词的限定符号是用山来表示的,而山这个限定符号在指代地名的时候往往指外邦。该词词根的含义是矿,西奈对于古埃及来说是个采矿的地方。然后,图特摩斯三世的军队转向北上,抵达了沙汝痕。沙汝痕是古代巴勒斯坦南部一个城镇,公元前16世纪下半叶希克索斯人被赶出埃及就在这里构建堡垒。应该在现在的加沙,仍是巴勒斯坦、以色列与埃及的边界。加沙是个滨海地区,图特摩斯三世的军队显然是要走海路前往叙利亚地区。叶拉扎是从朱迪亚西北直到幼发拉底河一片地区的称呼,这里的反叛本可以从西奈陆路进军平叛,但四千多年以前最快捷的运输工具是船。因此,图特摩斯三世北伐的路线选择了海路。

第二十三年,第三季第一月,第十六日,他到达了亚海姆。

亚海姆在哪儿已难以考证,但这里召开的御前军事会议对于整个远征战局却十分重要。不仅如此,作为《图特摩斯三世纪年》的传主,图特摩斯三世的人物性格塑造在对亚海姆御前军事会议的记述上得到了充分展现。刚毅、果断、力排众议、不惧危险都通过这次御前军事会议的描述表现出来。虽然亚海姆确切地点已不可知,但根据文字记述可以推断,该地应该在加沙以北,麦基多以南这片亚洲土地中的某处,有可能在麦基多与加沙中间。这里不会距麦基多太近,因为太近就已经与敌人接触或至少容易被敌人发现，但也不会太远，太远则不具备突然出现打击敌人的军事效果。根据传记中的记述，此地与麦基多只一山之隔，应该并不遥远。接着，军队就来到麦基多，此次远征的目的地。该古城在现在以色列北部穆特塞利姆丘，海法东南30公里处。

第一次远征接下来记述的就都是俘获的战利品与该地区各首领进贡清单了，读起来似乎有些沉闷，但透过这些贡品与战利品，我们可以想象到古代地中海东部沿岸世界生活的许多风情。战利品中最多的是牛、马、山羊、铜、葡萄酒与宝石。

看，这个城市的首领们都跑来投降，都嗅到了陛下威名大地的味道，都渴望着他们鼻孔中的呼吸，因为他力量的强大，因为陛下威名的力量，□□□□□国家□□□□□□□来就他的威名，带着他们的礼物，有金、银、天青石、孔雀石，带来干净的谷物、葡萄酒、大牛和小牛，□□□□□□献给陛下的军队。他们当中每一位都带着贡品南来。看啊，陛下重新任命这些首领为□□□□□□□。

□□□□□□340活俘、83只手、2041只母马、191只马驹、6匹种马、□□□□小□□□□□、一辆镶嵌着黄金车杆的属于那个敌人的黄金战车、一家包金的属于麦基多首领的精美战车、□□□□□892辆邪恶军队的战车，总共924辆、一副漂亮的属于那个敌人的青铜铠甲、一副漂亮的属于麦基多首领的青铜铠甲□□□□□200副属于他邪恶军队的铠甲、502张弓、7根属于那个敌人帐篷的包银柱子。看，陛下的军队夺取了□□□□□、

297 □□□□□、1929 头大牛、2000 头小牛、20,500 头小白牛。

牛是古代近东生活的主要财富所依,这些俘获的牛不仅数量大,而且分类详细:大牛、小牛、公牛、母牛、牛犊、小白牛,让我们自然联想到农牧社会的自然风光。马亦很多,这与埃及形成鲜明对照。显然,西亚此时的生活是遍地牛羊,而运输工具与战争工具中马最为重要。此时的埃及虽然也引进了马,但社会生活中更多的是驴。驴文化与马文化的碰撞,情景会非常别致。古代叙利亚、巴勒斯坦一带是到处长满葡萄的乐园,葡萄酒成为人们生活中的主要饮料。图特摩斯三世17次远征的记录文字中几乎次次提到葡萄酒。最有意思的战利品是收获被征服地区的收成,主要是麦子。因此,面食应该是该地区人们的主要食物。然而有趣的是,同样以面食为主的埃及,其饮品不仅有葡萄酒还有啤酒,应该是由面食发酵泡在水里而形成的最初饮品发展而来。也许是当时啤酒无法久藏,因此不为埃及军队所看中。无论如何,古代叙利亚、巴勒斯坦地区以葡萄酒为最多饮品的判断应该没错。用镶嵌着金银和宝石的容器喝着葡萄酒的君王们,在埃及强大军队的打击下,纷纷低头献贡,这图景有点异域风格。战争的场景自不必说,单凭战功赏赐就能想象到战场的残酷。战后论功行赏,凭证是所杀敌人的数量。因此,在战利品中就有战士战场上带回敌人的手,一般为右手,以此为凭,邀得赏赐。较高的赏赐有黄金苍蝇,有学者认为黄金打制的苍蝇不是一般的苍蝇,而是一种非洲的牛蝇,攻击凶狠迅速,坚韧不拔。无论如何,黄金贵重,打造什么都受人欢迎。古代传记用我们现在文学批评家的眼睛去看显得还不够成熟，描写得不够细腻，但它提供给我们的想象空间却异常美丽生动。

（3）鲜明的个性，伟大的将军

《图特摩斯三世散在传记》中最为精彩的是其中的《图特摩斯三世纪年》，纪年中最为精彩的是第一次远征麦基多的军事御前会议。图特摩斯三世的个人性格在军事御前会议上被刻画得极为鲜明：

陛下与其勇敢的军队召开一个磋商会议，说了下边的话：那邪恶的敌人，卡叠什首领，过来进入了麦基多城；他在那里正得意。他将所有臣服于埃及的国家首领都召集到他那里，直到纳哈林，包含哈如和凯度等国家，他们的马匹，他们的军队，□□□□□这样，他说："我已经在麦基多崛起反抗陛下。"你告诉我□□□□□。

他们在陛下面前说："怎么回事，难道我们应该走这条狭窄的、充满危险的路吗？而他们来了并说敌人就在那儿等着，守住要冲，以一当十。（我们得）马跟着马，人跟着人吧？我们的先头部队都已经开展（作战）而后续部队却仍然站在阿鲁纳那里没有加入战斗？有两条路：一条路，你看，它将□□□□□我们，它将在塔阿纳赫向前，另一条，你看，它将带我们向北到达斋夫提，这样我们就可以到达麦基多北。让我们胜利之主走上他想要的路吧，我们不想走那条不可行之路。"

然后，□□□□□关于这一计划的信使对陛下所说的话是：

"我发誓，以拉神对我的爱，以我父阿蒙神对我的钟爱，以我的鼻孔循环着的满意的生命，陛下要走阿鲁纳这条路。是让你们当中的人走你们提到的那条路，还是让你们当中的人跟随陛下？那些拉神厌恶的敌人难道不会这样想：'陛下不会走另一条路吗？他开始害怕我们了。'他们会这样想。"

他们在陛下面前说："愿你父底比斯之主卡尔纳克主神阿蒙神赋予你生命。看，我们在每一处都跟随陛下，无论陛下走到哪里，因为臣下总要跟随主人。"

然后，陛下命令全军向那条狭窄而有危险的路□□□□进发。陛下发誓说："在我之前没人走这条路，在□□□□。他身先士卒走在军队前面，用他自己的脚步探路；马跟着马，陛下在他军队的前头。"

军队逼近麦基多，眼前有两条路可走：一条路宽敞好走且可以正面面对敌人；另一条山路崎岖，道路狭窄，"一夫当关，万夫莫开"。军事御前会议上多数人主张走第一条路，因为不愿冒险，而法老图特摩斯三世却坚持己见，为了给敌人以突然的打击而选择第二条道路。第二条道路充满凶险，需"马跟着马，人跟着人"，前锋已经交战，部队后面的战士还待在原地没动。冒险是需要胆略的，没有一颗无所畏惧之心是断不敢如此大胆选择的。图特摩斯三世力排众议，选择了危险之路。后人称图特摩斯三世是"古代埃及的拿破仑"，是因为这一壮举让人想起后来的法兰西第一帝国皇帝。拿破仑率领700人从流放地厄尔巴岛杀回法国本土，面对2500人组成的军团的镇压，毫无畏惧地高喊：

"士兵们，向我开枪，向你们的皇帝开枪！"于是大胜。我们不知道是图特摩斯三世为拿破仑树立了榜样，还是拿破仑的胆略让人找到了三千多年前的根据，伟大帝王的伟大时刻让人每每谈起都热血澎湃。古人的文字还没学会为艺术而艺术，因此，字里行间没有声势的渲染，没有气氛的凝重，没有心理的刻画，没有交锋的唇枪舌剑，简洁的语言仍能透露出图特摩斯三世性格的坚毅果敢。如果是现代传记作家为图特摩斯三世作传，这次麦基多之战前的最后一次御前军事会议一定是大书特书，浓墨重彩的一章。

古埃及君王传记是一片未开发的处女地，不仅为传记文学提供了君王传记最初的范本与源头，还为后世传记作家奉献了极其生动而丰富的素材。

5.《哈特舍普苏特铭文》研究

传记既然是个体生命的书写，人们心目中的传记就只有一种形式，即文字。因为传记是文学，而文学作为一种语言艺术，文字是其最为重要的存在载体。甚至在一般概念上说，传记就是指文字书写的生命记述与描绘。但是，这只是载体方式上的界定，如果不看载体，只看内容，一切记述描写个体生命的艺术形式都是传记。随着科技的发展，电影、电视剧、纪录片都开始书写真实的个人生命了。这些作品仍然属于传记。其实，传记的形式与载体从一开始就不仅限于文字，古埃及传记中就有图画因素或多或少地参与了个人生命的记述。特别是法老的传记，往往存在于献给某一神祇的神庙之中。如果将该神庙中发现的铭文与壁画浮雕整合在一起，就会发现这些分散的文字和分散的图画并不各自孤立，而是一个完整的整体，讲述的往往是一生或一段时间的完整经历。文以释画，画以配文，将该法老的故事讲述得活灵活现，栩栩如生。

哈特舍普苏特女王，古埃及第十八王朝第五位法老，不仅作为一位古埃及三千多年历史中最有影响，也最为成功的女法老被人铭记，其建造的戴尔埃尔－巴赫瑞神庙亦因其形制的独特而为世人熟知。尽管女王建造的这个神庙并非独创，而是模仿旁边的中王国时期第十一王朝法老孟图霍泰普二世法老的神庙，但其规模与保存完好性都远胜前者。神庙中的铭文虽然多有破损和篡改，但是通过墙壁上的图画和铭文总体还是能看出其具有统一的安排。从其神圣出生到其登基为法老，构成一篇带有神秘色彩的传记片段。这一人生片段的记述和描写所采用的方式类似我们现代的连环画配以文字解说的方式，传记家族中此种形式虽未像文字传记那么正统，却值得后世欣赏研究。我们姑且称这种传记为连环画传记。哈特舍普苏特法老的这段连环画传记反映了一个古代君王传记的共同主题，即君权神授。

君权神授的渲染在哈特舍普苏特女王传记中表现得浓墨重彩，原因很简单，因为她是女王。在古代埃及的历史上，哈特舍普苏特女王之前也出现过几位女王，但皆为不得已而为之。她们不仅在位时间很短，登基也都是在不得已的情况下被迫"挽狂澜于既倒，扶大厦于将倾"。按照西方学者的话说就是王室男性继承人都"绝种"（died out）了。女性走到前台执政不是古代埃及的政制传统，她的合法性一定受到质疑。因此，登基合法性的来源就不能不被大肆宣扬。古埃及王权继承的合法性来自神与血统，对于哈特舍普苏特来说，血统不成问题。她是法老图特摩斯一世的女儿，虽然她的母亲的血统已不可知，但法老女儿的血统足以奠定其继承王位的血统基础。剩下的就是神的认可，这是可以大做文章的领域，尤其对一位女法老更是如此。

铭文刻写在哈特舍普苏特的戴尔埃尔-巴赫瑞神庙中间北半部的廊柱上，与南半部远征蓬特的浮雕相对应。与很多法老的文字一样，神庙墙壁上或柱子上的文字都配以浮雕或壁画，互相映衬解说、记述同一件事情，表达同样的意愿。这非常像连环画册，图画为主要场景，文字是图画的说明。哈特舍普苏特王权继承的合法性的宣传从她出生故事开始，通过出生的故事告诉世人，她不仅是图特摩斯一世的女儿，还是阿蒙神的女儿。这段文字为众神开会图画的配文，画中有阿蒙神坐在王座的右侧，左侧是两排共十二位神祇。铭文是阿蒙神与对面神祇之间的对话，对话中阿蒙神宣告哈特舍普苏特即将诞生，许诺她一诞生就给予她伟大的权力：

我欲为她平和地统一起两土地。□□□□我会给她所有的土地，所有的国家。我之心灵是她的，我之奖赏是她的，我之王冠是她的，这样，她就可以统治两土地，她就可以带领所有的生命□□□□□。

接着的图画是阿蒙神与哈努姆神，阿蒙神在左，哈努姆在右：

卡尔纳克之主,阿蒙神的话语:"去,用我身之四肢创造她,连同她的卡;去,比所有神都更好地构造她;为我塑造我之该女,我为其父。我给予她所有的生命和满意,所有的稳定,来自我所有内心之欢乐,所有的祭品和所有的面包,就像拉神一样永恒。"

哈努姆回答道:

"我会创造[你的]这个女儿[玛阿特卡瑞];为了她的长寿、富有、健康;为了祭品□□□□为了美丽的女神之爱。她的形象将比神更尊贵,以其上下埃及之王的无比高贵。"

下一幅画面就是哈努姆在陶轮上创造哈特舍普苏特了。图画中是哈努姆神与蛇头女神赫克特,哈努姆在左,赫克特在右。哈努姆在陶轮上塑造两个孩子,有意思的是两个孩子都是男孩。一个是哈特舍普苏特,另一个是她的卡。为什么两个孩子都是男性,解释可能各不相同。根据后来哈特舍普苏特将自己文字中的阴性名词词尾去掉,有意塑造自己非女性的形象,可以推测哈努姆塑造她情景也许是有意为之。赫克特神的功用是赋予生命,她用生命符号昂赫触碰两个孩子,让他们有生命的气息。我们经常看到神用生命符号触碰国王口鼻的画面,注上的文字是"赋予生命"(di anx)。此图画的配文:

哈努姆复述着他从阿蒙神那里接受的指示,现在把阿蒙神的指示灌注给第一个人。

陶工，赫尔-威尔之主哈努姆说："我已经用阿蒙神，卡尔纳克之主的四肢创造了你。我走近你（阴性），使你比所有的神都好。我已经赋予你（阴性）所有生命与满足，所有的安定，我内心之所有欢乐；我已经赋予你（阴性）所有的健康，所有的土地；我已经赋予你（阴性）所有的国家，全部的人民；我已经赋予你（阴性）所有的祭品，所有的食物；我已经让你（阴性）像拉神一样永久地在荷鲁斯的王座之上出现；□□□□□□□□我已经根据深爱你的（阴性）父亲之命，让你（阴性）现于所有生灵之卡前，你（阴性）就像南北方的上下埃及之王一样闪亮。"

这段文字让我们注意到所有指代哈特舍普苏特的人称代词都用了阴性，而不是像图画中哈努姆陶轮上被造出来的孩子一样是男性。这与两种表达体系有关，图画一目了然，哈努姆神创造的不会是别人，而文字中因涉及人物较多，有人有神，如果不标明性别很容易造成混淆。

下一个场景是托特神与哈特舍普苏特的母亲雅赫摩斯王后的会面，雅赫摩斯在左，托特神在右，王后伸开手臂向托特神行礼。此处的图画配文破损比较严重，只留下了头衔与相关的赞美词，谁都不知道到底雅赫摩斯与托特说了什么，这成为一个千古之谜。接下来便是雅赫摩斯王后临产的图画了：

哈努姆神和赫克特神在雅赫摩斯王后身边牵着她的手，赫留坡里九神三个一排分三排走在前面引路。这里的配文破损严重，只能辨认出"你在此之后立刻怀孕，你［□］一个孩子□□□与他一起［到］宫廷去，到□□□□"一句。文字大部分被后来的拉美西斯二世重新刻写、铲除或覆盖掉了。这种情况在埃及很普遍，很多法老会对以前法老神庙进行建造或改造。下一幅画面有三排，上面一排展现的是雅赫摩斯王后坐在中间，怀里抱着孩子，即刚出生的哈特舍普苏特。面前是四位助产女神，伸手来接孩子。雅赫摩斯王后身后画着五位女神，最前面的女神拿着生命符号昂赫在赋予她生命，所有的女神都坐在凳子上。中间一排刻画的是两个万年魔妖正对着雅赫摩斯王后，在其下面，两侧是东西方魔妖。第三排左边是南北魔妖，右边是欢乐与战争之神贝斯和巨神塔外瑞特。这两个形象在古代埃及是很特别的神，贝斯看上去一点不像埃及神，有点喜庆；而塔外瑞特的名字直译就是"大家伙"，是女人与河马的结合体。中间一片空白，很可能是铭文，但已经完全看不出文字了。最右侧坐着的是生育女神美斯赫尼特，在指导这些充当助产员的女神。

接下来的画面是哈托尔神将孩子献给阿蒙神，以显示孩子是阿蒙神的女儿。配文是记述阿蒙神说的话：

[阿蒙神]说□□□□□□他深爱的，国王，玛阿特卡瑞（哈特舍普苏特），愿她长寿，在她出生后，来看他的女儿，他的心中充满了幸福。

[阿蒙神对]他的女儿[哈特舍普苏特]说："来自于我荣耀之躯体；国王，控制两土地，永远在荷鲁斯的王座上。"

到这里，哈特舍普苏特出生的神圣感已经渲染得淋漓尽致，她登上王位的神圣合法性已经铺垫完成。但哈特舍普苏特并没有就此打住，渲染还在进行。下一幅画面是阿蒙神坐在左面的王座上抱着孩子，即哈特舍普苏特，对面是哈托尔女神。哈托尔女神的身后是女神色瑞克。在孩子的抚养中，哈托尔女神的角色非常重要，她是古埃及欢乐、女性与母亲之神。这位女神常以母牛的形象出现，其哺育形象从公元前3000年就深入人心。以致著名的罗马母狼哺育两兄弟的故事被怀疑有哈托尔女神的影子。哈托尔女神出现在刚刚出生的哈特舍普苏特身旁，接下来一定有哈托尔女神哺育的内容。果不其然，下一幅画面是孩子的抚养。图画分上下两排，上排左边是雅赫摩斯王后坐在凳子上，凳子由一位女神托着。她的对面是两个牛头的哈托尔神在给孩子喂奶。而凳子下面是两个哈托尔女神以牛的形象出现，在给孩子的卡喂奶。右侧是孩子哈特舍普苏特的12个卡，都已喂奶完毕，交给尼罗河神和另外一个叫作赫库的神，由赫库神将孩子的卡献给三位王座上坐着的神。

下一幅画仍是阿蒙神和哈托尔神与孩子在一起的图画，给人一种孩子的真正父母是阿蒙神与哈托尔神一样的印象。阿蒙神与哈托尔神一左一右站立，中间是孩子和她的卡，由阿蒙神与哈托尔神用手托着。之后来到哈特舍普苏特出生场景的最后一幅图画，画中左侧是哈努姆神与阿努比斯神向前行走，阿努比斯神身前是一个大圆盘在滚动。前面上下两排，上排是两位女神将孩子与其卡献给一位跪着的女神，应该是尼罗河神，而下排是另外一位神看着两位女神将孩子与其卡献给神。整幅画面由右侧的书写之神塞弗赫特做着记录，身边还陪伴着侍神。很显然，哈特舍普苏特已经从出生走向培育。这一切都是在神的安排下进行的。

接下来的图画是女王哈特舍普苏特的加冕。该壁画和铭文接着出生壁画和铭文出现，有点连环画第二章的意思。壁画和铭文表现孩子即哈特舍普苏特由神认定王位，长大由神加冕为法老，然后是由其父图特摩斯一世在宫廷为之加冕的场景。最后是神主持的结束仪式，接着是净化仪式。仪式由阿蒙神和虹苏神参与，孩子在中间，左边是虹苏神，右边是阿蒙神，他们在孩子的头顶上为之洗礼。两神的配文写着："你和你的卡都已纯净，[为]你尊贵的上下埃及之王，愿其长寿。"下一幅壁画表现阿蒙神向众神展示哈特舍普苏特，阿蒙神坐在左边的王座上，将孩子放置在自己的膝盖上爱抚着。面前站着六位神祇，分成两组上下两排站立，分别代表上埃及众神与下埃及众神。阿蒙神说了什么，众神又回复了什么，因铭文被人为铲除而令人无法得知，但可以推测，应该都是赞美的话。

下面是加冕铭文：

阿蒙神的话：

[上天] 之神阿蒙-拉神对众神说："你们看，我永生之女儿 [哈特舍普苏特]，你们要爱她，你们要对她满意。"

他将她展示给南北全部神祇，他们来看着她，在她面前鞠躬。

众神回答说：

"您之女儿,[哈特舍普苏特],愿她长寿,我们对她一生一世都满意。她现在是您的女儿,像您,是您生育的,培育的。您给予她您的灵魂,您的□□□□,您的[慷慨],王权的神奇力量。当她还在母体中孕育的时候,大地是她的,邦国是她的;天空笼罩和大海环绕的一切(皆属于她)。您现在已经对她做了这一切,因为您知道两个永恒。"您满意地给予她荷鲁斯之生命,塞特之年华。吾辈给予她□□□□□□。

至此,哈特舍普苏特完成了她从一位公主、一位王后到女王的蜕变,这个蜕变是通过神完成的。君权神授对于一位有着王室血统的后代来说是登上王位最有力的合法性根据,至少从理论上说是如此。尽管这些神间的故事可能都是现世中仪式的真实记录,哈特舍普苏特神庙中的连环画配文传记不能总是神界。接下来这个连环画配文传记转向了人间,记述了哈特舍普苏特跟随父亲图特摩斯一世从上埃及的底比斯北上,前往圣地赫留坡里的经历。赫留坡里是太阳神拉的崇拜中心,自古就是埃及人的圣地。尽管新王国时期,埃及人开始崇拜他们自己的新神阿蒙神,但拉神的地位却从未被削弱过。我们不管图特摩斯一世带着女儿哈特舍普苏特去赫留坡里有何用意,但仅凭带着她去拜谒埃及神祇中地位最为显赫的拉神神庙这件事,即可看出老法老对女儿的喜爱。图特摩斯一世此去无论目的是什么,肯定不是为了女儿的未来继承王位,否则就不会出现图特摩斯二世即位,而她嫁给这位兄弟的事情。在哈特舍普苏特的记述中,她将此次北上拜谒拉神之旅为己所用,变成了九神之主阿图姆神为自己加冕。照例还是神对哈特舍普苏特的一顿赞美：

　　陛下本人看到了该事的全部，她告诉人民，他们听到后因为敬畏而匍匐在地。陛下成长超过一切；看她比什么都美好；陛□□□□□就像神，她的外貌像神，她像神一样做事，她的光彩像神；陛下（阴性）是位少女，是其盛时的布托，美丽，光彩照人。她让其神之形象繁耀，他的宠爱塑造了她。

我们还不清楚"该事"指什么，可能是将哈特舍普苏特引荐给众神。接着图特摩斯一世带着她在北方到处游历：

　　陛下（阴性）跟随其父，上下埃及之王，阿－凯佩尔－卡－拉，愿他长寿，游历到北方国家。其母哈托尔，底比斯保护神、布托，得普之主、阿蒙神，底比斯之主、阿图姆，赫留坡里之主、孟杵，底比斯之主、哈努姆，瀑布之主，底比斯所有神祇到来，所有南北之神走向她。他们为她来回穿梭，非常愉快，（他们）到来，带来了生命和令人满意的东西，他们在她身后保护着她，他们每天一个一个地在她身后走过。

这样的文字并非神话，现实中神并不存在，神只存在于人们的意识里，但古代埃及却并不如此。神会以化了妆的形象在神庙里出现，在仪式中出现。当然，我们知道都是人扮演的，扮演者多为神庙中的高级祭司。法老每到一地都要拜谒神祇，神庙里自然要有仪式。因此，这里所说的神"为她来回穿梭"并非虚言。"带来了生命"应该是神庙仪式中的一个环节的结果,即"赋予生命"。神将生命的气息赋予国王与王子,具体做法应该是神,即由祭司扮演的神手执生命符号昂赫触碰人的口鼻。她将"生命和令人满意的东西"带回来,这些东西在仪式后便由接受者戴在身上。文字虽然简略,但我们知道这些仪式的进程,因此很多细节可以由我们对于古埃及神庙仪式知识来填补。众神不仅表现了与哈特舍普苏特的熟悉以及对她的喜爱,还与她订立口头契约:

他们(神)说:"欢迎,阿蒙-拉神之女,你看到了你在大地上的工作,你要给予它秩序,你要恢复那些毁坏了的建筑,你要在该房中建造你的建筑,你要为他的供品桌提供食品,他生了你,你要走遍大地,你要拥抱许多国家。你要脚踏柴赫努,你要用你的权杖摧毁穴居人;你要砍下其士兵的头颅,你要抓住柴赫努带剑的首领,他们躲过了你父亲的打击。你的礼物是金字塔,你勇敢地俘获的俘虏,你的奖赏是数千人修建两土地上的神庙!你在底比斯,国王阿蒙-拉神,底比斯之主的台阶上给予供品。众神[给予]你时光,他们[给予]你生命和让人满意的东西,他们赞扬你,因为其心理解其打造之卵。他们设置你的疆界远到天边,远到夜的第十二时之极限;两土地将充满了孩童□□□□,你无数的孩子就像你谷子的数量,你在人民的心中□□□□□;这是其母之牛的女儿,□□□□□深爱的。"

"柴赫努"指利比亚,"穴居人"指亚洲人,两者是埃及北方传统的敌人。对于整个埃及来说,整个国家的敌人在北方有柴赫努、瑞侪努，南方有内赫西[①]，即努比亚人。穴居人虽不能与瑞侪努等同，但常用来指代靠近埃及的亚洲人，包括西奈半岛上居住的亚洲人。"因为其心理解其打造之卵"，神的心理解神所创造的孩子，即哈特舍普苏特。这是神对她的许诺，也是神对她的要求。

接下来的画面是阿图姆为之加冕。哈托尔神将哈特舍普苏特领到阿图姆神的面前，此处的铭文有破损，隐约可以看出如下的话：

将他的王冠放在她的头上；放□□□□□□□头衔□□□
□□□□□在神的面前□□□□□□□□

这是阿图姆神说的话，尽管破损严重，但基本意思非常清楚，即阿图姆神为她继承父亲的王位实施加冕。尽管这一阶段的记述无论是图画还是文字都是哈特舍普苏特跟随父亲图特摩斯一世巡游北方，但记述下来的内容都与她登上法老王位的正当性相关。祭祀与战争是远古政治的两大主题，她的自传选择这些大事是很自然的事。

阿图姆神为她加冕之后，是阿蒙神为她加冕，尽管加冕仪式与前一个相同，但图画场景略有不同：在这一幅画中，哈特舍普苏特站立着，阿蒙神也站立着，拥抱着她。左面是加冕画面，她走向两女神，即上埃及保护神常，以秃鹫形象出现的纳赫贝特女神，与下埃及保护神，常以蛇的形象出现的瓦吉特女神。两女

---

① nHsy，努比亚人。

神分别带着白冠与红冠（纳赫贝特戴着白冠，瓦吉特戴着红冠），身后跟着祭司。此幅图画的铭文写道：

赋予你拉神头上的红色王冠；你要戴上双冠，你要以它的名义接管两土地。

赋予你头上强大的白色王冠；你要以它的王权，它的名义接管两土地。

为什么要两次加冕？因为需要所有最为重要的神祇的首肯。这背后的原因与埃及由分散到统一的历史有关。在埃及尚未统一之前，各地先形成各自的势力。这些势力再由小到大，一点点聚集成更大的势力，最后形成南北两大力量。在这个进程中，各地势力都有自己崇拜的神，并将自己的神崇拜为保护神。两个势力统一后，其统治者就需要两个势力的保护神都认同。地方如此，国家层面亦然。这也是埃及有这么多神祇、这么多主神的原因，太阳神就有几个：拉神、阿蒙神、阿吞神都是太阳神，由诞生地不同所致。随着政权的更迭，不同地方的主神会因本地势力统一全国而成为全国的主神。神的势力代表着地方势力，统一的王权需要各主要势力的支撑，也就需要多个主神的加冕。

古埃及仪式很多，仪式往往又很复杂，许多环节都记录在了文献里。在一幅有些残破的，神为哈特舍普苏特授名仪式的图画之后，是一幅在阿蒙神面前宣布她为国王的画面，哈特舍普苏特穿着国王的服装，戴着上下埃及双冠，站在阿蒙神面前，身后跟着祭司，塞弗赫特神与托特神负责记录。这也是个真实场景的再现，不仅刻画的仪式场景是真实的，所反映的现实也是真实的。仪式中一定有哈特舍普苏特，有阿蒙神，亦有两位负责记录的神，即塞弗赫特与托特出席仪式，当然神由祭司扮演。现实宫廷中一定有负责记录的书吏，像这两位负责记录的神一样记录宫廷中所发生的事情。

神的加冕并非仪式结束，加冕仪式从神界回到人间，哈特舍普苏特的加冕还要在人间再进行一回。这次仍然是一幅壁画配以文字：参加人间加冕仪式的有她的父亲图特摩斯一世与朝臣。老王即图特摩斯一世从王位上退下来，将王位让给女儿哈特舍普苏特。从历史真实的角度看，这一描述值得商榷。因为这里记述的加冕日期是新年的第一日，埃及人称之为托特日，即智慧与书吏之神的节日，很多事情的记录要从一年的第一天开始。图特摩斯一世之所以选择这一日加冕是因为这一日吉祥。但是，如果我们读一读哈特舍普苏特方尖碑上的铭文就会发现，她开始统治的时间是埃及第十二月第六日到第三十日之间的某一天。尽管如此，这样的文字记述增加了她加冕的隆重色彩，无意中增添了铭文的文学味道。

下一幅画是正式的加冕场面，左侧是图特摩斯一世，哈特舍普苏特站在父亲的面前，右侧站着三排朝臣。配文如下：

她父亲陛下，她之伟大创造者，荷鲁斯神看到她！她的心充满了快乐，（为）她伟大的王冠；她真实地述说她的缘由，[提升]其王室之尊严与其卡之所为。官员列在[□□□□]宫殿中她的面前。陛下对她说："来，美丽的女儿，我将（你）置于我之前面；你会在宫殿中看到你的官员，你的卡完成的突出功绩，即你要取得的皇室的尊严，你奇迹的荣耀和你巨大的力量。你在两土地上强大无比；你将抓住反叛者；你将出现在宫殿中，你的前额将被饰以双冠，放置于我亲生之荷鲁斯后裔的头上，瓦吉特神钟爱的白冠之女儿。主持神之王位的神给予你双冠。"

接着是宫廷官员的配文：

陛下使他有国王之尊贵，大臣，宫廷官员和赖依特之主，以便他们献上敬意，在□□□□□的宫中将荷鲁斯神之女陛下带到他的面前。当这些人在宫廷中匍匐在地之时，在［宫廷］的右侧朝觐厅中设有国王自己的王位。

加冕仪式到此进入高潮，图特摩斯一世向宫廷上下文武百官讲话：

我这个女儿，赫内迈特－阿蒙，哈特舍普苏特，愿她长寿，我任命［她］□□□□□；她乃我王座之继承者，她无疑是坐我神奇宝座之人。她将给宫廷中每个地方的赖依特下达命令；她是将要领导你们的人；你们将宣布她的话，你们将在她的指令下统一起来。对她表示敬意的人将长寿，用恶语亵渎她的人将死亡。一致颂扬陛下（女王）名字的人将直接进入皇家厅室，就像颂扬荷鲁斯神名字一样。因为你是神，哦，一位神的女儿，甚至神都为她而战；他们遵照她父亲，神之主的命令，每天在她的身后给予她保护。

"赖依特"指人民,图画中常以田凫的符号指代。老法老要求全国上下,无论是宫廷官吏还是下层人民都拥护新王,爱戴新王。加冕从神到老王,再到群臣,仪式进行着,然后继续向全体人民宣布新王的诞生:

国王的大臣、贵族和赖依特的首领倾听尊贵的上下埃及之王的女儿,玛阿特卡瑞(哈特舍普苏特)——愿她长寿——晋升的命令。当皇家命令传到他们当中之时,他们在他脚下亲吻土地;他们为上下埃及之王,阿-凯佩尔-卡-拉(图特摩斯一世)——愿他长寿——赞美所有神祇。他们前进,他们的口里欢呼着,他们[向]他们公布他的公告。所有宫廷居住的赖依特都能听见;他们来了,他们的口里欢呼着,他们宣布(该决定)胜过任何事情,那里居住者中的居住者以他的名字宣布着;战士中的战士□□□□,他们为了他们心中双倍的喜悦而跳跃着,他们舞蹈着。他们[宣布],他们宣布陛下(阴性名词)的名字为国王;当陛下(阴性名词)还是少年之时,当伟大的神祇将他们的心转向他女儿,玛阿特卡瑞(哈特舍普苏特)——愿她长寿,当他们意识到这是神女的父亲,这样,他们在她伟大心灵中就比什么都更加优秀。而任何在他的心中热爱她,每天对她表示敬意的人,他将闪耀,他将无比昌盛;但任何说陛下名字坏话的人,每天在她的身后保护她的神将立刻判定他的死刑。她父亲陛下公开说了这些,所有人都一致认定他女儿为国王。当陛下(哈特舍普苏特）还是少年之时，陛下（图特摩斯一世）的心就非常倾向于［她］。

全国人民，奔走相告，欢呼雀跃，就像一个新时代到来一样，人民欢欣鼓舞。然后，祭司宣布她的皇冠与玺印的名字：

陛下（图特摩斯一世）命令召来仪式祭司［宣布］她属于其皇冠尊严的伟大名字，以出现在两女神喜爱的（每一项）工作和每一个封印中，巡视北墙，为两女神钟爱者之神穿衣。他意识到新年这天加冕日作为平安时代和度过无数万年大庆开端的吉祥。他们宣布她的王名，因为神根据其以前创造他们时所用形式让她之名在他们心中：

她伟大的名字，荷鲁斯：［沃瑟瑞特卡乌］，永恒；

她伟大的名字，两女神钟爱者："年年更新"，善良女神，贡品之主；

她伟大的名字，金荷鲁斯："神圣王冠"；

她伟大的上下埃及之王之名字："玛阿特卡瑞，永生"。

这就是她真正的名字，神所先行给予。

除了她一直拥有的出生名之外，她作为一位法老的全部五个王衔齐备了：荷鲁斯、两女神、金荷鲁斯、登基名和出生名。这是每位法老必须拥有的五个神圣王衔，新王国时期开始齐备，不再像之前的一千多年时间里法老的五个王衔并不同时被提及和宣布。哈特舍普苏特的荷鲁斯名"沃瑟瑞特卡乌"意为"所有卡的力量",即"所有心灵的力量"。当然,她第五个名字即出生名在这里也实际上宣布了:"这就是她真正的名字,神所先行给予。"哈特舍普苏特名字的含义就是贵族中的最优先者。

仪式还没有结束,神赋予她五个王衔之后进行的是第二次净化。第二次净化系列图画的第一幅是哈特舍普苏特由赫塞梯神引领而去,配文刻写在她图画的上方:

两女神宠爱的上下埃及之王,安宁年代第一年新年第一季第一(日),巡视北墙,塞德节□□□□□。

神上方的配文如下:

(由)"大室"之"其母之栋梁"带领进入"大室"(进行)"大室"之净化。

"其母之栋梁"是祭司的头衔。下一幅画中赫塞梯神站在右侧,手执一只生命符号昂赫形状的碗,对面站着哈特舍普苏特,其头上方只有她的名字和头衔,而神的上方配有文字:

我已用此全部让生命满意的,全部健康的,像拉神一样永远庆贺其节日的水为你净化。

随后,哈特舍普苏特由荷鲁斯神领走,下面还有一系列的仪式,由于破损严重无法恢复,只能辨别出有一项内容是"巡视北墙"。

这样，加冕仪式就结束了，荷鲁斯对她说：

你已经作为国王建立起你之威严，出现在荷鲁斯王座之上。

这只是对女王哈特舍普苏特登基加冕仪式的图文并茂的记述，从传记文学历史上看，这一系列仪式的描述可谓细腻。虽然读者想知道的很多东西没有记述，比如其生活起居，与大臣商讨仪式的流程等，但仅就一个仪式的描述来说，其细致程度已经到了让读者感觉有些冗长的地步。与我们现代传记作家的描述人物与场景一样，刻画细腻与否取决于书写者想表达什么，想让读者知道什么。

女王连环画配文自传并没有就此结束，之后的文治武功，沿红海远征蓬特，甚至让后人怀疑是否为虚构的驱逐希克索斯人都采用了同样的图文互释方式完成记述。对于我们现代读者来说，这样的连环画配文自传没有融一人生命历程于一书的形式，总觉得称之为传记有点牵强。其实不然，古埃及人将整个神庙当作一个完整的载体，不同"章节"有序排列，就像现代的主题图片展，一个主题之下有序言，有章节，有结尾，整篇内容完整清晰。之所以古埃及此类文献的完整性不像现代主题图片展那么显而易见，很大程度上是因为时代久远，破损严重。从完整记述角度看，古埃及人记述内容的安排是有设计的，一个神庙就是一本书，大小标题，章节铺陈融入了壁画、浮雕与文字。每本这样的"书"中都有传记故事，初读让人觉得人神共处，细读会豁然开朗，神的故事其实是人的故事的仪式性扮演与展现。

6.《伊南尼自传铭文》研究

伊南尼是古埃及第十八王朝一位重臣。第十八王朝法老阿蒙霍泰普一世、图特摩斯一世、图特摩斯二世、哈特舍普苏特及图特摩斯三世五位法老皆对其极为信任。伊南尼的陵墓于埃及底比斯什赫阿布杜艾尔－库尔纳被发现，是一座 T 型凿岩陵墓。其陵墓前厅两侧各立有一块石碑，上面的铭文尽管残破严重，但主要内容仍可阅读。这就是被埃及学学者称之为《伊南尼自传铭文》的出处。前厅顶棚由六根方柱支撑，立柱四周皆有壁画及文字出现。陵墓呈倒丁字形，顶端为其造像龛室。通往龛室的走廊墙壁上皆有绘画及文字标注。其中伊南尼大臣的头衔对于我们研究古埃及第十八王朝初期的内政管理体制异常重要，成为其自传铭文的重要补充。铭文已由笔者据塞特圣书体（习称象形文字）整理本[①]翻译注释，发表于《古代文明》2012年第2期上。关于该铭文的进一步研究对我们准确把握新王国对外扩张、王位继承、神庙管理及古埃及政体性质都至关重要。

（1）伊南尼家族，新王国的扩张与王位继承

古埃及大臣陵墓中的壁画、浮雕及文字中常描绘其家庭成员。伊南尼陵墓中的壁画就为我们提供了了解其家庭成员的重要依据。其中伴随伊南尼出现最为重要的人物是其夫人——雅赫霍泰普（Iahhotep），在其墓室中出现八次。[②] 绘画中伊南尼许多活动

---

① Sethe, K., *Urkunden der 18. Dynastie*, Bd.3, pp. 53–74.
② Porter, B., Moss, R. L. B., eds., *Topographical Bibliography of Ancient Egyptian Hieroglyphic Texts, Reliefs and Paintings*, Ⅰ, Oxford: Clarendon Press, 1951, pp. 5, 8, 11, 17–18, 20–22.

都有雅赫霍泰普伴随。墓室壁画中没能出现他们的孩子，也许他们没有孩子，或因其他原因没有出现在墓室壁画中。壁画中另一个较为重要人物是其兄弟帕赫瑞（Paheri），作为阿蒙神第一祭司的管事主持丧葬仪式。参加丧葬仪式的还有伊南尼的另一个兄弟肯（Ken），姆特女神祭司。[1]但不知为什么，其父母的形象没有很显著地出现在陵墓的壁画中。其父伊南尼为高级贵族，其母萨特图梯（Satdjehuti）为"皇家装饰"。我们不知其母亲所拥有的这个头衔是否为真，因该头衔常为法老偏妃拥有。如果是真的，伊南尼就是法老的儿子，其父又怎么会是一位贵族呢？我们只能存疑。墓中壁画还描绘了他的众多兄弟姐妹，可能是他家族中的堂兄弟、表姊妹，而非同父同母所生。兄弟中有阿蒙神祭司、书吏等[2]。

伊南尼所处的新王国初期开始了埃及的帝国时代。法老南征北战，竭力扩张。然而，新王国初期埃及扩张的实证仍需到铭文中去寻找。最为重要的铭文有《伊巴纳之子阿赫摩斯自传铭文》《伊南尼自传铭文》《阿蒙尼姆哈伯自传铭文》和《雅赫摩斯自传铭文》。[3]我们就以上几篇铭文及其他零星材料对新王国对外扩张情况进行整理，可见第十八王朝初期法老对外扩张之大致路线。

---

[1] Porter, B., Moss, R. L. B., eds., *Topographical Bibliliography of Ancient Egyptian Hieroglyphic Texts, Reliefs and Paintings*, I, Oxford: Clarendon Press, 1951, p. 8.

[2] Ibid., pp. 5, 9, 16, 17, 18, 20, 21；关于伊南尼的家系，S. 惠尔在其关于埃及第十八王朝家系的著作（Whale, S., *The Family in the Eighteenth Dynasty of Egypt: A Study of the Representation of the Family in Private Tombs*, Sydney, 1989）中运用所有可资利用的材料做了尽可能详尽的整理。

[3] 四篇铭文均已由笔者从原始文献（圣书体文字，习称象形文字）译出。

第十八王朝第一位法老阿赫摩斯（内卜沛赫梯瑞）最终赶走希克索斯人，建立起一个强大的帝国。但他一生多致力于驱逐外族统治，建立新王国，未及对外扩张。第二位法老阿蒙霍泰普一世开始东征西讨，非常有可能已兵至亚洲。《伊南尼自传铭文》中没有记录阿蒙霍泰普一世对亚洲的征讨，但其丧葬神庙中的一块铭文残片却提到了 ![hieroglyph]（巴勒斯坦）。[①] 此外，底比斯陵墓 C 区贵族阿蒙尼姆赫特陵墓铭文及《雅赫摩斯自传铭文》中亦提到米坦尼。[②] 我们没有直接的文字记载阿蒙霍泰普一世统治时期埃及对亚洲的占领，但以上提及地名显然暗含着此时埃及人对这些地区的熟悉。阿蒙霍泰普一世的继任者图特摩斯一世第一次征讨亚洲就兵至纳哈林似乎也不可能，因此可以推断，阿蒙霍泰普一世时期埃及人已经来到了亚洲的纳哈林。

图特摩斯一世开始，对亚洲的征讨在铭文中有了直接记述。《伊巴纳之子阿赫摩斯自传铭文》中记录了图特摩斯一世于其统治的第二年，率军征讨亚洲，赢得对米坦尼的一次重大胜利："驶往瑞侪努（![hieroglyph]），在整个外国土地上宣泄愤怒。当陛下到达纳哈林（![hieroglyph]），陛下，愿他长寿、富有、健康，发现那敌人正在集结。然后，陛下在他们中间大肆屠杀。陛下

[①] Carter, H., "Report on the tomb of Zeser-Ka-Ra Amenhetep I", Discovered by the Earl of Carnarvon in 1914, *JEA*, Vol. 3, 1916, pp. 21, 4; Redford, D., "A gate inscription from Karnak and Egyptian Involvement in Western Asia during the early 18th dynasty", *Journal of the American Oriental Society*, Vol. 99. No. 2., Arp. -Jun. 1979, pp. 279–287.

[②] Porter, B., Moss, R. L. B., eds., *Topographical Bibliliography of Ancient Egyptian Hieroglyphic Texts, Reliefs and Paintings*, Ⅰ, p. 457; Sethe, K., *Urkunden der 18. Dynastie*, Bd. 4, p. 19.

从其胜利中带回无数活俘。"① 瑞侨努为现在叙利亚的一部分，而纳哈林是古代对美索不达米亚东部两河之间土地的称呼。图特摩斯一世此次征战亚洲还留下了历史见证，在接近卡尔开米什（Karkemish）处竖立起一块石碑以庆贺其对叙利亚及幼发拉底河彼岸地区的占领，宣示其北部边境，并在尼伊猎象。②

图特摩斯二世继续父亲的对外扩张政策，至少维持了其父打下的疆界。刻写在艾尔-卡伯其陵墓墙壁上的《雅赫摩斯自传铭文》中记述了图特摩斯二世军队成功镇压荒漠游牧部落莎苏人反叛事件，兵至尼伊。③

伊南尼时代的埃及帝国不仅对亚洲多有扩张，对南方努比亚之地亦多有征讨。阿蒙霍泰普一世出兵库什，"拓展埃及边界"。这在《伊巴纳之子阿赫摩斯自传铭文》中已有表述。④《雅赫摩斯自传铭文》中也对阿蒙霍泰普一世出兵库什有过记载："我跟随上下埃及之王斋瑟尔卡瑞，从库什捉回一个活俘"。⑤ 努比亚是古代埃及一块久占土地，中王国时期就已在塞姆那建立城堡。阿蒙霍泰普一世于其统治的第七年来到塞姆那，其维西尔于该地靠近中王国城堡处留下铭文。⑥

图特摩斯一世对努比亚继续用兵，军队征战到达努比亚的托

---

① Sethe, K., *Urkunden der 18. Dynastie,* Bd. 4, pp. 1–10.
② Sethe, K., *Urkunden der 18. Dynastie,* Bd. 4, pp. 36, 697; Breasted, J.H., *ARE*, p. 578.
③ Sethe, K., *Urkunden der 18. Dynastie,* Bd. 4, p. 36.
④ Ibid., pp. 6–8.
⑤ Ibid., p. 36.
⑥ Porter, B., Moss, R. L. B., eds., *Topographical Bibliilography of Ancient Egyptian Hieroglyphic Texts, Reliefs and Paintings,* Ⅶ, p. 165.

姆波斯（Tombos），在那里的阿尔戈斯岛上修建了一座要塞。该要塞距尼罗河第三大瀑布仅75公里。他的军队以此为据点继续南征，逼近尼罗河第四大瀑布，杀死努比亚一位首领，将其尸首悬于战舰船帆之上，在该岛上重开第十二王朝法老辛瓦色瑞特三世开凿的运河。①

努比亚尽管深受埃及文化的影响，但努比亚人并不甘心埃及人对他们的统治。图特摩斯二世统治时期努比亚出现反叛，但埃及军队立即前往镇压。反叛失败，首领被杀，库什王子被带回埃及。②

伊南尼一生见证了三次政权的交接。阿蒙霍泰普一世、图特摩斯一世、图特摩斯二世三位法老去世之时，他都是宫中重臣。因此，他见证了政权交接的历史。政权交接所涉内容复杂，新王国王位继承的原则可据其文字记述变得清晰。根据古埃及的传统，法老的继承人应为王后之子，即法老之嫡出。只有在王后无子时才会考虑庶出王子。第三种情况也时有发生，即嫡庶皆无子。此时，王位继承便会遇到很大问题。许多文明遇该情形会改朝换代，但古埃及的王位继承传统却可以在法老无王子的情况下顺利交接王位，既不改朝亦不换代。伊南尼就见证了这样的历史。

阿蒙霍泰普一世娶其妹妹雅赫霍泰普二世为王后，生有两子。但不幸的是他们皆早年夭折。阿蒙霍泰普一世又娶美瑞特阿

---

① Sethe, K., *Urkunden der 18. Dynastie*, Bd. 4, pp. 85, 8–9, 36, 89–90.
② Ibid., pp. 137–141.

蒙为妾，无奈没有男孩出生。于是，出现王位继承人之荒。根据古埃及留存下来的《阿比多斯王表》，阿蒙霍泰普一世的继承人为图特摩斯一世。然而，图特摩斯一世与阿蒙霍泰普一世并无一点血缘联系。图特摩斯一世为阿蒙霍泰普选定的继承人。一个外人何以能够在血缘起决定作用的王位继承传统中被"选定"为法老的继承人，是很值得深思的一个问题。《伊南尼自传铭文》中只简单记述了阿蒙霍泰普一世去世和图特摩斯一世继位，但具体细节却只字未提。欲知图特摩斯一世血统，必须首先知道其父母是谁。据所有已知材料所示，我们只可能知其母为森斯内卜（Senseneb），却不知其父是谁。《雅赫摩斯头衔》中提到图特摩斯一世的母亲，但只说"阿阿赫坡瑞卡瑞……其皇母森斯内卜所生"[①]。除了"皇母"之外，森斯内卜并无别的头衔。因此，大多埃及学学者推断她既无皇室血统，又非国王之妻。如果是这样，图特摩斯一世在血统上就完全与皇室无关。当然，还有一种可能，也有一些学者持此意见，认为图特摩斯一世之母可能是皇室一小妾。但这只是猜测，没有任何证据证实。

　　古埃及王位继承还有一途，即入赘皇室。图特摩斯一世作为一个外人，要成为阿蒙霍泰普一世的合法继承人，最后一种可能是娶阿蒙霍泰普一世的女儿或妹妹为妻。这样，他就可以作为皇室的女婿成为阿蒙霍泰普一世的合法继承人。图特摩斯一世的王后是雅赫摩斯，戴尔埃尔-巴赫瑞神庙铭文有清楚记载："其名字是雅赫摩斯，比整个土地上所有女人都美丽的女人，统治者，上

---

① Sethe, K., *Urkunden der 18. Dynastie,* Bd. 4, p. 80.

下埃及之王阿阿赫坡瑞卡瑞（图特摩斯一世）之妻。"[1]遗憾的是她的身世仍然是一个谜，因为没有文献直接指明其父母是谁。柏林石碑上有"国王之妹"的称呼，[2]但雅赫摩斯是哪位国王之妹却仍不明了。如果她是阿蒙霍泰普一世国王之妹，图特摩斯一世就是通过入赘皇室而获得法老继承权的。但如果这里的"国王之妹"中的国王是指图特摩斯一世的话，那图特摩斯一世入赘皇室的推测便告落空，他的继位就完全是王朝的改姓。可王朝并没有因此而改朝换代，其原因仍让学者猜测雅赫摩斯有可能是皇室公主，只是我们没有在文献中找到证据而已。

姆特内弗瑞特是图特摩斯一世之妾，但她却拥有"国王之女"和"国王之妹"的头衔："善神，两土地之主，阿阿赫坡瑞恩瑞于其神庙中为其母，皇妻，皇母姆特内弗瑞特竖起［雕像］"；[3]"国王，他宠爱的国王之女，姆特内弗瑞特"。[4]学者据此分析，她可能是阿赫摩斯一世法老之女，即阿蒙霍泰普一世之妹。奇怪的是，一位法老的女儿嫁给了一位跟皇室没有任何血缘关系的男人，使之成为法老的继承人，而这位继位者的王后却是另外一位女性。这种情况只有两种可能，一种是图特摩斯一世在阿蒙霍泰普一世去世无后之际夺得了王位；另一种是，雅赫摩斯王后也是法老的女儿，只是没有明确的文字记录而已。

"法老寿终正寝，去往天空，于心之欢快中完成其生命。雏

---

[1] Sethe, K., *Urkunden der 18. Dynastie,* Bd. 4, p. 219.
[2] Stela, Tuthmosis Ⅱ, Queen Ahmosi and Queen Hatshepsut before Re-Harakhti, in Berlin, Ägyptisches Museum, 15699.
[3] Sethe, K., *Urkunden der 18. Dynastie,* Bd. 4, p. 143.
[4] Ibid., p. 154.

鹰尚在巢穴，登上王位，荷鲁斯，上下埃及之王，阿阿赫坡瑞恩瑞，他成为黑土地之国王与红土地之统治者，成功拥有两土地。"[1]这是《伊南尼自传铭文》记载的他所见证的第二次王位继承。图特摩斯二世不是正宫雅赫摩斯之子，而是姆特内弗瑞特的儿子。姆特内弗瑞特为图特摩斯一世生了三个儿子，偳智摩斯、阿蒙摩斯及图特摩斯二世。就地位而论，他既不是王后所生，又不是妾生长子，并不引人注意。但他娶了其父与正宫雅赫摩斯的女儿，这为他以后登基打下了基础。正宫无子，两兄早亡，他成了法老之位历史性的不二人选。因为准备不足，图特摩斯二世注定是一位与其父兄相较，显得较为平庸的法老。然而，其王后却并不平庸。这位图特摩斯一世宠爱的正宫王后所生之女就是后来名声显赫的埃及女王哈特舍普苏特。

图特摩斯二世再次陷入王后无子导致的新王国王位继承人尴尬的怪圈。哈特舍普苏特为其同父异母兄弟图特摩斯二世只生一女——内弗尔如瑞，仍是法老之妾伊塞特为图特摩斯二世生下了王子，即后来的图特摩斯三世。伊塞特作为图特摩斯一世之妾，并无皇室血统。因此，其子图特摩斯三世便只有一半皇室血统。而哈特舍普苏特却因为是正宫所生，其血统地位高于图特摩斯三世，且她又是图特摩斯二世的王后，地位当然比图特摩斯三世之母伊塞特高出许多，其王位继承的合法性必然较高。唯一劣势是她是女性。如果她为图特摩斯二世生下的是个男孩的话，王位继承问题毫无疑问是非这位男孩莫属。但遗憾的是她只生了个女

---

[1] Sethe, K., *Urkunden der 18. Dynastie,* Bd. 4, p. 58.

儿。于是，她将女儿嫁给图特摩斯三世，让这位只具一半皇室血统的王子成为了法老的合法继承人。

"他走向天空，与神祇汇合。其子立于他之王位成为两土地之王，于生之者之王座上进行统治。"① 图特摩斯三世登上王位。但此时的图特摩斯三世还是个小孩儿，完全没有能力支撑起一个庞大帝国的统治地位。但其母伊塞特健在，其统治似乎并未出现麻烦。当伊塞特死去，其父亲的王后，哈特舍普苏特宣布以法老身份执政。直到22年之后哈特舍普苏特去世，图特摩斯三世才恢复权力，成为一位真正的法老。

（2）伊南尼的头衔与神庙管理

尽管这是一个让埃及人扬眉吐气的时代，但伊南尼作为一位文官似乎对版图扩张不感兴趣。他自传中所记多为其于阿蒙神庙等地履行的职责，特别是建设与管理方面的职责。对于王位的继承，也只简单记述老王的逝世与新王的登基，没有在王位更替的记述上浪费一点笔墨。

古埃及贵族及高官的头衔比较复杂，有很多称呼很难翻译。《伊南尼自传铭文》中出现的头衔可分为两类：一类是贵族封号，或荣誉；另一类则是有具体职位的实际工作的官衔。

我们先看其贵族封号：

𓀀𓀁 rpat HAty-a：公爵②。该头衔几乎为所有古埃及高官所拥有，是个很高的爵位。德国汉尼根《埃及-德语便携大辞典》将

---

① Sethe, K., *Urkunden der 18. Dynastie,* Bd. 4, p. 59.
② Ibid., pp. 67–70, 72.

它译为"摄政王与公爵"（Prinzregent und Reichsgaf）[①]；《中埃及语简明词典》中则把它译作："世袭贵族诺姆长"（hereditary noble, local prince）[②]。该头衔既可以是纯爵位封号，又可以与具体的职责联系在一起。《伊南尼自传铭文》中该头衔在四种情况下出现：与卡尔纳克神庙所有工作总管头衔一起出现[③]；与国王陵墓工作监管头衔一起出现[④]；与阿蒙神谷仓总管头衔一起出现[⑤]；不与任何具体职责相关而单独出现[⑥]。

为使该头衔更加清晰，我们不妨将该头衔中的两词分开分析。

HAty-a：该词词根意思是"开始"，在指船的时候，表示船头，转意指军中的首领。该词指人时代表一个很高的地位，有"第一个"之意。该头衔是法老赐予对宫廷有贡献者，亦授予具体负责某项职责之人。在《伊南尼自传铭文》中，这一头衔就多与具体职责头衔连起来使用。[⑦]这种使用方式意在强调该头衔拥有者于拥有该头衔的众人中地位最高，有点"首席"的意思。在该铭文中，还有一处出现该头衔之后跟着"该城"（　　　, Urk IV 63, 16），直译为"城中第一人"，因此有"城侯"之意。该头衔古王国时期就已出现，从第六王朝开始用来称呼各诺姆长。西

[①] Hannig, Rainer, *Die Sprache der Pharaonen Großes Handwörterbuch Ägyptisch-Deutsch*, p. 94.
[②] Faulkner, *CDME*, pp. 148, 162.
[③] Sethe, K., *Urkunden der 18. Dynastie*, Bd. 4, p. 68.
[④] Ibid., pp. 69, 72.
[⑤] Ibid., pp. 70, 72.
[⑥] Ibid., pp. 67–68, 74.
[⑦] Ibid., pp. 55, 62, 68.

方学者一般将它译为"prince"，但并非皇室王子，而是效忠国王的地方诸侯。新王国时期，它开始与城市连用，应为一城之主，因此译为"城侯"。

rpat：该头衔最早出现时读作 iry pat，其中中王国时演化指"普通人"，但到了新王国时开始指"贵族"，与连起来用成为，意指"属于贵族阶层"。福克纳在其《中埃及语简明词典》中，伽丁内尔在其《中埃及语法》中皆将其译为"嗣子"。尽管贵族头衔为世袭，但并非出身低下者就永远与该头衔无缘。伊南尼之后有一位出身不高者塞南姆特（Senenmut）因哈特舍普苏特宠信而拥有该头衔，但其父出身低微。

sab：该头衔在古王国时期指"法官"，中王国时期开始与连一起使用，成为的前缀。一般译作"维西尔"，相当于宰相一职。这说明中王国始，维西尔成为古埃及最高法官。但之后该头衔变得越来越普通，成为一般贵族的头衔。福克纳在其《中埃及语简明词典》中将该头衔译为"尊贵者"[1]，等级不详。伽丁内尔在其《中埃及语法》中除把它翻译成"尊贵者"外，还译作"富有者"[2]。第十八王朝开始，贵族子弟多用该头衔示其对父母的尊敬。一般单独使用，并不与其他头衔合用。

sAb：该头衔在金字塔文中已经出现，亦指"贵族"。中王国时期该头衔单独使用，并不与表特殊职责的头衔合用，基本含义为"贵族"。有时与另一些较高社会阶层的头衔并列出现，

---

[1] Faulkner, *CDME*, p. 209.
[2] Gardiner, A., *Egyptian Grammar*, p. 588.

如 ▫▫，"(国王的)朋友"，▫▫，"官员"。陵墓铭文中多有该头衔出现，多为地方权贵，也有一位维西尔用此头衔。该头衔不仅现世可用，冥界亦可用。《亡灵书》等丧葬文字中就有此头衔出现的例证。新王国时期该头衔常指称官员。在描述冥界的铭文中，该词指代一个极乐之处，如"我的心献于吾主，愿在墓地中极乐之荒丘休养"[①]。但它指贵族更为普遍，是贵族的一个荣誉称号，在伊南尼时代多作此用。在阿赫摩斯－番－内赫贝特陵墓铭文中有这样的字句："他广传国王之语于其贵族（▫）。"第十八王朝第一位在埃尔－卡伯修建自己陵墓的地方官帕赫瑞墓中铭文有这样一句："我是贵族（▫），我主之卓越者。"这样的用法很多，卡尔纳克姆特神庙中铭文亦有此类短语出现："贵族中之贵族"。[②] 因此可以肯定，该头衔为一虚衔，有吹嘘出身高贵之嫌。

以下伊南尼的头衔都是实职。伊南尼用的最多的一个实衔是▫（imy-r）。从词源上看该词由两个词汇构成，即▫和▫。前者为一介词，意为"在……里，通过……"，后者为一名词，意为"口"。二者合在一起，基本意思为"用口做事的人"。后来该词有了一个变体▫，该符号为一个舌头。转意为"用舌头做事之人"，劳心者也。该头衔常接具体工作，一般译为"监管（overseer），头（Vorsteher）"。

▫：谷仓监管。[③]

---

① Sethe, K., *Urkunden der 18. Dynastie*, Bd. 4, p. 430.
② Ibid., pp. 38, 118, 412.
③ Ibid., pp. 55, 62–63, 67–70, 72.

[象形文字]：卡尔纳克神庙事务监管。①
[象形文字]：阿蒙神庙所有玺印总持。②
[象形文字]：阿蒙神庙所有职司监管。③
[象形文字]：国王陵墓工程总管。④
[象形文字]：其陵墓之最高监管。⑤

《伊南尼自传铭文》中提到他的第二个实职头衔是[符号]（xrp）。它本来是一个表示权力的短棍，后用来作为标志权力的字符。该词有"统治，控制，管理"之意，做头衔时指某一职责的"执行者"。第十八王朝多与仪式职责相连，如塞得节仪式主祭。从《伊南尼自传铭文》中可以看出，该头衔与[符号]头衔区别明显。[符号]是执行者，而[符号]则是监管者。伊南尼在其负责的两项重大工作中拥有的这两个头衔似乎互相补充。两项工作一为卡尔纳克神庙工程，另一个为法老陵墓的修建。

[象形文字]：工程之主管。⑥
[象形文字]：我乃其所有技艺之掌管者。⑦
[象形文字]：我负责管理。⑧
[象形文字]：国王陵墓工程之最高监管。⑨

---

① Sethe, K., *Urkunden der 18. Dynastie*, Bd. 4, pp. 63, 68.
② Ibid., p. 68.
③ Ibid., p. 69.
④ Ibid.
⑤ Ibid., p. 63，"其"指法老。
⑥ Ibid.
⑦ Ibid., p. 54.
⑧ Ibid., p. 58.
⑨ Ibid., p. 69.

󰀀：卡尔纳克神庙所有工作总管①。《伊南尼自传铭文》中还出现两个实职头衔，一为󰀀，另一为󰀀。前者有"主管"之意，后者为书吏。󰀀中󰀀有"高高在上"的意思，合在一起意为"高高在上者"。而󰀀则是古埃及官员中最为常见的身份，书吏。管理要懂书写，因此几乎所有官吏都有此头衔。尽管不是所有书吏都是官员，但所有官员却几乎都是书吏。

（3）政教合一、神权政治抑或原始神权政治

从《伊南尼自传铭文》中可见，伊南尼主要工作涉及两方面：一在阿蒙神庙里，二在工程建筑中。神庙是神之居所，神需要有人敬奉，于是神庙中有许多神职人员。他们的生活需要物质供养，因此神庙有了自己的庙产。尽管理论上古埃及所有土地都归神所拥有，但实际管理或称代管者却是法老。庙产多为法老奉献，此外还有富有的信徒贡献。有田产，有宝物，神庙就需要有人管理。伊南尼阿蒙神庙中的职责可全面反映新王国时期乃至整个古埃及神庙管理的基本情况。伊南尼在自传铭文中提的最多，也最为得意的头衔是"阿蒙神谷仓总管"或译为"阿蒙神谷仓监管"②。从伊南尼该头衔的复数应用中可以推知，他不仅管理一个阿蒙神谷仓，而是至少管理底比斯阿蒙神所有的主要谷仓。

伊南尼在阿蒙神庙中除了管理阿蒙神谷仓，还负责土地及祭品的管理。自传铭文中有赋税接收的记述："监管努比亚人多人

---

① Sethe, K., *Urkunden der 18. Dynastie*, Bd. 4, p. 68.
② Ibid., pp. 62–63, 67–69.

被俘献于阿蒙神祭品之列,当时怯懦的库什被推翻,所有外国礼物都由陛下献于阿蒙神庙。"①伊南尼陵墓壁画上还有这样的字句:"我看管阿蒙神的厩中之牛、长角牛、奶牛及满意神祇之侍者,处理阿蒙神,满意之神仓库中之税收粮食。"②阿蒙神庙中的物产管理工作基本都由伊南尼负责,就像其自传铭文中说的:"我被提升为要员,粮仓督监,神之祭品置于我之监管之下,一切非凡工作尽由我来掌控。"③此外还有各种宝物:"我看管金、银、天青石、绿松石等所有高贵宝物。"④

值得注意的一点是,伊南尼虽然管理阿蒙神神庙的主要庙产,但他却不是一位神职人员,而是一位官吏。由此可见,新王国时期的行政与宗教是统一管理的,更准确地说,神庙是法老内政事务的一个重要内容。伊南尼是"世袭贵族,卡尔纳克神庙所有工作总管,两银库在其手中掌管,两金库由他掌管大印,印封阿蒙神庙一切契约者","世袭阿蒙神庙谷仓总管,阿蒙神庙所有玺印总持"⑤。阿蒙霍泰普一世之时,伊南尼曾是"所有技艺之掌管者,所有部门皆受制于我"⑥。无论是行政还是神庙,财政权力都是至关重要的。对于神庙而言,如果财权不在自己手中,那就只有提升祭司的权力了。至于主持神庙的日常工作,主持大的仪式,这些都是职责,而非权力。尽管祭司职位世袭相传,但他

---

① Sethe, K., *Urkunden der 18. Dynastie*, Bd. 4, p. 70.
② Ibid., p. 72.
③ Ibid., p. 55.
④ Ibid., p. 70.
⑤ Ibid., p. 68.
⑥ Ibid., p. 54.

们却是受命于法老进行工作。法老不主持宗教仪式,但法老作为荷鲁斯神的化身,是神在现世的代表。因此,法老被看作最高祭司。对于此时的古埃及政治,我们很难将神权与政权分开。

人们称这样的体制为政教合一,其实此时的政教还从来没有分开过,因此也谈不上合一。更准确一点说应该叫作神权政治。虽然很多学者并不将政教合一与神权政治区分开来,甚至认为神权政治是政教合一政体的一个形式,但从政权的历史演变上看,神权政治要早于政教合一的政权形式。正像《大英百科全书》上说的,神权政治是早期文明的典型统治形式,而政教合一则是大多在论及古罗马晚期或拜占庭帝国时期的术语。① 经典作家斯宾诺莎、马克斯·韦伯和索洛维约夫对神权政治各有解说,却并未明确指出神权政治与政教合一的严格区别。尽管韦伯据政权控制教权与教权控制政权来划分政教合一与神权政治,但视线范围都未超过《圣经》所及。

从《伊南尼自传铭文》的分析中可见,神庙工作从来没有从法老工作中分离出去,神的工作就是法老工作的题中应有之义。政权和神权的一体性甚至体现在神庙中很细微的方面,比如说,第十八王朝的神庙中居然有工匠作坊。伊南尼建筑工程中的工作,我们仅从其头衔中便可猜测一二。自传中伊南尼拥有两个建筑工程总管头衔,一个是"卡尔纳克神庙工程总管"②,另一个是"国王陵墓工程主管"③。伊南尼作为一位内政大臣,不仅管理法老

---

① 参见《大英百科全书》theocracy 与 caesaropapism 词条。
② Sethe, K., *Urkunden der 18. Dynastie*, Bd. 4, p. 63.
③ Ibid., p. 69.

宫廷事务,如国王陵墓的修建,还全权负责阿蒙神庙中除仪式之外的所有工作。神职大多由政府官员担任,不用任命,诺姆长自然就是地方最高祭司。这种情况一直持续到第十八王朝哈特舍普苏特女王统治时期。因此可以说,在古埃及人的心中,政权和神权从来就是一回事。这种情况恐为每个早期文明都曾经历的历史必然过程。因为它有别于政教合一和神权政治,我们姑且称之为原始神权政治。

7. 维西尔的职责:《瑞赫米拉自传铭文》研究

（1）瑞赫米拉研究综述

对于瑞赫米拉的研究并不很多,早期纽伯里的《瑞赫米拉生平》(*The Life of Rekhmara*) 于 1900 年在伦敦出版,这算作对这位维西尔研究的较早的成果。1935 年诺曼·德·伽里斯·戴维斯 (Norman de Garis Davies) 的《底比斯的瑞赫米拉陵墓》又于纽约出版,对他的陵墓做了较为全面的研究。然后到了 1988 年,凡·登·伯恩的《维西尔的职责》在伦敦出版,在对瑞赫米拉陵墓中的自传铭文进行了认真的翻译、注释和文献学的研究基础上,对铭文中所反映的维西尔的职责进行了建构。这是对瑞赫米拉陵墓铭文研究最为深入的一个成果。对于古埃及内政管理的研究,特别是第十八王朝的内政管理研究,是一个无法越过的成果。

（2）维西尔的职责

从维西尔瑞赫米拉自传铭文中可以推知第十八王朝早期维西尔及其相关工作职权及运作模式。首先,将他的自传铭文中提到的机构名称做如下梳理：

pr-nsw	直译是"国王的房子"，可转译为"宫廷"或"禁城"。
Xnw	皇室住宅之城，可译为"皇城"。
aryt	门区
xtmw	围场
xA n pr-nsw	禁城迎宾殿
pr-nbw	金库
xa n TAty	维西尔寮
Pr n TAty	维西尔官邸
pr-aA	法老皇宫

据此，我们可以大体恢复皇城建构：

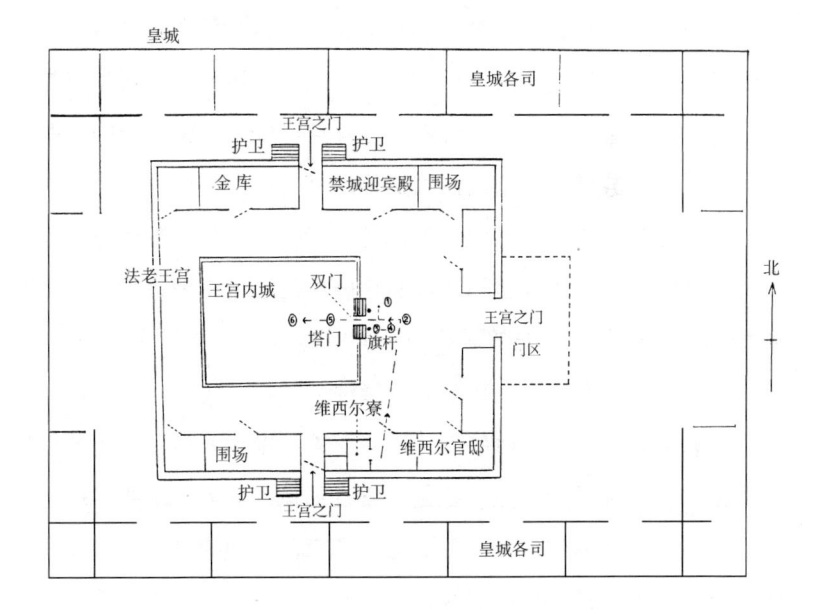

从这个皇城结构来看，虽说古埃及政制是法老一人统治的君主政体，但其建制却也是分工明确、各司其职的。皇城呈方形建筑，以城内法老王宫为中心形成城中城结构，法老王宫内亦有方形王宫内城。我们不知道皇城外是否为郊区农村，但我们可以这样推测，因为城里的一切食品供应不会太远。城中的王宫有三个门户，南北各一个，面东还有一个，应该是正门。这与古埃及人的思想意识相一致，东方是世界的开始，因此古埃及人心目中的"东方地平线"是非常神圣的。法老皇城内的王宫内城是法老居住的地方，只有一个门朝向东方。皇城内最外层是各司所在，分管内外各项事务。法老王宫戒备森严，由皇城各司进入法老王宫会有特定的时间，在获得允许后方可入内。南北两门都有护卫把守。法老王宫内设有两个最为重要的部门，一为金库，是国家最为重要的财政部门，二为维西尔寮，既是大内总管办公之处，又是总理大臣处理国家事务之机构。维西尔寮旁边便是维西尔家眷居住之处，即维西尔官邸。法老王宫有点像中国明清时期的紫禁城，除了金库和维西尔寮这两大机构之外，还有禁城迎宾殿和围场。围场做什么用尚不清楚，可能是等待接见者候传的地方。整个管理建构中有一点非常引人注目，即虽然法老将内政管理权力委托给了维西尔，但他却需要与金库总监互相通报，密切合作。这是一种互相监制，能够确保维西尔对法老的忠诚。

内政管理方面，维西尔需每天接受关于围场开启和关闭的报告，据此看来围场的用途应该是日常性质的。此外，维西尔还要接受法老王宫出入情况的报告。北门和南门守卫森严，应该是进出王宫的主要通道。东门宽阔且有一个入门区域，应该为重大事件举行仪式的地方，平时应该不会打开。金库是国家经济命脉所系，它的打开和关闭都由维西尔和金库总监两人共同负责。两人每天的管理工作都需要互相通报，从铭文中可以看出，每日的通报虽有点走形式，但这个程序必须完成。

安全、内部秩序和司法方面，维西尔每天接受南北护卫的情况汇报。铭文中"护卫"一词用的是 mnnw，这个词的直接意思是"碉堡或岗楼"。南北两个大门两侧各有一个护卫岗楼，总共有四个之多。文献中并未提及其中有多少护卫把守，应该数量不少。维西尔要听护卫的汇报，说明保障法老王宫的安全工作是维西尔的职责。维西尔还要每日听申图（Sntw）总监的汇报。申图身份有点像现代的警察，是负责惩罚犯罪的执行者。维西尔不仅要听申图总监的汇报，还要听申图的直接汇报。就是说，维西尔要清楚申图这支警察队伍的管理情况，申图们执行公差时遇到的问题也需要他亲自掌握。申图总监的职位由维西尔任命，任命地点就在禁城迎宾殿中。这里距护卫"岗楼"最近，应该与护卫工作相关。宫廷内的侍从们，无论是行政管理方面亦或是安全守卫方面的人员，如果举止不当或犯了错误，维西尔就会派人将其抓捕入狱，接受审查。维西尔作为法老的管家，整个法老王宫的事情，事无巨细，都需要他过问负责。他可以询问任何一位法老王宫内的成员。

人事方面，维西尔主要负责警察护卫与王宫门区工作人员的任命。就是说，王宫的安全工作全由维西尔来负责，包括任命官员，听取汇报，发出指示。他的工作地点主要集中在维西尔寮、迎宾殿和护卫岗楼。王宫内还有一处的工作在铭文中没有被提到，即金库。虽然金库的开启和关闭是由金库总管与维西尔互通情况的，但金库人员的任命似乎不属于维西尔的职责范畴。由此我们可以推测，金库人员的任命安排应该是金库总管的职权范畴。自从中王国时期开始实行共治以来，共同管理的观念便在埃及政制中得以贯彻，由维西尔和金库总管两人共同完成内政事务的管理，既各司其职又互相配合。

尽管如此，古埃及内政管理的首脑应该还是维西尔。金库总管只是配合维西尔的工作，起到监督与配合的作用。内政方面的司法权、行政权以及人事权都集中在维西尔手里。中央权力监管任务主要由维西尔负责。这里分为几个层次：维西尔直接管辖官吏、各司官吏、地方官吏。维西尔直接管辖官吏犯有过失，由维西尔派下使臣将其逮捕带回维西尔处审理处置，各司官员犯有过失，其直接顶头上司不得审理定罪和处罚，需送交维西尔审理。如果中央官吏与地方官吏发生冲突，审理的权力亦在维西尔手中，中央派遣官员不能自己处理此事。

维西尔在法律方面充任的角色有点像最高法院的大法官，所涉审理判定可分为两个内容，一为官吏犯罪和渎职，另一类则是刑事犯罪。所有官吏犯罪，无论官吏是中央官员还是地方官员，最后审理都由维西尔亲自执行。基本审理程序是这样的，先有人上诉，然后派人将涉事人带来，转送到王城，进行调查之后判断有无犯罪或过失，如果有罪则进行惩罚。调查在维西尔寮进行，而惩罚则在门区。有点像中国清朝的午门，重大仪式都会在这里进行，其中自然包括有点像"午门廷杖"的地方。有人起诉是法律事务的开始，但审理过程并不简单。首先给被起诉者一次解释说明的机会，被诉者可以说明情况，为自己辩护。这个申辩的机会很重要，如果申辩成功，被诉者就不会被记录在案。否则即使过错不大，也会被记录在案，如有再犯将累计量刑。犯罪记录存于大监房，古埃及语为 xnrt wr。如果是官吏被诉，再犯则被带到维西尔处审理。

案件用现代法律术语说有民事案件和刑事案件之分。民事案件由维西尔审理，刑事案件则要成立特别法庭，由维西尔担任最高法官重新调查听证。涉及官吏的案件要先将其停职，然后由维西尔重新审理判定。审理时由书吏参与听证，维西尔主持。如果查实的确有罪，则该官吏不仅被解职，还被没收不动产。

分析到这里，似乎给人这样一个印象，古埃及内政管理的一切事务都在维西尔的严格控制之下。尽管用现代中国人的内政管理概念看古埃及是个很小的国度，但仔细考察就会发现，其实维西尔的内政管理也并非事无巨细、事必躬亲。维西尔是通过两个机制来管理古埃及内政的。第一个是大监房，第二个是听证会。大监房是具体的机构，而听证会则是一个制度。因此，很多事务实际上是由具体部门在执行，维西尔的监管是事后汇报式。事后汇报是让维西尔控制的内政管理不至于失控，但许多事情的执行并非一定要听维西尔的指令。当然，如有重大失误发生，或有官吏贪赃枉法，那维西尔就需要出面解决了。因为这是关系到埃及政治秩序能否顺畅地进行下去的保证。维护玛阿特，即古埃及人心中的秩序和正义，是维西尔的职责所在，或者说是最为重要的职责。因此，人们称维西尔对王宫内部各部门的管理为"远程控制"，因为中间隔着一个大监房。与中央的"远程控制"相对照的是维西尔对地方行政的管理，采用的是直接管理的方式，而不再有中间机构。

地方行政尽管不像中央各部门那样，需要维西尔通过中间环节来掌控，但直接管控所谓的直接也是无法做到事必躬亲的。地方行政管理的主体是城市权力机构、土地主管和地方议事会，主要负责地方的农业生产、安全秩序、司法公正等事务。他们直接受维西尔领导，直接向维西尔负责。他们要定期来到王宫门区直接回答维西尔询问的问题，主要是地方的秩序和安全问题。城市行政机构中负责土地的官吏也需要直接向维西尔汇报工作，此外还有地方议事会亦需将自己负责的工作情况向维西尔汇报。维西尔对于城市管理机构的指令直接下达给他们，而需要下达给地方议事会的指令却需要派人将地方议事会召到法老王宫，面对面进行教诲，与地方议事会成员的谈话往往是单独进行的。城市行政机构作为维西尔的代表，执行农业生产、土地安全、司法行政事务的管理之外，还负责地方边境的安全工作。司法工作方面，维西尔实际上发挥的是将王宫和城市行政机构联通起来的作用。法老王宫通过维西尔领导城市行政机构的司法工作，而城市行政机构也是通过维西尔来实现王宫对国家正义的管理和掌控。城市行政机构需要定期向维西尔汇报。因此，很多工作其实尚未做就已经向维西尔汇报了。但地方行政机构对两件事情有很大的自主权力，一为农业生产，二为水利工程的修建。

维西尔对埃及内政的管理很重要的一个机制是通过任命官员来完成的，用现代的话来说就是古埃及的维西尔掌握人事权力。维西尔任命的官吏统称 nty m srwt，直译是"内政管理机构中的一员",属于内政管理中领导成员的集合概念,所含官吏皆为地方重要官吏,包括城市行政官吏、土地总管和地方议事会。法老王宫中的官吏有一部分也由维西尔任命,比如门区官吏和治安官总管。然而,王宫中各中央部门的大臣却在这个铭文中没有被提及。可能这部分官吏的任命不是维西尔的职责。

以上分析是维西尔在内政管理方面的两大职责,此外,维西尔还有一个职责特别重要,即法老的代理人。他既是法老的助理,又是法老的秘书,还是法老的首席执政官。作为法老的助理和秘书,他需要全面了解上下埃及的一切情况。两土地上的所有情况都是通过维西尔才使法老得以了解的,所有上诉案件也都是通过维西尔才得以处理的。这一方面能反映维西尔责任的重大,他是替法老在处理政务;另一方面,这又反映出法老对于维西尔个人的信任。作为首席执政官,维西尔是埃及的法律和法令的执行者。古埃及法老是国家的象征,一切都出自法老。法律也不例外,是出自法老的。但法老自己并不直接过问法律事务,而是由维西尔全权代理。法令的颁布也由维西尔完成。还有一个工作是维西尔的职责,即土地分配。铭文中提到了一种土地被称作Sdw,据西方学者考证,应该是一种分配给官吏的土地。[1]这些土地的分配由维西尔掌管,如果使用这些土地的官吏出了问题,土地需要被收回,收回的决定也由维西尔做出。另外还有战利品的分配,也属于维西尔的职责范畴。

---

[1] Boorn, G.P.F.van den, *The Duties of the Vizier: Civil Administration in the Early New Kingdom*, p. 187.

维西尔寮相当于现代的维西尔办公室。原为 xA n TAty，第一个词意为"办公室"，n 是个介词，相当于英语中的 of 和汉语中的"的"，第三个词是"维西尔"。"寮"指小屋，我国周朝国家机构设公卿寮和太史寮。古埃及维西尔办公机构虽没有像我国先秦那样设立两个并列的机构，但比照类推将维西尔办公机构称作维西尔寮应该不可算不妥。维西尔寮内设有带华盖的柱子支撑起来的小亭，是维西尔的办公之堂。后面设若干小屋，是维西尔寮成员办公的地方。比如维西尔寮内的书吏们就在书吏室内待命。维西尔寮属于维西尔官邸中的办公之处，而维西尔官邸属于法老王宫。维西尔寮中成员只负责维西尔寮内事务，一切对外事务都不在他们的工作范畴之内。寮内官吏设有 wrw-mD-Smaw，直译是"上埃及十大官吏"，应该是维西尔寮中由十位官吏组成的一个议事会。我们无从知晓这十位官吏都做些什么，推测应该有点像我们现在的智囊团。维西尔寮中的另一个职位是 imy-r aXnwty，imy-r 意为"监管者"，aXnwty 的意思是"觐见厅"，这个职位应该是"觐见厅主管"。安排觐见维西尔的地方官吏应该是觐见厅主管的事情。另一个维西尔寮中的职位是 iry-xt-aq，这个头衔中王国时期就已经出现了，但确定其具体职责却非常困难。因此只能通过字面意思来分析其职能。它可以直译为"负责（属于……）入宫之物者"，从属于维西尔。维西尔寮中其他职务官吏便是书吏了。这些官吏都是只负责维西尔寮内部事务的人员，但有两个职位虽然也任职维西尔寮，却在维西尔手下负责维西尔寮之外的事情。一个是 imy-r Sntw，可以直译为"总捕头"，即捕快之总管；另一个是维西尔传令吏。前者负责法老王城内部的安全，后者负责逮捕犯罪官吏、管理王城的进出交通、传达维西尔的政令和法老王城的开启以及内政管理的命令等。从维西尔寮的建构可以看出，维西尔在中央机构中的职责有点大内总管的意思。王城内的绝大多数事务都是维西尔寮负责的，日常事务应该非常繁杂，因此可以说，从某种意义上说维西尔是古埃及国家真正意义上的管理者。

任何一个官府衙门都需要有官府衙门的内部行为规则，法老王宫内部的一切人员都有规范他们举止行为的规矩，这个规矩便出自维西尔寮。比如在不同的场合，参加者各自应该站立在什么位置，应该在什么时候做什么事情，都需要按照规矩行事。维西尔寮还是个询问地方官吏的地方，无论是犯错的还是正常的询问，都在维西尔寮中进行。此外，每当法老出行，维西尔都需要将负责法老安全的人员，往往为军人，召集到维西尔寮内进行安排，告诉他们可能会遇到的问题以及遇到问题如何处置。不仅仅是安全护卫，法老出行还涉及大量后勤工作，这一切也需要维西尔提前安排好，负责官吏也需要被召进维西尔寮进行训示。政令需要先到维西尔寮，然后才能颁布下去。地方土地登记的文件也需要首先报到维西尔寮，然后才放入存放的地方。就是说，凡是需要存档的重要文件都需要首先报告给维西尔，呈送到维西尔寮。维西尔寮还是个开会的地方，维西尔召集维西尔寮中的大员商议事情也在维西尔寮。上述需要直接送往维西尔寮的文件并不存放在维西尔寮中，那么这些文件都存放在哪里呢？分门别类存放在中央各司当中。各司不属于维西尔寮，但却也归维西尔领导。记录官吏行为举止、功绩过错的档案存放在大监房，因此，我们说大监房并不是我们理解意义上的大监狱，而是一个集关押、审理、档案存放为一体的行政部门。这是中央机构文件存放的地方，地方文件不存放在这里，而是存放在各地方的档案存放处。

大监房其实是个维西尔的辅助机构，不属于维西尔寮，但却配合维西尔工作。大监房设在底比斯法老王宫之内，就在维西尔寮的旁边。大监房内设听报厅和书吏厅，分别负责监察中央各司工作和管理存放档案。听报厅原文作 simw，意思是"听"，显然是个监察机构。大监房有点像维西尔的档案馆，需要查找过去的记录就到这里来查，无论是个人的资料还是事件的情况，都可以在这里查到记录。无论是大监房还是地方档案存放处，亦或是中央机构各司存放的文件，都需要维西尔首先过目。过目的目的有两个，一是查看文件以便了解宫内外的情况，二是如遇到不当之处进行更正。

从维西尔寮的工作可以想象，维西尔真算得上是日理万机。很像中国古代的宰相一职，一人之下，万人之上，为皇上鞠躬尽瘁，死而后已。古埃及内政机构的建制尽管比较古老，但从设置情况看，跟现代国家机构的设置也并无本质的不同。就像科学在不断进步一样，政制的发展也在不断完善，但无论怎么变化，其最基本的建构在古时候就已经奠定了。

从瑞赫米拉陵墓中的自传铭文可以大体推知，古埃及特别是新王国第十八王朝初期的内政管理结构。古埃及的内政管理有两个层面，即中央行政机构的行政管理和地方行政机构的行政管理。从总的原则来说，埃及是中央集权的君主国家。因此，从其管理的大体特征上可以看出，古埃及对两个层面的管理是有区别的。虽然维西尔作为行政管理的最高首脑，既掌管中央机构的政权，又掌管地方行政的政权，但对于中央政权的管控是通过大监房这个中间机构完成的，即研究古埃及政治学的学者们所说的"远程控制"。而对于地方行政的管控却采用的是直接管理的机制，即维西尔与地方行政机构之间没有一个中间机构。这与古埃及中央集权这个基本政制特征有关。对于像埃及这样一个由分裂走向统一和强盛，又历经几次大分裂的文明来说，维护统一是非常重要的。因此，避免地方独立便成了其行政建构中的一项重要课题。埃及采用的便是维西尔直接管控地方行政事务的机制，事实证明这一政策是有效的。

从管理的中央层面说，法老的代理人维西尔直接负责大监房和对官吏的监察。中央政权机构内部官吏如有违法违规现象，其判定和处罚都由维西尔审理，然后交由大监房执行。大监房作为维西尔的助理机构监管各司（xAw）。xA 一词的意思是"有柱子的厅"，一般做办公之处用。其词汇的限定符号或为房屋或为有柱子的房间，因此学者们认为该词所指是行政机构的一个办公之处。维西尔不直接管理中央机构而是通过大监房来管理。这并不是因为维西尔不重视中央机构的管控，而是要从整体上把握中央政府机构的运行，不至于因为琐碎的事情使机构的整体运行出现偏差。

地方层面的管理对象是 spAt。spAt 一般翻译成"诺姆"，是埃及中央政府之下的地方机构。埃及全国有四十多个诺姆，每个诺姆都有一个地方机构直接对维西尔负责。诺姆的主管者——

般说是 HAty-a，我们在这里译作"城侯"，因为英文中的翻译"mayor"有点过于现代，且诺姆的管理也非他一人独裁，而是和另外两位同级官吏相互配合共同完成的。另外两人中一位是 imy-r w，译为"土地总管"。imy-r w 如果直译，也可以翻译成"地区总管"。同层面还有一个角色跟城侯与土地总管共同管理诺姆，即 nty m srwt，直译可译为"一组贵族成员"，根据其功能记述，我们将之译为"议事会"。这三个共同管理诺姆的官吏或官吏组织各有分工，都直接向维西尔负责。三者在分工上的区分应该是城侯主要负责与中央政府的沟通，并对城市日常工作进行管理；土地主管主要负责诺姆的土地事务；议事会则主要负责水利及其他技术性的修建工程等工作。尽管三者各有分工，似乎是一个机构内部的三个分管部门，但从瑞赫米拉自传铭文看诺姆并不存在一个实实在在的机构。尽管城侯手下也有城市官吏，但也不能构成一个系统的机构。这正是为了维护中央集权而确立的一个地方管理的机制和手段。

古埃及人对世界认识的一个基本观念是玛阿特，即世界的秩序。维护世界秩序是维西尔最为重要的职责。维西尔作为法老的代理人，一头担着现世荷鲁斯神——法老，另一头则担着整个埃及两个层面政府机构的管理和控制。他要维系整个埃及政制的平衡，让埃及社会循着玛阿特指引的方向平衡存在，所依赖的就是这样一个机构建制。在这个建制中，维西尔所用的手段不是领导，而是控制和规范，让每个层面的官吏都按照职责行事并向职责负责，而不是事事听从顶头上司的意愿，向顶头上司负责。因此，从管理层面来说，古埃及的行政制度是遵循法制原则进行的。尽管立法是法老的权力,法老的意志就是法律,但社会的运行却是在法制的体系内行进的。凡事不作为是要受到维西尔的监察、问询和处罚的,处罚视情节的轻重而有轻有重。因此我们可以说,古埃及在一定程度上是法制社会。有法而不依,事事听从领导的指示,社会的公正永远无法获得。没有公正的社会是无法长治久安的,一定会积累起越来越多的问题。积重难返就会出现大的社会动荡或变革,革命不可避免。从瑞赫米拉陵墓铭文一例便可以窥探到,为什么古埃及君主政体三千多年未变,却没有发生除了天灾和外族入侵造成的重大社会分裂,其法制精神不能说不是一个特别重要的原因。

维西尔的工作如何才能做到公正也可以从瑞赫米拉陵墓中的自传铭文中看出端倪。维西尔对中央地方两个层面的管控采用的方法是询问与监察。他主要通过询问重要官吏,同时阅读有关文件。询问官吏和阅读相关文件构成一种双检的机制,互相印证以发现问题。这就在很大程度上避免了主观性和一面之词。维西尔一人主管监察有一个好处,就是避免因私情而弄虚作假、欺上瞒下。因为维西尔不可能与所有的官吏都有利害往来,即使想贿赂他也会非常困难。这就减少了很多中间环节,减少了出现不公现象的几率。当然,这样做的缺点是维西尔工作过多,这可能是埃及设立两个维西尔的原因。当然,古埃及也是一个礼仪之邦,是一个很讲规矩的社会。因此,维西尔的信使代表维西尔来到地方处理事务,地方要像对待维西尔本人一样对待信使。

对待上诉案件,维西尔不可能每一件都亲自受理,但他都会最后审定案件。上诉者在文献中称 sprty,该词的词根是 spr,意为"到达"。显然，上诉者是需要亲自来的。上诉有上诉到维西尔寮的，也有直接上诉到维西尔本人的。上诉到维西尔寮的，维西尔会委派一位使节处理，之后由使节将情况汇报给维西尔，最后由维西尔裁决。上诉到维西尔本人的，则由维西尔直接处理。无论是什么情况，审理结果都会有不服的情况。遇到这种情况，申诉者可以申请复审。当然，从文献中没有看到终审为几审。还有一种情况极为特殊，即涉及法老财产的上诉。此类上诉需要呈文字上诉材料，由维西尔亲自审理。

8. 连接过去与未来:《维西尔帕塞尔自传铭文》研究

（1）帕塞尔与他的家庭

帕塞尔的家庭

帕塞尔的父亲是高级祭司内卜内彻汝，在 TT106 号铭文中被多次提及。他的高级祭司头衔告诉我们，他在神庙中的工作，其工作与其子帕塞尔的管理工作不同。

内卜内彻汝的头衔

wr m wAst	底比斯主先知
Hm-nTr-tpy n imn	阿蒙神高级祭司
sAb	高官
Hm-nTr mATt	玛阿特神先知
r-nxn	内痕之喉舌
stm n pth	普塔赫神祭司
imy-r Hmw-nTr SmTy mHw	上下埃及祭司总监
wsir	奥西里斯

帕塞尔母亲的名字是美瑞特瑞。从她的头衔"阿蒙神宫殿之伟大人物"中可以看出，她也在神庙中任职。

美瑞特瑞的头衔

wrt-xnrt　　　　　　　宫中之伟大人物

imAxy nfrt n wAst　　　底比斯美丽荣耀

wrt xnrt n imn　　　　阿蒙神宫殿中之伟大人物

Nbt pr　　　　　　　　房屋之女神

wsir　　　　　　　　　奥西里斯

家庭图画中的铭文提到"父亲之父亲，奥西里斯，塔提亚，真话如此"和"他的妻子……塔提亚"。很明显，"父亲之父亲"指的是帕塞尔的祖父，"他的妻子"指的则是帕塞尔的祖母。阿尼的头衔：Hm-nTr（先知），Xr-Hb n imn（阿蒙神诵经祭司）；纳雅头衔：SmAwt n imnf（阿蒙神之歌者）。

家系属性图

帕塞尔家庭系谱[①]：

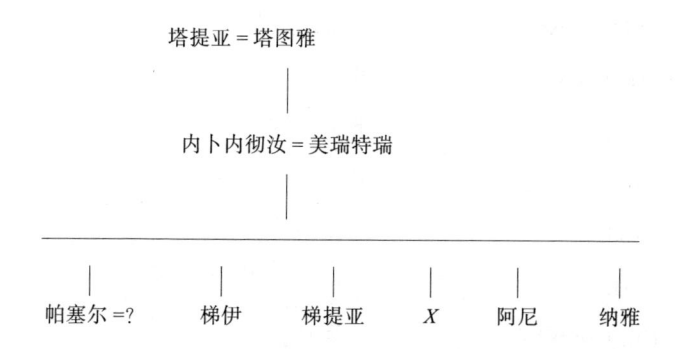

```
              塔提亚 = 塔图雅
                    │
          内卜内彻汝 = 美瑞特瑞
                    │
    ┌────────┬──────┬──────┬──────┬──────┐
    │        │      │      │      │      │
 帕塞尔=？  梯伊   梯提亚   X    阿尼   纳雅
```

---

① 参见 KRI, Comments, Vol. I, p. 196。

帕塞尔的祖父塔提亚和祖母塔图雅在帕塞尔陵墓中仅被提到一次，他们的职务并未被提及。帕塞尔的父亲内卜内彻汝为"高官，法官，阿蒙神先知，普塔赫神之塞特姆祭司，上下埃及祭司总管"。他的母亲美瑞特瑞拥有一个高级"阿蒙神女性宫廷崇拜者"[①]头衔："底比斯阿蒙神宫殿中之伟大人物，底比斯美丽的荣耀"。

帕塞尔的妹妹梯伊拥有与其母美瑞特瑞同样的头衔："阿蒙神宫殿之伟大人物"。她可能继承了其母亲的职位，或与其母亲同在一处工作。

他兄弟梯提亚是一个"陛下马厩总管"，而其另一个兄弟阿尼是"阿蒙神先知"和"诵经祭司"。帕塞尔的妹妹纳雅是"阿蒙神歌者"。

（2）帕塞尔的生涯

头衔列表

TAty	维西尔
TAty n niwt	该城维西尔
tAty n niwt	城主
R-pat	世袭贵族
HAty-a	显贵
sAb tA	高官与法官
r-nHn	内痕之喉舌
Hm-nTr mAat	玛阿特先知

---

① 参见 *KRI*, Comments, Vol. I, p. 197。

三、古埃及传记文献研究例证

Hm-nTr tpy n wrt HkA	威瑞特－赫考高级祭司
sSm Hb n imn	阿蒙神节日指挥
rA shrr m tAr-Dr.f	喉舌，让整个土地满意之人
Ax n nsw	对上埃及之王有益之人
Mnx n bi.ti	对下埃及国王有用之人
sp. ty nTr nfr	善神之唇舌
TAy-x wxr wnmy nsw	国王右侧执扇者
aA m pr nsw	宫廷中之伟大人物
HAwty n sr m aH	宫中首席大臣
imn-Xnt n nb tAwy	两土地之主宫廷总管
Smr-tpy n Dr	宫廷第一朋友
sS n nsw	皇室书吏
Dd.tw n.f nty m ib	心中之事向其倾诉者
Nn wn imnt r.f	对其没有秘密者
mH anx wy Hr m mAat	荷鲁斯神与玛阿特神充满双耳之人
Hr.tw Hr pr n r.f	对其口舌表达满意之人
Imy-r kAwt m mnw wr	伟大工程工作总监
imy-r imyw-r	国王所有大工匠总监之总监
sAb wADt	瓦杰特[①]之判官
wsir	奥西里斯

帕塞尔头衔

帕塞尔的主要头衔有："该城总管"和"维西尔"。头衔"该

[①] 古埃及三角洲布托城的地方神，后成为两女神之一，成为下埃及的象征。

城总管"说明他是底比斯城之主，底比斯即今日的卢克索。[①] 根据《维西尔的教育》(Dienstanweisung für den Wesir)，城主要向维西尔汇报，但帕塞尔同时拥有这两个职位，这就让他对底比斯的管理拥有了更大、更有效的权力。城主的任务与维西尔的任务非常相似，可以被看作行政主管。城主负责接收各种进贡、供给与税收，还要负责法律。农业方面，土地的丈量与尼罗河渡口，以及神庙和谷仓的管理亦是他的职责。

维西尔职位让帕塞尔成为最重要、最有权势的人物，因为他控制埃及管理的所有方面。[②] 帕塞尔在他的陵墓图画中还以卡尔纳克神庙工匠总监的身份出现，图画中雕像正在被工匠们雕凿出来，是国王的雕像。此外，他还管理财政事务，监管金子的称量与金属器皿的制作。

有时帕塞尔还被称作"该城维西尔"。这一称呼强调的是他作为维西尔还兼管底比斯事务的位置，应该说不仅仅指管理底比斯，而是以底比斯指代整个上埃及。

头衔"世袭贵族"和"权贵"很难翻译。在埃及历史的早期，这两个头衔是实衔，当时国王的嗣子叫"ir-pat"[③]，而在帕塞尔时代，该头衔仅仅表示一种荣誉而不是权力。头衔"HAty-a"[④] 已于古王国时期成为王子、朝臣的头衔，后来在中王国时成为地方统治者的头衔。像头衔"世袭贵族"一样，"权贵"也只是荣誉称

---

① Helck, W., "Bürgermeister", LÄ, 1975, Bd. Ⅰ, pp. 875–880，底比斯西部还有一位总管。
② 参见 Boorn, G.P.F. van den, *The Duties of the Vizier: Civil Administration in the Early New Kingdom*, p. 327, fig. 12。
③ Osing, J., "Iripat", LÄ, 1980, Bd. Ⅲ, pp. 177–181.
④ Helck, W., "Hatia", LÄ, 1977, Bd. Ⅱ, p. 1042.

号，特别是底比斯城主的荣誉称号。

"内痕喉舌"只是一个宗教头衔，没有太多的职责，但"玛阿特神之先知"却是一个实职，因为玛阿特女神作为真理、正义和世界秩序女神是维西尔职位的保护神。帕塞尔后来又成了威瑞特－赫考女神高级祭司，但没有说他是威瑞特－赫考女神之先知，因为威瑞特－赫考女神的地位无法跟玛阿特女神相比较。

帕塞尔后来又拥有了"阿蒙神节日之指挥"，一个经常给予城主或维西尔的尊称。但这里依然需要完成一个实际任务，在阿蒙神节日里，帕塞尔完成该节日仪式。在库尔纳塞提一世丧葬神庙里的一面墙上，帕塞尔被描绘成陪伴并观看阿蒙神圣船游行的形象。这个画面展示的应该就是其"节日指挥"的场景。

所有法律事务，无论是讼还是判，都是维西尔及其部门的职责，所以，担任"高官与法官"也是帕塞尔职责中的一项。他是最高法官，其工作地有点像高级法律调查法庭。

帕塞尔拥有许多尊称头衔，所有尊称头衔都告诉人们，他对国王的可靠和忠诚。比如"喉舌，让整个土地满意者""对上埃及之王有益之人，对下埃及国王有用之人"。

从他的头衔"善神之嘴唇"可以看出，帕塞尔深得国王信任，因为他传达国王的命令，他的命令就像国王发出的命令一样。

"国王右侧执扇者"也是一个深得法老信任的职位，因为这个位置可以接近法老。底比斯西岸库尔纳塞提一世丧葬神庙墙壁上有帕塞尔的形象出现。他站在行进的队伍里，伴随着圣船，圣船由几位也可以认定是谁的官员抬着。帕塞尔参加了游行，站在丧葬神庙塔门处。他手执一把扇子，让我们一下子想到他的头衔：

"国王右侧之执扇者"。①

他在宫廷中备受信任还可以从一些头衔的表达形式中看出："宫廷中之伟大人物""宫廷中官员之首""宫廷之第一朋友"以及"两土地之主之主管"。

他的头衔还展示了他自己的管理能力："心中秘密对其倾诉者""对其没有秘密之人""其耳朵充满荷鲁斯神与玛阿特神之人"以及"对自己的口舌满意之人"。所有这些头衔都表明帕塞尔的超凡能力以及受到的特殊尊重。

"奥西里斯"是给予每一位死者的头衔。该头衔试图告诉人们此人已经变作冥界之神奥西里斯。帕塞尔用此头衔让自己变成神祇，并希望自己能够像奥西里斯神一样死后重生，获得生命永恒。

头衔中有一部分还可看作恢复家系的材料，因为这些头衔中不仅有其父母的名字和头衔，还有其他家庭成员的名字与头衔。尽管其目的是向人们展示他是一个非常尊贵而有强大实力的家族的一员，但这却为我们提供了他的家系系谱。尽管只有两代，但仍非常重要。

帕塞尔曾在塞提一世和拉美西斯二世执政时期做底比斯的城主，他的儿子后来继承了他的职位。②

宽厅中的自传铭文是帕塞尔职业的一个记录。他首先作为塞提一世的个人侍从进入宫廷，然后在宫廷中被提升到宫廷总管的

---

① Kemp, B. J., *Ancient Egypt: Anatomy of a Civilization*, London, New York: Routledge, 1991, p. 188; 也见该书图 66。
② Bierbrier, M. L., "Paser", *LÄ*, 1982, Bd. Ⅳ, p. 912.

位置。"在此位置上，他甚至可能见证了未来的拉美西斯二世加冕为摄政王的仪式。"① 在同一场合，国王任命他为"威瑞特-赫考女神高级祭司"，尽管这个头衔侍奉的是一个不那么重要的女神，但他从此进入高级祭司行列。在拉美西斯时代，神庙中许多职位被授予高级官吏。② 这些职位不是实际的专业头衔，但像"玛阿特先知"官阶一样与其拥有的管理权力相关联。

他职业生涯的下一个阶段是他被法老任命为"该城总管"和"维西尔"，还拥有了全部尊称，这也是他的公职部分，比如"判定什么是正确的人"这样的称号。此外他还有像"国王所有大工匠之主管""伟大建筑工程主管"等属于他工作职责的头衔，这些头衔出现在他陵墓宽厅的南半部。

帕塞尔还是"皇室书吏"，但只有在他自传铭文中有这样的称呼，可能因为这是受过良好教育的官吏都拥有的一个头衔，因此，此前他没必要提及。

（3）卡尔纳克神庙工程

帕塞尔陵墓铭文中一部分内容是讲他在卡尔纳克神庙监管工匠工作的。这部分内容主要见于其陵墓宽厅中的南墙之上。在壁画中，帕塞尔出现在卡尔纳克神庙工匠工作之处，视察他们的工作情况。

上行壁画中展示的是大臣将一尊塞提一世法老的雕像展示给帕塞尔看，下行则展示的是三排工匠。"这里，我们看到一幅有

---

① Kitchen, K. A., "Some Ramesside Friends of Mine", *Journal of the Society for the Study of Egyptian Antiquities*, 1995, 9, pp. 13–16.

② Kemp, B. J., *Ancient Egypt: Anatomy of a Civilization*, p. 230.

趣的底比斯维西尔职责的缩影，此处他召集了阿蒙神大神庙中的工匠，看一看皇室命令用上好石料与宝贵金属塑造雕像和崇拜所用容器工作的进展情况。"[1]

在上行图画所配的铭文当中，帕塞尔对雕塑师们表达了良好的祝愿，对他们完成的工作给予了高度赞扬。他告诉雕塑师"让雕像像宫廷里说的那样按照古时候的榜样完成"[2]，这表明宫廷对埃及过去传统极为看重。

下行中有两组人是雕塑师。一位雕塑师的名字读作内弗尔霍尔，他正在赞美国王和维西尔帕塞尔。下行中间一行左侧是胡伊，一位玛阿特祭司。

在主铭文中，帕塞尔在接受为卡尔纳克神庙中阿蒙神庙敬献的供品容器，全都用上好的金银材料制成。一个人用天平称量贵重物品的画面也在这个图画中出现。帕塞尔作为维西尔也负责金室的工作。图画中展示了他监管制造金银容器或将这些器皿从一地送往另一地的场面。

下行图画的上边一行是两个工匠正在制作两尊斯芬克斯，工匠的名字一个叫胡伊，另一个叫阿蒙瓦赫苏。还有一个叫坤尼的祭司和几个金匠也在图画中出现。

这些画面与描述日常生活的画面相连接，这是古埃及第十八王朝墓壁装饰的惯例。帕塞尔陵墓中的这些图画非常像瑞赫米拉

---

[1] *KRI*, Comments, p. 194.
[2] *KRI*, p. 293.

陵墓中描述工人工作情形的图画,[①]不同之处在于帕塞尔陵墓中的图画和文字并不刻意描绘日常生活场景或活动,也不描绘向死者提供的物品,而是展示他在世时的工作和职业。他不是工匠们唯一的主管,但他却监管雕像的制作。此幅图画显示国王的雕像是人的形状或斯芬克斯的形象。这些图画中出现的帕塞尔与他在金室中的职位都显示他是当时受人高度尊重,拥有荣耀和信任的大臣。

(4)荣誉之金[②]

宽厅南侧墙壁上的图画讲述帕塞尔在塞提一世面前接受奖赏。[③]在这幅图画中,国王坐在华盖之中,玛阿特女神和匹与内痕之灵魂[④]同时出现。帕塞尔从侍从手里接过金项圈,[⑤]这些侍从的名字也在图画中标注出来。此时的帕塞尔已经是一位享有很高荣誉的官吏,但与他被任命为维西尔无关。在这幅图画中,帕塞尔不是以被任命为维西尔职位之上的形象出现,而是以在维西尔的位置上工作出色而被奖赏的形象出现。在主铭文中,主要记述的是他自己的美德和因此而得到的国王的奖赏,同时表达了他的工作能力和对塞提一世的忠诚。

尽管这幅图画主要描述的是此生的荣誉,如帕塞尔接受的荣

---

① Davies, N.d. G., *Paintings from the Tomb of Rekh-mi-Re at Thebes*, Pmma 10, New York: Plantin Press, 1935, p. xii.
② 有条件的古埃及人都会佩戴项链,"荣誉之金"就是法老赏赐给大臣的项链中的一种,由金子做成。
③ Feucht, E., "Ehrengold", *LÄ*, Bd. II, pp. 731–733.
④ "匹与内痕之灵魂"指古埃及国王祖先。该表达方式首次出现在金字塔文中。匹为鹰头神,内痕为豺狗头神,分别代表上下埃及。
⑤ 参见 Davies, N. d. G., *The Tomb of the Vizier Ramose*, London: The Egypt Exploration Society, 1941, p. xxxiv: Ramose receiving the gold of honour。

誉之金，但是此幅图画还描述了帕塞尔是如何进入来世并通过最后审判的。作为一个对其主忠诚的仆人，他希望能通过神的裁决，从而作为一个合法的亡灵生活在来世。

这也是为什么这幅图画里面出现玛阿特神的原因。玛阿特女神与其他神祇一道验证帕塞尔此生的生活，然后决定他的来世。帕塞尔所得到的荣誉之金一方面说明他此生为国王工作得勤勉努力并卓有成效，另一方面还象征着他进入冥界得到永生的希望。

（5）维西尔的职责

帕塞尔作为维西尔履行职责的铭文出现在宽厅南半部的后墙上。这一部分铭文对于分析古埃及新王国时期特别是第十九王朝的政制非常难得。遗憾的是，这一部分铭文仅存残段，铭文的大部完全丧失。但是，左边留存下来的字句却给我一个启示，该铭文是关于"维西尔的职责"①铭文的传统文字。为了让这篇文字可读，基钦将其与瑞赫米拉陵墓铭文的相关部分进行了比对。② 帕塞尔陵墓铭文中残存的这一部分由一系列"是他……"句子构成，强调的是帕塞尔的个人能力。根据与瑞赫米拉铭文的句句比对，我们知道他曾命令伐树，告诉地方官员在整个埃及土地上修建堤坝。地方官吏必须向维西尔报告法律事务，"是他反对任何地区的掠夺行为"，维西尔用司法手段维系法老的统治。此项职责非常像中国古代的听讼和断狱。

这些文献将第十九王朝维西尔与几十年前的维西尔相联系。

---

① Helck, W., "Dienstanweisung für den Wesir", *LÄ*, Bd. I, p. 1084.
② 参见 *KRI*。

维西尔帕塞尔的职责及他对法老的忠诚与第十八王朝的维西尔是一样的。因此，通过对他的维西尔职责的分析将会有助于了解他之前维西尔的情况。

（6）帕塞尔与诸神

拉神与奥西里斯神

TT106陵墓入口通道上的横梁描绘的是帕塞尔身在太阳神拉神和一位女神（左侧）前面。在同一个横梁的右侧是崇拜奥西里斯神和阿努比斯神。拉神和女神象征着太阳运行的周而复始，也表现了帕塞尔希望自己像太阳神一样死后重生。[1] 奥西里斯和阿努比斯两神让死者可以进入到永恒世界。阿努比斯神为死者和死者的灵魂充当一个"精神病患者"，一个引导者。[2] 奥西里斯自己不仅是死者之神，还是冥界的统治者，象征着死者的生育繁殖。[3]

该横梁上的装饰将古埃及人对宇宙的认识具体化，即对人们称之为古埃及哲学的思想用具体的神和人的形象表现出来。太阳神拉神和冥界主神奥西里斯神象征世界的永恒的运动，循环往复并不断再生。拉神每天早晨从东方的地平线上升起照亮大地，然后在西方降落，拥抱奥西里斯。他乘坐着太阳船穿过冥界，然后再次升起。在这样的循环往复中，世界按照特定的路线永远航行。人类作为世界的一部分，死去再重生，在两个世界间反复穿

---

[1] Barta, W., "Re", *LÄ,* 1984, Bd. V, pp. 156–180.

[2] Alernmueller, B., "Anubis", *LÄ,* Bd. I, pp. 327–333.

[3] Budge, E. A. W., *Osiris and the Egyptian Resurrection*, London: Philip Lee Warner, 1911; Griffiths, J. G., *The Origins of Osiris and his Cult*, Leiden: Brill, 1980; Griffiths, J. G., "Osiris", *LÄ,* Bd. IV, pp. 623–633.

行,这两个世界便是拉神的世界和奥西里斯神的世界。

奥西里斯神的故事也讲述了一个再生的故事。奥西里斯被嫉妒他的弟弟塞特神谋杀,但他死后不仅成功地让他的妻子伊西斯女神怀孕并生下荷鲁斯神,还在伊西斯女神将其身体重新收集、包扎之后,再次获得了生命。

因此我们可以肯定地说,帕塞尔陵墓前厅的装饰图案和文字表现了一个关于宇宙人生的基本主题,这是埃及人对于宇宙人生认识的一个基本信念。

不仅其陵墓入口横梁上的图画和文字表达了埃及人这样的一个基本信念,其陵墓门墙上的装饰图案也有关于此岸世界和彼岸世界关系的表述。左侧门墙上可见帕塞尔和他的母亲美瑞特瑞崇拜代表新的一天开始,刚从东方地平线上升起的拉神的情形,右侧门墙上则展示帕塞尔的父亲内卜内彻汝崇拜即将落入冥界的太阳的图景。①

南部门墙图画中出现的帕塞尔和他的母亲可以被看作一个赋予生命的象征,"母与子"组合表达一种宗教观念:奥西里斯通过其儿子荷鲁斯得到重生。这个观念就蕴含在左侧门墙图案之中,这里描绘的就是帕塞尔与他的女人们。其含义是当帕塞尔死去,他便成为奥西里斯神,他希望自己能像奥西里斯一样于死后重生,得到一个新的生命。在这个再生的循环中,伊西斯女神充当了一个非常重要的角色,既是母亲,又是妻子。

这样,古埃及的宗教思想就成为古埃及人对于宇宙人生认识

---

① 参见 Assmann, J., *Sonnenhymnen in Thebanischen Gräbern*, pp. 158–161。

的一个基本信念，这个信念正好符合古埃及人渴望再生的愿望。作为一个并非是法老的人，帕塞尔从来也没有使用过像一位法老所拥有的全部的神学文献，因此他不会公开称自己是现世的荷鲁斯神。但这不等于说他就没有像法老一样的死后重生的想法。只不过他要将自己的真实想法掩盖起来，以免引起僭位的怀疑。于是他便将这一想法巧妙地隐藏在家庭日常生活之中，也就是说，他日常生活图画中蕴含着这一宗教思想。

北部门墙展示的是帕塞尔和他的父亲。这是再生思想的另一种表述，其引导人们想象的方向仍然是再生的象征。在古埃及人的观念中，冥界位于北方，这正是帕塞尔和他的父亲在图画中出现的地方。他们崇拜着即将落下的太阳，太阳即将进入的正是冥界。这种"死亡"或转变是非常重要的，因为如果没有"死亡"，世界就不会有新生。左侧门墙是对初升太阳的赞美，象征着这个再生循环的完成和帕塞尔本人对再生的希望。

冥界入口

帕塞尔陵墓中南侧石碑上的铭文全都记述一个内容，即帕塞尔进入冥界。所有神祇和仪式都与"进出"相联系，即进入冥界，变成正义灵魂[1]中的一员。

献祭语言中提到奥西里斯神、伊西斯女神和她变化的一个形象威瑞特-赫考。[2] 奥西里斯作为冥界主神准许亡灵"出"去进入死者的世界。伊西斯，特别是以威瑞特-赫考形象出现的伊西

---

[1] "正义灵魂"指通过冥界主神询问和审判而进入永恒世界的灵魂。
[2] Nebe, I., "Werethekau", *LÄ*, Bd. Ⅵ, pp. 1221–1224.

斯，是被称作"百万年圣船"的太阳船中神祇之一员，乘坐着太阳船进入冥界。每一位死去的人都希望能够乘坐太阳船，跟随太阳神一起穿过杜阿特，像众神一样，经过冥界，然后在下一个早晨再次诞生。拉-亥尔阿赫梯-阿图姆神也以傍晚太阳神的形象出现在铭文中，提到玛阿特神的献祭语言正是这一循环的象征，因为玛阿特女神是世界秩序女神，而这一永恒的循环便是世界秩序。

一幅图画表现帕塞尔父母崇拜玛阿特女神和拉-亥尔阿赫梯神，另一幅图画表现帕塞尔和他的母亲崇拜伊西斯和奥西里斯，两幅图画中神祇们和帕塞尔一家的画面正好总结了古埃及人重生的思想。这些图画表现的再生循环有两个，一个是太阳神的，另一个则是奥西里斯神的。

接下来的图画描述的是木乃伊的净化。这个仪式画面出现在前厅中，可以将其称作古埃及《亡灵书》的缩影，[①] 里面展示了在帕塞尔陵墓前进行过的丧葬仪式。石碑铭文讲述了陵墓前厅的功用。

木乃伊的净化以及其他仪式，对于要进入另一个世界的人来说，是非常必要的。这个石碑上的主要铭文读起来就像《亡灵书》中的咒语一样，并且都是《亡灵书》咒语中最为重要的句子。当一个亡灵进入到另一个世界，他首先要做的是赞美奥西里斯。"赞美你，奥西里斯"或"你在大墓地之中，心情疲惫者"，诸如此

[①] Rossiter, E., *The Book of the Dead: Papyri of Ani, Hunefer, Anhai*, Fribourg, Geneve: Miller Graphics, 1979, pp. 33, 84.

类。他还要提到奥西里斯的重生:"荷鲁斯神……坐在他父亲的王座之上。"①

接下来他要提到的是玛阿特,并表达他此生生活正派而富裕,因为他遵循了世界的秩序原则。这样才可以通过死者的审判。②这样的内容在《亡灵书》中属于第 125 章的内容。"我已经来到你的面前,我的心铭记着玛阿特。"

他表达了他带着所有祭品而具有可以任意行走能力的期望。这种能力,即自由行动的能力,不仅限于棺椁或木乃伊绷带内,而对于一位亡灵来说是最为重要的能力之一。这个能力集中体现在他的巴上,巴不仅仅象征转变一个死者身形的能力,还象征进入冥界和离开冥界的自由:"当我的名字被召唤之时,愿我的巴出现,落在大地之上。"

献祭对于死者进入永恒世界也是非常重要的,因此帕塞尔的铭文中提到了树神和灯芯草之地③,这在《亡灵书》中是第 110 章。在灯芯草之地,死者接受祭品并得以与诸神会面。

铭文中提到太阳神的早晨太阳船和傍晚太阳船,表达的是太阳的循环。冥界还有另一位神祇,即索卡尔,鳄鱼神,被认为是冥界的再生力量。因此,"愿我跟随索卡尔之船",表明死者也把重生的希望寄托在索卡尔神身上。

铭文的结尾是"对活着的人们的请求",死者请求来到他陵

---

① Rossiter, E., *The Book of the Dead: Papyri of Ani, Hunefer, Anhai*, pp. 27, 80–81.
② Ibid., pp. 28–29, 82–83.
③ Ibid., p. 104.

墓的人向他的灵魂献祭。这个请求部分也提到了帕塞尔是如何按照女神玛阿特原则度过的一生。

死者的审判

南边的石碑不仅列出了帕塞尔在来世度过正派而富裕生活的希望，还将他描述为一个正义亡灵。

不是每一个死者都能顺利地完成重生的，只有那些能够跨过杜阿特之门的人才可以进入这个生命的循环。在杜阿特之中，死者需要通过一系列的审判：他必须面对奥西里斯和42个神祇，必须能够做出正确的"否定供述"。这在古埃及《亡灵书》中属于第125章。这里，死者之心要放在天平上称量，天平的另一头是玛阿特，以此来证明他在此岸世界的生活是完全遵行玛阿特的，即遵行世界秩序的。

玛阿特和世界秩序也是宽厅中北半部壁画和铭文谈论的主题。在有太阳神出现的图画中国王正向阿图姆神奉献上玛阿特。国王经常会在宽厅的宗教图画之中被提到，也常在柱子上的图画和铭文中被提及。帕塞尔和他的家庭向阿蒙神和许多其他神祇献祭，以让他们"保护国王"，同时表达了这样的希望，即愿诸神"让国王健康"，"让他在仪式中永恒，在财富上永恒"。国王在这些祷文中非常重要，因为他是诸神与死者的中间人。从神学上说，只有国王才被允许向神祈祷和献祭。所以，帕塞尔和他的家人赞美国王，这样国王就可以在诸神面前代表帕塞尔献祭了。

诸如太阳神的循环，伊西斯和奥西里斯的循环，这样的神圣观念对于冥世生活来说起到模本的功能，国王在这个理想模本中成为一个有机部分。一个祈祷者说："向阿蒙神焚香，向拉-亥尔阿赫梯神焚香……，愿他们保佑国王……我跟随着他……只有我到达玛阿特的土地。"阿蒙神在这里就不仅仅是冥界主神，还是王权和皇室神学体系的一部分。帕塞尔在赞美阿蒙神和国王的保护之后，表达了想要成为神圣护佑的一部分的愿望，以便接受同样的益处。"接受祭品，众神之主……保持健康……愿他让帕塞尔加入……玛阿特。"这个祈祷词表明献祭、接受祭品、健康、生命及再生乃古埃及人心目中的宇宙秩序。

柱子上的图画和铭文也非常清晰地表明只有法老能够将一个亡灵引荐给诸神的世界："……生命之山，陛下在那里度过一生。愿你让这个仆人在此处长眠。"

在诸神的世界里，伊西斯女神、奥西里斯神和荷鲁斯神象征着再生。对于一个非法老的人来说，其家庭构成是这三神家庭的影像。法老具有介于神与人之间的地位，因此可以变作神。[①] 因此，法老可以将自己描述成现世的荷鲁斯神，由其母亲伊西斯女神化作哈托尔牛神为其喂奶。柱子 C 还展示了帕塞尔和他的妻子在与阿努比斯相关的伊米乌特偶像前，被制作成木乃伊并进入冥界。法老变成奥西里斯神和荷鲁斯神，帕塞尔则被认作奥西里斯，道理是一样的，但象征意义略有差别，因为维西尔职位和法老职位毕竟不同。

[①] Frankfort, H., *Kingship and the Gods: A Study of Ancient Near Eastern Religion as the Integration of Society and Nature*, Chicago, London: University of Chicago Press, 1948, pp. 295-312.

这些祈祷字句和图画从不同层面解释了古埃及神学构架：神的模型。不仅神界如此，法老甚至每个埃及人也都按这个模型建构起他们的生命，他们的生命和行为反映的正是神界的生活。按照这个规律生活，人就会成为伟大的神的秩序世界中一个有机组成部分。

按照玛阿特生活的主题也出现在帕塞尔陵墓中其他图画之中，即关于帕塞尔传记图画当中。这些图画显示，帕塞尔度过的一生是古埃及人称之为正义的一生。在古埃及社会中，他是一位公正并得到信任的社会成员。帕塞尔家庭成员及其他成员在社会上的职位也是帕塞尔世界秩序思想中的有机组成部分。除了在冥界再生外，每一个人的社会生活即此岸世界的生活也同样是古埃及世界秩序中最为重要的内容，因为此岸世界的生活表现的是玛阿特观念。所以，陵墓北部壁画和铭文不断提到他的不同头衔，这些头衔都是帕塞尔此生被授予的。他描述了他此生所拥有的崇高的社会地位及辉煌的经历，因此法老将其提升到维西尔的职位。而这样的此生生活和崇高社会地位足以让他成功进入法老的奥西里斯世界。

树神努特

生活在冥界需要食物和水来维系、滋养冥世中的生命。在宽厅北半部的壁画中，众神在接受帕塞尔和他的家庭成员敬献的祭品，同时，树神努特给予帕塞尔和他的家人复活之水。

树神一般都以哈托尔神、伊西斯女神或努特神的形象出现。努特神是天空女神，是地父盖博的妻子，在这幅图画中出现在冥界的树中。她给予亡灵以食物和水，用她的魔力让亡灵可以呼吸到新鲜的空气，喝到清凉的水。

太阳船

画有太阳船的图画与画有树神的图画紧相连接。因此，我们可以看出对于一位死者来说，不仅是拥有食物、水等异常重要，其想要成为拉神太阳船中的一员的愿望也是非常强烈和重要的。进入拉神的太阳船，就等于进入永恒的世界，每日跟随着太阳神穿行于两个世界，并像太阳神拉神一样每日复活。

宽厅的北半部的墙壁上有六幅壁画。①第一幅壁画描述的是匹与内痕之灵和狒狒一起崇拜阿图姆神船，此画中还出现了塞提一世跪在阿图姆神面前的画面。托特神、哈托尔女神和玛阿特女神出现在太阳船中，船的尾部可见两个鬼怪和荷鲁斯神。

太阳船巡行于冥界，每一位想进入太阳船的亡灵都必须通过杜阿特之门。通过的方法是知道每一个守门神祇的名字并正确回答他们提出的问题。太阳船在经历完冥界的重重危险之后便会从东方的地平线上升起到天空中。画面中出现的神祇都在帮助太阳神，也是在帮助亡灵顺利通过冥界并巡行过杜阿特。

太阳船中的托特神、哈托尔女神和玛阿特女神表现的是完全不同的思想，他（她）们三者代表了古埃及宗教的三个观念。

托特神是书吏之神，负责记录诸神做出的决定。所有灵魂如欲进入永恒世界就必须首先来到奥西里斯面前的天平上称量自己的心脏，另一头是玛阿特，托特神就负责称量结果的记录。如果称量的结果通过，托特神就向奥西里斯神报告该灵魂是正义

---

① 参见 Porter, B., Moss, R. L. B., eds., *Topographical Bibliography of Ancient Egyptian Hieroglyphic Texts, Reliefs, and Paintings,* Ⅰ, p. 222, The Theban Necropolis, Part 1, Private Tombs, "Numbered Tombs, Tomb 106".

之心。在审判的图画中，托特神有时化身为朱鹭头神站在天平前面，有时则化身为狒狒坐在天平之上，手握芦苇笔和调色板，准备记录称量的结果。

哈托尔神是底比斯西岸大墓地的保护神，亦被称为"西方女神"。在太阳船的图画中，她与托特神和玛阿特神一起进入冥界。古埃及人相信，哈托尔每天傍晚迎接落入冥界的太阳。她每天早晨赋予世界重生，并保护着太阳船在冥界中巡行，直到第二天早晨。因此，每一位古埃及人都渴望死后进入太阳船，并得到哈托尔神的保护。

玛阿特是宇宙秩序的象征。古埃及人相信，世界应当和谐，包括宇宙的和谐、人与自然的和谐。跟随玛阿特就是跟随正义。

世界是一个永恒的循环系统。没有哪一个人是毫无障碍地进入这个永恒循环体系的，只有跟随了玛阿特才能通过最后的审判进入这个循环。因此我们可以说，古埃及人心目中的世界图景是一个完美而理想的世界图景，世界应该如此。

六个宗教主题图画展示的有神、法老塞提一世和亡灵帕塞尔，以及帕塞尔的家庭成员。这些图画在帕塞尔陵墓北半部的墙壁上。就帕塞尔的陵墓来说，北半部是冥界世界，因为在世界的这一部分，太阳是不可见的，因此陵墓这一部分的装饰图画及铭文就将这一部分描绘成冥界。当帕塞尔进入他的陵墓，他就自然而然地变成神的冥界中的一员。

帕塞尔陵墓将过去与未来连接

宽厅中壁画与铭文主题非常明显，北部描述的是冥界世界，南部则描绘此岸世界。陵墓门面上装饰的文字和图画，前厅西部和南部石碑，以及入口墙壁上的图画和铭文，绝大多数内容都与宗教相关。

前厅中面向东方的石碑[1]展示的是陵墓主人帕塞尔跪在祭司身后的图画。石碑上有三行内容：左侧内容描绘的是帕塞尔父母崇拜拉－亥尔阿赫梯神和玛阿特神，帕塞尔和他的母亲崇拜奥西里斯神和伊西斯女神。中间内容描绘的是两位祭司在帕塞尔父母前献祭品，另外两位祭司在为死者和他母亲的木乃伊进行净化。右侧内容是对奥西里斯的赞美诗。[2]

对面的石碑位于入口的另一侧，帕塞尔在此石碑上出现，念诵一首很长的赞美诗，其中有很长篇幅表达崇拜拉神太阳船。该石碑上有两个内容：一个展示木乃伊的净化，另一个则是对大墓地主神祇的赞美诗。

再向北标绘的是对死者的净化。入口厚墙上赞美诗描述的是太阳神的升起和降落，石碑上关于太阳船的描绘和入口厚墙上关于太阳神升起降落的表述一样，表达的是再生的观念。帕塞尔在拉神、一位女神前的图画和他在奥西里斯和阿努比斯神面前的图画共同表达了古埃及永恒循环的思想，包括太阳神的循环和奥西里斯神的循环，在其陵墓的同一个地方，帕塞尔进入天堂又进入

---

[1] The number (1) and the next two numbers e.g. (3) and (2) refer to the numbers on the plate in chapter "1. 1." of this dissertation. 参见 Porter, B., Moss, R. L. B., eds., *Topographical Bibliography of Ancient Egyptian Hieroglyphic Texts, Reliefs, and Paintings*, I., The Theban Necropolis, Part 1, Private Tombs, "Numbered Tombs, Tomb 106", pp. 219–221。

[2] 参见 Porter, B., Moss, R. L. B., eds., *Topographical Bibliography of Ancient Egyptian Hieroglyphic Texts, Reliefs, and Paintings*, I, p. 219。

冥界。每个夜晚，太阳会降落到西方，进入冥界，开始巡行冥界之旅，经历一夜的航行之后，太阳再次升起，获得新的生命。每天当太阳重新升起时，世界便再次诞生。

帕塞尔陵墓前厅的布局正好将两个世界连接起来，这两个世界在我看来就是此岸世界和彼岸世界。通观帕塞尔陵墓壁画和铭文，我看到一条清晰的对世界的描述，这个描述不仅把我们引进他的陵墓，还将我们引向古埃及人头脑中关于世界构成的图景。前厅讲述的是整个世界永恒循环的图画，这个世界秩序观念是古埃及人每天观看太阳东升西落的运动而得出的。入口图画和铭文则像一座陵墓的引言，将我们引向世界秩序的神学思想体系。

净化也是陵墓入口处图画和铭文最为重要的内容之一。陵墓中南北两个石碑以及北部石碑上北边的人物形象表现的是死者母亲木乃伊的净化，"神龛的净化包含雕像和凯诺匹克罐①的净化"②。通过净化，死者便有机会进入太阳船成为其中的一员，从而顺利进入冥界。这个仪式一般在前厅中举行，因此，帕塞尔的陵墓就像沟通两个世界的一座桥梁，一边是现世世界，另一边是来世世界。

在宽厅南半部的壁画和铭文中，我们可以看见帕塞尔接受来

---

① 凯诺匹克罐是盛装死者内脏的四个罐子，这个传统从古王国时期就已开始，一直持续到晚王国时期。最初四个罐子的盖子跟平常的罐子一样，到了第十九王朝，四个罐子的盖子开始被分别雕塑成荷鲁斯神的四个儿子的形象，即豺狗头神杜阿姆泰弗、狒狒头神哈匹、人形头神伊姆塞提和鹰头神凯拜赫塞努弗，分别保护着死者的胃、肺、肝和肠。

② Porter, B., Moss, R. L. B., eds., *Topographical Bibliography of Ancient Egyptian Hieroglyphic Texts, Reliefs, and Paintings*, I, p. 221.

自塞提一世的奖赏，同一幅图画中还有玛阿特女神和匹与内痕之灵出现。壁画和铭文中有一部分展示帕塞尔在视察神庙工匠们的工作，三排工匠在帕塞尔和他的随从身后。① 帕塞尔的自传在第二个柱子上面，帕塞尔和他家庭成员的内容则成了第三个柱子上面的图画和铭文。"维西尔的职责"部分在宽厅的后墙上，虽已残破，却仍可恢复。所有内容都与现世相关。

"无论是什么标准，法老对于陵墓所有者的生平来说都是最为重要的"，② 所以法老也会在帕塞尔的陵墓中出现，他的现身象征着帕塞尔享有极高的尊重。在所有壁画中，帕塞尔似乎都在谈论他的日常任务和工作，实际上是根据他的等级和职责以及玛阿特的要求来反映他的生平。这里面有"应该如此"的成分，即古埃及官员用"应该如此"的生平来描述自己的生平。帕塞尔的真实生活可能要比这里描述的更为复杂，但有些内容按照"应该如此"的原则被放弃了。当然，为了能够顺利进入永恒世界，他会将自己的生平描述成埃及社会中理想、成功、可敬的上层社会成员的一生。

古埃及人深信圣书体文字的魔力，而陵墓墙壁上的图画是一种特殊的圣书体文字，因此这些壁画便具有同样的魔力，第十八王朝陵墓中描述日常生活的画面变成帕塞尔陵墓中的现实生活。他陵墓中的日常生活画面里有法老高大的形象，"维西尔的职

---

① 参见 Porter, B., Moss, R. L. B., eds., *Topographical Bibliography of Ancient Egyptian Hieroglyphic Texts, Reliefs, and Paintings*, I, The Theban Necropolis, Part l, Private Tombs, "Numbered Tombs, Tomb l06", p. 221。

② Manniche, L., *City of the Dead: Thebes in Egypt*, p. 31.

责",接受法老赏赐,视察神庙工程,以及祭奠神祇等内容,但像捕鱼、捕鸟和收获等场面却没有出现。原因很简单,因为这里强调的是帕塞尔的理想官阶和按照世界秩序进行的生活,就是说他所描述的内容都是为了让他的亡灵顺利地进入永恒。

利斯·曼尼彻(Lise Manniche)解释这些陵墓壁画在第十八王朝大臣的陵墓墙壁上的原因时说:"陵墓对于死者来说也是一座丰碑,一个借此可以使之一生中最为重要的部分——为法老所做的工作——不朽的中介。陵墓中的全部壁画扮演一个角色,互相补充中保护着陵墓主人的人格并让他能够继续超越陵墓而生存。"[1]

宗教图画也是一样,死者的复活依赖于奥西里斯和他儿子荷鲁斯神的故事。死者希望加入到这个神的传承中,并按照神的模式重生。

陵墓南半部描述的是此生世界,北半部则是来生世界。北半部的前墙上有六幅图画描绘阿图姆神之船,死者和他的父母在冥界站在奥西里斯神之前,死者焚香并祭酒奉献,前面一位祭司念诵祷文,死者与其父母及亲属们接受来自树神的饮品,一些人"出现在众神之前"[2]。

宽厅北半部的四根柱子也装饰有宗教图画和铭文。其中一幅描绘死者崇拜赞颂拉-亥尔阿赫梯神、奥西里斯神、伊西斯女神、孟杵神和玛阿特神。帕塞尔作为祭司在向神龛中的狮头神美

---

[1] Manniche, L., *City of the Dead: Thebes in Egypt,* p. 31.
[2] Ibid., p. 222.

瑞特塞格尔神面前熏香祭酒。

很明显,帕塞尔的陵墓构成了古埃及人不同的哲学思想。这些思想当中有一项将死者此生的生活与他的宗教信仰结合,表达了两个世界的统一,即现世与来世的统一。这两个世界之间没有一个不可逾越的鸿沟,他的陵墓就构成了勾连两个世界的一道门。该陵墓的装饰、文字和图画,起到的就是让死者穿越冥界的作用。现世世界生活的描述也是要展示自己进入永恒世界的资格。

这样的分析希望能够说明将第十八王朝陵墓中出现的此生生活图景与第十九王朝和第二十王朝的宗教生活的图景完全分开来看是无法正确理解古埃及人的思想的。尽管像"第十九王朝和第二十王朝的拉氏陵墓不同于第十八王朝陵墓"[①]的结论仍可以信赖,但我们必须加上一些说明才能使这一结论更令人信服。

一般说来,古埃及第十九王朝大多数非皇家陵墓中都没有社会生活的描绘是正确的,但利斯·曼尼彻就举出过许多非皇家陵墓中既无社会生活的壁画,又无社会生活铭文的例子。尽管利斯·曼尼彻也承认有社会生活图画和铭文的情况仅发生在帕塞尔的TT106号陵墓之中,[②]"剩下来的大部分墙壁和柱子上的空间还是被丧葬图画所占据,表现的是陵墓主人和其家庭成员崇拜冥世的神祇。"[③]但此话之上还应该加上"这些图画现在已被抛弃,尽管不是突然地和全部地被抛弃"。此时的陵墓仍然有对于过去的

---

① Manniche, L., *City of the Dead: Thebes in Egypt,* p. 64.
② 参见 Manniche, L., *City of the Dead: Thebes in Egypt,* p. 70。
③ Ibid., p. 64.

描述，无论是日常生活的画面还是记述日常生活的铭文，都有对过去的描述，但记述的都是前一个王朝的生活。通过这样的画面和文字，陵墓主人试图建立一种与前王朝的联系，让人产生一种他是前王朝维西尔的继任者的印象。这样的印象会让人没有两个王朝的断裂感，不仅王权没有断裂，大臣的职位也没有断裂。

陵墓装饰图画和铭文结合了此生生活和来生生活。帕塞尔从这一世界通过他的陵墓进入下一个世界。日常生活和来世生活描绘概括了古埃及人世界秩序观念。

除此之外，帕塞尔陵墓还展示了另一个观念，即过去与未来的连接。直接的表现是第十八王朝和第十九王朝的承续。一方面，第十八王朝陵墓里有社会生活图景出现。另一方面，第十九王朝的陵墓里却没有社会生活画面，但帕塞尔的陵墓是一个例外。尽管里面的画面和铭文没出现诸如收获、捕鱼或捕鸟等第十八王朝陵墓中展现的社会生活画面，但画了一些日常生活的场景。因此我们可以说，帕塞尔陵墓是这两个王朝大臣陵墓壁画和铭文内容发展的一个转折点，正是这个陵墓将两个王朝的思想意识连接起来。

帕塞尔的陵墓是一个世界的剪影，古埃及人对于世界的看法都物化在他陵墓的墙壁上。[①] 这个陵墓是一个连接过去与未来的枢纽，连接此岸世界与彼岸世界的桥梁。通过这个陵墓壁画和铭文的分析，我们可以看到古埃及人心目中"应当如此"的世界图景，其中核心观念是世界的平衡。世界秩序需要平衡，过去与未

---

① 参见 Reinhardt, K., *Das Grab als Weltmodell*, Göttingen: Univ., Diss., 1999。

来需要平衡,此岸世界与彼岸世界需要平衡,上埃及与下埃及需要平衡,生与死需要平衡,南与北需要平衡。

古埃及一个非常重要的思想概念是"永恒",永恒的循环。在古埃及语中,表达永恒的有两个词,一个是 Dt,另一个是 nHH[1]。一般说来,两个词分别表示"无限"与"永久"。通过 Dt 一词的限定符号让我们可以更为准确地理解其含义,其无限指的是大地的无限,让我们想到冥界;nHH 则指的是太阳东升西落的每日循环,无始无终,让我们想到两个世界的永恒。因此,"永恒"概括了古埃及人的世界循环的思想:日与夜,尼罗河水的定期泛滥,[2]生与死,过去与未来,此岸世界与彼岸世界。帕塞尔的陵墓就是这两个时间的中间转换点,一头牵着过去,一头牵着未来,同时是奥西里斯神与拉神的连接点,无限永恒循环的枢纽。也可以说,未来等同于走向奥西里斯神,而奥西里斯神又将转变成荷鲁斯神,通过这个继承,进入拉神的世界。

古埃及人的世界循环的观念引出了古埃及人的另一个世界秩序观念:玛阿特。

玛阿特的基本含义是永恒秩序。两个世界的循环,生与死的再生,奥西里斯与荷鲁斯的继承,所有这一切都以一个共同的模式永恒循环着。玛阿特作为永恒的秩序在人间的世界中演化成最对正义,象征着人类与世界秩序、人类与神的永恒和谐。在帕塞

---

[1] 参见 Martin, G. T., Davies, W. V., "Brief Communications", *JEA*, Vol. 60, pp. 252–254。
[2] Assmann, J., *Stein und Zeit: Mensch und Gesellschaft im Alten Ägypten*, München: Wilhelm Fink Verlag, 1991, pp. 32–58.

尔的陵墓中到处可以看到玛阿特的身影。

　　古埃及人用玛阿特观念表达其永恒世界秩序的思想，类似的思想亦见于古代中国人的世界秩序理论之中。古埃及人用玛阿特来象征世界秩序，中国人则用道来表述宇宙和谐。比较一下玛阿特和道这两个古老观念，对于我们认识古代文明是很有启发的。[①]道是古代中国的一个世界观观念，其根据依然是世界秩序。尽管有时候人类违反道甚至破坏道，但道总是平衡着世界，支配着世界。道作为世界秩序统摄一切，包括人与自然的关系。人和自然的关系最为重要的原则是和谐。道最初的意思是"道路"，因此，像玛阿特以一根羽毛的形象出现一样，"兽蹄鸟迹之道，交于中国"[②]。另一个例证是《孟子·万章上》中有"假道于虞以伐虢"句。这里说的"道"还只是道路，但道的观念由此发展而来，成为统摄世界的一个东西，大到宇宙原则，小到人之行为，无不受道的支配。就像玛阿特对于古埃及人一样，道对于中国人也是社会生活的最高原则，无论是统治者亦或是老百姓，都要遵道而行。"得道多助，失道寡助。"[③]孔子在《论语·公冶长下》中说："有君子之道四焉：其行己也恭，其事上也敬，其养民也惠，其使民也义。"因此我们可以肯定地说，道和古埃及的玛阿特一样指的是世界秩序。《论语·宪问》中说："君子道者三，我无能焉，仁者不忧，知者不惑，勇者不惧。"老子也用道来解说世界："道

[①] 李晓东：《"玛阿特"与"道"的哲学思考》，《东北师大学报》2000年第4期，第18—21页。
[②] 《孟子·滕文公上》。
[③] 《孟子·公孙丑下》。

生一,一生二,二生三,三生万物。万物负阴而抱阳,冲气以为和。"① 这个世界上的一切都来源于一,因此也应该归于一,这个一就是世界秩序。

之后出现了"天道"的概念。"不出户,以知天下,不窥牖,见天道。"② "天道"多指自然秩序。天道概念由老子提出,其发展轨迹比较清晰。《尚书·汤诰》中有"天道福善祸淫,降灾于夏,以彰厥罪"句,从中可以看到,在中国古人的思想中,道是不可以违逆的,否则就会降灾祸于人世。道常在中国古典著作中出现,多指天道。天道规范人的行为,"天"的认可对于人的存在来说异常重要。中国人并不像古埃及人那样重视死后的生活,人与自然的和谐才是中国人追求的目标。

老子用天道告诉人们如何在这个世界上作为自然的一部分生存:"持而盈之,不如其已;揣而锐之,不可长保。金玉满堂,莫之能守;富贵而骄,自遗其咎。功成身退,天之道也。"③ 显然,老子这里所论乃人与自然相处之道。凡事不能过,否则就不会有所得。这就是中国古人所谓天道,只有尊天道,人类才能与自然和谐相处。

《尚书·大禹谟》中亦可见人道之论。人道是天道的一部分,人道乃世界秩序在社会生活中的体现,是天道处理人际关系的准则,或者说是天道在这个世界的象征。道之永恒与古埃及永恒循环的世界观如出一辙。玛阿特和道的观念都强调了永恒的世界秩

---

① 《道德经四十二》。
② 《道德经四十七》。
③ 《道德经九》。

序和人在这个永恒秩序中如何相处。帕塞尔陵墓就是这个世界的简短而缩小的图景。如果有一位中国古代学者进入帕塞尔的陵墓，他一定会从壁画和铭文中看到中国道的思想，并称之为"古埃及之道"。

总结维西尔帕塞尔陵墓铭文和图画，需要重温一遍帕塞尔的陵墓。陵墓前厅展示的是两个世界的入口，即此生世界和来生世界，拉神的世界和奥西里斯神的世界也连接于帕塞尔陵墓的前厅。这个连接亦为过去与未来的枢纽，拉神的世界象征此岸世界，奥西里斯神的世界则代表另一个世界，也就是帕塞尔即将前往的世界。帕塞尔墓将过去与未来连接起来，这一连接正是世界秩序的一个有机整体凝聚于一点，成为玛阿特。

宽厅展示的也是两个世界，左半部是帕塞尔此生的生活，右半侧则是来世的生活。一个已经完成，另一个即将前往。帕塞尔作为维西尔的责任以及日常生活都遵循着世界秩序——玛阿特的原则。陵墓的这一部分描述了两个王朝的承续，即第十八王朝与第十九王朝。帕塞尔日常工作图画显示了第十九王朝与第十八王朝的继承关系，而图画中不再出现收获场景则预示着第十九王朝的变化。

帕塞尔来世的生活展现在宽厅的北半部。帕塞尔和他的家庭成员跟随着神祇巡行于冥界。黑夜是另一天的前奏，此世则是冥世的未来。日与夜的循环，此世与来世的转换，此生生命与来生生命，这一切循环都以 Dt 和 nHH 的方式从不停息地永恒运行下去。在这永恒的循环中，玛阿特概念弥漫于世界之中。帕塞尔的陵墓不仅是座维西尔的陵墓，还是他本人的一座丰碑，描绘了古埃及人对世界的基本看法和解说，一切都在神圣的秩序之中存在，一切都在永恒的循环当中发展。

9. 古埃及人的忏悔意识

（1）忏悔与古埃及人的忏悔意识

忏悔源于宗教。佛教徒向长老忏悔，基督教徒或向牧师，或在内心向上帝忏悔（天主教徒向牧师忏悔，东正教徒向信任的牧师忏悔，圣公宗教徒向内心忏悔，新教教徒向上帝忏悔），伊斯兰教徒向安拉忏悔，犹太教徒向神（耶和华）忏悔。然而，并不是所有的忏悔都是宗教的。玛格丽特·克良克（Margaret Klenck）在其《忏悔的心理与精神功效》一文中将忏悔分为四种：教会的忏悔、情感的忏悔、法律的忏悔和心理的忏悔。文学中的忏悔主题因古罗马伟大基督教思想家圣奥古斯丁（Saint Augustin）的《忏悔录》而形成传统，卢梭、托尔斯泰这些文学巨匠都有《忏悔录》问世。

这些忏悔主题的文学著作为我们探求人类忏悔意识提供了最丰富的材料。但是，奥古斯丁撰写《忏悔录》并非忏悔文字之滥觞，此前，忏悔见诸文字已逾千年。"说出你的罪恶，罪恶便会从你说出的事情中消失。"（Stela of Intef in Copenhagen, ca. 2040 B.C.E; JJ. Clere, in Bull. Inst. Franc, d'Arch. Or 30, 1930, 444f.）这是四千多年前的教诲，在《忏悔录》问世之前就已规范着古代埃及人两千多年的生活。

德国著名埃及学学者扬·阿斯曼在《古埃及的忏悔》一文中将出现忏悔的古埃及文献归于两类，一类为疾病与治疗文本，另一类为死亡与永生文本。两类忏悔，两种目的。对于古埃及人来说，疾患带来痛苦，死者亦需在另一个世界中永生。这都是古埃及人需要解决的问题。前者的解决要从免除痛苦开始，那么痛苦的根源是什么？古埃及人的解释有二：一是恶魔作祟，二是己行不端。恶魔作祟自然要去除恶魔，己行不端则需弄清谁施惩罚。现实纠纷自有各级管理主持公道，包括城侯、诺姆长，甚至维西尔，直至法老。另外，还有法律，巡回法庭和中央法庭。是非曲直，断狱刑罚，均听命于官吏，无须忏悔。唯有得罪了神，被冒犯的神会降下惩罚，疾病便是神惩罚冒犯者的一个手段。渎神的冒犯没有别的办法挽救，唯有向神承认错误。口说无凭，于是古埃及人将向神的忏悔刻写在石碑上。这个救赎机理并不复杂，阿斯曼用一个"分离效应"（isolating effect）加以解说。古埃及人因罪恶而远离诸神，同时也就远离了社会。只有通过忏悔才能安抚冒犯的神，回到正常的社会。

死者渴望进入永恒世界并与神一起得到永生。然而，不是每个人都能够进入永恒世界的，关键在于每一位死者能否顺利通过神的层层审查，而审查的每个关卡都至关重要。类似基督教思想中的末日审判，古埃及《亡灵书》中栩栩如生地描绘了死者在奥西里斯神面前接受天平称心的审判。豺狗头神阿努比斯将死者领至巨大的天平之前，将死者的心放在天平的一头，天平的另一头是代表公平、正义和秩序的羽毛玛阿特。智慧之神托特负责记录。这可能就是基督教"末日审判"的原型，然而，在古埃及人的意识中，进入永恒世界绝非这么简单。无论是最早的"金字塔文"，还是之后的"棺文""亡灵书"，甚至是"阿姆-杜阿特文"，都是引导死者正确通过一个个关卡，成功进入永恒世界的指导之书。这些指导文献中的一个非常重要的内容便是对神的"否定回答"。根据《亡灵书》"咒语125"，在天平称量之前，死者必须回答42个问题，每一个问题都要做否定的回答。诸如"我没有犯过罪""我没有强力抢夺过""我没有偷盗过"。这42个否定的回答被西方学者定义为"否定的忏悔"（Negative Confessions）。一般情况下，忏悔是为了救赎，古埃及人的忏悔却是为了净化。被称作古埃及人最后审判的心脏称量仪式是一个净化仪式，木乃伊的制作与仪式是身体的净化，审判仪式是心灵的净化。①

然而，古埃及人真的有忏悔意识吗？忏悔是一种对自己所犯过错或罪过的坦白和悔恨，不是一种被迫的承认，也不是一种不得已的认罪。忏悔是主动的行为，冒着被人憎恨和惩罚的危险而说出没人知道的罪过。但古代埃及人的忏悔却没有悔恨的成分。无论是涉及疾病治疗类的忏悔，亦或是走向永恒世界的忏悔，古埃及忏悔文字中几乎看不到悔恨，有的多是辩解。尽管古埃及人认为是因为冒犯神而招致痛苦的时候，如疾病，他们会向神承认自己的过错，但此时更多表现出来的是安抚冒犯之神从而解脱对自己的惩罚。这仍然不是主动的心灵悔恨，而是被迫的手段。荷兰早期埃及学学者弗兰克福特（H. Frankfort）就认为古埃及没有罪的概念。②没有罪的概念，自然不会有忏悔意识。

---

① Assmann, J., "Confession in Ancient Egypt", *Transformation of the Inner Self in Ancient Religions*, Leiden: Brill, 1999, pp. 231–244.
② Frankfort, H., *Ancient Egyptian Religion: An Interpration*, Oxford University Press, 1948, p. 73.

（2）文本中的忏悔

忏悔与罪恶及有罪意识密切相关。"罪恶"（sin）与"有罪"（guilt）是两个概念，前者生于灵魂，后者见诸律法。因此，古埃及忏悔文字的叙述应先从表达罪的词汇开始。古埃及语中表达"罪恶"的词汇有十个：iw, iwDt, isft, awt, whA, bwt, btA, xww, XAbt, ab，表达"有罪"的词汇有六个：wn, xbnt, sxf, gbAw, aDA, btA。当然，这两组古埃及词汇的每一词都各有含义，虽都与"罪恶"和"有罪"相关，但又都并无一个确切的词汇与汉语的"罪恶"或"有罪"完全对应。正如布利克（C. J. Bleeker）在《古埃及的罪恶与净化》一文中所说："这些表达罪恶的词汇亦可以蕴含某人犯下或经历的所有不好事情的意思，如犯罪、愚蠢、不公、灾难、苦痛和破坏。表达有罪的词汇有时也可用下列词汇翻译：错误、缺陷、苦痛、冒犯和债务诉讼。"[1]

认罪，更确切地说是认错，对于古埃及人来说并不常见。在神面前，古代埃及人并不显得渺小。纵观古埃及三千多年的王朝史，很少见到谦卑地出现在神面前的认错者。即使是丧葬仪式中的最后审判，在奥西里斯面前做出的忏悔也只是"否定的回答"。也正因为如此，才有埃及学学者给予"否定的回答"另一个名字，叫作"清白声明"（Declaration of Innocence）[2]。然而，有关新王国第十九王朝这一特定时期，在底比斯墓地工作者的住地麦地那（Der el Medineh）工匠村遗址发掘出一批包含赞美、祈祷内容

---

[1] Bleeker, C. J., "Guilt and Purification in Ancient Egypt", *Numen*, Vol.13, 1966, p. 82.
[2] Battiscombe Gunn, "The Religion of the Poor in Ancient Egypt", *JEA*, Vol. 3, 1916, p. 81.

的石碑和草纸文书。这些文献大多现存于意大利都灵、英国伦敦和德国柏林的博物馆中。这些文献成为古埃及忏悔文献中最为典型的代表，所有内容均为向神的忏悔。这批石碑皆立于小神庙之中，神庙的修建者及石碑的竖立者都是修建大墓地的工匠，主要为绘图员和书吏。这些人的身份较为卑微，因此，他们修建神庙及其他敬神活动被后世学者称为"穷人的宗教"[①]。

该类忏悔文献最具代表性的是三个人的铭文，即内布拉（Nebre）、内弗尔阿布（Neferabu）和内赫特阿蒙（Nekhtamun）。内布拉是底比斯大墓地新王国第十九王朝的绘图员。古埃及陵墓墓室、走廊及柱子上都有铭文和图画，不仅图画需要有艺术训练的绘图者绘制，铭文的每一个字母亦是栩栩如生的图画，因此，绘图员的工作量非常之大。内弗尔阿布亦属第十九王朝，其身份为 sDm-aS m st maAt，意为"玛阿特之处的仆人"，具体身份不详，可能是居住在麦地那工匠村的一位工匠。内赫特阿蒙与铭文中出现的内布拉的一个儿子同名，但可能并不是内布拉的儿子，因为内赫特阿蒙在当时是个常用的名字。三人留下很多块石碑，现在分别散存于德国、英国、法国、意大利的博物馆中。其中三篇还愿碑作为古埃及忏悔文学铭文被以色列埃及学学者米丽娅姆·里希太姆（Miriam Lichtheim）收入她的《古埃及文学》（*Ancient Egyptian Literature*）第二卷。以下三篇均译自该著作。

第一篇是内布拉献给阿蒙-拉神的还愿石碑，现藏于柏林博

[①] 参见 Battiscombe Gunn, "The Religion of the Poor in Ancient Egypt", *The Journal of Egyptian Archaeology,* Vol. 3, 1916, p. 81.

物馆，编号为 20377。该石碑为圆顶石灰石碑，0.67 米 × 0.30 米。在石碑的顶端，是阿蒙神面对一座高高的塔门立于王位之上，脚下跪着双手高举的内布拉，作祈祷姿势。该图画之下是 16 列正文，正文之下的右下角是四个跪着的男人，亦作祈祷姿势。

阿蒙神浮雕周围的铭文：

阿蒙－拉，两土地王座之主，伟大的神祇坐镇南宫（底比斯），威严的神祇倾听祈祷，听到不幸的穷人的声音就会到来，给予悲惨者以呼吸。

内布拉浮雕上方铭文：

（我要）将赞美献给阿蒙－拉，两土地王座之主，坐镇南宫；（我要）亲吻底比斯阿蒙神的土地，伟大的神祇，此圣地之主，伟大而公正，他让我的眼睛看见他的完美；阿蒙神绘图者内布拉之卡，真言如此。

第二篇赞美诗正文：

哦，赞美阿蒙－拉神，我崇拜他的名字，我赞美天庭之高深和大地之辽阔，我向南来北往的行者讲述他的威名；关注他吧！向你的子女宣告，向大人小孩儿宣告，一代代传颂，传至尚未出生的一代；向深潭中的鱼儿传颂，向天空中的鸟儿传颂，向聪明者与愚笨者宣告，关注他吧！

你是阿蒙，沉默之主，你应贫穷者的声音而来；当我在绝望中向你呼唤，你便前来拯救，给悲惨者以呼吸，解救我于奴役。

你是阿蒙-拉，底比斯之主。你挽救杜阿特①中的人；你是宽恕者，当有人向你呼救，你便从远处到来。

内布拉，阿蒙神"真理之处"绘图者，真言如此，"真理之处"绘图者之子，真言如此，奉献给底比斯之主，应穷人的呼唤到来的阿蒙神的名字。

我给他的名字献上赞美，他的力量伟大；我在他面前，在整个大地之上代表内赫特阿蒙，真言如此，恳求，他病入膏肓，以阿蒙神之力量，因为他的罪恶。我发现众神之主像北风一样到来，在他面前温柔地吹拂，他挽救了阿蒙神绘图者内赫特阿蒙，真言如此，"真理之处"阿蒙神绘图者内布拉之子，真言如此。其母为佩晒得女士，真言如此。

他说："虽然奴才难免作恶，主子也会原谅。底比斯之主的愤怒还不到一天，怒气只持续一会儿，不再留存。他仁慈的气息回到我们中间，阿蒙神驾着他的清风返还。愿你的卡仁慈，愿你宽恕，他罪不会再犯。""真理之处"绘图者内布拉言，真言如此。

他说："我将为你的名字树立起该石碑，并以文字的形式记录下该赞美，因为你为我挽救了绘图者内赫特阿蒙。"因此我对你说，请你倾听。现在看啊，我践行了我的诺言，你是人们呼吁的主宰，因玛阿特而满意。哦，底比斯之主！立此碑为证：绘图者内布拉及其儿子书吏哈伊。

---

① dwAt，冥界。

第二篇是内弗尔阿布献给美瑞特塞格尔神的还愿碑，现藏于意大利都灵博物馆，编号为102，为0.20米×0.54米长方形石碑。美瑞特塞格尔女神为蛇神，是底比斯大墓地的保护神。因其被认为居住于西部荒漠的山中，故古埃及人又称之为"西峰"。在该石碑上，梅尔特赛格尔女神以三头形象出现在右侧。在她面前是一个石桌，头上方是她的称呼，左侧则是17列赞美诗。

（我要）将赞美献给西峰，（我要）亲吻她卡前的土地。我赞美，请倾听（我的）呼唤，我是一个大地上真诚的人！立此碑文者："真理之处"之仆人，内弗尔阿布，真言如此。

（我是）一个无知的人，一个傻瓜，我不辨善恶；我冒犯了西峰，结果她惩罚了我。无论日夜我都在她手中，我像一个产妇坐在产砖上饱受折磨，我呼喊风，风没有回应，我向伟大的力量西峰祭酒，又祭酒给每一位男神和女神。

看，我要向全体大人物与小人物述说：敬畏西峰！因为狮子寓于其中！西峰以猛狮之扑出击，她追逐冒犯她的人！

我呼唤女神，我发现她像甜蜜的微风向我走来；她对我宽容，因为她让我看到了她手（的力量）。她平静地转向我，她让我忘掉一直在我心中的苦痛。因为当有人呼唤她的时候，她，西峰，会安抚。言者：内弗尔阿布，真言者。他说："让地上生存的每一只耳朵倾听到：'敬畏西峰！'"

第三篇是内弗尔阿布献给普塔赫神的还愿碑，现藏于大英博物馆，编号为589。该石碑为圆顶石灰石碑，0.39米×0.28米。

在石碑顶端浮雕图案是普塔赫神坐在一个神亭之中，面前是一个供桌。普塔赫神头部浮雕前面有铭文：普塔赫，玛阿特之主，两土地之王，其神圣王座上美颜者。下面铭文的右侧浮雕是内弗尔阿布跪着的形象。左侧是赞美诗的第一部分，以竖列书写。赞美诗之后十列皆在石碑背面。

（我要）将赞美献给普塔赫神，玛阿特之主，两土地之王，在其伟大王座上面容姣好之神，九神系之唯一神（九神系中并无普塔赫神，这里将其置于九神之上），作为两土地之王受人爱戴。愿他长生、昌盛、健康、机敏、钟爱而慈祥，愿我的双眼每日见到阿蒙神，就像正直的人一样，将阿蒙神放在心上！"真理之处"之仆人内弗尔阿布，真言如此。

（以下为石碑背面赞美铭文）

我是一个向玛阿特之主普塔赫神发了假誓之人，他让我白日里只见黑暗。我要向智者和愚者一同宣告他的力量，向大人物和小人物宣示：留神玛阿特之主普塔赫神！看，他从不忽略任何人的行为！不要说错普塔赫神的名字，哦，谁说错了他的名字，谁就会被打倒！

他让我像街上的野狗，我在他的手上；他让人和神都看着我，看着我这个对其主犯了罪过的人。玛阿特之主普塔赫神对我是公正的，他给予我一个教训！对我宽恕吧，把仁慈的目光投向我！

我们不能说这三首赞美诗就是古埃及忏悔文字的全部，因为忏悔的文字还在古埃及的文献中零星地出现很多次。但这三首却是公认的古埃及忏悔文献中最具代表性的文字。窥一斑而知全豹，古埃及忏悔文字及由此窥见的古埃及人的忏悔意识可据此推测矣。

（3）古埃及人的忏悔为何没有悔意

古埃及人没有现代意义的忏悔意识。忏悔应该是忏悔者主动的认错或认罪，是发自内心的悔恨。这样的主体自觉行为在古埃及文献中未能找到。

古埃及人的忏悔粗略而不具体，从古埃及人的忏悔文字中我们很难知道为何事忏悔，甚至读者根本无法知道忏悔者究竟做错了什么。《亡灵书》中的"否定的回答"尽管大多称之为"否定的忏悔"，但我们从中只见"否定"而不见"忏悔"。它有别于丧葬仪式中需要背诵的"否定回答"的个人忏悔，也没有明晰表述具体做错了什么。从以上"赞美诗"中可以读到的最为具体的是说错了神的名字，因此受到神的责罚。一个无法离开神的文明，人们每天默念神名的次数会很多。默念的次数越多，出错的几率就越大。然而，从古埃及文字中忏悔文字数量稀少这一点分析，个人默念时出错似乎不是忏悔的动因。公开场合念错神的名字应该不多，因为古埃及铭文很多都为仪式而作，为的就是避免忘记和避免说错神的名字。尽管如此，出错也在所难免。即使在一个具体的事件描述中，我们也只能看到无辜者的申辩。

"日内瓦草纸D191号"是古埃及拉美西斯晚期的一封书信，书写者叫翰努特塔维（Henuttawy），是第二十一王朝的一位阿蒙神女吟唱者。在这封信中，她向底比斯大墓地书吏尼萨蒙尼普（Nesamenemope）解释她负责的向阿蒙神奉献的谷物两次在运送过程中被人偷盗欺骗的事情[①]。无论最后的责罚落在谁的头上,她都无法逃避应负的责任,她应得的谷物份额被剥夺了。她在信中一边解释两次受骗的经过,一边认定不幸的原因,将其归于她的守护神永恒赐予者阿蒙神对她的报复。因为神的谷物供应缺斤少两,引起了神的不满。这种态度符合当时古埃及人的行为习惯,正如黛博拉·斯维尼(Deborah Sweeney)所说:"戴尔-艾尔-麦地那居民乐于将他们个人不幸归于他们不知如何冒犯男神、女神或超自然力量而引起的愤怒。"[②] 这就是翰努特塔维的罪感意识,没有对失察过失的悔过,没有对自己管理疏漏的检讨。

古埃及人的忏悔辩解多而悔恨少。"否定的回答"全是辩解,或更准确地说是宣告清白。古埃及圣人可能会有,一生没做错过任何事情,没念错一次神的名字。但这样的圣人一定不多。所以,每当读到某个《亡灵书》的时候,总怀疑这个亡灵在说谎。历史学者在研究古代法典的时候经常做这样的推断,即法典中说"不要"的时候,往往是该错行或罪行盛行之时。古埃及《亡灵书》中的"否定"正好透露了当时这些罪行的普遍存在。对神的忏悔一目了然,不是因为悔恨,而是因为惧怕。因此我们至今没有发现对人忏悔的文字。从文体上看,除了《亡灵书》中的"否定回答"之外,忏悔文献都是献给神的还愿碑,都是赞美诗。忏悔有蒙混过关、否认、含糊其词、笼统遮掩等特点。

[①] Edward F. Wente, *Late Ramesside Letters*, Chicago: University of Chicago Press, 1967, pp. 71-74.

[②] Deborah Sweeney, "Henuttawy's Guilty Conscience (Gods and Grain in Late Ramesside Letter No. 37)", *JEA*, Vol. 80, 1994, p. 211.

分析古埃及文献中为何缺乏真正的忏悔意识，我们无法绕过古埃及的文化属性去寻找答案。阿斯曼虽然运用耻感文化与罪感文化理论对古埃及文化进行逻辑分析和推导，但却得出古埃及文化属于罪感文化的结论。因而，他不认为古埃及人缺乏忏悔意识。为了理解阿斯曼的理论逻辑，这里有必要对埃里克·多兹（Eric Dodds）首先提出的"罪感文化"（guilt-culture）与"耻感文化"（shame-culture）做一个简单回顾。这一理论首先出现在多兹的著作《希腊人与非理性》（*The Greeks and the Irrational*）中，他是在分析《荷马史诗》与古希腊戏剧时提出这一理论的。然而对后世影响最大的却是《菊与刀》（*The Chrisanthemum and the Sward*）的作者鲁思·本尼迪克特（Ruth Benedict），她在二战时分析美国的敌人日本民族时借用了这一理论，把日本民族的文化属性归于"耻感文化"，而西方民族文化正好相反，属"罪感文化"。"耻感文化"源于东方的集体主义，而"罪感文化"植根于西方的个人主义。奉行集体主义的日本人很看重集体对自己的看法，如果自己的行为在别人眼中是羞耻的，自己的压力便非常大，羞耻感便会产生。而奉行个人主义的西方人看重的却是个人的感受，罪恶源自自身，无须别人评判。罪感意识源自内省，羞耻意识却来自外在压力。西方的罪感意识的源头是原罪，自省的痛苦需要找一个出口，于是有了忏悔。羞耻感的源头是自己的恶行被人发现，并非源自内心，于是有了切腹谢罪，一了百了，无须忏悔。

从古埃及忏悔文字并无悔过意识的现象中，我们很容易认为古埃及民族属于"耻感文化"，但阿斯曼却得出相反的结论。为了使自己的分析顺理成章,他引进了两个新的概念:"交视空间"(space of intervision)与"对话空间"(space of interlocution)。古埃及人将"脸"与"心"明晰区分开来,"'在脸上'意为某事的外在形象,而'在心上'则意为某事的内在思想或价值"。[①] 这两种表述之间的区别正是"交视空间"与"对话空间"之间的区别。前者是展示,关涉人的面子;而后者则是表达,关涉人的记忆。前者具有共时性,后者则具历时性。共时的面子与耻感文化相关,历时的记忆则属罪感文化。阿斯曼考察了不同时代的古埃及文献,发现很多文献指向相同,进而得出结论,这是历时记忆的结果。进而他认为,古埃及文化属罪感文化,而不是耻感文化。因此,古埃及人才非常注重净化仪式。冥界的审判,木乃伊的制作都是为了净化。前者净化心灵,后者净化肉体。

古埃及文化中既缺乏忏悔意识,又不是耻感文化的判断很难让人理解,尽管阿斯曼引进了"交视空间"与"对话空间"的概念,但仍无法让人完全信服。我们重新梳理一下耻感文化与罪感文化的区别,发现两者最本质的区别不在共时与历时,而是罪恶感一方面来自内在自觉,另一方面来自外在压力。耻感文化中耻辱的来源是外在的舆论,别人的看法。无论自己是否有错或有罪,只要周围一片谴责,一片白眼,自己就会感到羞耻。相反,即使自己有罪或有错,只要没人谴责批评,自己就没有羞耻感。在这样的文化中,解决危机的关键是避免外界的反感和敌视。耻

[①] Assmann, J., "Confession in Ancient Egypt", *Transformation of the Inner Self in Ancient Religions*, p. 239.

感文化中避免危机的手段很多。克己，不犯错误，不惹众怒是一种手段；掩盖，不使自己的过错被人发现也很常见；辩解，即使自己的罪行或错行被人知道会受到谴责或面临审判也要努力为自己辩解，以逃脱或减轻责罚。在这个意义上说，耻感文化是一种无耻文化。需要一提的是，以儒家文化为中心的中华文化历来倡导知耻而修身，完全是内在自觉的主张，因此将儒家文化归属于耻感文化是极其无知的浅薄。罪感文化中的罪感源自内在的自觉，良心发现。自己的过错或罪恶即使没被人发现也会受到良心的谴责。外在的惩罚可以逃脱，内心的折磨则痛苦异常。罪感无须他人外加，自觉的力量足以让人苦不堪言。解脱的方法便是忏悔。耻感文化中没有忏悔意识，罪感文化才是忏悔的土壤。忏悔意识与共时和历时无关。

耻感文化与罪感文化只是文化特性中的一个维度，我们不能用这个单一的维度概括一个文化的所有属性。古埃及文化对后世的影响远远超出我们的想象，但古埃及文化在这一维度判断中的确属于耻感文化。

参考文献

中文著作：

翦伯赞:《史料与史学》，北京出版社 2005 年版。

李晓东:《埃及历史铭文举要》，商务印书馆 2007 年版。

日知选译:《古代埃及与古代两河流域》，生活·读书·新知三联书店 1957 年版。

沈阳师范学院历史系古代及中世纪教研室编:《世界古代史参考资料选辑》，1957 年版。

周一良、吴于廑主编:《世界通史资料选辑》(上古部分)，商务印书馆 1962 年版。

外文著作：

Assmann, J., *Stein und Zeit: Mensch und Gesellschaft im Alten Ägypten*, München: Wilhelm Fink Verlag, 1995.

Assmann, J., *Sonnenhymnen in Thebanischen Gräbern,* Mainz: Philipp von Zabern, 1983.

Boorn, G.P.F. van den，*The Duties of the Vizier: Civil Administration in the Early New Kingdom,* London, New York: Kegan Paul, 1988.

Breasted, J. H., *A History of Egypt: From the Earliest Times to the Persian Conquest,* Cambridge, London: Hodder & Stoughton, 1906.

Breasted, J. H., *Ancient Records of Egypt,* Chicago: University of Chicago Press,

1906.

Brugsch, *Thesaurus*, VI, Leipzig: J. C. Hinrichs, 1883.

Budge, E. A. W., *Osiris and the Egyptian Resurrection*, London: Philip Lee Warner, 1911.

Davies, N. d. G., *The Tomb of the Vizier Ramose,* London: The Egypt Exploration Society, 1941.

Davies, N.d. G., *Paintings from the Tomb of Rekh-mi-Re at Thebes,* New York: Plantin Press 1935.

De Buck, A., ed., *Egyptian Readingbook: Exercises and Middle Egyptian Texts*, Leyden: Nederlandsch Archaeologisch-Philologisch Instituut, 1948, Vol. 1.

Frankfort, H., *Kingship and the Gods: A Study of Ancient Near Eastern Religion as the Integration of Society and Nature*, Chicago, London: University of Chicago Press, 1948.

Gardiner, A., *Egyptian Grammar: Being an Introduction to the Study of Hieroglyphs*, Oxford: Griffith Institute, 1957.

Gayet，A. J., *Stèles de la XIIe dynastie*, Paris: F. Vieweg, Bouillon, succ., 1889.

Griffiths, J. G., *The Origins of Osiris and his Cult,* Leiden: Brill，1980.

Kemp，B. J., *Ancient Egypt: Anatomy of a Civilization*, London, New York: Routledge, 1991.

Kitchen, K. A., *Ramesside Inscriptions, Historical and Biographical*, Ⅰ-Ⅶ，Oxford: Blackwell, 1969-1990.

Manniche, L., *City of the Dead: Thebes in Egypt*, Chicago: University of Chicago Press, 1987.

Manniche, L., *Lost Tombs: A Study of Certain Eighteenth Dynasty Monuments in the Theban Necropolis*, London: Kegan Paul, 1988.

Porter, B., Moss, R. L. B., eds., *Topographical Bibliography of Ancient Egyptian Hieroglyphic Texts, Reliefs, and Paintings*, Vol. Ⅰ, Oxford: Clarendon Press,

1951.

Pritchard, J.B., *Ancient Near Eastern Texts Relating to the Old Testament,* Princeton University Press, 1955.

Reinhardt, K., *Das Grab als Weltmodell,* Göttingen: Univ., Diss., 1999.

Rice, M., *Who's Who in Ancient Egypt,* London, New York: Routledge, 1999.

Rossiter, E., *The Book of the Dead: Papyri of Ani, Hunefer, Anhai,* Fribourg, Geneve: Miller Graphics, 1979.

Sethe, K., *Urkunden der 18. Dynastie,* Bd. 1–4, Leipzig: J. C. Hinrichs'sche Buchhandlung, 1906.

Shaw, I., *Oxford History of Ancient Egypt,* Oxford University Press, 2000.

The Loeb Classical Library, *Manetho,* Harvard University Press, 1964.

中文论文：

郭小凌：《古代的史料和世界古代史》，《史学理论研究》2001 年第 2 期。

李晓东：《"玛阿特"与"道"的哲学思考》，《东北师大学报》2000 年第 4 期。

李晓东：《〈伊南尼自传铭文〉译注》，《古代文明》2012 年第 3 期。

李晓东：《〈雅赫摩斯自传铭文〉译注》，《古代文明》2013 年第 3 期。

乔治忠：《对"史料学"、历史文献学与史学史关系的探析》，《学术研究》2009 年第 9 期。

外文论文：

Alernmueller, B., "Anubis", *Lexikon der Ägyptologie,* Wiesbaden: Otto Harrassowitz, 1975, Bd. I, pp. 327–333.

Barta, W., "Re", *Lexikon der Ägyptologie,* Wiesbaden: Otto Harrassowitz, 1984, Bd. V, pp. 156–180.

Bierbrier, M. L., "Paser", *Lexikon der Ägyptologie,* Wiesbaden: Otto Harrassowitz,

1983, Bd. IV, p. 912.

Carter, H., "Report on the tomb of Zeser-Ka-Ra Amenhetep I, Discovered by the Earl of Carnarvon in 1914", *The Journal of Egyptian Archaeology*, Vol. 3, 1916. pp. 147–154.

Davies, N. de. G., "The Work of the Graphic Branch of the Expedition", *The Metropolitan Museum of Art Bulletin*, Vol. 27, No. 3, Part 2: The Egyptian Expedition 1930–1931, (Mar., 1932), pp. 51–62.

Feucht, E., "Ehrengold", *Lexikon der Ägyptologie*, Wiesbaden: Otto Harrassowitz, 1977, Bd. II, pp. 623–633.

Griffiths, J. G., "Osiris", *Lexikon der Ägyptologie*, Wiesbaden: Otto Harrassowitz, 1982, Bd. IV, pp. 623–633.

Helck, W., "Bürgermeister", *Lexikon der Ägyptologie*, Wiesbaden: Otto Harrassowitz, 1975, Bd. I, pp. 875–880.

Helck, W., "Dienstanweisung für den Wesir", *Lexikon der Ägyptologie*, Wiesbaden: Otto Harrassowitz, 1975, Bd. I, p. 1084.

Helck, W., "Hatia", *Lexikon der Ägyptologie*, Wiesbaden: Otto Harrassowitz, 1977, Bd. II, p. 1042.

Jong, T. de., "The Heliacal Rising of Sirius", *Ancient Egyptian Chronology*, Leiden: Brill, 2006, pp. 432–438.

Kitchen, K. A., "Some Ramesside Friends of Mine", *Journal of the Society for the Study of Egyptian Antiquities*, 1995, pp. 9, 13–16.

Klinger, Jörg., "Chronological Links Between the Cuneiform World of the Ancient Near East and Ancient Egypt", *Ancient Egyptian Chronology*, Leiden: Brill, 2006, pp. 304–324.

Krauss, Rolf., "Egyptian Sirius/Sothic Dates and the Question of the Sirius based Lunar Calender", *Ancient Egyptian Chronology*, Leiden: Brill, 2006, pp. 439–457.

Martin, G. T., W. V. Davies, "Brief Communications", *The Journal of Egyptian Archaeology*, Vol. 60, pp. 252–254.

Martin-Pardey, E., "Wesir, Wesriat", *Lexikon der Ägyptologie*, Wiesbaden: Otto Harrassowitz, 1986, Bd. Ⅵ, pp. 1229–1230.

Nebe, I., "Werethekau", *Lexikon der Ägyptologie*, Wiesbaden: Otto Harrassowitz, 1986, Bd. Ⅵ, pp. 1221–1224.

Osing, J., "Iripat", *Lexikon der Ägyptologie*, Wiesbaden: Otto Harrassowitz, 1980, Bd. Ⅲ, pp. 177–181.

Redford, D., "A gate inscription from Karnak and Egyptian Involvement in Western Asia during the early 18th dynasty", *Journal of the American Oriental Society*, Vol. 99. No. 2., Apr. -Jun. 1979. pp. 270–287.

Whale, S., "Paheri, the Supervisor of Works in the Tomb of Ahmose, Son of Ebana" in Newsletter No. 28 of the Rundle Foundation for Egyptian Archaeology, March, 1989.

译名对照表

人名

阿阿赫坡瑞卡拉（aA-xpr-kA-ra）
阿阿塔（AAtA）
阿赫摩斯（iAH-ms）
阿赫特霍泰普（Axt-Htp）
阿蒙霍泰普（imn-Htp）
阿蒙尼（imni）
阿蒙尼姆哈伯（imn-m-Hb）
阿蒙尼姆赫特（imn-m-HAt）
阿蒙尼色内卜（imn-snb）
布雷斯特德（Breasted）
哈尔胡夫（Hr-xw.f）
哈考瑞（xa-kAw-ra）
哈努姆霍泰普（Xnm-Htp）
哈特舍普苏特（Hat-Sps.wt）
亥提（xty）
赫佩尔卡瑞（xpr-kA-ra）
赫瑞姆赫布（Hr-m-Hb）
胡尼（Xwny）
霍尔维尔瑞（Hr-wr-ra）
杰斯尔卡拉（Dsr-kA-ra）
库尔特·塞特（Kurt Sethe）
玛阿恩瓦希布瑞（mAt-n-wAh-ib-ra）
梅尔内瑞（mr-n-ra）
梅藤（mTn）
内卜沛赫梯瑞（nb-pxti-ra）
内布拉（nb-ra）
内弗尔阿布（Nfr-Abw）
内赫特阿蒙（Nxt-imn）
内库瑞（ni-kAw-ra）
汗库（Hnqw）
帕塞尔（pA-sr）
俳迪埃斯（Pedies）
俳匹（ppy）
沛尔哈托尔（pr-Ht-Hr）
普鲁塔克（Πλούταρχος）
普萨美提克（psmtk）
普塔赫舍普塞斯（ptH-Spss）
瑞赫米拉（rx-m-ra）

萨卡拉（Saqqara）
斯诺弗儒（snfrw）
泰缇（tty）
图特摩斯（DHwti-msi）
苇尼（wnis）
沃瑟瑞特卡乌（wsrt-kAW）
乌哈（wHA）
辛努海（sA-nht）
辛瓦瑟瑞特（sn-wsrt）
雅赫摩斯（iaH-ms）
扬·阿斯曼（Jan Assmann）
伊巴纳（ibAnA）
伊姆特斯（imts）
伊南尼（inni）
伊瑞提森（irt.sn）
因泰甫（int.f）

地名

阿尔瓦（A-rA-ty-wt）
阿赫皿（Akhmim）
阿拉帕齐提斯（A-rA-rX）
阿瑞纳（A-Ra-yA-nA）
阿舒尔（ys-sw-rA）
阿瓦瑞斯（Hwt wrt）
阿斯坞特（Asyut）
埃尔卡图（ar-qA-tw）
埃勒凡泰尼（Abw）

艾尔－卡伯（El-Kab）
巴比伦（bb-rA）
贝尼哈桑（Beni Hasan）
达赫述尔（Dahshur）
底比斯（wAst）
芬胡（fnxw）
甘纹梯乌（gn-wntw）
哈汝（HArw）
哈特努波（Hatnub）
汉腾懦夫尔（xnt-n-nfr）
赫尔摩坡里（Xmnw）
赫留坡里（iwnw）
红山（Dw-dSr）
堠（hax）
卡叠什（qdSw）
卡赫美士（qA-ry-qA-mya-SA）
卡纳（kA-nA）
库萨（Qis）
库什（kS）
里世特（Lisht）
梅杜姆（Meidum）
孟菲斯（nm-nfr）
纳哈林（nhrn）
内弗儒西（nfrwsi）
内盖博（ngb）
内赫波（Nub）
内赫布（nxb）

内亨（nxn）
努比亚（sty）
帕捷德库（pA-Ddkw）
潘诺坡里（xnt-min）
蓬特（pwnt）
瑞侨努（rTnw）
沙汝痕（SA-r-HAnA）
沙苏（SAsw）
苔乌沼伊（Hwt-nswt）
特里波里斯（Tripolis）
梯内特塔阿（tint-tA-a）
琗内（ty-nA-y）
图尼普（tw-np）
瓦瓦特（wAwAt）
威瑞特－赫考（wrt-HkAw）
维什普塔赫（wSptH）
乌哈特（wHAt）
乌拉扎（An-rA-Tw）
西奈（biAw）
希拉康坡里（Hierakonpolis）
希拉克里奥坡里（nni-nsw）
亚姆（iAm）
伊勃亥特（Ybhat）
伊尔太特（irtt）
伊瑞姆（Yrm）
伊斯纳（Esna）
伊特尔（SA-n-g-rA）

伊西（Ysy）
泽伦（Dr-nA）
扎西（DAhy）
斋戴特（Ddt）
朱迪亚（Judea）

神名

阿努比斯（inpw）
奥西里斯（wsir）
贝斯（Bs）
戴顿（ddwn）
哈努姆（Xnm）
哈托尔（Hwt-Hr）
荷鲁斯（Hr）
赫塞梯（HsAt）
玛阿特（mAat）
美瑞特塞格尔（mrt.s-gr）
孟杵（mnTw）
内夫西斯（nbt-Hwt）
努特（nwt）
普塔赫（ptH）
塞赫迈特（sxmt）
伊西斯（Ast）

其他术语

阿姆－杜阿特（imy-duAt）
城侯（HAry-a m niwt）

赫克特（HqAt）　　　　　诺姆（spAt）
祭司（wAb）　　　　　　欧佩特（ipt）
九弓（psDt）　　　　　　塞得节（Hb-sd）
卡（kA）　　　　　　　　天狼星（spdt）
赖依特（rxyt）　　　　　亚洲贝多因人（mnTw sTt）
玛佐伊（mDAw）